Wilhelm Ernst Dohm

* 24. 5. 1819 Breslau
urspr. Elias Levy
Publizist und Chefredakteur
des »Kladderadatsch«
† 5. 2. 1883

Alfred Pringsheim

* 2. 9. 1850 Ohlau, Schlesien
Mathematiker
1939 Emigration in die Schweiz
† 25. 6. 1941 Zürich

Paul Thomas Mann

* 6. 6. 1875 Lübeck
Schriftsteller
1933 Emigration in die Schweiz und die USA
† 12. 8. 1955 Kilchberg b. Zürich

Monika Mann

* 7. 6. 1910
Feuilletonistin,
Schriftstellerin
† 17. 3. 1992
Leverkusen

Elisabeth Mann

* 24. 4. 1918
Schriftstellerin
Meeresforscherin
† 8. 1. 2002
St. Moritz

Michael Mann

* 21. 4. 1919
Musiker,
Germanist
† 1. 1. 1977
Orinda, Kalifornien
Selbstmord

Hildegard Möller

DIE FRAUEN DER FAMILIE MANN

Hildegard Möller

DIE FRAUEN
DER FAMILIE MANN

Mit 28 Abbildungen

Piper
München Zürich

ISBN 3-492-04566-9
© Piper Verlag GmbH, München 2004
Satz: seitenweise, Tübingen
Druck und Bindung: Pustet, Regensburg
Printed in Germany

www.piper.de

Inhalt

Einleitung

Klaus Mann schrieb in seinem Tagebuch: »Was für eine sonderbare FAMILIE sind wir! Man wird später Bücher über UNS – nicht nur über einzelne von uns – schreiben.«[1] Auch der britische Diplomat und Schriftsteller Harold Nicolson hatte 1939 einen Artikel mit der Überschrift »This amazing family« veröffentlicht, in dem er Erikas Buch *School for Barbarians* für den Londoner »Daily Telegraph« besprach. Seit Jahrzehnten ist über die Familie Mann und ihre einzelnen Mitglieder viel geschrieben worden. Aber es gibt keine Familiendarstellung, die sich den Beziehungen der Frauen untereinander widmet und den Einfluß schildert, den Mutter und Großmutter hatten. Konnten Katia und die drei Töchter sich den beherrschenden Ansprüchen des künstlerischen Haushalts, in dem sich alles um den Dichter und seine verletzliche Kreativität drehte, entziehen? Konnten sie eigene Lebensentwürfe verwirklichen? Über Katia Mann sind 2003 zwei Biographien erschienen, über Erika, die älteste Tochter, existiert seit 1996 eine Biographie, über die Jüngste, Elisabeth, seit 2001, über Monika wissen wir vieles aus ihren eigenen Erinnerungen und dem Briefwechsel der Geschwister mit der Mutter.

Standen sie nicht alle früher oder später in einem Konkurrenzverhältnis zueinander? Waren nicht alle in gleicher Weise von dem Wunsch beherrscht, die Liebe, Aufmerksamkeit und Beachtung des großen und berühmten Vaters zu erringen? Sind diese Frauen für den Biographen und den literarisch Interessierten nur von Belang, weil sie die Töchter Thomas Manns waren? Was haben sie geleistet? Welche Bedeutung hatte es für die verschiedenen Lebensläufe der weiblichen Mitglieder der Familie Mann, im Schatten des genialen Dichters zu stehen? Fühlten auch sie sich vom »Fluch des Schreibens« betroffen? Empfanden sie gar die Notwendigkeit, es ihm auf seinem ureigensten Gebiet gleichzutun? Die Lebensläufe der verschiedenen Generationen, insbesondere der Töchter, sind ein Abbild der Zeitgeschichte, zeigen aber zugleich individuelle Schwierigkeiten, ein eigenständiges Leben zu führen.

Der Versuch, eine Familiengeschichte der Manns unter diesen Fragen darzustellen, muß Katia Mann, die Ehefrau und Mutter, in den Mittelpunkt rücken, war sie es doch, die die achtköpfige Familie, wie verstreut sie auch immer wieder war, zusammenhielt, die in Kriegszeiten für Nahrung, Kleidung und Heizung sorgte, nach zahlreichen Umzügen in Deutschland und im Exil immer wieder die Verhältnisse schuf, die der Dichter zum Schreiben benötigte, die ein gastliches großbürgerliches Haus führte, die ihrem sensiblen Mann den Rücken für sein literarisches Werk freihielt, ihm als Gesprächspartnerin und erste Zuhörerin, als Organisatorin und Sekretärin zur Seite stand, die ihm fünfzig Jahre lang in allen Lebenslagen treu blieb und die für ihre ebenso ungewöhnlichen wie schwierigen Kinder und Enkel stets Verständnis und Zeit aufbrachte.

Schon 1953 schrieb Erika Mann zum 70. Geburtstag über ihre Mutter, diese habe von vornherein beschlossen, »›im Übrigen sonst nicht bekannt‹ und nur in aller Stille äußerst wirksam zu sein. Nie hat sie das geringste ›von sich hergemacht‹; immer ist sie zurückgetreten, auch hinter der eigenen Leistung; und für sich selbst hat sie überhaupt nichts gewollt, – weder in der Öffentlichkeit noch sonst. Füge ich hinzu, das Wohlergehen der Ihren und die Gewißheit, ihr Bestes getan zu haben, so oft von draußen ihre Hilfsbereitschaft aufgerufen wurde, sei alles, woran ihr wirklich liege, so sage ich die Wahrheit und gebe gleichzeitig ein, wenn nicht falsches, so doch bedenklich irreführendes Bild. Denn das ›Mielein‹ (wie Kinder, Enkel und Freunde sie nennen) ist das genaue Gegenteil des ›wertvollen Menschen‹ und wandelnden Edelmuts, die man kennt. Blitzgescheit, schnell von Witz und Verstand, ist sie ›gut‹, wie die Neger braun sind, – auf die natürlichste, selbstverständlichste Art von der Welt. Eine belebte Landschaft mit vielfach wechselnder Beleuchtung, spiegelt ihre Miene – ein zeitlos kindliches Gesicht – all ihre Gedanken, und die leichte Kunst des Lügens hat sie nie erlernt.«[2] Ist dies vielleicht ein zu schöngefärbtes Bild? Dagegen spricht, daß bekanntlich die eigenen Kinder die kritischsten Beobachter ihrer Eltern sind und daß es immer wieder Spannungen zwischen Erika und ihrer Mutter gab.

Leider gibt es von Katia Mann keine eigenen Veröffentlichungen. Ihren *Ungeschriebenen Memoiren,* die aus Gesprächen mit ihrem jüngsten Sohn Michael Mann und Elisabeth Plessen hervorgegangen sind, stellte sie die Bemerkung voran: »Ich habe tatsächlich mein ganzes, allzu langes Leben immer im strikt Privaten gehalten. Nie bin ich hervorgetreten, ich fand, das ziemte sich nicht. Ich sollte immer meine Erinnerungen schreiben. Dazu sage ich: in dieser Familie muß es einen Menschen geben, der nicht schreibt. Daß ich mich jetzt auf dieses Interview einlasse, ist ausschließlich meiner Schwäche und Gutmütigkeit zuzuschreiben.« Über Katias Kindheit und Jugend gewinnt man wichtige Einsichten durch diese Erinnerungen und durch die Briefe ihrer Mutter Hedwig Pringsheim, deren *Kinderbüchlein* und Tagebuch. Über die Verlobungszeit Katia Manns erfährt man Aufschlußreiches durch die Exzerpte aus Briefen Thomas Manns an seine Braut, die er für den Roman *Königliche Hoheit* anfertigte. Leider sind die Originale und Katias Antworten in den Kriegswirren verlorengegangen.

Nach der Heirat war Katia mehrfach in Sanatorien und berichtete ihrem Mann auch schriftlich über die dortigen Ereignisse, die ja bekanntlich in den *Zauberberg* eingegangen sind; bedauerlicherweise sind auch diese Briefe verschwunden. Über ihre ersten vier Kinder hat Katia Mann – ihrer Mutter folgend – in deren frühen Lebensjahren jeweils ein Büchlein angelegt, in dem sie die Kinder charakterisiert, erste Aussprüche notiert oder Anekdoten erzählt. Nach dem Ersten Weltkrieg und der Geburt der beiden Jüngsten hatte sie wohl weder Zeit noch Interesse für weitere Aufzeichnungen. Das Heranwachsen der älteren Kinder mit ihren vielfältigen Problemen nahm sie vermutlich mehr in Anspruch als der wachsende Ruhm Thomas Manns und der stets von Besuchern frequentierte, große Hausstand.

Nach ihrer Auswanderung hatten Thomas und Katia Mann kaum noch Grund, schriftlich miteinander zu verkehren, waren sie doch in diesen Jahrzehnten kaum je getrennt. Allerdings häuften sich nun Briefe an die Kinder, insbesondere an die beiden Großen, die über alles Wichtige informiert werden mußten. Nun hatte Katia auch die Zeit, ihren Mann auf seinen Reisen zu begleiten, oft gemeinsam mit der ältesten Tochter Erika. Sie erledigte die Korrespondenz für Thomas Mann und trat selbständig als Briefschreiberin hervor: Nicht nur die Briefe an ihre Kinder, soweit sie erhalten sind, sondern auch ihre Korrespondenz mit Freunden und Verlegern, ihr Einsatz für andere Menschen, die aus dem nationalsozialistischen Deutschland geflüchtet waren oder in Not gerieten, zeugen von ihrer Selbstlosigkeit und ihrem humanitären Engagement. Diese Briefe liegen verstreut in den verschiedenen Archiven in München, Marbach, Zürich und Bern. Die Erinnerungen der Kinder und die Tagebücher Thomas Manns geben ebenfalls Aufschluß über das Familienleben. Welche Bedeutung die Familie für den großen deutschen Schriftsteller hatte, muß also aus vielen Quellen erschlossen werden. Aber was es für die Töchter bedeutete, einer berühmten Schriftstellerfamilie anzugehören und sie auch in der Öffentlichkeit vertreten zu müssen, wird erst aus deren autobiographischen Texten und Briefen deutlich.

Erika, die Lieblingstochter Thomas Manns, hinterließ viele Zeugnisse ihres Lebens. Sie scheiterte aber an einer geplanten Autobiographie ebenso wie an der Verwirklichung eines eigenen Lebensentwurfes. Auch das Projekt einer Biographie ihres Vaters vermochte sie nicht zu realisieren. Lediglich ein kurzer Rückblick auf sein letztes Lebensjahr entstand nach seinem Tod. Erikas enge Zusammenarbeit mit ihrem Vater in dessen späten Jahren führte häufig zu Spannungen mit der Mutter. Monika, die Mittlere, war die ungeliebte Tochter der Manns. Auch sie versuchte schriftstellerisch tätig zu werden, fand aber damit in der Familie, insbesondere bei ihrer Schwester Erika und bei der Mutter, keinerlei Anerkennung. Allein Elisabeth, der Jüngsten, gelang es, beruflich und familiär einen eigenen Lebensweg zu beschreiten und auch ihren Lebensunterhalt selbst zu verdienen. Auch begann sie, allerdings erst spät, Bücher zu schreiben. Aber der Neid ihrer Schwestern auf Elisabeths Glück und ihren Erfolg, ja, sogar auf ihre Kinder vergiftete zeitweise ihre Beziehungen. Die drei Söhne Thomas und Katia Manns, Klaus, Golo und Michael, die jeweils sehr eng mit ihren Schwestern aufwuchsen, spielten selbstverständlich ebenfalls eine große Rolle in der Familie. In dieser Darstellung werden sie jedoch nur in zweiter Linie erwähnt. Es geht mir vor allem darum zu schildern, in welchem Konkurrenzverhältnis die Töchter und ihre Mutter standen, um die Gunst des zentralen Gestirns in dieser Konstellation, des »Zauberers«, wie er in der Familie genannt wurde, zu erlangen und das große Werk zu befördern.

Das Ansehen in der Familie war weitgehend von der Öffentlichkeitswirksamkeit der Frauen abhängig. Katia lebte und wirkte zwar mehr oder weniger im Schatten des Dichters, stand aber doch unmittelbar in seinem Ruhmesglanz und hatte hinreichend viele praktische Aufgaben, um ihre Identität nicht zu verlieren. Die Töchter konnten mit dem Vater nicht direkt konkurrieren und mußten also eigene Gebiete finden, auf denen sie sich intellektuell oder künstlerisch beweisen konnten. Aber den strengen Normen Thomas Manns unterwarfen sich nur zwei seiner Töchter. Alle schwankten innerhalb des vom Vater oft thematisierten Gegensatzes zwischen Bürger- und Künstlertum, zwischen Bohème und Seßhaftigkeit. Das Familienleben offenbarte in mancherlei Hinsicht den Widerspruch zwischen inneren Spannungen und der beschönigenden öffentlichen Selbstdarstellung, auf die sich die Familie glänzend verstand.

Erst nachträglich kam immer stärker ans Licht, wie die Kinder unter der schöpferischen Übermacht des Vaters litten, während sie zugleich ganz auf ihn fixiert waren. Und in sich widersprüchlich bleibt die Kritik, die später etwa Golo und Monika übten, und die Anziehungskraft, die ihr Elternhaus dennoch zeitlebens auf sie ausübte. Über tausende, ja zehntausende Kilometer, über Weltmeere hinweg, ging diese Familienhaftung nicht verloren. Immer wurde der briefliche, aber auch der persönliche Kontakt aufrechterhalten. Die große Anziehungskraft der Eltern und zugleich die Tendenz zur Loslösung von ihnen charakterisieren das Leben aller Mann-Kinder. Die Viten der Frauen dieser Familie stellen ein faszinierendes Stück deutscher Kulturgeschichte dar, die von der bürgerlich behüteten Welt Deutschlands vor dem Ersten Weltkrieg über die aufgewühlte, turbulente Zwischenkriegszeit, die Auflösung aller Ordnungen während der nationalsozialistischen Diktatur, über das Exil bis in die Nachkriegszeit nach 1945 reicht: Der Versuch, eine eigene Aufgabe zu finden, gelang Erika teilweise, Monika kaum, Elisabeth aber sehr wohl. Das vom Vater verhätschelte »Kindchen« blieb eher optimistisch und lebenszugewandt.

EINS

Das »Urmiemchen«

Hedwig Dohm im Alter.

Hedwig Dohm

Die Großmutter Katia Manns war die berühmte Frauenrechtlerin und Schriftstellerin Hedwig Dohm. Sie stammte
aus dem jüdischen Bürgertum Berlins. Vor ihrer Heirat
hieß sie Marianne Adelaide Hedwig Schleh. Ihre Vorfahren
hießen Schlesinger, aber schon ihr Vater, der Tabakfabrikant
Gustav Adolf Gotthold Schlesinger, war 1817 vom jüdischen
zum protestantischen Glauben übergetreten und hatte 1851
seinen Namen in Schleh abgeändert. Die Familie Schleh
hatte achtzehn Kinder, zehn Söhne und acht Töchter, von
denen Hedwig das elfte war. Sie wurde am 20. September
1831 in Berlin geboren.

Ihre Kindheit verlief nicht glücklich. Die Mutter scheint
weder bemerkt zu haben, wie hübsch noch wie intelligent
sie war. Sie zog Hedwig, deren geistige Fähigkeiten brach-
lagen, ständig zur Hausarbeit heran. Nach Beendigung der
Mädchenschule, die ihr ohnehin nicht viel geboten hatte,
war nichts weiter für sie vorgesehen, als einen Teppich mit
Rosenbuketts zu besticken und auf einen Mann zu warten.
Heimlich aber las sie alles, was sie in die Hände bekam. In
den Zeiten der Revolution von 1848 stahl sie sich in demokratische Versammlungen, um sich dort politische Reden
anzuhören. Als ihre Eltern Hedwig schließlich den Besuch
des Lehrerinnen-Seminars gestatteten, war das offenbar
eine enttäuschende Erfahrung. Sie brach die Ausbildung ab
und heiratete 1853 den viel älteren Friedrich Wilhelm Ernst
Dohm. Seit 1849 war er Redakteur der politisch-satirischen

Wochenschrift »Kladderadatsch«[1]. Zudem war er Präsident des Wagner-Vereins und gehörte mit seinem Kreis zur liberalen Bismarck-Opposition. Dohm galt als wortgewandt und schlagfertig. Auch seine Familie, ebenfalls jüdisch, war 1827 zum protestantischen Glauben übergetreten. Das Ehepaar hatte zwar wenig Geld, pflegte aber gesellschaftlich prominenten Umgang. Hedwig und Ernst Dohm hatten fünf Kinder, vier Töchter und einen Sohn, der sehr jung starb.

In ihrem Roman *Schicksale einer Seele* (1899) schildert Hedwig Dohm ihre Kindheit und ihre Ehe mit Ernst Dohm, der seine Frau für geistig unbedarft hielt und sie offenbar schon in der Hochzeitsnacht betrog. In den siebziger Jahren, im Alter von vierzig Jahren, als ihre Kinder herangewachsen waren, schrieb sie Romane und Theaterstücke. Sie wurden um die Jahrhundertwende viel gelesen, sind heute jedoch vergessen. Berühmt wurde Hedwig Dohm jedoch vor allem mit ihren feministischen Büchern wie *Der Jesuitismus im Hausstande* (1873), *Die wissenschaftliche Emancipation der Frau* (1874) oder *Der Frauen Natur und Recht* (1876). Hier forderte sie das Frauenstimmrecht und das Recht auf Bildung und Ausbildung und prangerte die mangelnde sexuelle Aufklärung junger Frauen an. Hedwig Dohm zählt zu den frühen Theoretikerinnen des radikalen Feminismus. Im Hause Dohm in Berlin verkehrten zu unterschiedlichen Zeiten berühmte Politiker, Literaten und Künstler wie Wilhelm von Humboldt, Ferdinand Lassalle, Fanny Lewald, Varnhagen von Ense und viele andere mehr. Es waren wohl dieser gesellschaftliche Umgang und die Gespräche mit den berühmten Zeitgenossen, die Hedwigs Selbstbewußtsein stärkten. Jetzt wagte sie es, ihre Ideen umzusetzen und zu veröffentlichen. Der bekannten Frauenrechtlerin gelang es jedoch nicht, ihre fortschrittlichen Ideen im eigenen Leben zu praktizieren; es blieb bei der Theorie. Um so mehr mag sie gehofft haben, daß ihren Töchtern dies gelingen möge. Aber auch ihre Tochter Hedwig, die spä-

tere Schwiegermutter Thomas Manns, gab ihre Karriere für
Mann und Kinder auf, ähnlich wie die Enkelin.

Katias Großmutter, das »Urmiemchen« der Familie Mann,
war eine außergewöhnliche Persönlichkeit, die sowohl Thomas Mann als auch Klaus Mann würdigten, Thomas in
»Little Grandma« (1942), Klaus in seinem autobiographischen Roman *Der Wendepunkt:* »Der Salon der Frau Hedwig Dohm gehörte zu den angeregtesten intellektuellen
Treffpunkten des alten Berlin. Franz Liszt, mit dem die alte
Dame übrigens eine auffallende Ähnlichkeit hatte, war einer
der regelmäßigen Besucher.«[2] Thomas Mann, der ihre Enkelin geheiratet hatte, schrieb mit »Little Grandma«[3] mehr als
zwanzig Jahre nach ihrem Tod – sie starb am 4. Juni 1919 in
Berlin – ein »Memorandum«, das ein rührendes Porträt der
alten Dame darstellt. Weil Thomas Mann als werdender Vater die unvorsichtige Bemerkung gemacht hatte, ein Mädchen sei doch keine »recht ernsthafte Angelegenheit«, be-
schimpfte sie ihn bei aller sonstigen Milde als »verdammter
alter Anti-Feminist und Strindbergianer« und verzieh ihm
ihr Leben lang diesen Ausspruch nicht. In seinem »Little
Grandma« schilderte er nun – leider viel zu spät – ihre
Schönheit, ihre Bescheidenheit und ihre Technikbegeiste-
rung. »Dann verwitwete Little Grandma. Sie lebte nicht
mehr an der Seite eines angesehenen Gatten, sie war nur
noch sie selbst. Aber eine Frau von Persönlichkeit wird unter
diesen Umständen oft erst recht, was sie ist. Little Grandma
hatte nicht nur ihrem Haushalt vorgestanden, ihre vier
Töchter, von denen keine so klein, aber auch eine nur, die
in München, annähernd so schön war wie sie, aufgezogen
und befriedigend verheiratet, sie war auch für ihr Teil immer
geistig tätig und produktiv gewesen. Sie schrieb Romane –
nun, die waren nicht gerade sehr wichtig, obgleich sie als
Dokumente aus dem Berliner und Münchner Gesellschafts-
leben gewiß ihren Wert behalten werden. Aber erstens war es
damals bei uns, anders als in den angelsächsischen Ländern,

etwas Außergewöhnliches und Imponierend-Halbanstößiges, im bürgerlichen Sinne ›Unweibliches‹, daß eine Frau überhaupt Bücher schrieb; und zweitens war Little Grandma ja eine Kämpferin und Ruferin im Streit, welche die Freiheit und Selbständigkeit des Weibes, die sie als Novellistin praktisch betätigte, auch als Journalistin, mit Artikeln, die sie für die liberale Presse und für Frauenzeitschriften verfaßte, theoretisch-gesellschaftskritisch verfocht und sogar in Versammlungen auftrat. Ihre märchenhafte Person reichte dabei kaum über das Rednerpult hinaus; aber die Hauptsache war, daß ihre Augen darüber hinausblickten, und die machten mehr Eindruck als ihre Worte.«

Thomas Mann würdigt also das »Miemchen«, wie sie in der Familie genannt wurde, mit der gewohnten Prise Ironie. Die Beziehungen zu dem jungen Paar Katia Pringsheim und Thomas Mann dürften allerdings nicht sehr eng gewesen sein, da sie in Berlin lebte und sich außer gelegentlichen Besuchen wenig Kontakt ergab. Als angesichts der Errungenschaften für Frauen wie Gymnasialbildung und Wahlrecht, die es nun – nach dem Ersten Weltkrieg – endlich gab und für die sie immer gekämpft hatte, ihre Tochter Hedwig Pringsheim sie kurz vor ihrem Tode fragte: »Freust du dich denn nicht, Mutter?«, schüttelte sie wehmütig ihren alten, schönen, lieben Kopf: »Zu spät, zu spät.«[4] Aber sie konnte noch erleben, daß, wenn auch nicht ihre Töchter, so doch ihre Enkelinnen sich der neuen Freiheiten erfreuen durften. Hatten nun die fortschrittlichen Ideen der Großmutter irgendeinen Einfluß auf ihre älteste Tochter Hedwig, auf ihre Enkelin Katia und auf die Urenkelinnen, oder verliefen deren Schicksale nach altbekanntem Muster?

ZWEI

Die Schauspielerin

Hedwig Pringsheim als junge Frau.

Hedwig Pringsheim

Ihre Tochter Hedwig, die spätere Schwiegermutter Thomas Manns, die in der Familie »Fink« oder »Offi« genannt wurde, kam 1855 in Berlin zur Welt. Sie ergriff die Schauspielerlaufbahn, also einen wahrhaft unbürgerlichen Beruf. Seit frühester Jugend hatte sie eine Leidenschaft für das Memorieren und Deklamieren von langen Gedichten, sie war ungewöhnlich hübsch und hatte eine gute Stimme. Als aber eine befreundete Schauspielerin versprach, sie zur Hofschauspielerin bei der Theatergruppe des Herzogs Georg II. von Sachsen-Meiningen zu machen, regte sich der Widerstand des Vaters. Ernst Dohm erfüllte »die Vorstellung, seinen Liebling in diesen Sündenpfuhl zu schicken«, mit Grausen.[1] Auch die Mutter mag um den guten Ruf ihrer Tochter gefürchtet haben. Aber die Bedenken der Eltern wurden schließlich nach Hedwigs eigener Aussage durch die Aussicht auf eine Gage zerstreut, die bei 1500 Mark jährlich beginnen, sich von Jahr zu Jahr steigern und bei Gastspielen sogar verdoppeln sollte.

Die Theatergruppe, genannt die »Meininger«, war damals berühmt und stand unter der persönlichen Leitung des Herzogs Georg II. Sie führte in den siebziger und achtziger Jahren mit großem Erfolg eine Vielzahl klassischer Stücke in vielen europäischen Städten auf. Hedwig hatte jedoch die Schauspielerei nie gelernt. Sie litt an Lampenfieber und an den Machtkämpfen unter den Kolleginnen. Vielleicht war auch ihre natürliche Begabung nicht allzu groß. So kam es,

daß sie bereit war, ein Angebot gänzlich anderer Art anzunehmen, nämlich den Heiratsantrag des gerade als Mathematiker habilitierten Alfred Pringsheim, der sie mit
dreiundzwanzig Jahren »von der Bühne weg« heiratete und
somit ihre Schauspielerkarriere jäh beendete. Hedwig hatte
selbst keine allzu hohe Meinung von ihrem schauspielerischen Talent. Später erzählte sie in einem Feuilleton, unter
anderem sei sie in der Rolle der Julia steckengeblieben und
habe sich mit der ersten Heldin und Liebhaberin zerstritten.
Daraufhin habe sie nach anderthalbjähriger Schauspieltätig-
keit ihr Entlassungsgesuch eingereicht. Alfred Pringsheim
kam also als Retter in der Not, und er hatte einiges zu bieten.

Der Name Pringsheim taucht 1794 erstmals auf.[2] Alle
Pringsheims sind Nachfahren des Bernstädter Juden Mendel
(Menachem) b. Chaim Pringsheim. Ein Urenkel dieses ersten Pringsheim war Rudolf Pringsheim (1821–1906), Katia
Manns Großvater väterlicherseits. Rudolf Pringsheim wurde
1821 in Oels in Schlesien geboren und lebte später in Ohlau.
Er besaß große Kohlengruben und war zunächst Bahnspedi-
teur. Durch den Bau von Schmalspurbahnen für den Güter-
und Personenverkehr trug er zur Erschließung Oberschle-
siens bei. Er leitete sein Unternehmen mit außerordentli-
chem Geschick. 1844, im Alter von 23 Jahren, schloß er mit
der Oberschlesischen Schmalspurbahn einen Pachtvertrag,
demzufolge er »den Transport von Produkten des Bergbaus
und des Hüttenbetriebes zu bewirken hatte«. Im Unterschied zu anderen Unternehmern spekulierte er jedoch
nicht, verlor also auf diese Weise kein Geld, sondern konnte
seinen Reichtum ständig mehren. So kam es auch, daß er
nach der Verlegung seines Wohnsitzes nach Berlin in den
Jahren 1872–74 ein prachtvolles Palais in der Wilhelm-
straße 67 bauen konnte, das Anton von Werner und Karl
von Piloty entworfen und ausgestattet hatten und das eine
Straßenfront von 30 Metern Länge aufwies. Wenn das Haus
auch protzig wirkte und für das damalige Berlin ein »sensa-

tionelles Ereignis« darstellte, so blieb der Hausherr doch ein kultivierter und bescheidener Mensch.

Als Rudolf Pringsheim 1906 fünfundachtzigjährig in Berlin starb, hinterließ er seinen Kindern Alfred und dessen Schwester Martha ein riesiges Vermögen, dessen genauer Wert allerdings nicht zu ermitteln ist. Allein von der Oberschlesischen Schmalspurbahn erhielt der Pächter Rudolf Pringsheim jedoch im Jahre 1904, als die Bahn verstaatlicht wurde, als Ablösung des Pachtvertrags eine Summe von 3 270 000 Mark. Seinem Sohn Alfred ermöglichte er, 1889/90 ein zwar bescheideneres, aber ebenfalls prachtvolles Palais in der Arcisstraße 12 in München, auf dem Gelände der späteren »Führerbauten« und der heutigen Hochschule für Musik und Theater, zu erbauen. Seit 1886 war Alfred Pringsheim zunächst als außerordentlicher, seit 1901 als ordentlicher Professor für Mathematik tätig. Schon vor seiner Berufung zum Ordinarius wurde er 1889 zum Mitglied der Bayerischen Akademie der Wissenschaften gewählt. Seine wissenschaftlichen Werke umfaßten eine Anzahl von Aufsätzen über die arithmetischen Grundlagen der Funktionenlehre, die in den *Mathematischen Annalen und Sitzungsberichten* der Münchener Akademie veröffentlicht wurden, sowie ein zweibändiges Werk *Vorlesungen über Zahlen- und Funktionenlehre,* das in mehreren Teilen 1916 bis 1932 erschien.[3]

Alfred Pringsheim zählte zu den ganz Reichen, nicht nur in München. Sein Vermögen im Jahr 1914 wurde im *Jahrbuch des Vermögens und Einkommens der Millionäre in Bayern* mit 13 Millionen Mark bei einem Jahreseinkommen von 800 000 Mark angegeben. Da das Jahresgehalt eines ordentlichen Professors damals zwischen 5000 und 10 000 Mark ohne Hörgelder lag, wird erkennbar, daß sein Vermögen vom Vater ererbt sein mußte. Soweit war es zwar noch nicht, als Hedwig Dohm und Alfred Pringsheim sich Ende 1877 verlobten und im nächsten Jahr heirateten, aber an Geld mangelte es nie. Zunächst zog das Paar in eine repräsentative

Wohnung in der Münchener Arcisstraße. Erst 1889 war das Renaissance-Palais fertiggestellt, und Alfred mußte noch etliche Jahre warten, bis er zum ordentlichen Professor ernannt wurde. Seine Frau wurde oft wegen ihrer Schönheit und Klugheit gerühmt, das Pringsheimsche Haus wurde bald zu einem Mittelpunkt des Münchner Kultur-, Geistes- und Gesellschaftslebens, in dem Hedwig mit ihren Fähigkeiten brillieren konnte. Alfred hatte offenbar sein Geld gut angelegt, denn auch er konnte später seiner jüngsten Tochter Katia zu einem angemessenen Wohnsitz in München verhelfen. Im übrigen ermöglichte ihm sein Vermögen, eine weltberühmte Kunstsammlung anzulegen, die ihm trotz Krieg und Inflation eines Tages das Leben retten sollte.

Dr. Alfred Pringsheim und Hedwig, geb. Dohm, heirateten am 23. Oktober 1878 in Berlin. Die ersten drei Kinder kamen jedoch in München zur Welt: 1879 Erik, 1881 Peter und 1882 Heinz. Am 24. Juli 1883 schließlich konnte der stolze Vater bekanntgeben, daß seine Frau Hedwig glücklich von Zwillingen entbunden worden sei, Klaus und Katharina Hedwig. Zunächst wurde das kleine Mädchen Käte, Kati oder Katja genannt.

Daß bei der bevorstehenden Geburt Zwillinge zur Welt kommen würden, hatte niemand erwartet. Die Familie hielt sich gerade für die Sommerfrische in Feldafing am Starnberger See auf, als die Wehen einsetzten. »Meine Mutter erwartete das vierte Kind, und als es dann kam, auch noch zu früh, waren es zwei, mein Zwillingsbruder und, ganz unerwartet, ich. Niemand war da außer der Bauersfrau, und es gab ja kein Telefon. Da sagte sie: Jessas! Es kommt noch eins! Das war dann ich. Als mein Vater an dem Tag nach Hause kam, wurde er von der Bauersfrau aufgeregt empfangen: Herr Doktor! Herr Doktor! Zwillinge san ankommen! Ihn rührte fast der Schlag.«[4] So schilderte Katia Mann ihre eigene Geburt, wie sie sie schon hundertmal gehört hatte, erzählt von ihrer eigenen Mutter Hedwig Pringsheim. Die

Zwillinge wurden am 6. Juli 1885 protestantisch getauft. Vater Alfred hat seinen jüdischen Glauben formal nie abgelegt. Obwohl ihm aus Karrieregründen nahegelegt wurde, sich taufen zu lassen, lehnte er dies stets ab und wurde 1901 dennoch Ordinarius an der Ludwig-Maximilians-Universität in München, wo er mit seinem Scharfsinn und schlagfertigen Witz Eindruck machte.

Hedwig Pringsheim hatte von ihrer Mutter ein gewisses schriftstellerisches Talent geerbt, wie man aus ihren frischen, lebendigen Briefen und Feuilletons sehen kann. Sie hatte durchaus eine spitze Zunge, aber es mangelte ihr auch nicht an Selbstironie. Sie hatte die Fähigkeit, Personen und Ereignisse plastisch und knapp zu charakterisieren, eine Eigenschaft, die auch Tochter Katia erbte. Offenbar war sie zufrieden mit ihren Aufgaben als Mutter und bedauerte es nicht, die Schauspielerei aufgegeben zu haben. Sie hatte ja ihren Münchner Salon und ihre Kinder, allerdings mußte auch sie – wie ihre Mutter – in Kauf nehmen, daß Alfred stets wechselnde »Flammen« hatte. Das Familienleben scheint jedoch, trotz des gelegentlichen Jähzorns des Vaters, harmonisch gewesen zu sein. Mit Alfreds Musikalität konnte sie zwar nicht mithalten, aber sie besaß genügend Selbstbewußtsein, um damit leben zu können. Jedenfalls wurde über alles gesprochen, und auch vor den Kindern gab es keine Tabus, wie die Aufzeichnungen des »Kinderbüchleins« erkennen lassen, das Hedwig Pringsheim führte. Darin schildert sie die geistige und körperliche Entwicklung der Kinder, ihre Aussprüche, das Familienleben in einem großbürgerlich-künstlerischen Hause.

Die Kindererziehung war für die damalige Zeit äußerst liberal. Es gab ein reichhaltiges Bildungsangebot, aber niemand wurde zu etwas gezwungen. Die Kinder durften ihre Meinung frei äußern und auch Themen erörtern, die üblicherweise tabu waren: Hedwig notierte Gespräche über das Kinderkriegen, über Juden und Christen und sogar über die

Geliebte des Vaters. Die Kinder wurden auch nicht vom Umgang mit den berühmten Künstlern und Gelehrten, die das Haus frequentierten, ausgeschlossen.

Im Hause Pringsheim in München wurden glänzende Soireen, Diners, Tees, musikalische Abende und Dichterlesungen, aber auch Bälle gegeben, die mit denen der Bernsteins, deren Salon ebenso berühmt war, konkurrierten. Man lebte, wie Inge und Walter Jens formulierten, »im faszinierenden Ambiente der jüdischen Kulturbourgeoisie«[5], in der man Geld hatte, aber Geist zeigen mußte, sonst wäre man nicht zugelassen worden. Der junge Thomas Mann hatte zwar kein Geld, aber als Sohn eines Lübecker Senators eine Herkunft, die er durchaus ins Feld führen konnte. Und er hatte, als er sich entschloß, der einzigen Tochter des Hauses Pringsheim den Hof zu machen, bereits mehrere Novellen und den berühmten Roman *Buddenbrooks. Verfall einer Familie* (1901) veröffentlicht. Zwar war Alfred Pringsheim nicht sonderlich an Literatur interessiert, aber seine Frau Hedwig und wohl auch die Tochter Katia hatten das Buch gelesen.

DREI

Katia

Katia Mann in ihrem sechzigsten Lebensjahr.

Kindheit und Jugend

Die kleine Katia wuchs zusammen mit ihren vier Brüdern in dem Palais der Pringsheims in der Arcisstraße 12 in München auf. Sie wurde nicht anders behandelt als ihre Brüder, ja, viele zählten sie sogar zu den »Pringsheim-Buben«. Zunächst erhielten die Kinder Privatunterricht, ihr Lehrer Bengelmann brachte ihnen das Grundschulpensum bei und bereitete sie für die Aufnahmeprüfung am Gymnasium vor. Katia lernte leicht und nahm früh einen Teil des Stoffes auf, in dem die größeren Geschwister unterrichtet wurden. Besonders Erik, immerhin vier Jahre älter als seine Schwester, freute sich über jede Lateinvokabel, die sie behielt. Der Unterricht durch ihren Privatlehrer wurde jäh beendet, als Bengelmann bei einem Ausflug mit den Kindern an den Tegernsee beim Baden ertrank. Schülein, der neue Lehrer, unterrichtete Katia und ihren Zwillingsbruder Klaus im gesamten Lehrstoff bis zum neunten Schuljahr. Als Klaus die Aufnahmeprüfung für das Gymnasium ablegte, mußte Katia allerdings zurückstehen, denn es gab damals noch kein Mädchengymnasium in München. Zu Klaus hatte Katia eine besonders enge Verbindung, denn er war der schwächere der Zwillinge und kränkelte leicht. Das veranlaßte die vierjährige Katia zu der Äußerung: »Wo wir beide als Menschen gekommen sind, da hat man sich geirrt und gemeint, ich bin's Mädel, aber ich bin der Bub!« So hat es jedenfalls ihre Mutter im »Kinderbüchlein« notiert, auch das schlechte Gewissen, das Katia deswegen hatte. Auch hatte sie kein Interesse an Spielzeug für Mädchen, sondern eiferte ihren Brüdern nach, die sie vergötterten. Von frühester Kindheit an wollte sie sich durchaus mit den älteren Brüdern messen.

Vielleicht war es der Wunsch der Großmutter, daß Katia wie ihre Brüder die Reifeprüfung ablegen sollte. Sie wurde zunächst von einem Studenten unterrichtet, der die vier Buben bei den Hausaufgaben beaufsichtigte, dann von verschiedenen Gymnasialprofessoren in alten Sprachen, Deutsch, Mathematik und Geschichte. Im letzten Jahr schließlich las sie das Neue Testament auf Griechisch. Im Alter von siebzehn Jahren legte Katia als Externe zusammen mit dem Zwillingsbruder das Abitur an dem renommierten Münchner Wilhelms-Gymnasium ab, das mehrere Mann-Kinder später ebenfalls frequentierten.[1]

In dem luxuriösen und musisch interessierten Haus war alles vorhanden, was die Kinder zum Lernen brauchten: Es gab – neben dem großen gemeinsamen Schlafzimmer für die Söhne und dem Schlafzimmer der Tochter – ein Spielzimmer voller Schränke und Regale mit Spielzeug und zum Garten hin ein Studierzimmer, in dem jedes Kind ein eigenes Schreibpult und Bücherborde besaß. Dort stand auch ein kleiner Flügel für die jüngsten Söhne, die das musikalische Talent vom Vater geerbt hatten. Dieses Kinderreich war über eine separate Treppe zu erreichen.

Die Salons im Untergeschoß waren im Renaissance-Stil ausgeschmückt, mit vergoldeten Kassettendecken, Holz- und Marmorschnitzereien, Seidentapeten und Gobelins, erlesenen Möbeln und Gemälden sowie der berühmten Majolika-Sammlung und den Silberschmiedearbeiten, von denen später noch die Rede sein wird. Diese Vorliebe Alfred Pringsheims für den Stil der Renaissance war gegen Ende des 19. Jahrhunderts in den besseren Kreisen sehr en vogue. Die Pringsheims waren reich genug, echte Gobelins, Statuen, Silberarbeiten und Fayencen zu sammeln. Berühmte Künstler hatten die Villa ausgestattet: Um die Wände des Musik-

und Ballsaales, mit dem Salon durch eine breite Schiebetür verbunden, lief ein Fries von Hans Thoma, der eine paradiesische Ideallandschaft darstellte. Die Pringsheims verfügten aber auch als einer der ersten Haushalte Münchens über Telefon und eine eigene Elektrizitätsversorgung.

Katias Mutter hatte das oben erwähnte kleine Büchlein angelegt, das die Jahre 1881 bis 1898 umfaßt. Darin sammelte sie Aussprüche der Kinder und Anekdoten aus dem Familienleben. Unter dem Datum des 3. Juni 1891 heißt es dort: »Thoma hat die Saal-Bilder abgeliefert, Kati sitzt bewundernd auf der Stufe: ›Kann Herr Thoma nicht eigentlich besser malen als Herr Lenbach? Was ist schwerer, blos nach'm Kopf malen oder anders malen? Ist Herr Thoma eigentlich ein Bayer?‹ ›Nein.‹ ›Schade, denn das tät Bayern so ehren.‹«[2]

Die Eltern waren stolz auf ihre fünf hübschen Kinder und ließen sie von den besten Malern der Zeit porträtieren. Überliefert ist das bekannte Gemälde Friedrich August von Kaulbachs, das die Kinder als Pierrots – Katia links als Pierrette – zeigt und von 1888 stammt, als Katia fünf Jahre alt war, und das Thomas Mann schon als Schüler in einer Zeitung gesehen und aufgehoben hatte, ohne damals zu wissen, wen es darstellte. Ein Jugendporträt der vierzehnjährigen Katia von Franz von Lenbach zeigt bereits ihre Schönheit, ihre auffallend großen dunklen Augen, die Thomas Mann später so bewunderte. Dieses Bild hing zunächst im Salon der Mutter, später im Haus der Familie Mann in Kilchberg am Zürichsee.

Zu den großen Gesellschaften der Pringsheims gehörte auch die sonntägliche »Theegesellschaft« im Salon der Mutter. Obwohl der Vater – im Gegensatz zur Mutter – keine literarischen Neigungen hatte, kamen sowohl Literaten als auch Musiker, Maler und Schauspieler ins Haus. Katia nennt in ihren *Ungeschriebenen Memoiren* »Richard Strauss... [den Komponisten Max von] Schillings, Fritz August Kaulbach, Lenbach, Stuck und viele andere aus Münchens gesellschaftlich-künstlerischen Kreisen«. Da Alfred Pringsheim Mathematikprofessor war, kamen aber auch Wissenschaftler und Universitätskollegen. Als begeisterter Wagnerianer hatte er sogenannte Patronatsscheine für den Bau des Schauspielhauses in Bayreuth gekauft und auch seinen Vater, Rudolf Pringsheim, dazu überredet. Sein größter Stolz waren zwei Briefe Wagners an ihn. Das persönliche Verhältnis zu Wagner verscherzte sich Alfred Pringsheim aber 1876 bei den Proben für den »Ring«, weil er sich mit einem Mann duellierte, der sich abschätzig über Wagner geäußert hatte. Der jähzornige Pringsheim hatte daraufhin seinem Widersacher einen Bierkrug auf den Schädel geschlagen. Seitdem trug er den Spottnamen »Schoppenhauer«. Die Wagners wollten keine Skandale und ließen Pringsheim fallen.[3] Bei den musikalischen Veranstaltungen im Hause Pringsheim wurde dennoch weiterhin im eigenen Musiksaal Wagner gespielt und gesungen, dazu wurden professionelle Opernsänger eingeladen, darunter auch die Primadonna Milka Ternina. Katias offenherzige Art brachte manchmal die Erwachsenen in Verlegenheit. Als Achtjährige beobachtete sie, wie ihr Vater der Sängerin den Hof machte – ihre Mutter berichtet darüber: »Wir sitzen am Theetisch, und ich meine, Alfred, der noch fehlt, trinke gewiß bei Milka Thee. Darauf Kati: ›Der Fey [Spitzname des Vaters] spielt Milka überhaupt sehr den Hof, er wird sie wohl heiraten wollen, auf ein Jahr, bis sie ein Kind hat, dann wird er wiederkommen und sich mit dem Kind protzen, als wenn's gescheiter wäre als wir fünf, aber dann jagen wir Milka mit dem Kind fort.‹ Das erzähle ich Alfred, der Kati fragt, wie er denn Hof spiele? ›Ja‹, sagt Kati, ›du gehst halt immer Theetrinken zu ihr und gibst ihr den Arm und applaudirst im Theater und machst den Frankfurter und schenkst ihr Konzertbillets, die sie nicht einmal annimmt, du bist wie ein Witwer, der eine andere will…!‹«[4] Diese Passage zeugt nicht nur von Katias guter Beobachtungsgabe, sondern auch von der Offenheit, mit der im Hause Pringsheim von der Geliebten des Vaters gesprochen wurde. Offensichtlich hat die Mutter dieses Verhältnis geduldet. Die Worte der Achtjährigen spiegeln allerdings eine gewisse Eifersucht.

Trotz der Affären des Vaters scheint die Ehe der Pringsheims glücklich gewesen zu sein. Hedwig berichtet über ihren Mann zärtlich: »Der furchtbar süße kleine Mann ist ein rechter Mummelgreis geworden, aber gesund dabei, frisch und immer verliebt. So Männer haben's gut, die dürfen ja immer ...«, später wird er zum »munteren Greislein«.[5] In späteren Jahren versuchte auch Hedwig sich schriftstellerisch zu betätigen. So schrieb sie einen öffentlichen Nachruf auf ihre Mutter, die Frauenrechtlerin, und weitere meist autobiographische Artikel, die im Unterhaltungsblatt der »Vossischen Zeitung« 1929/30 erschienen. Sie wußte ein kultiviertes und gesellschaftlich-künstlerisches Haus zu führen und nahm lebhaften Anteil an allen literarischen, musikalischen und politischen Ereignissen. Sie war sportlich, nahm Turnstunden und bestieg als eine der ersten Damen im München des 19. Jahrhunderts ein Fahrrad. Sie radelte mit ihrem Mann und den älteren Söhnen durch halb Europa, in Hosen, versteht sich. Die Zwillinge durften allerdings auf diese anstrengenden Touren noch nicht mit und wurden zu Verwandten geschickt.

Mit elf Jahren besuchte Katia zum ersten Mal die »Meistersinger« und war so begeistert, daß sie bedauerte, als die Oper, die bekanntlich viereinhalb Stunden dauert, zu Ende war. Mit Wagnerscher Musik aufgewachsen, glaubte sie, Wagner sei das Herrlichste überhaupt. In der Wagner-Verehrung war sich offenbar die ganze Familie einig.

Nachdem Katia die Reifeprüfung mit »glänzendem Ergebnis« abgelegt hatte, sollte sie auf Wunsch des Vaters Naturwissenschaften studieren: bei dem berühmten Wilhelm Conrad Röntgen Experimentalphysik, bei ihm selbst Mathematik, also Infinitesimal-, Integral- und Differentialrechnung sowie Funktionstheorie. Aber sie nahm das Studium eigentlich nur dem Vater zuliebe auf, wie sie in ihren *Ungeschriebenen Memoiren* bekannte.

»Aber ich bin noch immer der Meinung, daß ich für diese Fächer keine besondere Veranlagung hatte. Einer meiner Brüder, Peter, der zweitälteste, studierte auch Physik. Er ist ein sehr guter Physiker geworden. Ich war gar nicht dafür prädestiniert, und Röntgen hielt auch gar nichts von mir. Beim Experimentieren passierte mir einmal etwas sehr Mißliches. Ich warf einen Apparat hin. Das hat Röntgen mir sehr übelgenommen. Ich hätte es wahrscheinlich in diesem Fach nie zu etwas gebracht, und auch für Mathematik fand ich mich gar nicht sehr begabt. Ich hätte es auch da nicht sehr weit gebracht. Es war eigentlich mehr so töchterliche Anhänglichkeit. Ich hab's auch alles vergessen.«[6] Belegt hatte sie auch andere Fächer, die wohl ihren Neigungen näherlagen, wie Kunstgeschichte, Philosophie und Russisch. Manche der Vorlesungen besuchte Katia sogar zusammen mit ihrer Mutter.

Trotz ihres Desinteresses an Mathematik und Physik gefiel ihr doch das Leben als Studentin, zusammen mit den Brüdern auch der Besuch im Tennisklub. Es gab zahlreiche Bewerber um ihre Hand – unter ihnen auch Alfred Kerr, der bekannte Schriftsteller und Kritiker –, aber sie nahm keinen ernst. Überhaupt wollte sie gar nicht so schnell von zu Hause weg. Sie war zwanzig, hatte »vier oder sechs« Semester studiert und fühlte sich wohl in ihrer Haut. Erik, Katias Lieblingsbruder, verschwand nach einem Jurastudium und turbulenten Jahren als Spieler und Frauenheld nach Argentinien und damit aus Katias Gesichtskreis. 1909 kam er auf mysteriöse Weise ums Leben. In ihren *Ungeschriebenen Memoiren* erwähnt Katia diesen schmerzlichen Verlust nicht, ebensowenig wie den späteren ihres Sohnes Klaus. Ihre anderen Brüder ergriffen teils naturwissenschaftliche, teils musische Berufe: Peter (1881–1963) wurde Physiker, Heinz

(1882–1974) Archäologe, Musikschriftsteller und Komponist; Klaus, Katias Zwillingsbruder (1883–1972), wurde Dirigent, Komponist und Opernregisseur. Von diesen drei Brüdern wird noch die Rede sein.

Verliebt (?), verlobt, verheiratet

Katia war Thomas Mann, dessen Roman *Buddenbrooks* damals bereits ein triumphaler Erfolg war und der auch mit seinem Novellenband *Tristan* (1903) von sich reden machte, schon mehrfach von weitem aufgefallen. Sie war häufig bei Musikaufführungen in Begleitung ihrer Brüder zu sehen, so im Kaim-Saal, einem Münchener Konzertsaal, für den Vater Pringsheim gleich fünf Abonnements genommen hatte. Dort hatte Thomas Mann, der wußte, wer sie war, sie mit dem Opernglas beobachtet. Sie kannte ihn noch nicht. Als Studentin fuhr sie bei schlechtem Wetter zweimal täglich mit der Trambahn von der Arcisstraße zur Universität, dieselbe Trambahn, die Thomas Mann häufig von Schwabing in die Stadt nahm. Obwohl bereits verschiedentlich zitiert, sei auch hier das »Trambahnerlebnis« erzählt, weil es ein Licht auf Katias Charakter wirft. Sie schreibt in ihren *Ungeschriebenen Memoiren:*

»An einer bestimmten Stelle, Ecke Schelling-/Türkenstraße, mußte ich aussteigen und ging dann zu Fuß, mit der Mappe unterm Arm. Als ich aussteigen wollte, kam der Kontrolleur und sagte: Ihr Billet! Ich sag: Ich steig hier grad aus. Ihr Billet muß i ham! Ich sag: Ich sag Ihnen doch, daß ich aussteige. Ich hab's eben weggeworfen, weil ich hier aussteige. Ich muß das Billet –. Ihr Billet, hab ich gesagt! Jetzt lassen Sie mich schon in Ruh! sagte ich und sprang wütend hinunter. Da rief er mir nach: Mach, daß d' weiterkimmst, du Furie!«[7]

Thomas Mann war von dieser Episode so beeindruckt,

daß er Katia unbedingt kennenlernen wollte. Aber er konnte die junge Frau nicht direkt ansprechen, das galt damals als unziemlich. Also mußte er vorgestellt werden. Thomas Mann wandte sich schließlich an das Ehepaar Bernstein. Elsa Bernstein war eine bekannte Schriftstellerin, die unter dem Pseudonym Ernst Rosmer publizierte, Justizrat Max Bernstein ein bekannter Rechtsanwalt und Strafverteidiger, nebenbei auch Theaterkritiker der »Münchner Neuesten Nachrichten«. Ganz offenbar kannte Thomas Mann Frau Bernstein bereits gut genug, um sich an sie mit der Bitte um eine gemeinsame Einladung wenden zu können. Katia zufolge lud Elsa Bernstein, »die unsere Bekanntschaft eifrig begünstigte und offenbar gern ehestiftete – ich will nicht den stärkeren Ausdruck gebrauchen«, die beiden zum Abendessen ein und plazierte sie mit Absicht nebeneinander. Dieser ersten Einladung folgten weitere.

Kurz zuvor war Thomas Mann zur Antrittsvisite bei den Pringsheims erschienen, bei der er Katia nur flüchtig begrüßte. Wenig später lud Frau Pringsheim ihn zum Tee ein, er brachte ihr ein Buch zurück, das er sich ausgeliehen hatte. Die Mutter rief Katia dazu, und sie plauderten eine Stunde zu dritt. Schon wurde eine Einladung zum Mittagessen in Aussicht gestellt. In einem Brief vom 27. Februar 1904 berichtete Thomas Mann dem Bruder Heinrich über seine neuen gesellschaftlichen Kontakte:

»Es ist eine neue und erregte Zeit für mich, zu stiller Arbeit wenig geeignet. Buddenbrooks haben das 18. Tausend, und auch die Novellen stehen nun vor dem 3ten. Ich muß mich erst in die neue Rolle als berühmter Mann einleben; es erhitzt doch sehr ... Ich bin gesellschaftlich eingeführt, bei Bernsteins, bei Pringsheims. Pringsheims sind ein Erlebnis, das mich ausfüllt. Tiergarten[8] mit echter Kultur. Der Vater Universitätsprofessor mit goldener Cigarettendose, die Mutter eine Lenbach-Schönheit, der jüngste Sohn Musiker, seine Zwillingsschwester Katja (sie heißt Katja[9]) ein

Wunder, etwas unbeschreiblich Seltenes und Kostbares, ein Geschöpf, das durch sein bloßes Dasein die kulturelle Thätigkeit von 15 Schriftstellern oder 30 Malern aufwiegt... Dies spricht der Rausch, aber es ist diesmal einer, der, wenn ich in ihm handle, unermeßliche Folgen der verschiedensten Art haben kann. Eines Tages fand ich mich in dem italienischen Renaissance-Salon mit den Gobelins, den Lenbachs, der Thürumrahmung aus giallo antico und nahm eine Einladung zum großen Hausball entgegen. Er war am nächsten Abend. 150 Leute, Litteratur und Kunst. Im Tanzsaal ein unsäglich schöner Fries von Hans Thoma. Ich hatte Frau Justizrath Bernstein... zu Tisch. Zum ersten Mal seit den 18 Auflagen war ich in großer Gesellschaft und hatte in der anstrengendsten Weise zu repräsentiren... Ich habe im Grunde ein gewisses fürstliches Talent zum Repräsentiren, wenn ich einigermaßen frisch bin... An diesem Abend lernte ich die Tochter des Hauses kennen, nachdem ich sie früher nur gesehen, oft, lange und unersättlich gesehen und sie nur einmal bei der Antrittsvisite flüchtig begrüßt hatte... Frau Prof. Pr. besucht jetzt auf 14 Tage ihre Familie in Berlin. Nach ihrer Rückkehr wird wohl die Diner-Einladung kommen. Katja hoffe ich vorher bei Bernsteins zu treffen.«[10]

Thomas Mann hat in der Novelle *Beim Propheten* (1904) seiner zukünftigen Schwiegermutter »harmlos« gehuldigt, »zur Sicherheit und noch in der Werbe- und Wartezeit«: »Plötzlich kam noch die reiche Dame an, die aus Liebhaberei solche Veranstaltungen zu besuchen pflegte. Sie war in ihrem seidenen Coupé aus der Stadt, aus ihrem prachtvollen Hause mit den Gobelins und den Türumrahmungen aus Giallo antico hierhergekommen, war alle Treppen heraufgestiegen und kam zur Tür herein, schön, duftend, luxuriös, in einem blauen Tuchkleid mit gelber Stickerei, den Pariser Hut auf dem rotbraunen Haar, und lächelte mit ihren Tizian-Augen. Sie kam aus Neugier, aus Langerweile,

aus Lust an Gegensätzen, aus gutem Willen zu allem, was ein
bißchen außerordentlich war, aus liebenswürdiger Extrava-
ganz, begrüßte Daniels Schwester und den Novellisten, der
in ihrem Hause verkehrte, und setzte sich auf die Bank vor
der Fensternische zwischen die Erotikerin und den Philosophen mit dem Äußern eines Känguruhs, als ob das in
der Ordnung sei.«[11] Katias Zwillingsbruder Klaus erwiderte
Thomas' Antrittsbesuch und überreichte die Karte seines
Vaters, »der leider zu beschäftigt war, um mich selbst aufzusuchen«, wie Thomas Mann vermerkte. Klaus bewies fortan
seine Sympathie für den Dichter und gab ihm und seiner
Schwester verschiedentlich Gelegenheit, unter vier Augen zu
sprechen. Die anderen Brüder Katias nannten den hartnäk-
kigen Bewerber allerdings den »leberleidenden Rittmeister«,
wohl weil er auf sie etwas kränklich wirkte. Die Mutter dagegen hatte offenbar einen guten Eindruck von ihm. Vater
Alfred Pringsheim war zwar »nicht sehr begeistert«, über-
wand aber seine Zweifel. »Wirklich gegen die Heirat war niemand«, erinnert sich Katia in ihren *Ungeschriebenen Memoiren,* auch nicht die Großmutter Dohm. Das »Urmiemchen«
war lediglich etwas enttäuscht, daß die Enkelin nicht zu
Ende studieren und promovieren wollte, was ihren Maximen entsprochen hätte.

Thomas Mann hat seine Katia mehrfach literarisch geschildert, zuerst in *Königliche Hoheit,* wo sie die wunderschöne, aber etwas schnippische Tochter eines amerikanischen Milliardärs verkörpert, Imma Spoelmann. »Miss
Imma kam zu Fuß und allein von rechts auf dem Bürgersteig
daher. Beide Hände in ihrem großen, mappenartigen Muff,
dessen lang hinabhängende Decke mit Schwänzchen besetzt
war, hielt sie mit einem Unterarm ihr Kollegienheft an sich
gedrückt. Sie trug eine lange Jacke aus glänzendem Schwarz-
fuchspelz und eine Mütze aus dem gleichen Rauchwerk auf
ihrem dunklen, fremdartigen Köpfchen.« Sie hat »unver-
hältnismäßig große braunschwarze Augen«, sie besitzt ein

»perlblasses Gesichtchen«, kindliche Schultern und Arme, insbesondere die Augen werden immer wieder erwähnt, sie sprechen eine »eindringliche, hinreißend fließende Sprache«[12]. Kein Zweifel, das ist Katia, wie wir sie von ihren Jugendphotos kennen. Imma setzt ihren Gesprächspartner Klaus Heinrich »matt im Handumdrehen mit der lustigen Übermacht ihrer Zunge«[13]. Offenbar hatte Katia die gleiche Freude am geistreichen Wort wie ihr Vater, sie bestritt aber später, schnippisch gewesen zu sein. Allerdings sind im Roman die Verhältnisse auf eine höhere, »königliche« Ebene transponiert; statt der Ausritte zu Pferd, bei denen Imma dem Prinzen Klaus Heinrich davonreitet, gab es in der Realität Ausflüge mit dem Fahrrad, wobei Katia Thomas davonfuhr. Und »die lustige Übermacht ihrer Zunge« sollte sie in ihrem Leben noch viele Male beweisen.

Seit dem Kennenlernen der beiden im Februar 1904 bis zu ihrer Verlobung vergingen nur einige Monate, die Thomas Mann aber ungeheuer lang vorkamen. In sein Notizbuch schrieb er: »Sonnabend d. 9. April Ausspr. mit K. P.«, am »Montag, den 16. Mai: Zweite große Aussprache mit K. P., seit Donnerstag d. 19. Mai begann die Wartezeit.« Entweder hatte er ihr ein Ultimatum gestellt, oder sie hatte ihm versprochen, ihm nach einer gewissen Bedenkzeit eine Antwort zu geben. Sie war nämlich »nicht so sehr enthusiasmiert«, hatte »einige Widerstände, dachte nicht daran, so früh zu heiraten«[14]. Aber Thomas Mann hatte sich die Heirat mit Katia in den Kopf gesetzt und ihr, während sie auf Reisen nach Bad Kissingen und an die Ostsee war, leidenschaftliche Briefe geschrieben, die sie beeindruckten und die sie »nicht ganz so schön beantwortete«[15]. Dennoch fiel ihr die Entscheidung schwer. Wenn die Angelegenheit zur Sprache kam, sah sie ihn an »wie ein gehetztes Reh«. Thomas Mann, irritiert über ihre quälende Unentschlossenheit, befragte sogar einen Arzt, der ihm bestätigte, daß dieses Verhalten etwas notorisch Krankhaftes sei, und ihm riet, viel diplomatischer und zurückhaltender vorzugehen.[16]

Leider sind Katias damalige Briefe verlorengegangen. Die Briefe Thomas Manns existieren nur in Form von Exzerpten, die er von seinen eigenen Briefen an Katia für die Verwendung in *Königliche Hoheit* machte – ein frühes Beispiel dafür, wie Thomas Mann Persönliches in Literatur verwandelte und wie Katia ihn dabei unterstützte. Zu diesem Zweck hatte Katia ihm nämlich die Briefe zurückgegeben, wir können also den Inhalt ihrer Briefe nur aus seinen Antworten erschließen. Aus der Zeit ihres Ostsee-Aufenthalts sind Auszüge von etwa einem Dutzend Briefe erhalten: »Katja, liebe, geliebte kleine Katja, nie war ich mehr erfüllt von Ihnen, als in diesen Tagen! Ich glaube, den seltsamen und unbestimmten Klang Ihrer Stimme zu hören, den dunklen Glanz Ihrer Augen, die perlenartige Blässe Ihres süßen, klugen, wechselvollen Gesichts unter dem schwarzen Haar vor mir zu sehen, – und eine brennende Bewunderung ergreift mich, eine Zärtlichkeit schwillt in mir auf, für die es kein Zeichen und Gleichnis giebt. Und Sie? Und Sie?«[17]

Ihre Antworten, auf duftendem Papier, versetzten ihn in helles Entzücken: »… ahnen Sie eigentlich, was für ein Gralswunder und Zeichen des Heils dieser kleine, ein wenig kindlich bekritzelte Bogen für mich gewesen war? … Ein Sturm des Entzückens! Und dann, als Reaktion, ein beinahe träges Ruhen im Glück …« Er versuchte weiter, sie von den eigenen Vorzügen und den Vorteilen einer Ehe mit ihm zu überzeugen: »Aber Sie müssen selbständig genug sein, dabei im Sinne zu behalten, daß ich, nach Herkunft und persönlichem Werth, durchaus berechtigt bin, auf Sie zu hoffen; dürfen, was für ein Gesicht ich auch machen möge, niemals vergessen, daß Sie schlechterdings nicht hinabsteigen, schlechterdings keinen Gnadenakt vollziehen werden, wenn Sie eines Tages vor aller Welt die Hand ergreifen werden, die ich Ihnen so bittend entgegenstrecke.« Und schließlich der eigentliche

Heiratsantrag in einem Brief vom Juni 1904: »Eine Heilung von dem Repräsentativ-Künstlichen, das mir anhaftet, von dem Mangel an harmlosem Vertrauen in mein persönlich-menschliches Theil ist mir durch Eines möglich: durch das Glück; durch *Sie* meine kluge, süße, gütige, geliebte kleine Königin! ... Was ich von Ihnen erbitte, erhoffe, ersehne, ist Vertrauen, ist das zweifellose Zumirhalten selbst einer Welt, *selbst mirselbst* gegenüber, ist etwas wie Glaube, kurz – ist *Liebe* ... Diese Bitte und Sehnsucht ... Seien Sie meine Beja-hung, meine Rechtfertigung, meine Vollendung, meine Erlö-serin, meine – Frau! Und lassen Sie sich niemals von jener ›Unbeholfenheit oder so etwas‹ verwirren! Lachen Sie mich aus und sich selbst, wenn ich Ihnen ein solches Gefühl erwecke und halten Sie zu mir!«[18]

Offenbar traute sich Katia zunächst nicht zu, diesen An-sprüchen genügen zu können, aber schließlich, nach der Rückkehr aus dem Urlaub, gab sie ihr Zögern auf. Als er sie im September in ihrem Elternhaus in der Arcisstraße be-suchte, fragte er sie, ob sie ihm ihre Bücher zeigen wolle. Sie stimmte zu, allein mit ihm nach oben in ihr Studierzimmer zu gehen, und dort, so erinnert sie sich Jahrzehnte später, »fiel er über mich her«. Thomas Mann erinnert in dem Ro-man *Königliche Hoheit* nur mit einem Satz an diese Situa-tion: »... daß Sie mir – unsterbliche Redensart – Ihre Bücher zeigten«.

Am 3. Oktober 1904 verlobten sich die beiden, sogleich teilte er dies seinem Freund Kurt Martens mit. Auch alle anderen Verwandten und Freunde erfuhren sofort von der Verlobung durch die Anzeige der Eltern Pringsheim bzw. durch Thomas Mann selbst. Im November fand eine gemeinsame Reise nach Berlin statt, wo Thomas Mann eine Lesung im Verein für Kunst aus seinem Renaissance-Stück *Fiorenza* hielt. Das Honorar für die Lesung betrug hundert Mark, die er aber erst anmahnen mußte. In diesem Zusam-menhang findet sich ein erstes Zeichen für Katias Einfluß in finanziellen Dingen. Er zeigte ihr seinen Briefentwurf: »Ich muß mit Befremden feststellen, daß Sie das mir geschuldete Honorar von hundert Mark noch immer nicht eingezahlt haben; ich muß nun dringend bitten, daß das jetzt geschieht. Das ist bei mir nicht Sache der Geldgier, sondern des Ehrgeizes, denn ich bin überzeugt, daß Wolzogen sofort sein Honorar bekommen hat.« Worauf Katia antwortete: »Wie kannst du denn so etwas schreiben? Dann werden sie dir antworten: Beruhigen Sie sich, Wolzogen hat es auch nicht bekommen. Also, du mußt schreiben: Ich bestehe darauf, daß Sie es bezahlen. Aber das mit Wolzogen würde ich weglassen.«[19]

Auf dieser Reise begleitete auch ihre Mutter Hedwig das junge Paar. Sie wollte die Gelegenheit nutzen, Thomas Mann der Familie vorzustellen. Sie besuchten Katias Onkel Hermann Rosenberg, den Direktor der Berliner Bankgesellschaft, der ebenfalls sehr reich war und ein schönes Haus im Berliner Tiergarten besaß. Beim Diner in dessen Haus war auch Maximilian Harden zugegen, der berühmte Publizist und Begründer der Wochenzeitschrift »Die Zukunft«. Er war mit Katias Mutter befreundet, kannte sie seit seinen eigenen Anfängen als Schauspieler und hatte bereits im Salon der Großmutter verkehrt. Hedwig Pringsheim galt als eine der glühendsten Verehrerinnen Hardens. Katias Erinnerungen zufolge besuchten sie auf dieser Reise auch ihre Großeltern väterlicherseits. Sie fragten gleich: »Na, Tommy, was wünschst du dir denn? Und er antwortete: Ach Gott, ich habe eigentlich keine sehr gute Uhr. Da sagten sie: Es wird sofort zum ersten Uhren- und Juwelierladen von Berlin geschickt, und von dort kam eine *choix* prachtvoller Golduhren. Er hat dann eine Glashütter Golduhr bekommen, die wir heute noch haben und die nie gereinigt werden mußte«, so Katia in ihren *Ungeschriebenen Memoiren*. Katias Familie nahm also offenbar den Bräutigam mit großem Wohlwollen auf.

Dennoch gab es in der Familie auch Vorbehalte, vor allem bei den Müttern. So schrieb Hedwig Pringsheim am 29. Oktober 1904 an den fernen Freund Harden: »Warum darf ich nicht grenzenlos verstimmt sein? Ich bins doch aber. Körperlich müde und abgehetzt, im Gemüte unzufrieden und im Geiste schwach, verbraucht, fix und fertig. Ich glaube nicht, daß der neue Stand der Schwiegermutter grade so aufreibende Wirkung hat, wenigstens nicht der allein. Der üble Sommer, die vielen Aufregungen mit Katia, die Abhetzerei jetzt mit Wonungsuchen und Ausstattung – es kommt wol alles zusammen...«[20] Diese Klage richtete sich jedoch nicht nur gegen den Schwiegersohn, sondern vor allem gegen die mit der Hochzeit zusammenhängenden Umstände.

Auch Julia Mann, die Mutter des Bräutigams, war nicht ohne Bedenken; sie schrieb ihrem Sohn Heinrich am 4. Januar 1905: »Ach, Heinrich, ich war ja *nie* mit dieser Wahl einverstanden; wenn auch Katia in meiner Anwesenheit sehr lieb mit mir ist...« Sie war vor allem verstimmt, weil keine kirchliche Trauung stattfinden sollte. Dies hätten die Braut und ihr religionsloser Vater bestimmt, aber Thomas hätte ihrer Meinung nach sagen müssen: »Nein, so lieb wie ich Katia habe, der Tradition und dem Sinne meiner Eltern und Voreltern will ich treu bleiben u. verlange eine kirchliche Trauung!« Man erwarte von Thomas »zuviel Rücksichten«... »Das viele Geld macht doch kalt und anspruchsvoll...«[21]

Thomas schrieb an Heinrich über die Verlobungszeit: »Nie habe ich das Glück für etwas Leichtes und Heiteres gehalten, sondern stets für etwas so Ernstes, Schweres und Strenges wie das Leben selbst – und vielleicht *meine* ich das Leben selbst. Ich habe es mir nicht ›gewonnen‹, es ist mir nicht ›zugefallen‹, – ich habe mich ihm *unterzogen*: aus einer Art Pflichtgefühl, einer Art von Moral, einem mir eingeborenen Imperativ... Es gilt andauernd, sich menschlich stramm zu halten, und oft genug läuft das ganze ›Glück‹

auf ein Zähne zusammenbeißen hinaus. Die letzte Hälfte der Werbezeit – nichts als eine große seelische Strapaze. Die Verlobung – auch kein Spaß, Du wirst das glauben. Die absorbirenden Bemühungen, mich in die neue Familie einzuleben, einzupassen (soweit es geht). Gesellschaftliche Verpflichtungen, hundert neue Menschen, sich zeigen, sich benehmen.«[22]

Am 11. Februar 1905 fand die Hochzeit im engsten Familienkreis statt. Von der Familie Mann fehlten Heinrich, der in Florenz weilte, und Carla, die ein Engagement als Schauspielerin hatte. Beide schickten aber ein Hochzeitsgeschenk, ein weißes Kaffeeservice mit Kleeblattschmuck. Die Trauung fand im Münchner Standesamt am Marienplatz statt, Trauzeugen waren Vater Pringsheim und Schwager Löhr. Anschließend wurde ein festliches Diner in der Arcisstraße gegeben, mit den Eltern und den Brüdern Katias, der Mutter Thomas Manns und ihrem jüngsten Sohn Viktor, sowie einigen weiteren Verwandten und Freunden. Es war also insgesamt ein im Vergleich zum sonstigen Lebensstil der Pringsheims eher kleines Fest mit nur fünfzehn Personen.

Über die Hochzeitsfeier berichtete Julia Mann ihrem Sohn Heinrich wenige Tage später, am 16. Februar 1905. Nach einer eingehenden Schilderung der Räumlichkeiten bei Pringsheims und des Hochzeitskleids aus weißem Crêpe de Chine mit Spitzen, aber ohne Schleier – Katia hatte einmal gesagt, mit Schleier käme ihr die Braut wie ein Opfertier vor –, schildert sie die »herrlich geschmückte« Festtafel. »Ich saß natürl. neben dem Professor, den ich, selbst nicht sehr heiter, immer in möglichst guter Laune erhielt; er seinerseits hielt soviel als möglich Katias Hand in der seinen. Rechts von mir der Zwillingsbruder Klaus, Komponist, dem der Abschied von K. natürlich recht nahe geht; ein Abschied ja eigtl. bloß illusorisch, da K. in München bleibt u. soviel sie kann u. mag zu ihnen und sie wiederum zu ihr gehen können; auch glaube ich, daß K. immer dieselbe bleiben und in derselben haustöchterlichen Weise, ganz ihnen gehörend, fortleben wird – Tommy aber leicht verübeln wird, wenn er sich auch einmal nach Mutter und Geschwistern sehnt. – Na, dies ist ja schon eine kurze Auslassung dessen, was ich empfinde, Heinrich… Dann erhob sich Tommy: ›Verehrte Gesellschaft, erschrecken Sie nicht, ich will mich kurz fassen, bitte Sie nur, zuzuhören: Mumme, Pumme, Miemchen, Fink und Fey – hoch!‹ Dies fand großen Beifall mit Heiterkeit… Katia ist ruhig, äußerlich kühl – hoffentlich nicht auch innerlich…«[23] Thomas Mann hatte sich also seine Hochzeitsrede einfach gemacht, vor allem Vertraulichkeit suggerierend, indem er alle neuen Verwandten mit ihren Spitznamen hochleben ließ.

Die Hochzeitsreise ging in die Schweiz, nach Zürich und Luzern. Das junge Paar residierte herrschaftlich im feudalen Hotel »Baur au Lac«. Am 18. Februar 1905 schrieb Thomas an seinen Bruder Heinrich, daß er »zur Zeit mit Katia auf größtem Fuße lebe, mit ›Lunch‹ und ›Diner‹ und abends Smoking und Livree-Kellnern, die vor einem her laufen und die Thüren öffnen. Übrigens keine Glücksrenommistereien! Ich habe… nicht immer einen guten Magen und darum auch nicht immer ein gutes Gewissen bei diesem Schlaraffenleben und sehne mich nicht selten nach ein bischen mehr Klosterfrieden und… Geistigkeit.«[24] Die Hochzeitsreise dauerte freilich nicht lange, denn schon nach kaum vierzehn Tagen kehrten die beiden zurück. Sie hatten im übrigen die Gelegenheit genutzt, um verschiedene Ärzte aufzusuchen: Katia ließ sich von einer Ärztin untersuchen, die ihr riet, wegen ihrer Zartheit in den nächsten drei oder vier Jahren noch keine Kinder zu bekommen, und Thomas hatte in seinem Notizbuch die Adressen eines Hypnotiseurs, eines Psychiaters und eines Spezialisten für Nervenleiden in Zürich vermerkt. Ob er diese auch aufgesucht hat, ist allerdings nicht mit letzter Sicherheit auszumachen. Da er ein Hypochonder war, kann einer dieser Besuche auch seiner »Constipation« oder seinem Magen gegolten haben, die

Thomas-Mann-Forschung vermutet aber eher sexuelle Probleme. Jedenfalls waren beide jungen Leute auf diesem Gebiet unerfahren. Wenn auch Thomas Mann während der Verlobungszeit Katia vieles erzählt haben mag, so wird er sie kaum über seine homoerotischen Neigungen informiert haben. In sein Notizbuch schrieb er: »Völlig darf ich mich ihr ja doch nicht mittheilen. Meinem Gram, meinen Qualen ist sie nicht gewachsen. Aber ohne diese Kluft würde ich sie wohl weniger lieben. Ich liebe nicht, was gleich mir ist oder was mich auch nur versteht.«[25]

Inzwischen hatten die Eltern Pringsheim eine Wohnung mit sieben Zimmern mit Bad und »zwei Wasserclosets« in Schwabing, Franz Josephstraße 2, im dritten Stock, eingerichtet. Thomas Mann blieben aus seiner Junggesellenwohnung in der Ainmillerstraße nur drei »Empire-Fauteuils«, die dem Geschmack des kunstliebenden Schwiegervaters standhielten. Die Möbel stammten vom renommierten Antiquitätenhändler Bernheimer, und im Salon stand ein neuer Stutzflügel, an dem Thomas Mann gern Wagner improvisierte. Auch ein Telefon wurde installiert, damit, wie Julia Mann vermutete, der Vater seine Tochter jeden Morgen anrufen und sich nach ihrem Wohlergehen erkundigen konnte. Offenbar war dem jungen Paar von Katias Eltern auch ein monatlicher Zuschuß versprochen worden. Über die Höhe von Katias Mitgift wird vom Bräutigam nichts vermerkt.[26] Die Wohnung lag nur eine gute halbe Stunde von der Pringsheimschen Wohnung entfernt, so daß Katia täglich zu ihren Eltern gehen konnte, was sie anfangs auch tat. Das Arbeitszimmer Thomas Manns enthielt die Bibliothek, die er von nun an systematisch ergänzte. Auch Katia bekam einen eigenen Schreibtisch. In dieser Wohnung lebte die Familie fast sechs Jahre lang, bis 1910. Schon am 14. März 1905 saß Thomas Mann wieder an der Arbeit, schrieb an seinem Aufsatz zum 100. Todestag Schillers für den »Simplicissimus« und unterzog sich seinem »strengen Glück«. Die Studie über Schillers heroisches Leben nannte er *Schwere Stunde.*

Kindersegen

Wer aber in diesem Jahr eine schwere Stunde erlebte, war Katia. Denn genau neun Monate nach der Hochzeit, am 9. November 1905, kam das erste Kind zur Welt. Zur Enttäuschung beider Eltern handelte es sich um ein Mädchen. Die Geburt fand zu Hause statt. Offenbar hatte der Hausarzt, Hofrat Stieler, zu spät eingegriffen. Die Geburt war »wider Erwarten ganz schrecklich schwer«, berichtet Thomas seinem Bruder Heinrich, »und meine arme Katja hat so grausam leiden müssen, daß es ein Gräuel war und kaum auszustehen. Ich werde den Tag all meiner übrigen Lebtage nicht vergessen. Ich hatte einen Begriff vom Leben und einen vom Tode; aber was das ist: die Geburt, das wußte ich noch nicht. Nun weiß ich, daß es eine ebenso tiefe Angelegenheit ist, wie die beiden anderen. Gleich danach war dann alles Idyll und Frieden (das Gegenstück zum Frieden nach dem Todeskampf), und das Kind an der Brust der Mutter zu sehen, die selbst noch wie ein holdes Kind wirkte, war ein Anblick, der die Foltergräuel der Geburt (die im Ganzen fast vierzig Stunden gedauert hatte) nachträglich verklärte und heilig sprach. Die Kleine, die auf Wunsch der Mutter Erika heißen soll, verspricht, sehr hübsch zu werden. Momentweise glaube ich, ein klein bischen Judenthum durchblicken zu sehen, was mich jedesmal sehr heiter stimmt.«[27] Ähnlich lautende Briefe gingen an Kurt Martens und die Schriftstellerin Ida Boy-Ed, seine alte Freundin aus Lübecker Zeiten.

Während der Schwangerschaft Katias hatten die Manns eine zweite Reise nach Berlin unternommen. Die Großmutter fragte Thomas, was er sich denn wünsche, Mädchen oder

Junge, und er hatte geantwortet: »Natürlich einen Jungen.
Ein Mädchen ist doch nichts Ernsthaftes«, was bei der Frauenrechtlerin verständlicherweise helle Entrüstung hervorrief.[28] An Heinrich schrieb Thomas über seine Enttäuschung: »Ich empfinde einen Sohn als poesievoller, mehr
als Fortsetzung und Wiederbeginn meinerselbst unter neuen
Bedingungen. Oder so. Nun, es braucht ja nicht auszu-
bleiben. Und vielleicht bringt mich die Tochter innerlich in
ein näheres Verhältnis zum ›anderen‹ Geschlecht, von dem
ich eigentlich, obgleich nun Ehemann, noch immer nichts
weiß.«[29] Wenig später schreibt er seinem Bruder, daß Katia
wieder auf sei, das Kind selbst nähre und daß er morgens,
wenn er das Kind schreien höre und Arbeitslust verspüre,
ein durchdringendes Glücksgefühl empfinde wie seit zwanzig Jahren nicht. Er war damals dreißig Jahre alt.

Aber ebenso wichtig wie der Bericht über Frau und Kind
war ihm die Novelle *Wälsungenblut*, deren Manuskript er
Heinrich mit der Bitte um Hilfe schickte. Er erwartete eine
Anregung für den Schluß dieser »Judengeschichte«, die
schon im Satz war und im Januarheft der »Neuen Rundschau« erscheinen sollte. Der Herausgeber habe den Schluß
beanstandet, insbesondere die jüdischen Worte, die dem
Durchschnittsleser als »roh« erscheinen könnten, und habe
den Autor gebeten, die Sache am Schluß ebenso »discret ein-
zuhüllen« wie den Rest. Heinrich riet ihm offenbar, den
Schluß beizubehalten Auf diese Geschichte soll hier näher
eingegangen werden, weil sie das Verhältnis zwischen den
Pringsheims und dem Schwiegersohn zumindest vorübergehend trübte.

Die Novelle *Wälsungenblut* schildert eine inzestuöse Beziehung eines Zwillingspaars in einer reichen jüdischen Familie
und verarbeitet Wagners Wälsungen-Stoff. Die Zwillinge
Siegmund und Sieglinde sind erlesene, verwöhnte und
schöne Geschöpfe. Auf Wunsch des Vaters wird Sieglinde

mit dem Ministerialbeamten von Beckerath verlobt, den sie aber nicht liebt. Kurz vor der Hochzeit gehen die Geschwister noch einmal in die Wagner-Oper *Walküre*. Danach, in einem musikalisch gesteigerten Sinnesrausch, geben sie sich der verbotenen Liebe hin. Der Schluß der Novelle lautete: »›Aber Beckerath ...‹, sagte sie und suchte ihre Gedanken zu ordnen. ›Beckerath, Gigi ... was ist nun mit ihm?‹ ... ›Nun‹, sagte er, und einen Augenblick traten die Merkzeichen seiner Art sehr scharf auf seinem Gesichte hervor, ›was wird mit ihm sein? Beganeft [betrogen] haben wir ihn, – den Goy!‹« Thomas Mann hatte seinen Schwiegervater nach diesen jiddischen Worten gefragt, und dieser hatte sie ihm mitgeteilt, ohne zu wissen, wozu er sie benötigte. Seiner Schwiegermutter und seinem Schwager Klaus hatte er den Text vorgelesen; beide hatten keinen Anstoß an der Geschichte genommen. Sie fanden »das heikle Thema darin künstlerisch auf so hohem Niveau, dabei so behutsam und dezent behandelt, daß gegen seine Veröffentlichung nun wirklich kein Bedenken bestünde«[30].

Anfang November schickte Thomas Mann die Novelle an die »Rundschau«-Redaktion nach Berlin. Er war bereit, den Schluß für die Veröffentlichung in der Zeitschrift zu ändern, für die Buchausgabe jedoch nicht. Als er nach einer Reise nach Prag, Dresden und Breslau am 15. Dezember wieder in München eintraf, wurde er von Klaus erwartet, der ihm berichtete, durch einen Zufall sei der Inhalt der Novelle bekanntgeworden. Es gingen Gerüchte darüber um, und es sei völlig klar, »welches Zwillingspaar dem Erzähler als Modell vorgeschwebt [habe] und welche Familie ... Klar, es handelte sich um einen Racheakt des Schriftstellers; mit der Bloßstellung seiner jungen Gattin rächte er alle Erniedrigung, die er als ihr Verlobter in ihrem Elternhaus erlitten.«[31] Was dann geschah, wird von Klaus Pringsheim und Thomas Mann unterschiedlich wiedergegeben. Fest steht, daß der jähzornige Schwiegervater die Geschichte skandalös fand und »tobte«. Er machte seinem Schwiegersohn eine Szene, wie es hieß, »mit dem Revolver in der Hand«. Thomas Mann schrieb einen Brief, der nicht geeignet war, eine Versöhnung herbeizuführen. Aber er zog seine Novelle zurück. Sie konnte erst 1921 in einer von Th. Th. Heine illustrierten Luxusausgabe erscheinen. Der Schlußsatz blieb folgendermaßen abgeändert: »›Nun‹, sagte er, … ›dankbar soll er uns sein. Er wird ein minder triviales Dasein führen, von nun an.‹« Es muß wohl eine ganze Weile gedauert haben, bis die Wogen zwischen Schwiegervater und Schwiegersohn sich wieder geglättet hatten.

An Heinrich schrieb Thomas Mann am 17. Januar 1906: »Von meiner Dezember Reise zurückkehrend, fand ich hier bereits das Gerücht vor, ich hätte eine heftig ›antisemitische‹ (!) Novelle geschrieben, in der ich die Familie meiner Frau fürchterlich compromittirte. Was hätte ich thun sollen? Ich sah meine Novelle im Geiste an und fand, daß sie in ihrer Unschuld und Unabhängigkeit nicht gerade geeignet sei, das Gerücht niederzuschlagen. Und ich muß anerkennen, daß ich menschlich-gesellschaftlich nicht mehr frei bin. Ich sandte also ein paar herrische Telegramme nach Berlin und erreichte, daß die Januar-Nummer der ›Rundschau‹, die schon fix und fertig gewesen war, *ohne* ›Wälsungenblut‹ erschien. Fischer übernahm (aus Furcht vor Langen) die Kosten des Neudrucks, die gar nicht bitter gewesen sein mögen. Genug, die Leute waren um ihren Skandal [gebracht], und ich, der ich anfangs einigermaßen ins Gebiß geschäumt hatte, bin nun ziemlich gleichmüthig. *So* gut war die Sache ja nicht, und das daran, was Werth hat, nämlich die Milieu-Schilderung, die ich wirklich für sehr neu halte, läßt sich wohl einmal anderweitig verwerthen. Ein Gefühl von Unfreiheit, das in hypochondrischen Stunden sehr drückend wird, werde ich freilich seither nicht los, und Du nennst mich gewiß einen feigen Bürger. Aber Du hast leicht reden. Du bist absolut. Ich dagegen habe geruht, mir eine Verfassung zu geben.« Dieser berühmte Satz Thomas Manns schildert sehr anschaulich die Einschränkungen, die seiner künstlerischen Freiheit durch die Ehe und die gesellschaftliche Anpassung gesetzt wurden.

Ganz anders schrieb Katia in ihren *Ungeschriebenen Memoiren* über diesen Zwischenfall: »... berühmt für viel Aufhebens um nichts ist die Geschichte ›Wälsungenblut‹... Wenn Thomas Mann den Eindruck gehabt hätte, zwischen mir und meinem Bruder bestünde eine unerlaubte Beziehung, hätte er sich sofort von mir getrennt oder es verschwiegen, aber es doch nicht in einer Novelle der Welt bekanntgegeben. Es war sonnenklar, daß etwas Derartiges nicht bestanden haben konnte. Aber wie die Leute dann sind. Es war ein furchtbarer Klatsch, er kam an meine Eltern heran. Mein Vater war ganz außer sich und sagte: Die Geschichte kann überhaupt nicht erscheinen. Das ist ja ganz skandalös!«[32] In ihrer pragmatischen Art hat Katia die ganze Angelegenheit vermutlich schon seinerzeit als »viel Lärm um nichts« abgetan, allerdings ist über ihre unmittelbare Reaktion auf den Konflikt nichts bekannt.

Katia war anfänglich »verärgert«, daß ihr erstes Kind ein Mädchen war. Sie konnte sich mit ihren Töchtern nur abfinden, weil sie drei Mädchen und drei Jungen bekam, also Gleichgewicht in der Familie herrschte, sagte sie später. Am 27. Februar 1906 schrieb Thomas Mann an Ida Boy-Ed, seine mütterliche Freundin aus Lübecker Zeiten: »Neulich haben wir unter großem Gepränge unser Töchterchen getauft. Es heißt Erika und hat wunderschöne Augen. Es gedeiht besser, als seine Mama, die sich von den Strapazen nicht recht erholen will.«[33] Die Manns ließen also – wie die Pringsheims – ihre Kinder taufen, obwohl es keine kirchliche Hochzeit gegeben hatte. Das Kind wurde Erika Julia Hedwig genannt, nach Katias ältestem Bruder Erik und den beiden Großmüttern. Aber obwohl der Vater eine Tochter für »nichts Ernsthaftes« gehalten hatte, wurde die kleine Erika bald Vaters Liebling. Mit Stolz und Freude trug er sie auf dem Arm, während sie verschmitzt in die Kamera blickte. Schon frühzeitig zeigte er ihr die Bücher und lehrte sie, zwischen den Farben der Einbände zu unterscheiden. Das enge Verhältnis zwischen Vater und ältester Tochter sollte ein Leben lang anhalten.

Anfang Mai wollte Thomas, ursprünglich zur Stärkung Katias, die immer noch an den Folgen der Geburt litt, die Küstenfahrt Bremen – Genua machen, dann ersatzweise für vierzehn Tage nach Venedig fahren. Aber Katia war nicht reiselustig, denn sie war schon wieder schwanger. Thomas fuhr allein in ein Sanatorium.

Ziemlich genau ein Jahr nach Erika, am 18. November 1906, kam Klaus zur Welt, ein »wohlgebildetes Knäblein«. Er wurde mit vollem Namen Klaus Heinrich Thomas, also Klaus nach Katias Zwillingsbruder, Heinrich und Thomas nach dem Onkel und dem Vater genannt. Endlich also ein Sohn. Von Katia existiert ein Foto, das sie vermutlich im Frühjahr 1907 im Haus ihrer Eltern zeigt, mit Klaus auf dem Schoß, auf dem sie ernst und traurig dreinschaut. Sie macht nicht den Eindruck einer glücklichen Mutter. Katias Mutter berichtet ihrer Freundin Dagny Björnson hingegen: »Katja geht's gut. Sie sieht sehr hübsch aus, lebt ziemlich still, da ihr Mann ein rechter Pimperling ist, der nicht viel verträgt, und ist in ihren beiden Kindern absolut glücklich. Ich glaube, das mütterliche, das ist überhaupt ihr recht eigentliches Gebiet.«[34] In dieser Zeit wird im Verhältnis zwischen Schwiegermutter und Schwiegersohn eine gewisse Spannung spürbar. Als der junge Ehemann einmal abwesend war, wohnte Katia bei ihren Eltern, und die Mutter schrieb an Harden: »… heut abend müssen wir unser Katjalein wieder hergeben, denn morgen kommt ja der olle Tommy nachhaus. Der hätte dreist fortbleiben können.« Und im Som-

mer, als Katia erneut schwanger war und mit ihrer jungen
Familie den Sommer in Oberammergau verbrachte, berichtete die Mutter: »Ich war neulich auf zwei Tage draußen in
dem lieblichen Oberammergau ... Ganz idyllisch und aller-
liebst haben sich meine jungen Leute da eingerichtet, nur
daß sie jedem Blitz und jedem Dieb preisgegeben und nur
allzusehr in Gottes Hand sind. Ihr Eheglück schien auch
sehr zu gedeihen, und Katja machte einen sehr behaglich-
zufriedenen Eindruck. Mir würde Tommy so, blos um ab
und zu ganz freundlich mit ihm zu verkehren, ganz wol
zusagen. Aber als Ehemann ...! na, er ist ja gottlob nicht
meiner.«[35] Ob die hier erkennbaren Vorbehalte der Mutter
nun auf dem *Wälsungen*-Skandal beruhten, ob sie ihren
Schwiegersohn persönlich nicht mochte oder ob sie eifersüchtig war, ist schwer auszumachen. Jedenfalls war das
ursprünglich stille Einvernehmen mit dem Schwiegersohn
nun vorbei. Katia ließ sich aber offenbar nicht von ihrer
Mutter beeinflussen. Im übrigen beruhte die Abneigung auf
Gegenseitigkeit. Trotz aller sonntäglichen Besuche bei den
Pringsheims und aller Einladungen bei den Manns notierte
Thomas noch am 19. November 1918: »Zum Thee K.'s Mutter. Unangenehm.« Diese wiederum ließ sich nicht davon
abhalten, sich in alle Belange des täglichen Lebens einzumischen. Sie sah ihre Tochter fast täglich, kümmerte sich um
die Dienstboten, die Ärzte, später um die Sanatoriums-
aufenthalte und die Kinder, bei den langen Krankheiten
Katias dann auch um den Ehemann Thomas, dem das gar
nicht immer gefiel. Katia allerdings war offenbar froh über
diese Hilfe und Unterstützung, denn als verwöhntes junges
Mädchen war sie wohl ziemlich überfordert mit dem Leben
als Hausfrau und Dichtersgattin. Ihr Leben als Mutter war
für sie offensichtlich ein großes Glück. Viele Jahrzehnte später – kurz vor ihrem Sterben – hat Katia einer Besucherin
gegenüber geäußert, sie habe überhaupt nur geheiratet, weil
sie Kinder hatte haben wollen. Über ihre Kinder, zumindest

die ersten vier, hat auch sie – wie ihre Mutter – kleine Notizbücher angelegt, aus denen der Sohn Golo in seinen Erinnerungen zitiert.

Im Mai 1907 unternahmen Thomas und Katia ihre erste größere Auslandsreise nach Venedig. Dort trafen sie sich mit Thomas' Geschwistern Heinrich und Carla. Bereits Ende Mai begleitete Katia ihren Mann nach Frankfurt a. M., wo sie sich die sechste und vorläufig letzte Aufführung seines Dramas *Fiorenza* ansahen. Ab Mitte Juni zog die Familie in die Sommerfrische, diesmal nach Seeshaupt am Starnberger See. Thomas Mann arbeitete dort jedoch ebenso regelmäßig wie zu Hause. Die Erholung bestand also vor allem in der Umgebungs- und Luftveränderung, von der man sich damals viel versprach.

Jetzt gab es erste Anzeichen, daß Katia ihr Dasein als Ehefrau nicht ganz als erfülltes Leben empfunden hat. Am 5. Juli 1907 fragte Thomas bei Heinrich an, ob er nicht einen der von ihm übernommenen Bände der deutschen Flaubert-Übersetzung an Katia abtreten wolle. Diese habe Lust dazu und werde es wahrscheinlich besser machen als der Durchschnitt. Im Winter wolle er sie anhalten, wieder Kollegien zu hören. Nun fand der junge Ehemann selbst, sie brauche ein bißchen geistige Beschäftigung, woran sie doch von früher her gewöhnt sei. 1911 wiederholte er diese Bitte um eine französische Übersetzungsarbeit für Katia; daraus wurde aber nichts. Erst viel später hat sie die Zeit zu einer größeren Arbeit gefunden; sie übersetzte den tausendseitigen Roman *Vanity Fair* von William Makepeace Thackeray für den Leipziger Paul List Verlag ins Deutsche, der 1950 erschien.[36] In der Ausgabe von 1969 heißt es im Nachwort von Walther Martin: »Katja Mann, die Witwe Thomas Manns, ist die Übersetzerin unserer Ausgabe des ›Jahrmarkts der Eitelkeit‹.« Ihr sei es in seltenem Maß gelungen, das Geheimnis von Thackerays Stil wiederzugeben: eine eigenartige, ständig fließende Musik, gleichwie von einem Bach.

In den ersten Ehejahren hatte Katia alle Hände voll zu tun. So gaben die jungen Eheleute im Februar 1908 ihre erste »Gesellschaft« mit vierzehn Personen, die »würdig« verlaufen sei, schrieb Thomas. Im Laufe ihres Lebens übernahm Katia dann dermaßen viele Aufgaben für ihren Mann und die restliche Familie, daß von mangelnder – auch geistiger – Beschäftigung nicht mehr die Rede sein konnte.

Anfang Mai 1908 fuhren die Manns erneut nach Venedig, wieder mit dem Bruder Heinrich, dessen damaliger Braut Ines Schmied und der Schwester Carla, zeitweise stieß auch Jakob Wassermann dazu. Katias Verhältnis zu ihrem Schwager Heinrich war ein wenig zwiespältig. Einerseits neckte sie ihn gern, andererseits zankten sie sich viel, besonders vor dem Ersten Weltkrieg über Politik. Um ihn zu ärgern, ergriff sie die Partei der russischen Generäle. Sie liebte es, ihn nachzuahmen, seine näselnde, jede Silbe mit leicht affektierter Präzision betonende Sprechweise zu imitieren. »Heinrich war wohl der merkwürdigste Mensch, den man sich denken konnte. Er war sehr formell – eine Mischung von äußerster Zurückhaltung und dabei doch auch wieder Zügellosigkeit«, schilderte Katia ihren Schwager.[37] Zeitlebens aber siezten sie sich. Ihr härtestes Urteil über ihn galt seinen »mißglückten Bräuten«, denen gegenüber sie sich gleichwohl stets freundlich und korrekt zu verhalten bemühte; dennoch waren familiäre Spannungen nicht immer zu vermeiden.

Das Haus in Tölz

Im Juni 1908 hielt sich die Familie Mann in einem gemieteten Häuschen in Tölz auf: »Familie Mann ist, wie eine ordentliche Bourgeois-Familie, die sie ist, seit ein paar Tagen nach Bad Tölz in die Sommerfrische gesiedelt, wo sie sich den ganzen lieben Sommer lang erholen will. Tommy und Katja, die beiden bleichen Magren, habens dringend nötig;

die 2 Kinderchen sind blühend und wirklich recht goldig«, schrieb Katias Mutter an ihre Freundin Dagny Björnson.[38] Da es der dritte Sommer auf dem Land in einer gemieteten Villa war, beschlossen Katia und Thomas, sich selber ein Landhaus in Tölz zuzulegen. Sie konnten ein günstiges Grundstück mit Blick auf die Berge und die Isar erwerben. Die Einnahmen aus *Buddenbrooks* und *Königliche Hoheit* hätten für diese »Occasion« ausgereicht, ohne daß die Eltern Pringsheim etwas dazu beigesteuert hätten. Für den Bau des Hauses allerdings mußte eine Hypothek aufgenommen werden, berichtet Katia.

Es war das erste Haus, das sich das Ehepaar Mann baute. »Gewöhnlich gerieten wir in Schwierigkeit bei unserem Häuserbau, und auf irgendeine Weise mußte sie überwunden werden. Mein Mann hat in seinem ganzen Leben nie einen Vorschuß von einem Verleger gewollt. Er sagte, das bedrückt ihn, und das will er nicht. Aber wegen des Tölzer Landhauses wandte sich mein Mann nach einigem Zögern an Sami Fischer, daß er ihm etwas vorschießen möchte.« Anstelle der umständlich geforderten und begründeten 3000 Mark bot Fischer 30 000 Mark an, ein Zeichen des Vertrauens, das er in den Erfolgsautor seines Verlages setzte. Von nun an führte Katia die geschäftlichen Verhandlungen mit Fischer. Kündigte Katia ihren Besuch an, fragte Fischer deshalb regelmäßig: »Nun, was haben Sie denn heute wieder für einen Dolch im Gewande?« Katia brachte Fischer auch dazu, eine preiswerte Volksausgabe der *Buddenbrooks* in hoher Auflage herauszubringen, wovon beide Parteien profitierten, denn sie wurde ein sensationeller Erfolg. Das Verhältnis zwischen Katia und Fischer wurde durch dieses Geschäft trotz gelegentlicher Reibungen nicht getrübt.[39]

Am 27. März 1909 kam ein weiteres Kind zur Welt: Angelus Gottfried Thomas, genannt Golo. Auch seine Geburt verlief sehr schwierig. Sie dauerte immerhin siebzehn Stunden. Die Geburt seines zweiten Sohnes beschäftigte den Vater

sehr: »Es fehlte nicht viel, so hätte zur Zange gegriffen werden müssen, da die Herztöne des Kindes schon schwach
wurden. Das Kind ist wieder mehr der Typus Mucki, schlank
und etwas chinesenhaft.«[40] Also erschien in des Vaters
Augen der zweite Sohn nicht so »wohlgebildet« wie Klaus.[41]

Es ist erstaunlich, wie die Kinder schon bei der Geburt charakterisiert wurden und in welchem Maße die Erwartungen
oder Einschätzungen des Vaters dann ihr Leben beeinflußten.
Aber auch die Notizen Katias über Golo lassen schon zukünftige Charakterzüge erkennen: »Ängstlich und schreckhaft veranlagt, wird er bei jedem ungewöhnlichen Geräusch
oder Anblick ganz hart und steif vor Angst. Während des
Sommers fängt er an, alles mögliche zu verstehen, spricht
aber keine Silbe… Zu seinem zweiten Geburtstag kann er
schon das meiste sagen… Im allgemeinen ist er weich und,
da ich im Frühling 1911 krank liege, besonders zärtlich zu
mir. Sowie jemand zu ihm sagt, daß ich krank bin, bricht er
in Tränen aus… Er bekommt öfters zu hören, daß er nicht
hübsch sei… alles macht er sonderbar ungeschickt und gro-
tesk. Aber wenn er einmal anfängt, ungezogen zu werden, ist
er ganz fürchterlich. Über alles fängt er dann an zu gnauzen,
steigert sich allmählich in ein grauenhaftes Plärren, ist weder
mit Freundlichkeit noch mit Strenge zu beruhigen, schreit,
halbe Stunden lang, so weiter, eigensinnig, hoffnungslos,
und sieht dabei so über alle Maßen abscheulich aus, daß
man nicht anders kann als ihn hassen.«[42] So geht der erstaunlich objektive Bericht über die ersten fünf Lebensjahre
Golos weiter. Er schrieb später selbst über seine Ängste, die
ihn von Kindheit an heimgesucht haben.

Im Sommer 1909 ging es wieder zusammen nach Bad Tölz,
allerdings diesmal in das eigene geräumige und schöne
Landhaus, das dort noch heute steht und in den Kindheitserinnerungen der älteren Mannschen Kinder eine wichtige

Rolle einnimmt. Auch Klaus Manns *Kindernovelle* spielt dort. Das Landhaus in Bad Tölz hatte einen riesigen Garten, in dem die Kinder phantasievoll spielten, einen Wald und den Klammweiher zum Baden in der Nähe. Man machte Ausflüge auf den Blomberg oder in die Umgebung. Thomas Mann schrieb mit Stolz als Absender auf seinen Briefkopf »Landhaus Thomas Mann«. Die Manns verbrachten zwischen 1909 und 1917 jeden Sommer und auch andere Ferien im Tölzer Haus. Aber neben den Frühjahrsferien und den Sommerferien, neben den vielen Vortragsreisen standen auch noch andere Reisen an: »Katja und ihr Mann erholen sich seit drei Wochen an der Riviera von ihrer Sommererholung. Während der Zeit hüte ich ihre Kinder. Daß es im nächsten Sommer 4 (!) sein werden, finde ich ein bischen eilig bei dem zarten kleinen Frauchen: aber ich darf nichts sagen. Ich war auch zart und hatte in vier Jaren ja auch meine fünfe weg«, kritisierte Katias Mutter mit spitzer Zunge die vielen Urlaube.[43]

Am 7. Juni 1910, einen Tag nach des Vaters 35. Geburtstag, wurde Monika Mann geboren. »Monika ist ein sehr niedliches kleines Kind, bei weitem der hübscheste Säugling von allen vieren«, notierte Katia, die nun 27 Jahre alt und wegen der schnell aufeinanderfolgenden Geburten gesundheitlich geschwächt war. Die Ärzte rieten erneut, sie solle vorläufig keine Kinder mehr bekommen. Thomas Mann selbst schrieb nun Geburtsanzeigen, die eine deutlich verminderte Begeisterung erkennen ließen, so etwa an Ida Boy-Ed: »Vor vier Wochen ist meine Frau von einem Töchterchen entbunden worden, – dem zweiten seines Geschlechts; aber im Ganzen ist es schon der vierte Sproß, und nun wolle Gott nicht, daß es noch mehr werden. Die Grenze des Lächerlichen ist, fürchte ich, erreicht.«[44] An seinen Freund Walter Opitz hatte Thomas Mann geschrieben: »Reisen kann ich jetzt nicht, da ich über ein Kleines zum vierten Male Vater werden soll. (Wenn ich es zum fünften Male werde, übergieße ich mich

mit Petroleum und zünde mich an.) Der Termin ist so unbe-
stimmt, daß ich nicht ruhig den Rücken kehren könnte.«[45]
Er arbeitete zu dieser Zeit an seinem Hochstapler-Roman,
der allerdings noch nicht fertiggestellt war und dessen vor-
läufiger Titel *Bekenntnisse des Diebes und Schwindlers Felix
Krull* lautete. Das erste Kapitel las er am 7. Juli 1910 im Fami-
lienkreise vor, er liebte es, die Reaktion auf das neu Geschriebene erst einmal im kleinen Kreis zu testen. Hedwig Pringsheim war unter den Anwesenden, konnte aber nach eigener
Aussage das Werk wegen des fehlenden Zusammenhangs
noch nicht beurteilen.[46]

Die Jahre 1909/10 brachten aber auch traurige Ereignisse für
die Manns. Anfang 1909 erfuhren sie von dem mysteriösen
Tod Eriks, Katias ältestem Bruder, in Argentinien. Ein Jahr
später nahm sich Thomas' Schwester Carla in Polling das
Leben. Sie war Schauspielerin, hatte sich aber nicht genügend durchsetzen können oder hatte zu wenig Talent, um
wirklich Karriere zu machen. Sie verlobte sich, hatte aber
noch eine Affäre, die dem Verlobten hinterbracht wurde. Es
gab Vorwürfe und heftigen Streit. Schließlich nahm Carla
am 30. Juli 1910 in ihrem Zimmer bei verriegelter Tür Gift.
Ihre Mutter hörte auf dem Flur ihr Röcheln, ohne ihr helfen
zu können.[47] Diese Tragödie hat Julia Mann nie verwunden.
Thomas nahm den Tod seiner Schwester sehr schwer. »Wir
sind Alle übel daran. Es ist das Bitterste, was mir geschehen
konnte. Mein geschwisterliches Solidaritätsgefühl läßt es mir
so erscheinen, daß durch Carla's That unsere Existenz mit in
Frage gestellt, unsere Verankerung gelockert ist ... Carla hat
an niemanden gedacht ... Sie handelte sozusagen *gegen eine
stillschweigende Abrede*. Es ist unaussprechlich bitter.«[48] Mitleid mit ihrer Verzweiflung scheint er nicht gehabt zu haben.
Mit dem gleichen Vorwurf, jener habe nicht an andere
gedacht, reagierte Thomas Mann später auch auf den Freitod seines eigenen Sohnes Klaus.

Über ihre Schwiegermutter urteilte Katia: »Als ich sie kennenlernte, war sie nicht mehr so sehr attraktiv, aber man sah, daß sie sehr schön gewesen war. Sie hatte sehr gut geschnittene Züge, einen südländischen Typus, halb brasilianisch; auch ihre Mutter, die jung gestorben ist, muß sehr schön gewesen sein. Sie war ja damals als kleines Kind mit dem Vater wieder nach Lübeck zurückgekommen… Dann hat sie sehr jung den Senator oder Konsul Heinrich Mann geheiratet, und sie war ausgesprochen künstlerisch begabt. Sie spielte ganz hübsch Klavier und sang. Mein Mann hat eigentlich die ganze deutsche Lieder-Literatur durch die Mutter kennengelernt. Während sie musizierte und sang, durfte er so als kleiner Hanno dabeisein. Außerdem war sie auch zeichnerisch nicht ganz unbegabt. Wenn ein Porträt in der Familie gemalt wurde und es gefiel ihr nicht, verbesserte sie es. Ob es sehr dienlich für das Porträt war, weiß ich nicht, aber ich weiß, daß sie es einfach ein bißchen ummalte. Sie war begabt und schön. In München, wohin sie und die Kinder nach dem Tod von Senator Mann zogen, war sie noch recht lebenslustig. Sie hatten einen Kreis von verschiedenen Herren, Kunsthistoriker, ein Numismatiker und andere, und diese Herren schwankten eigentlich immer, ob sie den Töchtern den Hof machen sollten oder der Mutter. Und die Töchter litten ein bißchen darunter, daß die Mutter immer noch solchen Wert auf das Weibliche legte und Verehrer hatte.«[49] Nach ihrem Umzug nach Polling habe sie aber nur noch in Erinnerungen und für ihre Kinder gelebt.

Julia Mann schrieb Erzählungen und ihre Erinnerungen und war sehr stolz auf ihre beiden Dichtersöhne. Nach dem Tod des Senators hatte sie zunächst mit den drei jüngsten Kindern Lübeck verlassen und war nach München gezogen. Später zog es auch die beiden ältesten Söhne in den Süden; sie wohnten nicht weit voneinander entfernt. Das Erbe des Senators in Höhe von 400 000 Mark wurde von einem Ver

wandten verwaltet: Thomas und Heinrich erhielten je eine
Rente von 180 Mark im Monat, was ihnen damals immerhin
zu reisen ermöglichte. Viktor, der Jüngste, ging noch zur
Schule. So viel die Mutter auch sparte und versuchte, von
den Zinsen des Erbes zu leben, sie war gezwungen, von einer
Pension in die andere zu ziehen, in immer kleinere, ärmli-
chere Zimmer, bis sie sich auf dem Hof der Schweighardts
in Polling einmietete.

Katia verlor zwar kein schriftliches Wort über die Carla-
Tragödie, sie wird aber zweifellos unter der traurigen Ge-
samtatmosphäre des Hauses gelitten haben. Denn die
Schwiegermutter lebte seit Carlas Tod im Tölzer Haus bei
ihnen, wollte aber niemanden sehen, so daß sie, als Katias
Mutter und Kusine zu Besuch kamen, das Haus verließ und
nach Polling fuhr. Offenbar wollte sie mit ihrer Trauer niemandem zur Last fallen oder empfand sogar Scham. Beerdigung und Familienbesuch wurden offenbar etwas zuviel für
Katia. Sie kränkelte wieder. Das jüngste Kind Monika war ja
erst zwei Monate alt, und der Umzug von der Franz-Joseph-
Straße 2 in die Mauerkircherstraße 13 stand bevor. Die Familie hatte zwei nebeneinanderliegende Vierzimmerwohnun-
gen gemietet, was den Vorteil hatte, daß zwei Badezimmer
und zwei Küchen vorhanden waren. Immerhin gab es neben
der nun sechsköpfigen Familie eine Gouvernante, eine Kin-
derschwester und zwei Dienstboten.[50]

Im Frühjahr 1911 planten die Manns eine Reise nach Dal-
matien, zur Erholung von Thomas' »Erschöpfung des Cen-
tralnervensystems« und einer leichten Influenza Katias. Sie
fuhren zunächst nach Brioni, da es ihnen dort nicht gefiel,
weiter mit dem Dampfer nach Venedig und quartierten
sich im Hotel-des-Bains am Lido ein. Diesmal kamen sie
übers Meer, und Katia bestätigte in ihren *Ungeschriebenen
Memoiren*, daß alle Schilderungen aus dem *Tod in Venedig*
tatsächlich zutrafen: der greise Geck, geschminkt und hergerichtet, der Gondoliere usw. Gleich am ersten Tag sahen

sie auch »diese polnische Familie, die genau so aussah, wie mein Mann sie geschildert hat: mit den etwas steif und streng gekleideten Mädchen und dem sehr reizenden, bildhübschen, etwa dreizehnjährigen Knaben, der mit einem Matrosenanzug, einem offenen Kragen und einer netten Masche gekleidet war, und meinem Mann sehr in die Augen stach. Er hatte sofort ein Faible für diesen Jungen, er gefiel ihm über die Maßen, und er hat ihn auch immer am Strand mit seinen Kameraden beobachtet. Er ist ihm nicht durch ganz Venedig nachgestiegen, das nicht, aber der Junge hat ihn fasziniert, und er dachte öfters an ihn... Mein Mann hat das Wohlgefallen, das er tatsächlich an diesem sehr reizvollen Jungen empfand, auf Aschenbach übertragen und zu äußerster Leidenschaft stilisiert«, berichtete sie später.[51] Wir wissen nicht, ob Katia diese Angelegenheit schon damals so gelassen gesehen hat, vielleicht wurde sie sich aber auch erst jetzt der homophilen Neigung ihres Mannes bewußt. War ihre Erkrankung vielleicht auf diese Erkenntnis zurückzuführen? Wurden ihre langen Kuraufenthalte deshalb nötig? Im Rückblick versuchte sie jedenfalls die Begegnung ihres Mannes mit dem vergötterten Knaben möglichst sachlich darzustellen – schließlich war ja auch eine weltberühmte Novelle daraus geworden. Sofort nach der Rückkehr aus Venedig und dem üblichen Aufenthalt in Bad Tölz Anfang Juli 1911 setzte sich Thomas Mann an den *Tod in Venedig* und legte den *Felix Krull* erst einmal beiseite.

Schon Anfang September 1911 fuhr Katia für zweieinhalb Wochen mit ihrer Mutter und ihrem Bruder Peter nach Sils Maria, ihr Vater kam zehn Tage später nach. Thomas Mann blieb erstmals allein mit den vier Kindern in Bad Tölz: »Die Gesundheit meiner Frau ließ in letzter Zeit so sehr zu wünschen übrig (Temperatur-Unregelmäßigkeiten sind dauernd vorhanden, aber noch nicht aufgeklärt), daß ein Aufenthalt

im Hochgebirge empfohlen wurde. Sie war mehrere Wochen
mit ihren Eltern in Sils Maria. Ich war also allein, in Sorgen,
nicht recht unternehmungslustig und entschlußfähig. Seit
gestern ist meine Frau zurück, leidlich erholt, aber fortdau-
ernd sehr schonungsbedürftig.«[52] Im Januar 1912 diagnostizierten die Ärzte bei Katia eine beginnende Lungentuberku-
lose. Sie ging zunächst in ein Sanatorium nach Ebenhausen
bei München, wo man einen Lungenspitzenkatarrh feststellte. Dort konnte die Familie sie von München aus leicht
besuchen, aber die Behandlung blieb ohne Erfolg. Der Eben-
hausener Arzt riet ihr, sich in Davos einer weiteren Kur zu
unterziehen. Auf Drängen ihrer Mutter wurde dort schleunigst ein Termin vereinbart, gegen den weder Alfred Pringsheim noch Thomas Mann etwas einzuwenden hatten. Auch
Katia fügte sich den Anordnungen ihrer Mutter, vermutlich
weil sie sich den Anforderungen ihrer Rolle noch nicht
gewachsen fühlte. Im März 1912 fuhr Katia in Begleitung
ihrer Mutter in das Waldsanatorium des Professor Dr. Friedrich Jessen. Dort besuchte Thomas Mann sie nach Abschluß
seiner Arbeit am *Tod in Venedig* am 15. Mai und blieb seinerseits drei Wochen. Beinahe wäre es ihm wie Hans Castorp
ergangen, denn auch er erkältete sich und ließ sich daraufhin
von den beiden Spezialisten des Hauses untersuchen. Diese
stellten einen »kranken Punkt an seiner Lunge« fest und
rieten ihm, sich ebenfalls für ein halbes Jahr in die Kur zu
begeben. Zunächst waren Thomas und Katia unsicher,
dann fragten sie aber ihren Münchner Arzt telefonisch um
Rat. Dieser vernünftige Mann riet dem Dichter, sofort nach
Hause zu kommen, dort oben habe er nichts zu suchen: So
entstand die Idee für den *Zauberberg*. Katia hingegen mußte
monatelang, bis September 1912, in Davos bleiben. Von dort
schrieb sie »muntere Briefe« und fühlte sich schon besser,
schrieb Thomas seinem Bruder Heinrich am 2. April. »Die
Ärzte droben erklären den Fall für unbedenklich aber langwierig. Sechs Monate wird sie oben bleiben müssen – und

hätte gewiß schon längst hinaufgehen sollen. Die Injektions-
kur (nicht von Ebenhausen befürwortet) hat großen nervösen Schaden angerichtet. Ich konnte sie nicht hindern, weil
die lange Trennung von den Kindern damit umgangen werden sollte. Mein Leben ist jetzt etwas hart, aber ich habe, von
einigen Krankheitstagen abgesehen, nie ganz aufgehört, zu
arbeiten…«[53] Worin der »nervöse Schaden« bestand, wird
nicht geschildert, vermutlich litt Katia an depressiven Ver-
stimmungen. Aufschlußreich ist, daß Thomas immer die
Trennung von den Kindern erwähnt, nie die eheliche.

Katias Briefe und Erzählungen aus dem Sanatorium müssen ungemein anschaulich gewesen sein, sind aber leider verlorengegangen. Diese Berichte und die eigenen Beobachtungen des Dichters während seines dreiwöchigen Besuchs
führten nach zwölfjähriger Arbeit zu dem tausend Seiten
langen *Zauberberg*-Roman. Katia bestritt, je die Rolle einer
dichterischen Muse gespielt zu haben. Aber in ihren *Ungeschriebenen Memoiren* gestand sie, daß ihr Mann »von dem
ganzen Milieu so impressioniert, auch von allem, was ich
ihm so erzählte«, gewesen sei, daß er sofort eine Novelle
über Davos schreiben wollte, als »groteskes Nachspiel und
Gegenstück zum *Tod in Venedig*«. Sie schilderte dann auch,
welche Figuren aus ihren Erzählungen unter anderem Namen in den *Zauberberg* eingegangen sind. Über ihre Krankheit selbst sagte sie aber, sie sei nicht schwer krank gewesen,
es sei damals Sitte gewesen, wenn man die Mittel dazu hatte,
nach Davos oder Arosa geschickt zu werden.[54]

Nach dem Besuch in Davos reiste Thomas Mann für zwei
Tage nach München zurück, um dann den Sommer wieder
in Bad Tölz zu verbringen. Auch seine Mutter, Julia Mann,
kam für einige Wochen dazu, vermutlich um den Sohn im
Haushalt zu unterstützen.

Kaum zurück aus Davos, fuhr Katia im November für zwei
Wochen nach Berlin. Offenbar war sie genesen, denn von
einer ärztlichen Verordnung ist hier nicht die Rede. Im Vor-

kriegsjahr 1913/14 hielt sich Katia nach einer erfolglosen Kur in Meran erneut für ein halbes Jahr in einem Sanatorium in Arosa auf. Sie verbrachte insgesamt fast ein Jahr in Sanatorien, ohne Sils Maria und Ebenhausen mitzuzählen. In dieser Zeit fehlte sie verständlicherweise den Kindern, die den Kindermädchen überlassen blieben. Wenn Katia nach Hause kam, wollten sie sie gar nicht mehr loslassen. Monika durfte mit Erika am Sonntagmorgen in ihr Bett schlüpfen: »Die Mama hatte ein überfußlanges Hemd an, am Hals und an den Handgelenken mit Volants, das, obgleich es aus feinstem Linnen war, an das Hemd der Großmutter in Rotkäppchen erinnerte. Zwei schwarze Zöpfe – die sie tags um den Kopf gewunden trug – lagen auf den großen Kissen, die gleichfalls aus feinstem Linnen mit Locharbeit waren, und mit tiefer, rauher, liebkosender Stimme wünschte sie uns guten Morgen«, erinnerte sich Monika.[55] Wenn die Mama zu Hause war, sprang Golo, der sonst eher gesetzt und würdig war, vor Freude an ihr hoch, und Klaus empfand »abends, beim Gutenachtsagen, wilde und süße Zärtlichkeit für die Mutter«. Die Kindermädchen werden in den unterschiedlichen Erinnerungen zwar erwähnt, aber ohne menschliche Wärme geschildert, zumal sie des öfteren wechselten.

Klaus Mann berichtet, wie er mit Hilfe seiner Mutter im Klammerweiher in Tölz schwimmen lernte[56], wobei er immer Angst hatte, sie könne loslassen. Katia konnte offenbar gut schwimmen, denn sie schaffte es »bis zu den Seerosen«. Golo und Erika hatten dabei keine Probleme, im Gegenteil, Golo wurde einmal von einem fremden Herrn »vor dem Ertrinken« gerettet, weil er aus Schüchternheit verschwieg, daß er bereits schwimmen konnte.[57] Im großen Tölzer Garten erfanden die vier Ältesten phantasievolle Spiele, in die Eltern und Personal einbezogen wurden. Sie spielten alle Rollen, Erika als die Älteste war die Anführerin, Klaus ihr ergeben, Golo gegenüber Klaus und Erika unterwürfig und zuständig für die kleine Monika. Im »Kinderbüchlein« über Monika notierte Katia, sie sei »ein besonders liebebedürftiges und anschmiegsames, aber auch ein sehr verzogenes, trotziges und eigensinniges Kind ... Wenn man sie fragte, wie sie heiße, antwortete sie ›Moni, Kind, Puppe und Liebling‹«. Dennoch tyrannisierte sie ihren älteren Bruder Golo unablässig.[58]

Besonders Klaus fabulierte pausenlos, und Golo verblüffte durch sein wundervolles Gedächtnis, das es ihm ermöglichte, Gedichte tagelang behalten und wortgetreu aufsagen zu können. Immer aber war die idealisierte Kindheit auch mit Angst und unheimlichen Vorstellungen verbunden: vor den blinden Kindern auf dem Nachbargrundstück, vor der Tiefe des Klammerweihers, vor den verwundeten Soldaten im Krieg, vor bösen Männern, die sich hinter den Bäumen versteckten oder – im Falle Monikas – vor dem Verirren im Wald. In Tölz kamen die Kinder auch zum ersten Mal in Berührung mit dem Tod, denn – ähnlich den Pringsheim-Kindern – erlebten auch sie, wie ein ertrunkener Bäckergeselle aufgebahrt wurde und »wächsern zwischen weißen Blüten« lag, »ein schwarzes Tuch über dem Mund ... weil er so gedunsene Lippen hatte«[59]. Diese Anschauung des Todes hinterließ aber weniger Spuren in der Erinnerung als andere »atavistische« Ängste der Kinder, von denen auch Golo Mann in seinen *Erinnerungen und Gedanken* berichtet. Dazu gehörte auch die Befürchtung, die Mutter zu verlieren. Als Thomas Mann seine Reise nach Davos antrat, um Katia zu besuchen, schlich sich Golo in aller Frühe ins Eßzimmer und fragte das Zimmermädchen Affa (eigentlich Josepha Kleinshüble): »Wenn ich den Papa recht schön bitte, glaubst du, daß er mich dann mit zur Mama nimmt?«[60]

Die Kinderfräulein hatten während der krankheitsbedingten Abwesenheiten Katias unumschränkte Macht, waren sie nun launisch oder verdrossen oder aufbrausend. Klaus erinnerte sich: »Die Macht der Kinderfräuleins wuchs dadurch ins Unermeßliche, daß unsere Mutter, in diesen Jahren viel krank, mehrfach längere Zeit in Davos und Arosa sein mußte. In solchen Monaten und halben Jahren herrschten die launischen Damen fast unumschränkt über uns, da unser Vater, wenngleich sehend, nichts von dem erzieherischen Furor ... an sich hatte.«[61] Auch die Dienstmädchen waren legendenumwoben, so die brave und stattliche Köchin Maja oder die bereits erwähnte Affa.

Der Vater schien den Kindern zu distanziert, zu kühl. »Von neun Uhr morgens bis zwölf Uhr mittags muß man sich still verhalten, weil der Vater arbeitet, und von vier bis fünf Uhr nachmittags hat es im Hause auch wieder leise zu sein: Es ist die Stunde der Siesta ... Es ist quälend, bei ihm in Ungnade zu sein, obwohl oder gerade weil sein Mißmut sich nicht in lauten Worten zu äußern pflegt. Sein Schweigen ist eindrucksvoller als eine Strafpredigt. Übrigens ist nicht immer leicht vorauszusehen, was er bemerken und wie er reagieren wird ... Die väterliche Autorität ist unberechenbar.«[62] Klaus hatte einmal eine Ohrfeige vom Vater erhalten. Mit der Mutter hingegen konnte man noch diskutieren, allerdings zog sie Klaus gelegentlich schmerzhaft an den Ohrläppchen. Schwerere körperliche Strafen kannten die Kinder jedoch nicht.

Im Jahre 1911 kam Erika in die Grundschule, ein Jahr später Klaus, nachdem sie etwa ein Jahr lang Privatunterricht erhalten hatten. Die Eltern schickten sie auf die Ebermayer-Schule, eine Privatschule in Schwabing. Den weiten Weg dorthin legten sie in Begleitung einer der Erzieherinnen zurück, die sich mit anderen »Fräulein« aus dem Herzogpark abwechselten, so daß eine Gruppe von Kindern dieses Stadtviertels – oft wurden auch die Jüngeren mitgenommen – beisammen war. Dazu gehörten die beiden Töchter Bruno Walters, Gretel und Lotte, sowie Ricki Hallgarten, mit denen sie später noch viele Streiche ausheckten. Die Schule war »vornehm, aber muffig und unerträglich langweilig«[63]. Erika und Klaus als die »beiden Großen« beeindruckten ihren jün-

geren Bruder Golo durch aufschneiderische Geschichten aus
dem »herrschaftlichen Extraschülchen«.

Im Jahr 1913 häuften sich in Bad Tölz die Militärkonzerte,
ohne daß jemand dies als Vorzeichen des Krieges deutete.
Golo zufolge glaubten beide Eltern nicht daran, daß wirklich
Krieg kommen würde. Dabei herrschte doch überall schon
viel Hurra-Patriotismus. »Wenn ich versuche, die Atmo-
sphäre von 1914 wiedereinzufangen, so sehe ich flatternde
Fahnen, graue Helme mit possierlichen Blumensträußchen
geschmückt, strickende Frauen, grelle Plakate und wieder
Fahnen – ein Meer, ein Katarakt in Schwarz-Weiß-Rot. Die
Luft ist erfüllt von der allgemeinen Prahlerei und den lär-
menden Refrains der vaterländischen Lieder. ›Deutschland,
Deutschland über alles‹ und ›Es braust ein Ruf wie Donner-
hall‹ ... Das Brausen hört gar nicht mehr auf«, erinnerte sich
Klaus. Das Mädchen Affa feierte nicht nur fröhlichen Abschied von zahlreichen uniformierten Stiefbrüdern, Vettern
und erstaunlich wohlerhaltenen Onkeln, sie versorgte auch
die in den Krieg ziehenden Soldaten mit Butterbroten und
Bier. Katia »überlegte sich manchmal, ob sie nicht vielleicht
doch einschreiten sollte, entschied sich aber dagegen. Krieg
ist Krieg, und lange würde es sowieso nicht dauern ...«[64]
Ihre Nachsicht gegenüber dem dickbusigen Hausmädchen, das eine Vertrauensstellung innehatte, sollte sie später
noch gereuen. Es stellte sich heraus, daß die der Familie seit
langem dienende Affa eine Kleptomanin war, die in ihrem
Zimmer eine Unmenge vermißter Gegenstände versteckt
hatte. Bei einem Streit zwischen den Dienstboten und Katia
war ein solcher Lärm entstanden, daß Thomas Mann höchst-
persönlich in den Keller hinabstieg und Affa befahl, ihr Zimmer zu öffnen. Als er dort neben vielen gesuchten Gegen-
ständen drei Flaschen seines besten Burgunders entdeckte,
erhob Affa die Hand gegen ihn, traf ihn dank seiner Geistes-
gegenwart aber lediglich an der linken Schulter. Die Polizei
wurde gerufen, das Hausmädchen war entschieden zu weit

gegangen. Bei dem darauffolgenden Prozeß aber wurde Affa
freigesprochen: Sie repräsentierte das unterdrückte Proleta-
riat, sie log wie gedruckt, und sie hatte das Publikum und
den Richter auf ihrer Seite. Thomas und Katia sanken immer
mehr in sich zusammen, während das Hausmädchen trium-
phierte. Das war die Revolution im Hause Mann! Später
noch, als Affa Katia und Erika einmal in der Straßenbahn
traf, spuckte sie in aller Öffentlichkeit vor ihnen aus. Thomas
Mann, der Katia schon öfter wegen ihres Ärgers mit dem
Personal bedauert hatte, berichtete in seinem Tagebuch am
12. Mai 1920 über diesen Zwischenfall und fand, sie stecke
»beständig in Mädchen-Kalamitäten«[65]. Aber er selbst blieb
davon weitgehend unberührt, Ärger gab es nur, wenn der
Haushalt nicht funktionierte.

Katia wurde von allen Kindern geliebt. Sie konnte aber
auch jähzornig sein und ungeduldig, wenn einmal etwas
nicht klappte. Ausgerechnet Erika, die ja nicht schwer von
Begriff war, warf sie einmal ein Buch an den Kopf. Sie über-
wachte nämlich auch deren Schulaufgaben. Mit Klaus übte
sie Griechisch, Latein und Mathematik. Die Kinder nannten
sie zärtlich Mielein und erdachten bis ins hohe Alter immer
neue Kosenamen für sie, wie aus den späteren Briefen hervorgeht. »Denn sie ist uns näher als der Vater«, schreibt
Klaus, »der dem Sohne ein Fremder bleibt. Sie ist die ver-
trauteste Figur, die unentbehrliche. Sie lehrt uns, zu beten
und zu schwimmen und uns die Zähne zu putzen; sie macht
den Speisezettel, kauft die Geburtstaggeschenke, sieht die
Schulaufgaben durch, geht mit uns zum Rodeln und zum
Schlittschuhlaufen. Das mütterliche Haar ist weich und
dunkel; die mütterlichen Augen sind goldbraun; die mütterlichen Hände sind zugleich zart und tüchtig: Sie können das
Loch in deinem Hemd stopfen und, wenn es not tut, sogar
deine Haare schneiden. Sie können strafen und streicheln,
spielen und liebkosen. Vater und Mutter sind unzertrennlich
und doch durchaus verschieden – ein heterogenes Doppel-

wesen.«[66] Auch die anderen Kinder berichteten nur Positives über ihre Mutter.

Im Frühjahr 1913 hatten die Kinder Keuchhusten. Die Familie verbrachte wieder einige Wochen in Tölz, der Kinder wegen. Aber Anfang Juni wollten sich die Manns noch einige Wochen südliche Seeluft angedeihen lassen, wie Thomas Mann am 16. Mai 1913 an seinen Freund Ernst Bertram schrieb. Am 14. Juni weilte Katia aber in Gardone, um einen Bronchialkatarrh auszukurieren, Thomas war gerade von einer Lesereise aus Stuttgart zurückgekommen, saß also mit den Kindern allein in Tölz. Im November 1913 schrieb Thomas seinem Bruder Heinrich: »Ich bin oft recht gemütskrank und zerquält. Der Sorgen sind zu viele: die bürgerlich-menschlichen und die geistigen, um mich und meine Arbeit. Katja hustet und müßte eigentlich schon wieder fort. Eißi [Klaus] scheint die Disposition von ihr geerbt zu haben, neigt bedenklich zu Bronchialkatarrhen und sieht schlecht aus. Überschuldet bin ich auch: 10 000 M Vorschuß, 70 000 M Hypothekenschulden und dann noch welche fürs Grundstück. Wenn nur die Arbeitskraft und -Lust entsprechend wäre.«[67] Er klagt dann noch über seinen verfehlten Beruf, seine Todessehnsucht, seine politische Desorientierung, so daß man von einer schweren Niedergeschlagenheit ausgehen kann. Für den ganzen Winter 1913/14 verschrieb der Professor Katia einen Aufenthalt in Arosa, wohin sie aber nur »auf ernsten Befehl des Arztes« gehen wollte. Am 4. Januar 1914 reiste sie ab, am folgenden Tag – acht Monate vor Kriegsausbruch – zog Thomas Mann mit den vier Kindern in das neue Haus ein.

Die Poschinger Straße 1

Diesmal zog die Familie aber in die eigene dreistöckige herr-
schaftliche Villa in München-Bogenhausen. Sie lag in der
Poschinger Straße 1, wurde liebevoll »die Poschi« genannt
und war von dem Architekten Alois Ludwig erbaut. Mit der
Isar in der Nähe, angrenzend an den Herzog-Park, entsprach
dieses Haus ganz dem großbürgerlichen Repräsentations-
bedürfnis des Hausherrn. Für die Kinder erwies es sich –
ebenso wie das in Bad Tölz – als wahres Paradies. Hier hatten
sie Nachbarn wie die Hallgartens und die Walters, mit deren
Kindern Ricki, Lotte und Gretel sie spielen, Streiche aushek-
ken und sehr früh Theater spielen konnten.[68] Vermutlich
hatten sich die Eltern Pringsheim finanziell an dem Haus beteiligt, denn der Besitz war auf Katias Namen eingetragen.[69]
Allerdings erwies sich auch *Der Tod in Venedig* als Bestseller.
Die erste reguläre Auflage in Höhe von 8000 Exemplaren
war in wenigen Monaten vergriffen, die zweite belief sich
auf zwanzigtausend Exemplare, so daß die stolzen Besitzer
der neuen Villa auch ohne Schwiegereltern nicht völlig
unbemittelt dastanden.[70] Die Familie lebte in der Poschinger
Straße 1 bis zu ihrer Emigration 1933. Das ursprüngliche
Haus steht heute nicht mehr dort. Im Zweiten Weltkrieg
wurde es zerstört und in veränderter Form wieder aufgebaut.

Erst im Mai kehrte Katia aus Arosa zurück, um ihr neues
Haus in Besitz zu nehmen. Die Kinder waren also, abgesehen
von der Unterbrechung zu Weihnachten, ein halbes Jahr
ohne Mutter. War Katia wirklich so krank, oder hatte sie
dem Familienleben und dem Umzugstrubel ausweichen
wollen? Oder wollte man sie schonen? Für Thomas wurde
der Umzug durch Katias mehrmonatige Abwesenheit getrübt. »Ich bin ja nun mit den Kindern ins Haus gezogen, –
ohne Katia, wodurch natürlich das Vergnügen zur Hälfte
zum Teufel ist«, schrieb Thomas Mann am 7. Januar 1914 sei-

nem Bruder Heinrich, zumal die Familie während des eine Woche dauernden Umzugs bei den Pringsheims wohnte. Dort herrschte eine dermaßen strenge Atmosphäre, daß Golo einmal von den »beiden Großen« vorgeschickt wurde, um die Erlaubnis zu erbitten, das große Bilderbuch ansehen zu dürfen. Das war ein schwerer Gang für ihn, die Wanderung durch das weite Eßzimmer zu einem niedrigeren Erkerzimmer, wo die Erwachsenen beim Tee saßen und er sein Sprüchlein aufsagen mußte. Die Atmosphäre bei den Pringsheims war dermaßen steif und kühl, daß Klaus als Kind Lust bekam, die kostbaren Gegenstände im Salon zu zerstören, was er aber aus Furcht vor einem Zornesausbruch des Großvaters unterließ.

Dennoch gab es auch positive Erfahrungen. Sie erinnerten sich gern an die Großmutter, die mit ihrer geschulten Schauspielerstimme den Kindern die Zeit zwischen dem Mittagessen und dem Tee durch Vorlesen vertrieb und sie mit Charles Dickens vertraut machte. Golo erzählt von einem Gang mit dem Vater zum sonntäglichen Mittagsmahl in der Arcisstraße. Die Mutter lag in der Klinik wegen einer Fehlgeburt, Erika und Klaus waren zu den Verwandten nach Berlin geschickt worden, und Monika blieb unter der Obhut des Fräuleins zu Hause. Warum der Vater ihn zu den Großeltern mitnahm, wurde Golo erst Jahrzehnte später klar: Thomas Mann wollte nicht allein dorthin gehen, denn er mochte Schwiegermutter und Schwäger wenig, den Schwiegervater aber gar nicht.[71] Auch diese gespannte Situation wird Katia zu schaffen gemacht haben.

Sie dürfte auch bedauert haben, daß sie beim Einzug und dem Einrichten des neuen Hauses nicht dabei war. Im Februar gab Thomas Mann als Strohwitwer einen »Herrenabend«, um das Haus gebührend einzuweihen. Eingeladen waren Ernst Bertram, Bruno Frank, Kurt Martens, Wilhelm Herzog, Emil Preetorius, Schwiegervater Pringsheim und seine Söhne, vielleicht auch Heinrich. Die Schwiegermutter bemängelte, daß sich Thomas mit der Einweihung nicht bis zur Rückkehr der Hausfrau Zeit gelassen habe.[72]

Die einzigen Nachrichten über Katias Gesundheit aus der Zeit ihres Aufenthaltes in Arosa stammen wiederum von Thomas, der am 27. März 1914 an Ida Boy-Ed schrieb: »Immer wieder treten kleine Temperaturerhöhungen auf, gegen die regelmäßig Bettruhe verordnet wird. Die allgemeine Erholung läßt bei dem andauernd sonnenlosen Föhnwetter dort oben zu wünschen übrig. Dabei soll aber der lokale Befund durchaus befriedigend und alles in voller Heilung begriffen sein. Für Mitte Mai ist die Entlassung mit ziemlicher Sicherheit in Aussicht gestellt. Sei es so! Es ist eine harte Zeit.«[73] Thomas mußte die Geschäfte in dieser Zeit allein führen, konnte auch nicht die geplante Reise mit Katia nach Lübeck antreten, um ihr endlich die Heimat zu zeigen. Um diese Zeit arbeitete er aber bereits am *Zauberberg*, und das Zimmermädchen Affa hatte mehr und mehr Macht im Hause gewonnen.

Im Sommer 1914, als sich die Familie Mann im Tölzer Landhaus befand, brach der Erste Weltkrieg aus. Die Familie Löhr hatte das Nachbarhaus gemietet, so daß zu den vier Mannschen Kindern drei Kusinen kamen; Onkel Jof, der Bankier, und die zarte Tante Lula sorgten ebenfalls für Abwechslung. Die sieben Kinder hatten sich vorgenommen, die Erwachsenen mit einem Theaterstück großen Stils zu überraschen, das für Mitte August als Höhepunkt der Saison geplant war. Sie konnten schon ihre Rollen, und Affa war mit den Kostümen beschäftigt, als das Kinderfräulein verkündete: »Ihr laßt es wohl besser sein. Dem Deutschen Reich und unserem österreichischen Bundesgenossen ist soeben der Krieg erklärt worden… Der Kaiser hat persönlich das Oberkommando von Armee und Flotte übernommen… Aber ihr seid ja noch viel zu jung, um die Größe solcher historischen Begebenheiten zu begreifen.« Sie waren in der Tat zu jung

und fragten sich, was der Kriegsausbruch mit ihrer Theater-
aufführung zu tun haben sollte. Sie beschlossen, die Eltern
zu Rate zu ziehen: »Mielein saß, etwas in sich zusammenge-
sunken, auf einem der Liegestühle mit einer riesigen Zeitung
vor sich ausgebreitet wie eine Landkarte, die sie mit zusam-
mengezogenen Brauen studierte; der Vater stand am anderen Ende der Veranda, ziemlich weit von Mielein entfernt,
feierlich vertieft in den Anblick von Bergen und Himmel.
Es war ein Sonnenuntergang von ungewöhnlicher Pracht,
beinah beängstigend großartig... Der Vater wandte seinen
Kopf nicht gegen Mielein, auch bemerkte er unsere Gegenwart nicht, als er mit gesenkter, ernster Stimme sagte: ›Nun
wird auch bald ein blutiges Schwert am Himmel erscheinen.‹
Danach hatten wir nicht mehr den Mut, unsere Fragen zu
stellen.«[74]

Zwar erschien kein blutiges Schwert am Himmel, aber die
Familie hatte mit anderen kriegsbedingten Erscheinungen
zu kämpfen. Golo berichtet, daß am selben Nachmittag
Katia mit allen vier Kindern und einem Leiterwagen »ins
Ort« zog, um bei der alten Frau Holzmeier zwanzig Pfund
Mehl einzukaufen, das erste Beispiel für das bald üblich wer-
dende Hamstern von Vorräten. Aber vor allem habe man
dringend nach München zurückgemußt, um die Brüder,
die in den Krieg zogen, zu verabschieden: so Katias Bruder
Heinz, den »Herrn Rittmeister«, und den Leutnant Viktor
Mann, Thomas' jüngsten Bruder, der noch rasch in den
Stand der Ehe trat.[75] Katias Bruder Peter wurde während
des Krieges in Australien interniert, wo er an einem Physi-
ker-Kongreß teilgenommen hatte. Katia mußte ihre Mutter
trösten, die fürchtete, daß ihr Sohn seine besten Jahre hinter
Stacheldraht verbringen müsse, nachdem sie schon Erik verloren hatte.

Kurz nach Kriegsausbruch schrieb Thomas seinem Bruder
Heinrich: »Ich bin noch immer wie im Traum, – und doch
muß man sich jetzt wohl schämen, es nicht für möglich ge-

halten und nicht gesehen zu haben, daß die Katastrophe
kommen mußte. Welche Heimsuchung! Wie wird Europa
aussehen, innerlich und äußerlich, wenn sie vorüber ist?
Ich persönlich habe mich auf eine vollständige Veränderung
der materiellen Grundlagen meines Lebens vorzubereiten.
Ich werde, wenn der Krieg lange dauert, mit ziemlicher Be-
stimmtheit das sein, was man ›ruiniert‹ nennt. In Gottes
Namen!«[76] Aber bereits einen Monat später klagt er seinem
Bruder gegenüber, ohne den Krieg wäre alles gutgegangen,
aber nun ginge alles schief. Er verdiene nichts, der Zuschuß
des Schwiegervaters sei um die Hälfte gekürzt worden, und
der Verleger Fischer könne den zugesicherten Vorschuß nur
zu einem kleinen Teil zahlen. Das Tölzer Haus sei zudem
derzeit unverkäuflich.

Der Krieg brachte zwar viele Einschränkungen für die Familie, aber doch nicht den Ruin. Als Katia aus dem Sanatorium zurückgekommen war, begann das gesellschaftliche Leben in der Poschinger Straße: »Wir hatten ein ziemlich
offenes Haus in München, und viele befreundete Menschen
verkehrten dort mehr oder weniger häufig. Es fiele mir heute
schwer, sie alle namentlich aufzuzählen – Hesse, Hofmannsthal, Hauptmann, Josef Ponten, Bruno Frank, Ernst Bertram, Gide, Wedekind, Heinrich Mann, Bruno Walter,
Gustav Mahler, Furtwängler und viele, viele andere«, erinnerte sich Katia Mann später.[77] Diese illustren Gäste wurden
von den Kindern geprüft, beurteilt und gegebenenfalls verworfen, ohne daß diese etwas davon ahnten. Denn die Kinder waren »artig-scheu« dabei, wenn sich die Erwachsenen
unterhielten, ließen sich kein Wort entgehen, nickten allenfalls beifällig, wenn ihnen etwas gefiel, oder warfen sich
höhnische Blicke zu, wenn eine Pointe mißlungen war.
Wenn die Gäste ihnen mißfielen, zogen sich Erika und Klaus
zeitig zurück. Die Besucher wurden eingeteilt in die »großen
Durchreisenden«, die »zeitweiligen Intimen« und die »wirk-
lichen Freunde«. Auf diese Weise lernten die Kinder zahlrei-

75

che berühmte Persönlichkeiten kennen, ahmten deren Sprache und Gebaren nach und übten daran ihren Umgang mit der großen Welt und ihr schauspielerisches Talent. Besonders Erika – und auch Katia – konnten andere Personen und deren Dialekt sehr gut darstellen. Erika verstand es, sogar den Vater zum Lachen zu bringen, indem sie ihre Lehrer parodierte. Er schätzte diese Fähigkeit mehr als gute Zensuren in der Schule.

Natürlich mußten all diese Gäste bewirtet und – sofern sie nicht in München lebten – untergebracht werden, es mußte geplant und eingekauft werden. Diese praktischen Dinge oblagen Katia. Während des Krieges war sie genötigt, vieles zu improvisieren. Als erste Sparmaßnahme entließ Katia das Kinderfräulein, worüber die Kinder nicht gerade unglücklich waren, und eines der Mädchen.

Die Atmosphäre im Hause Mann trübte sich nicht nur, weil es weniger zu essen gab, sondern auch weil die Stimmung während des Krieges oft düster war, vor allem wegen Thomas Manns Arbeit in diesen Jahren – er laborierte an den *Betrachtungen eines Unpolitischen* –, aber auch wegen des Streits mit seinem Bruder Heinrich. Thomas erlebte in den Kriegsjahren einen politischen Wandel, der dem Denken des Bruders völlig entgegenlief. Thomas verteidigte Krieg und Staat, Heinrich war Pazifist – der Bruderzwist machte ihm viel zu schaffen. Die Kinder erlebten den Vater mißmutig und gereizt. Ausbrüche seines Jähzorns gab es offenbar in jenen Jahren häufig. Bei »hadernden Gesprächen« zwischen den Eltern versuchte Golo zu vermitteln, er war ein weichherziges Kind und wollte immer schlichten und trösten. »Beide hatten recht, jeder auf seine Art... Tatsächlich war TM der immer präsenten, der logisch-juristischen Intelligenz der Mutter nicht gewachsen. Er hatte leichtsinnig, nur so des Gesprächs halber, irgendeine Behauptung gemacht, die ihn gar nicht interessierte und die er nicht aufrechterhalten konnte. Ihrerseits war die Mutter, so sehr sie ihn liebte und bewunderte, ihm diente, eine viel zu starke und naive Persönlichkeit, als daß sie in dieser Beziehung sich hätte ändern können oder wollen, in fünfzigjähriger Ehe nicht.«[78] Sie widersprach also, und das führte dann offenbar häufig zu Streit und Gereiztheit, worunter er, Golo, litt. War Katia also rechthaberisch? Klaus hingegen berichtet, daß Katia bei Gesprächen über den Krieg einen illusionslosen Realismus an den Tag legte, während der Vater eine gewisse eigensinnige Zuversicht zeigte. »Nicht, als ob es zwischen ihnen jemals Streit gegeben hätte. Es fiel nie ein lautes Wort in unserer Gegenwart. Aber wir waren aufgeweckt genug, um die Unterschiede zwischen ihren Ansichten zu bemerken. Mielein hatte ihren Glauben an den deutschen Sieg schon verloren, als der Zauberer noch von unvermindertem Optimismus schien.«[79] Es wurde kaum vom Krieg gesprochen, beobachtete Sohn Golo. Auch wenn Katia und Thomas wußten, daß nach wenigen Wochen der Kriegsplan gescheitert, die Marne-Schlacht verloren war, so sprachen sie nie in Gegenwart der Kinder davon. Diese Wahrnehmung gilt allerdings nicht für alle Kinder. Erika und Klaus waren ja schon Schulkinder, als der Krieg ausbrach.

Es gab immer weniger zu essen, auch die Speisezettel wurden schmaler. Wenn die Kinder auf der oberen Diele frühstückten oder zu Abend aßen, gab es Dr. Oetkers Mandelpudding mit Rosinen oder Schaumtorte, für die Kinder erfreulich. Das Mittagessen wurde spät, aber gemeinsam eingenommen. Thomas Mann trank aus einem großen silbernen Henkelbecher »Kriegsbier«, was er vorher nicht getan hatte. »Wir haben jetzt eine bessere Köchin; Salat und Kohlrollen waren heute schmackhafter zubereitet«, notierte Thomas Mann am 11. Oktober 1918.

Gänsebraten gab es einmal im Jahr, zu Weihnachten, waren Gänse doch markenfrei zu haben. Katia gelang es weiterhin, das Weihnachtsfest zum schönsten Fest des Jahres zu machen. Im stockdunklen Arbeitszimmer wurden Weihnachtslieder gesungen, dann traten die Kinder geblendet in den Glanz des Weihnachtsbaumes, jeder suchte nach seinen Geschenken, die Großeltern aus der Arcisstraße waren anwesend und brachten ebenfalls ihre Pakete mit. Dann traten die Mädchen des Personals an und erhielten bunte Teller mit Lebkuchen und Nüssen sowie einen Geldschein. Nach der Bescherung folgte das festliche Menü mit dem traditionellen Gänsebraten. Der erste Feiertag wurde wie bisher in der Arcisstraße verbracht. Klaus berichtete, daß das Festessen bei den Großeltern nun meist aus einem »ausgemergelten Vogel – einer Art Reiher von penetrant tranigem Geschmack – und einem scheußlichen rosa Ersatzpudding« bestand. Nur die »gediegene Pracht des Speisesaales« und die »unverwüstliche Würde« der Großmutter Pringsheim hätten diese »Zusammenkünfte vor dem Abgleiten in die völlige Armseligkeit« bewahrt.[80] Schließlich kam es sogar so weit, daß die Familie Mann ihr eigenes Schwarzbrot zum Tee mitbringen mußte, weil selbst die reichen Pringsheims nicht genug zu essen hatten und das Brot nur auf Marken zu bekommen war. Trotz aller Einschränkungen beachtete man mit mehr Nachdruck die Formen der bürgerlichen Etikette als vor dem Krieg, wenn auch mit »Ersatzlebensmitteln«. Katia verstand es, ihren Mann mit den geliebten Zigarren und Zigaretten zu versorgen. Wirklich knapp waren Schuhe und Kleidung. Die Kinder gingen den ganzen Sommer über barfuß oder trugen schwere, laut klappernde Holzsandalen. Aus den hübschen bestickten Kitteln der Vorkriegszeit, mit denen sie überall aufgefallen waren, waren sie längst herausgewachsen.

Nach dem Krieg besserte sich die Notlage erst allmählich: »Zwar ließ das Essen immer noch zu wünschen übrig, aber die Zeit der faulen Kartoffeln und Kohlrüben war doch vorüber. Unsere Lebensweise fing an, einen gewissen Grad bürgerlicher Eleganz anzunehmen, vor allem Dank Mieleins unermüdlicher Fürsorge. Wir Kinder fragten uns nie, wie sie es fertigbrachte, den großen Haushalt in Gang zu halten, ohne Üppigkeit, aber doch reibungslos und komfortabel. Wir alle hielten es für selbstverständlich, daß sie fähig war, Wunder zu tun, unterstützt vom Zauberer, dem es natürlich auf seine Art auch nicht an magischen Talenten fehlte.« Der Vater schrieb nämlich Artikel für »The Dial Press« in New York, die Katia abtippte und zum Postamt beförderte, woraufhin kurze Zeit später ein Scheck eintraf. Mielein holte dann in froher Erregung ihr Fahrrad aus dem Keller und fuhr zu der kleinen Privatbank Feuchtwanger, wo ihr statt der Dollarnoten ein eindrucksvoller Haufen deutscher Inflationsmark ausgehändigt wurde.[81]

Den letzten Kriegssommer 1918 verbrachte die Familie Mann in Abwinkel am Tegernsee, wo sie von dem Sohn des bekannten Malers das Defregger-Haus mieten konnte. Das Tölzer Haus hatten sie verkauft, weil sie nicht immer an denselben Ort fahren wollten und es ihnen für die wachsende Familie zu klein wurde. Im April war Elisabeth, das fünfte Kind, zur Welt gekommen. Die Dauer des Urlaubs hing davon ab, wie lange der Aufenthalt ihnen von Amts wegen gestattet wurde, denn es gab Einschränkungen der Freizügigkeit. Die dreistündige Reise von München bis zum Tegernsee mit dem Personal, den vier älteren Kindern, dem Baby, der Haus- und Bettwäsche muß wie ein halber Umzug gewesen sein. Die Kinder aber waren selig. Denn anders als in Bad Tölz waren sie hier direkt am See, konnten schwimmen und rudern. Das Haus war geräumig, es fehlte an nichts, nur die Verpflegung war kärglich. Aber sechs Liter Milch am Tag waren eine gute Grundlage, und mit genügend Geld konnte man auch allerlei Eßbares beschaffen. Während Thomas Mann der Meinung war, er ernähre sich hauptsächlich von Honig, den Katia gehamstert hatte, erinnerte sich Erika, daß der Vater und das Baby alles bekamen, »was an Eßbarem aufzutreiben war«, während die größeren Kinder sich von selbstgesammelten Schnecken und selbstgeangelten Rotaugen ernährten.[82]

Anfang September 1918 kehrte die Familie aus Abwinkel zurück in die Poschinger Straße. Der Krieg hatte inzwischen eine entscheidende Wendung genommen. Der Verlauf der Kriegshandlungen im Westen deprimierte Thomas Mann zutiefst. Bis zum Schluß hielt er zu Kaiser und König. »Republikaner werden wir auch bald sein, verlassen Sie sich drauf. Solange der Kaiser noch da ist, ist das romantische Deutschland nicht völlig ausgetilgt. Und darum handelt es sich doch«[83], schrieb er am 10. September 1918 an Ernst Bertram, den Taufpaten von Elisabeth. Er hatte recht: Der bayerische König und der Kaiser mußten Anfang November 1918 zurücktreten, wenige Tage später ging der Kaiser ins holländische Exil. Das Kaiserreich war zusammengebrochen und damit der Weltkrieg beendet. In München konnte man sich nach dem Krieg jedoch keineswegs ausruhen, denn am 7. November 1918 rief Kurt Eisner die »demokratische und soziale Republik Bayern« aus, zu deren Ministerpräsident er ernannt wurde. Überall bildeten sich Arbeiter- und Soldatenräte, und überall äußerte sich die revolutionäre Gewalt in Streiks, Antikriegs-Kundgebungen und Aufständen. Neben dem »Arbeiter, Soldaten- und Bauernrat« gründeten einige Intellektuelle, unter ihnen Heinrich Mann, einen »Politischen Rat geistiger Arbeiter«.

Doch im Gedächtnis der Kinder erscheinen die Revolutionswirren blaß, hell leuchten hingegen die »Poschi« und der Münchner Herzogpark. Die Erinnerungen der Kinder Mann an ihr Haus sind überall gegenwärtig. Monika berichtet: »Zugleich mit jener Weltoffenheit hatte das elterliche Haus eine große innere Abgeschlossenheit. Die starke und verhaltene Persönlichkeit meines Vaters und das dynamische Gegenspiel meiner Mutter bildeten eine atmosphärische Macht und Einheit, gegen die das fremde Leben verblaßte. Der Trupp Geschwister, Freunde, Mägde und Tiere tat ein

übriges, jene Macht auszubreiten und zu festigen. Ja, ich bin
in einer sehr starken häuslichen Atmosphäre aufgewachsen,
und ihr Schwingen und Klingen ist laut in meiner Erinnerung.«[84] Das Allerheiligste dieses Hauses war natürlich
das Arbeitszimmer des Vaters, der es selbst »so weit recht
prächtig« fand. Voller Ehrfurcht näherten sich die Kinder
diesem Zimmer, welches nach Tabak roch und das sie nur
auf Aufforderung betreten durften. Dort befanden sich lange
Bücherreihen und »der wohlgeordnete Schreibtisch mit dem
stattlichen Tintenfaß, dem leichten Korkfederhalter, der
ägyptischen Statuette, dem Miniaturporträt Savonarolas
auf dem dunklen Grund ...«[85] Nie wären die Kinder auf die
Idee gekommen, alleine dort hineinzugehen. Klaus und
Erika probierten es später aus, und Klaus erregte damit den
Zorn des Vaters. Ein festliches Ereignis war es, wenn der
Vater den Kindern etwas vorlesen wollte, sei es aus Märchen
oder russischen Autoren wie Gogol, Tolstoi, Turgenjew, sei
es aus den eigenen Werken. Dann mußten erst die Stapel
von Neuerscheinungen und anderen Büchern von den Stühlen geräumt werden, ehe man sich setzen konnte. Ansonsten
herrschte Ordnung.

Das Zimmer Katias, wie es die Tochter Monika an einem
Sonntagmorgen schildert, stellte offenbar das genaue Gegenteil dar: »Ein paar Lichtstrahlen fielen durch die grünen
Läden der beiden Fenster und der Tür, die auf den Balkon
führten, auf dem die Mama immer Siesta hielt (im Winter
in einem großen Pelzsack), und es mochten Glocken von
der Stadt herübertönen. In friedlichem Dämmer lag das
Zimmer meiner Mutter, das für mich stets mit liebenswürdig
chaotischer Fülle und Lebensmitte verbunden war. Auf dem
Toilettentisch mit dem dreiteiligen Spiegel flatterten zwischen den geschliffenen Flakons und Kristall- und Silberdo-
sen die womöglich schon bezahlten Kohlen- und Milch-
rechnungen, auf der grün-grau gerippten Samtchaiselongue
lag ein Haufen roter Häkelwolle, ein Band Maupassant,

Zola und Josef Ponten, die Kommode nickte unter der bunten Last von Briefen, Manuskripten, einem riesigen Nähbeutel aus lila Wildleder, unzähligen Familienphotographien, Schlüsseln, einem großen atlasbezogenen Nadelkissen, in dem hübsche alte Broschen steckten, einer Vase mit Rosen, Telephonlisten und Speisezetteln, Weihnachtsgaben, von Kinderhand gefertigt; der graziöse Schreibtisch bog sich unter zwei Schreibmaschinen, Lateinbüchern meiner Brüder, russischen Lexikons und Schachteln von Extrabitter Katzenzungen ... Eine magnetische Anziehungskraft schien es zum Herzen des Hauses zu machen.«[86] Katia war, das wird öfter erwähnt, ausgesprochen unordentlich – im Gegensatz zu Thomas Mann, dessen Ordnungsliebe sich der Pedanterie näherte. Von Katias Zimmer aus wurde auch telefoniert, nur in seltenen Fällen mußte Katia auf das Arbeitszimmer ihres Mannes umstellen, der es im allgemeinen nicht mochte, zu telefonieren oder gar bei der Arbeit durch Anrufe gestört zu werden.

Golo berichtet, daß im Krieg die bis dahin so verwöhnte Mutter zu einer Art Heldin wurde. Sie mußte vor allem zwei schweren Aufgaben gerecht werden: den nervösen, hart arbeitenden Gatten beschützen, ihn zu ernähren, so gut es eben ging, und doch auch die übrigen, die vier Kinder und die drei »Mädchen«, Köchin, Zimmermädchen, Hausmädchen, nicht gar zu kurz kommen lassen.

Katia selbst schildert ihre Aufgabe während des Krieges folgendermaßen: »Ich bin da wirklich den ganzen Tag mit dem Fahrrad in München herumgefahren, um da oder dort etwas aufzutreiben; wir wollten absolut mit dem Schwarzhandel nichts zu tun haben. Aber schließlich ging es gar nicht mehr. Außerdem bekamen wir auch immer Angebote, die natürlich verlockten. Ein junger Mensch von höchstens siebzehn Jahren kam auch einmal zu uns und sagte: Also, wenn Sie mal was brauchen, da könnt i scho allerhand beibringen. Und ich sagte: Na ja, da werden wir vielleicht doch dies oder das an Lebensmitteln benötigen. Dann hat er mal ein bißchen Butter geliefert, mal Eier und so. Ich erwartete in der Zeit meine jüngste Tochter, und gleich das Jahr drauf erwartete ich meinen jüngsten Sohn. Da sah er mich ganz streng an und sagte: Scho wieder, Frau Doktor? Den kann i nimmer ernährn!«[87]

Golo schildert den Kriegsalltag zu Hause und wie Katia versuchte, den Hunger aller zu stillen: »Das Essen teilte sie aus und nahm sich selber am wenigsten. TM, solches beobachtend, schlug gelegentlich vor, wir sollten alle, ihn selber eingeschlossen, etwas von unseren Tellern auf den ihren tuen. Sie war arg mager geworden, aber das alte Lungenleiden, an dem sie noch im Winter 1914 laborierte, hatte sich beruhigt, wieso, ist mir ein Rätsel. Das Brot, zum Frühstück und Abendessen, schnitt sie für uns in hauchdünne Scheiben, vier für jeden, um uns die Illusion des Mehr zu geben.«[88] Die Zentralheizung in der Poschinger Straße war abgeschaltet, nur in jedem zweiten Zimmer wurde ein kleiner Metallofen installiert. Allerdings sorgte Katia dafür, daß im Arbeitszimmer ihres Mannes geheizt wurde, aber das besserte seine Stimmung wenig.

Während des Ersten Weltkriegs hatten sowohl die Manns als auch Katias Eltern – streng national gesonnen wie sie waren – Kriegsanleihen gekauft, die nun verloren waren. Das Tölzer Haus wurde im Juli 1917 verkauft, der gesamte Erlös in Höhe von 65 000 Mark war in diese abzuschreibenden Kriegsanleihen gegangen. Zwar waren es nicht, wie erhofft, 80 000 Mark, aber immerhin eine schöne Summe. Die Hypothek für das Tölzer Anwesen war zum Zeitpunkt des Verkaufs noch nicht getilgt, die Hypothekenzinsen betrugen 510 Mark, die Kapitalrate 1200 Mark, wie aus dem einzigen Eintrag in das Notizbuch Thomas Manns in Katias Handschrift hervorgeht.[89] Klaus berichtet, daß Hypotheken auch auf dem Münchner Haus lasteten, worunter er sich aber noch nichts vorstellen konnte, und er erinnerte sich, daß weder der Großvater Pringsheim noch Sami Fischer Geld geben wollten. Noch 1917 Kriegsanleihen zu zeichnen war ein ungewöhnlicher Entschluß, und er ist mit ziemlicher Sicherheit trotz Katias Skepsis gefaßt worden.[90] Also gab es auch finanzielle Sorgen, um die Katia sich kümmern mußte, sie übernahm alle Bankgeschäfte, sie zahlte die Rechnungen und schickte später die monatlichen Schecks an die Kinder. Das ging so weit, daß Thomas Mann einmal, als Katia gerade im Sanatorium weilte und er eine höhere Rechnung begleichen mußte, sich an die Schwiegereltern wandte, angeblich weil er nicht wußte, bei welcher Bank sein Geld lag.[91]

Kindererziehung und Schulprobleme

In Katias *Ungeschriebenen Memoiren* findet sich nur eine Stelle über die Kindererziehung im Hause Mann. In einem Gespräch zwischen Mutter und Sohn, das in ihren Erinnerungen angeführt wird, äußerte Golo: »Ob unsere Erziehung sehr streng war, darf ich eigentlich in Gegenwart meiner Mutter gar nicht sagen. Es waren andere Zeiten, schließlich, meine Eltern stammten aus dem vorigen Jahrhundert.« Darauf Katia: »Nun, ich war doch nicht sehr streng. Ich war oft etwas ungeduldig. Ich arbeitete ja auch oft mit den Kindern. Wenn sie etwas nicht gleich verstanden, wurde ich etwas ungeduldig... Im ganzen hatten sie eine ganz nette Kindheit. Schon allein die Tatsache, daß sie so viele waren und sich untereinander verstanden, machte, daß sie immer Gesellschaft hatten. Das Haus war groß. In den Zimmern im dritten Stock konnten sie ziemlich unter sich sein. In Tölz, wo wir das Landhaus hatten, war der große Garten, und dann fuhren sie mit dem Leiterwagen die Dorfstraße runter und hatten ihre Spiele. Wenn wir im Herzogpark spazierenggingen – die beiden anderen waren doch wesentlich größer und hatten längere Beine –, sagte der Golo immer: Klaus,

lauf net so schnell, sonst fällt der arme Gololo hin!«[92] Zeitweise bildeten die vier älteren Geschwister im Herzogpark
in München sogar eine Schrecken verbreitende Gruppe.
Thomas Mann soll sehr gelacht haben, als ihm einmal eine
Gruppe von Kindern in wilder Flucht entgegenstürmte und
schrie: »Die Manns kommen, die Manns kommen.« Erika
war ein temperamentvolles Kind, hatte stets aufgeschürfte
Knie und ungekämmte Haare und beschützte ihren Bruder
Klaus mit Heldenmut, wann immer es nötig war.

Die Kinder ahmten ihre Eltern nach. Sie entwickelten früh
Interesse am Vorlesen und Fabulieren, am Schreiben, am
Theater – und eigneten sich besonders die Sprechweise der
Eltern an. Erika sagte später einmal, beide Eltern hätten
sehr komisch gesprochen, »und es hat sie zweifellos auch
zusammengeführt, daß sie beide diese Art von Sprechweise
irgendwie von Natur hatten. Sie waren einander ähnlich in
dieser Sorte von Humor und dieser Art – man würde heute
sagen: hochgestochenen Art zu sprechen.«[93]

Katia half ihren Kindern nicht nur bei den Schularbeiten –
das Buch, das sie Erika an den Kopf warf, war ein Lehrbuch
der sphärischen Trigonometrie –, sie schrieb sogar die Aufsätze für Elisabeth, die eine Schreibblockade hatte und für
Katias Aufsätze gute Noten erhielt. Eine ganz andere Erfahrung machte sie mit einem Aufsatz, den ihr der Vater
schrieb: Er wurde schlecht bewertet. Danach bat sie ihren
Vater nie wieder, ihr beim Deutschaufsatz zu helfen.

Tatsächlich hatten die Mann-Kinder für damalige Zeiten
unvorstellbare Freiheiten. Sie klagten zwar, daß es zu bestimmten Zeiten ruhig im Hause zu sein hatte. Und es gab
natürlich einige Regeln, wie in jedem Haushalt. Der Vater
legte Wert auf Reinlichkeit; saubere Fingernägel und ge-
kämmtes Haar waren bei Tisch unabdingbar. Auf keinen
Fall durfte man beim Essen mit dem Daumen nachhelfen.
Der Vater pflegte dann zu sagen, nehmt den Fuß oder die
Nase, aber auf keinen Fall den Daumen, berichtet Klaus.

Das war doch immerhin eine humorvolle Art, den Kindern gewisse Tischsitten anzugewöhnen. Die jeweils Jüngsten saßen immer am unteren Tischende und durften leise miteinander sprechen, sonst jedoch nur, wenn die Erwachsenen sie fragten. Auch das ist in der damaligen Zeit nichts Ungewöhnliches. Die Kinder durften nichts beschädigen, und der Vater, der sehr stolz auf sein Tölzer Haus war, pflegte in dem sehr großen Garten zu sagen: »Nicht auf der Rasenkante gehen«, was sich allen vier Kindern eingeprägt hat. Klaus ärgerte sich darüber, daß die Kinder – wenn sie mit den Eltern spazierengingen – paarweise vorausgehen mußten, vermutlich damit die Eltern sie im Auge hatten.

Sonst gibt es kaum Hinweise auf Verbote, außer dem Tabu, das Arbeitszimmer des Vaters zu betreten und den »Giftschrank« zu öffnen. Der Giftschrank enthielt »Erwachsenenliteratur« bzw. die Dinge, die der Vater für besonders »giftig« hielt. Je älter die Kinder wurden, desto interessanter wurde natürlich der Giftschrank. Insbesondere Klaus hatte einen ungeheuren Lesehunger, und Katia versuchte ihm mit ausgewählter Lektüre entgegenzukommen. Der Sohn hielt sich nach eigener Aussage streng an ihre Ge- und Verbote, las also etwa in einem Lessingband zwar den erlaubten *Nathan der Weise*, nicht aber die verbotene *Emilia Galotti*. »Aber nachmittags, während mein Vater schlief, schlich ich mich, die Wangen gerötet vom Gefühl, das Böseste zu treiben, in sein geheiligtes Arbeitszimmer, wo es nach Zigarrenrauch und väterlicher Würde roch, um auf einem Sessel, den ich heute noch kaum ohne geheimen Schauer anzusehen vermag, Wedekinds *Kammersänger* zu lesen. Außer der bizarren und für mich so neuartigen Diktion konnte mich an diesem Meisterwerk nichts reizen als das Gefühl, daß es verboten war … Als meine verruchten Nachmittagseskapaden aufkamen, gab es natürlich die gräßlichste Katastrophe … Ich bin *sehr* geschimpft worden.«[94] Diese Begebenheit ereignete sich 1919, als Klaus dreizehn Jahre alt war. Die Eltern glaubten,

Vertrauen, eine gute häusliche Atmosphäre und ihr Vorbild würden ausreichen, um die Kinder zu erziehen.

Erika berichtet, daß die gesamte Erziehung Katia oblag und daß sie sich nur an den Ehemann wandte, wenn sie mit den Kindern nicht mehr fertig wurde. Dieser griff nur selten ein. Erika erinnert sich, wie sie einmal als Siebenjährige in das geheiligte Arbeitszimmer gerufen wurde, wo der Vater ihr ernsthaft wegen ihres Lügens ins Gewissen redete: »Eri, Du bist ja jetzt schon sieben, Du bist ja kein kleines Kind mehr, und Du weißt ja im Grunde, was Du tust, jetzt lügst Du die ganze Zeit, schau, stell Dir bitte einmal vor, was passieren würde, wenn wir alle immerzu lögen. Wir könnten uns ja gegenseitig gar nichts mehr glauben, wir würden uns gegenseitig überhaupt nicht mehr zuhören, weil es ja viel zu langweilig wäre, und es wäre gar kein Leben. Ich bin überzeugt davon, daß Du das einsiehst und daß Du dieses blödsinnige Lügen jetzt läßt.«[95] Dieses Gespräch wirkte aber nur vorübergehend, denn nach einigen Jahren, im Alter von vierzehn, fünfzehn, log sie munter weiter.

Bei einer anderen Gelegenheit glaubte Thomas Mann pädagogisch zu wirken, als er an seiner Lieblingstochter Erika demonstrierte, wie ungerecht die Welt ist. Erika erzählt: »...ich saß neben ihm bei Tisch, und er hatte mich sehr gern, und dies spielt während des Ersten Weltkrieges, wo wir nichts zu essen hatten, absolut nichts, und wo zwischen uns vier Kindern jede Winzigkeit, die es gab, genau und mathematisch geteilt wurde. Also es wurden quasi die Erbsen gezählt. Nun also eines schönen Tages war eine Feige übriggeblieben, und es war ganz klar, daß diese Feige zwischen uns vier Kindern geteilt werden mußte – meine Mutter war der Ansicht, und wir vier waren der Ansicht. Was tat mein Vater? Er gab mir allein diese Feige und sagte: ›Da Eri, iß.‹ Ich natürlich fing sofort an zu fressen, die anderen drei Geschwister staunten entsetzt, und mein Vater sagte sentenziös mit Betonung: ›Man soll die Kinder früh an Ungerechtigkeit gewöhnen.‹ Dieser abenteuerliche Satz meines Vaters ist zwischen uns vieren besprochen worden und beraten worden, jahrelang, daß es leider notwendig ist, die Kinder früh an Ungerechtigkeit zu gewöhnen, und wir haben uns auch allmählich einen Reim darauf gemacht.« Katia hatte es für einen Augenblick die Sprache verschlagen, schließlich lachten alle, weil sie den Ausspruch zunächst nur komisch fanden. Ob Thomas Manns unterschiedliche Behandlung seiner Kinder generell dieser pädagogischen Lebensmaxime entsprang oder ob sie lediglich seine eigene Lebenserfahrung widerspiegelte, ist nicht klar zu entscheiden.

Ungerecht ging es nämlich durchaus auch sonst im Hause Mann zu: Die Vorlieben der Eltern gegenüber den Kindern waren ganz unterschiedlich ausgeprägt. Wenn die Kinder dem Vater schon zum Frühstück ihre selbstgedichteten Verse unter die Serviette schoben, las er sie, lediglich die von Monika überging er zu deren Enttäuschung. Wenn Golo Geschichten erfand, bat der Vater ihn zu schweigen. Wenn Monika sich verliebte, war es albern, wenn Elisabeth eine unglückliche Liebe durchmachte, wurde sie bedauert. Die einen wurden geliebt, die anderen konnten nichts recht machen. Inge und Walter Jens stellten eine regelrechte Reihenfolge für die Hierarchie in der Familie auf: »Erika: Liebling der Eltern; Klaus: liebenswert, begabt und gefährdet; Golo: ein Sonderling und Einzelgänger, aber oft gefällig und hilfreich; Monika: naiv und dickfellig, von meistens törichtem Benehmen, aber musikalisch begabt; Elisabeth Medi: behütet als des Vaters Herzenskind … Michael: für Thomas Mann ein bockiges, eher uninteressantes Kind, ausgezeichnet, wie Moni, nur durch ausgeprägte Musikalität (›Bibi's Fortschritte bemerkenswert‹), später dazu durch die Tatsache, dass des Zauberers Sohn immerhin den Lieblingsenkel, Frido, zeugte und seinem Vater auf diese Weise – man denke an die ›Echo‹-Schilderung des *Faustus*-Romans!

zu einer glanzvollen Prosa-Passage verhalf.«[96] Katia versuchte jedoch die Fremdheit und Kälte des Vaters gegenüber dem Jüngsten auszugleichen. Auffallend ist, daß die drei Jüngsten ausgesprochen musikalisch waren und auch zunächst Laufbahnen auf diesem Gebiet anstrebten, auch wenn sie später andere Betätigungen wählten, während die drei Ältesten mehr literarisch interessiert waren, Publizisten, Literaten oder Historiker wurden und nur passiv Musik hörten.

Klaus war des öfteren Anlaß für Katias Kummer: Thomas Mann notierte: »Gestern abend erschütterndes Vorkommnis mit K. Sie hatte Klaus' Tagebuch offen liegend gefunden und gelesen. Ohne gerade eigentlich Schlechtigkeit zu offenbaren, zeugt es von so ungesunder Kälte, Undankbarkeit, Lieblosigkeit, Verlogenheit, abgesehen von den literarisch radikalistischen Flegeleien und Albernheiten, daß das arme Mutterherzchen tief enttäuscht und verwundet war. K. weinte über den Jungen, wie sie es vor Jahren that, als er sterben sollte. Beruhigungs- und Tröstungsversuche, bewegten Herzens. Den tobenden Vater werde ich nie spielen. Der Junge kann nichts für seine Natur, die ein Produkt ist. Auch glaube ich kaum, daß ihm jeder Fond fehlt. Sehr vieles ist geschmacklose Allüre, ohne Zweifel. – Das Erlebnis wirkt heute noch sehr nach bei uns beiden ... K. kam und erzählte getröstet von einer Unterredung mit Eissi [Klaus], die zu ihrer Zufriedenheit verlaufen. Auch er hat bitterlich geweint. Ich denke, die Mitteilung, daß man [von] den Schwierigkeiten seines Alters wisse, hat ihm wohlgethan. Er war beim Abendessen noch ernst, dann, da ich mir nichts merken ließ, unbefangen.«[97] Klaus war damals noch keine vierzehn Jahre alt.

Viele Biographen Thomas Manns haben die kritische Sicht des Elternhauses übernommen. Ein Blick auf die Lebenswege dieser eigenwilligen oder auch exzentrischen Kinder zeigt aber: Die Eltern hatten fortgesetzt große Probleme mit ihren Sprößlingen. Sie legten sogar eine für diese Zeit

ungewöhnliche Nachsicht an den Tag und kamen den individuellen Bedürfnissen der Kinder nach Möglichkeit entgegen. Für die damals geltenden Maßstäbe sind ihre pädagogischen Maximen nur als »libertär« zu bezeichnen.

Um die schulischen Belange kümmerte sich Katia, selbstverständlich in Absprache mit dem Vater. Zwar bemühten
sich die Eltern, die besten und geeignetsten Schulen für ihre
Kinder zu finden, aber die begabten und unbändigen ältesten Kinder hielten es nirgendwo lange aus. Thomas Mann
äußerte sich mehrfach negativ über seine Schulerfahrungen
und veröffentlichte einen Artikel über die Unsinnigkeit des
Abiturs – er hatte es ja auch nicht bis dahin gebracht. Katia
hingegen hatte nie eine öffentliche Schule besucht, insofern
schien den Eltern der Schulbesuch vermutlich nicht so wichtig. Besonders Erika und Klaus machten Schwierigkeiten,
und es gab häufig »Mitteilungen« von der Schule. Immerhin
schafften es Klaus und Golo, auf das nahegelegene Münchner Wilhelms-Gymnasium zu kommen, an dem schon Katia
als Externe das Abitur abgelegt hatte. Erika und Elisabeth
besuchten das Luisen-Gymnasium in der Nähe des Haupt-
bahnhofs.

Katia pflegte die Verbindung zur Schule, und sie hatte
»eine sehr raffinierte Art, die Professoren in den Sprechstun-
den zu bearbeiten«[98]. Klaus hatte den Gymnasialprofessoren
viel vorzuwerfen, vor allem ihre rückschrittliche Gesinnung
und ihren phrasenhaften Patriotismus. Unter der Schule jedoch litt er nicht ernsthaft, obwohl er sie immer verachtete
und oft haßte. »Ich kam immer gerade durch«, sagte er.[99]
Golo berichtete, daß der »Klassenlehrer« die entscheidende
Figur in seiner Schulzeit war, der natürlich sein Lieblingsfach Geschichte unterrichtete.

Erika besuchte seit 1916 zunächst die Höhere Töchterschule, danach erhielt sie Privatunterricht zu Hause, denn
ihre Leistungen reichten nicht aus für das Gymnasium. Dennoch zögerte ihre Mutter nicht, sie mit Haushaltspflichten,

ja, gar mit ihrer Vertretung zu betrauen, als sie selbst wieder einmal zur Kur fahren mußte. Erika war gerade fünfzehn Jahre alt, als die Mutter ihr Aufgaben übertrug, die weit über das übliche Maß hinausgingen. Da die Töchterschule sich weigerte, Erika teilweise vom Unterricht zu befreien, blieb sie ganz zu Hause – ein weiteres Indiz, daß der Schule in der Familie Mann doch kein so hoher Wert beigemessen wurde. Katia schrieb ihrem Mann: »Nun geht Eri also garnicht in die Schule. Den Prorektor finde ich ja einen kapitalen Esel, daß er sich auf nichts einlassen wollte, aber unter diesen Umständen war wohl nichts zu machen, denn daß sich der volle Schulbesuch nicht mit der häuslichen Tätigkeit vereinigen läßt, ist mir... auch klar. Ganz lieb ist es mir ja nicht, ich fürchte immer, sie verkommt ein bischen dabei, und in ihrem Alter ist es jedenfalls eigentlich nicht ganz das Richtige. Sie dürfte eben keine so untaugliche Mutter haben.«[100]

Die beiden Ältesten machten immer mehr Schwierigkeiten. Sie begingen Streiche, die nicht mehr tragbar waren, sie veranstalteten in Abwesenheit der Eltern eine Party, bei der alles Angebotene gestohlen war, und sie waren stolz darauf. Sie begingen mit ihrer Clique gezielte Diebstähle, logen mit Absicht und versetzten die Nachbarschaft als »Herzogparkbande« in Schrecken. Schließlich entschieden Thomas und Katia Mann, Erika und Klaus dem schlechten Einfluß ihres Bekanntenkreises und der Großstadt zu entziehen und sie auf die Bergschule Hochwaldhausen am Vogelsberg in Oberhessen zu schicken, wo die beiden zwar in Latein und Mathematik herausragten, es ihnen aber überhaupt nicht gefiel.[101] Und während sie ihren Eltern vorgaukelten, es sei in vieler Hinsicht recht nett dort, erfuhren diese von Gretel und Lotte Walter, daß Klaus und Erika keinerlei Interesse an der Schule zeigten und spätestens zum Beginn der Sommerferien wieder zu Hause sein wollten. Die Mutter war enttäuscht und schrieb ihrer Tochter: »Ich denke, ich hätte etwas mehr Vertrauen und Aufrichtigkeit von Deiner Seite verdient. Meine Einstellung zu Dir war die ganze Zeit die denkbar liebevollste … und ich hatte gehofft, daß es mit aller Verlogenheit und Schlauheit mir gegenüber ein Ende hätte.«[102]

Katia war es, die die Kinder persönlich in den Internatsschulen anmeldete und bei ihren ersten Reisen dorthin begleitete. An einem frostigen Morgen im März lieferte sie ihre beiden Ältesten in der Bergschule ab – die Kinder waren entsetzt von der dort herrschenden Primitivität. Zwar fiel ihnen der Abschied von der Mutter und dem heimatlichen München schwer, aber das war nicht das einzige. Insbesondere Klaus hatte Probleme mit dem Verzicht auf Luxus. In *Kind dieser Zeit* schildert er ausführlich seine Erfahrungen in Hochwaldhausen: Es herrschte spartanische Einfachheit der Lebensführung mit praktischer Arbeit, Koedukation und Kurssystem im Unterricht. Vor allem aber sträubten sich Erika und Klaus gegen die dort propagierte Gemeinschaftsideologie. Die Gemeinschaft erfuhren sie als »eine der Problematik, der gemeinsamen Unsicherheit und der gemeinsamen Not«. Sie wollten nicht auf ein späteres Erwachsensein hin leben, sondern gemeinsam jung sein, stolz auf ihre bloße Jugend.[103] Trotz der Erweiterung des Freundeskreises, trotz Lektüre, neuer geistiger Anregungen und Theaterspielens war beiden klar, daß sie in dieser Schule nicht bleiben wollten, und so kehrten die beiden nach wenigen Monaten ins Elternhaus zurück.

Erika war von 1922 bis 1924 auf dem Luisen-Gymnasium in München, wo sie mit Ach und Krach und nach eigenem Bekunden nur ihrer Mutter zuliebe das Abitur bestand. Klaus besuchte von September 1922 bis Sommer 1923 die Odenwaldschule, die er aber ebenfalls bald wieder verlassen wollte. Katia schrieb im August 1922 an den Leiter, Paul Geheeb: »Ich würde sehr glücklich sein, wenn mein Sohn, der sich, bei sicher guten Anlagen, augenblicklich in einem problematischen und gefährdeten Zustand befindet, in Ihrer Gemeinschaft die richtige Umgebung finden würde, und ich glaube bestimmt, daß Sie, wenn dies der Fall ist, Freude an ihm haben könnten.« Schon im Frühjahr 1923 meldete sie ihn jedoch wieder ab mit der Begründung, daß sie nach Erhalt der letzten Quartalsrechnung zu der Einsicht gekommen seien, sich Klaus' Besuch der Odenwaldschule nicht länger leisten zu können.[104]

Was war geschehen? In seinen Erinnerungen schildert Klaus diesen berühmten Pädagogen, den er »Paulus« nennen durfte, der Klaus' Talent erkannte und ihn von vielen Unterrichtsfächern dispensierte. Der Gymnasiast durfte seiner Lesewut frönen, schreiben, Theater spielen, Freundschaften schließen oder einsam sein. Doch hatte Klaus am 12. Juni 1923 bereits einen Abschiedsbrief an Geheeb geschrieben. In diesem bedankt er sich für die fruchtbaren Wochen, die er dort verlebte, wendet aber ein: »Daß ich nun dennoch fort will und muß, liegt daran: die Atmosphäre, die Luft einer derartigen Anstalt (und möge sie mir noch so weit entgegenkommen) ist nichts für mich – die Voraussetzungen, die Grundbedingungen fehlen mir. Ich kann hier nicht *so* schaffen, wie ich fühle, daß ich's sonst könnte ... es ist nichts für mich – ich bin fehl am Ort. Wo freilich ich ganz daheim sein werde – das weiß Gott.«[105] Klaus legte kein Abitur ab, sein Wunsch, Schriftsteller zu werden, stand seit langem fest.

Im selben Jahr unternahmen Erika und Klaus eine Reise nach Berlin, während ihren Eltern weisgemacht wurde, sie gingen in Mitteldeutschland wandern. Die Metropole mit dem morbiden Charme der zwanziger Jahre zog die beiden in ihren Bann, zum ersten Mal erlebten sie das Nachtleben der Großstadt, Bars, in denen Homosexuelle miteinander tanzten. Sie waren begeistert. Zurück in München, setzten sie dieses Nachtleben fort, durchfeierten die Nächte mit dem Schauspieler Albert Fischel und dem Dandy Theodor Lücke, tranken Champagner, schminkten und verkleideten sich, unternahmen in den frühen Morgenstunden Autotouren aufs Land. In dieser Zeit lernten sie auch Pamela, die Tochter Frank Wedekinds, kennen, in die sich beide verliebten und mit der Klaus sich sogar verlobte. Die Eltern waren völlig ratlos. In seiner Autobiographie *Kind dieser Zeit* schildert er, mit welcher Geduld sich der Vater das »ungereimte und pathetische Zeug«[106] anhörte, das er zur Verteidigung seines Vorhabens, nach Berlin zu gehen, hervorsprudelte. Die Eltern fanden ihn entschieden zu jung, um sich schon jetzt dort als »freien religiös-erotischen Literaten« anzusiedeln. Einmal versuchte Klaus – und das war der Höhepunkt der Krise mit den Eltern – mit gepackter Reisetasche nach Berlin zu entfliehen, aber die wachsame Katia fing ihn ab. »Die Eltern, immer schnell bereit zu verzeihen, gewöhnten sich bald an das, was ihnen fremd an uns war; auf die schönste und klügste Art ließen sie uns gewähren.«[107] Dieses Urteil traf nicht ganz die Wirklichkeit: Der Freund Emanuel Süskind schildert, wie ihm im Jahr 1923 auf der Münchener Residenzstraße eine »verstörte, flackeräugige Katja Mann« begegnet sei, die ihn angefleht habe, ihr doch zu sagen, »in welcher Boite der damaligen Jeunesse Dorée ihre beiden Ältesten versackt sein mögen«. Da sprach »einfach eine verzweifelte, bis an den Rand ihrer Kräfte erschöpfte Mutter«, und er habe begriffen, »daß diese oft so spöttische, den Widerspruch niederbügelnde, unnachsichtig rügende … Frau in ihrem tiefverletzten Familiensinn die tragende Kraft ihres Hauses sei«.[108]

Zum Jahreswechsel 1923/24 genehmigten die Eltern Klaus eine weitere Reise nach Berlin, zusammen mit seinem Freund Ricki Hallgarten, die ihn in seinem Entschluß noch bestärkte. Klaus wollte weder die Schule besuchen noch ein weiteres Internat, wollte keinen Nachhilfeunterricht, den die Eltern ihm vorschlugen – er blieb einfach im Bett liegen, bis sein Wunsch erfüllt wurde. Erika ging 1924 endgültig nach Berlin, um Schauspielunterricht zu nehmen, Klaus folgte ihr und schrieb Theaterkritiken, kehrte aber im gleichen

Jahr ins Elternhaus nach München zurück, wo er sein erstes Theaterstück *Anja und Esther* verfaßte.[109]

Golo besuchte von 1918 bis 1922 das Wilhelms-Gymnasium in München, wo er wegen seiner Faulheit, Unpünktlichkeit und Schlamperei getadelt wurde, danach bis 1923 das alte Realgymnasium. Im Dezember 1922 fuhr er mit seiner Mutter erstmals nach Salem, denn »...sie hatte verstanden, und dafür bin ich ihr dankbar, daß ich für einige Zeit aus dem Hause müßte, in dem ich nicht guttat, mich auch nicht mehr wohlfühlte«.[110] Er besuchte von 1923 bis 1926, dem Jahr seines Abiturs, die Internatsschule Schloß Salem am Bodensee, wo er entscheidend durch Kurt Hahn geprägt wurde. Golo gefiel diese Schule von Anfang an. Sie war erst 1920 von den Prinz Max von Baden gegründet worden, die Zöglinge kamen aus ganz Deutschland, während Golo bisher fast nur mit Münchnern zu tun gehabt hatte. Es gab ein Reglement mit Dauerlauf am frühen Morgen, Frühstück und um acht Uhr Schulbeginn, in der Pause wieder Sport. Abends um neun Uhr wurde für die »mittleren Schüler« das Licht ausgemacht. Da sich die Internatsschule in einem alten Gebäude befand, besaß sie noch keine Duschen, statt dessen mußte man sich in einer Stehwanne mit kaltem Wasser übergießen. Das Essen war mager in jenen Zeiten, aber Golo lernte nach eigenem Eingeständnis, wie sehr Sauberkeit, oft gewechselte Kleidung, Wärme und Ruhe zum Wohlbefinden beitragen. Zu Hause hatte er es oft an Körperpflege fehlen lassen. In Salem wurde Wert auf körperliche Abhärtung und humanistische Bildung gelegt. Kurt Hahn unterrichtete selbst Latein; nie hatte Golo einen besseren Lateinlehrer gehabt. Es wurde neben Deutsch und Geschichte sogar zu seinem Lieblingsfach, er übersetzte später aus purer Liebhaberei Horaz ins Deutsche. Zum Abitur bekam Golo von Katia 50 Mark und durfte einen Freund als Logierbesuch mit nach München bringen, mit dem er, so oft es möglich war, von diesem Geld ins Theater ging.

Monika besuchte zunächst die Volksschule, wo sie sehr gute Zensuren hatte, danach wie Erika die Höhere Töchterschule in München. Auch sie war nach eigenem Bekunden in der Töchterschule »aufsässig und faul«. Außer Französisch, Deutsch, Turnen und Singen interessierte sie sich für nichts und schwänzte die anderen Fächer. Sie verliebte sich in den Physiklehrer, aber zu ihrer dramatischen Entlassung kam es durch ihren Geschichtslehrer, der – wie es etwas dunkel in ihren Memoiren heißt – viel zu familiär war und »die Grenze des Statthaften« überschritt, »nachdem er uns weit genug ins Unstatthafte gelockt« hatte. Er eröffnete plötzlich die Attacke mit der scheinheiligen Anklage, den Schülerinnen käme ein solches Betragen nicht zu.[111] Ab 1923 ging auch Monika nach Salem, wo sie sich wohlfühlte. Das »Töchterlich-Abhängige« war bei ihr sehr stark ausgeprägt und bildete auch eine Gefahr, wie sie im nachhinein erkannte.[112]

In Salem, wo man auf den Schutz und die Autorität der Eltern verzichten mußte, wurden die Schüler als »Menschen« behandelt und konnten sich wie in einem Staat in einem klaren Gefüge von Regeln, Bedingungen und Gesetzen bewähren. Monika, die zu Hause nie ganz für voll genommen und später immer als die »arme Moni« bezeichnet wurde, erlebte hier erstmals Erfolge. Nicht nur beim Klavierspiel, auch bei einer fragmentarischen Aufführung des *Figaro,* bei der sie die Rolle der Susanna übernahm, erntete sie großes Lob, das sogar die Eltern überraschte. Monika empfand kein Heimweh im Internat, denn das Leben dort war ausgefüllt. »Die selbständige Reise, und – sagen wir – zur Weihnachtszeit, bei Wind und Nebel von weit her kommend, im elterlichen Hafen einzufahren, war ein Ereignis der Rührung und Gewichtigkeit«, konstatiert sie jedoch in ihren Erinnerungen.[113] Die Kinder fühlten sich zu Hause geborgen. Dennoch verstärkte der Aufenthalt im Internat, wie auch bei Golo, die eigene Unabhängigkeit. Wenn sie nach monatelanger Abwesenheit für die Ferien ins Elternhaus zurückkehrte, sah sie das Vertraute inzwischen mit Dankbarkeit und Kritik. Sie war sich bewußt, daß hier das eigentliche Leben begann, »das freilich im Lichtkreis des Vaters stand, von dem man nicht wußte, ob es ein Fluch oder Segen war...«[114] Die Eltern besuchten »die Mittleren« [Golo und Moni] im Sommer 1925 in Salem, wo Thomas Mann »der lieben Jugend« vorlas.[115] Monika verließ die Schule zu Ostern 1926 und begann eine musikalische Ausbildung in Lausanne, wo die Eltern sie noch im gleichen Jahr besuchten. Später ging sie auf eine Kunstschule in Paris. Sie war zweifellos musisch begabt, aber einen eigentlichen Berufswunsch scheint sie nicht entwickelt zu haben.

Ab 1923 lebten also nur noch die beiden Jüngsten dauernd im Elternhaus. Über die Konkurrenzverhältnisse in der Familie berichtet Elisabeth, es habe zwischen den älteren Geschwistern und den jüngeren eigentlich keine gegeben, weil Golo neun Jahre älter gewesen sei als sie, Monika acht Jahre. »Und das machte eben doch schon sehr viel aus. Das ist dann keine Konkurrenz irgendwie. Das ist eben eine andere Generation... Die Monika war ja natürlich immer ein bißchen eine Einzelgängerin. Von der haben wir nicht so viel gehabt. Und der Klaus, mit dem haben wir auch viel gelacht, aber, wie gesagt, mit der Erika stand ich besonders herzlich. Meine liebsten Geschwister waren Erika und Golo. Also außer Michael natürlich, mit dem ich sehr nah war.«[116]

Alle vier älteren Kinder wechselten also von öffentlichen zu Privatschulen. Weder sie noch die Eltern waren mit den Münchner Gymnasien und dem schulischen Erfolg dort zufrieden. Schickten die Manns ihre Kinder nun in so jungen Jahren fort, weil sie sich in den Privatschulen eine bessere Ausbildung oder eine liberalere Erziehung als an den Gymnasien erhofften, oder waren sie selbst mit der Erziehung ihrer hochbegabten, aber schwierigen Kinder überfordert? Waren die Kinder so verzogen, daß sie überall aneckten? Freilich schafften trotz aller Schulwechsel von den vier

Ältesten nur Erika und Golo, von den beiden Jüngsten nur
Elisabeth das Abitur, die letztere sogar mit glänzendem
Erfolg und obwohl sie zwei Klassen übersprungen hatte.

Die beiden Jüngsten

Die Erziehung der beiden jüngsten Kinder verlief anders als
die der vier »Großen«; zwischen Monikas und Elisabeths
Geburt lagen acht Jahre und der Erste Weltkrieg. In der Zwi-
schenzeit hatte Katia zwei Fehlgeburten, die erste im März
1911, von der sie sich trotz der Erholungsreise nach Venedig
und des Sommeraufenthaltes in Bad Tölz lange nicht erholte. Im März 1913 war Katia offenbar wegen eines Schwan-
gerschaftsabbruchs in der Klinik; die Ärzte wollten ihren
Gesundheitszustand nach dem neunmonatigen Davoser
Aufenthalt wohl nicht durch eine weitere Schwangerschaft
gefährden.

Im letzten Kriegsjahr, am 24. 4. 1918, wurde Elisabeth
Veronika in der Münchner Frauenklinik geboren. Hedwig
Pringsheim berichtet ihrer Freundin Dagny Björnson im
September 1918: »... Aber Katja – was sagst du? – hat sich
nach 8järiger Pause in diesem Frühjar ein 5tes Kind ange-
schafft, ein niedliches kleines Mädchen: tüchtig! Jemand
hat gesagt, Th. M. scheine fruchtbarer in der Erzeugung von
Kindern, als von Büchern. Stimmt wol bis zu einem gewissen
Grade, wenn auch grade jetzt, nach sehr langer Zeit, wieder
ein Buch von ihm herauskommt, dem wir sogar mit einigem
Bangen entgegensehen; denn es ist gar nicht ›in his line‹.
Über Katja's neues Kinderkriegen hat ihr Arzt gesagt, es
wäre ein gewagtes Experiment gewesen bei ihrer schwanken-
den Gesundheit, ›eine Roßkur‹, die aber gottlob gelungen
sei. ›Gottlob‹ sage auch ich, denn ich war in großer Sorge.«[117]
Erstaunlicherweise, trotz aller düsteren Prophezeiungen,
war Thomas Mann von diesem Kind entzückt. An Ida Boy-

Ed schrieb er am 27. 4. 1918: »Meine Frau hat mich mit einem prächtigen Töchterchen beschenkt. Die Entbindung (in der Frauenklinik unter Geheimrat Döderlein) verlief glatt und normal und war gottlob nicht besonders strapaziös. Meine Frau ist guter Dinge.«[118] Wenig später, im August, schrieb er an dieselbe Adressatin: »Meiner Frau, die herzlich grüßen läßt, geht es ausgezeichnet. Die Kleine ist ein sensitives kleines Wesen, aber reizend, wenn ich urteilen darf. Ich habe für keins der früheren Kinder so empfunden, wie für dieses. Das geht Hand in Hand mit zunehmender Freude an der Natur. Wird man allgemein gemütvoller mit den Jahren? Oder ist es die Härte der Zeit, die mich stimmt, zur *Liebe* disponiert?« Tatsächlich stand seinem Herzen »das Kindchen« am nächsten, er wurde nicht müde, es zu beobachten und zu beschreiben. Geradezu vernarrt in seine Jüngste, widmete er ihr mehr Zeit als allen anderen Kindern zusammengenommen.

Als Elisabeth am 22. Oktober getauft wurde, war Katia schon wieder schwanger und litt häufig an Übelkeit. Zur Taufzeremonie waren die beiden Paten, die Schwiegermutter, die Schwester Lula, der Dirigent Bruno Walter und seine Frau sowie ein Bankdirektor aus der Löhrschen Verwandtschaft, Kommerzienrat Matterstock, eingeladen. Mit der Feierlichkeit war es aber bald vorbei, da das Tischgespräch bei dem anschließenden Fest sich naturgemäß um den Krieg drehte und in einen Streit eskalierte. Thomas' Schwester Lula verließ empört das Haus.

Als Thomas Mann die ersten Exemplare der *Betrachtungen eines Unpolitischen* am 31. 10. 1918 erhielt, widmete er eines seiner Frau mit folgender Inschrift: »Wir haben es zusammen getragen, liebes Herz, und wer weiß, wer schwerer daran zu tragen hatte, denn zuletzt hat der immerhin Thätige es leichter, als der nur Duldende. Auch ich trug es nur aus Not und Trotz, Du aber trugst es aus Liebe. Schmeichler sagen

Dir wohl, es sei nichts Geringes und Leichtes, meine Gefährtin zu sein. Aber mich schmerzt das Gewissen dabei, und ich
weiß wohl, daß dieser Schmerz nur durch immerwährende
Dankbarkeit zu beruhigen ist.«[119] Katia war erleichtert. »Wir
weinten beide«, heißt es im Tagebuch Thomas Manns, das in
diesem Jahr einsetzt.[120] Diese gemeinsamen Tränen zeugten
von der Anspannung und der Nervenkraft, die das Werk beiden abgefordert hatte. Letzten Endes hatte die ganze Familie
darunter gelitten; dennoch hatte in erster Linie Katia die
Belastung getragen und auch während der ohnehin schwierigen Kriegsjahre alles getan, um ihren Mann *Die Betrachtungen* ungestört beenden zu lassen. Vorher bereits hatte
Thomas Mann in sein Tagebuch notiert: »Sorge um K. in
diesen Tagen, die nicht gut aussieht und sich vielfach hinfällig fühlt. Auch sie fängt nun an, auf das Buch stolz zu sein –
auf ein paar achtungsvolle Stimmen hin. Schwaches Wesen!
Aber bin ich stärker? Und wenn sie stürbe, würde ich vergehen vor Traurigkeit, was sie übrigens weiß und aussprach.«[121]
Er unterstellt Katia also, keine eigene Meinung zu haben und
auf das Buch nur stolz zu sein, weil andere es gelobt hatten;
vermutlich fühlte er sich gekränkt, weil seine Frau das Werk
nicht uneingeschränkt bewundert hatte.

Bald nach Elisabeths Taufe setzte sich Thomas Mann an
seinen *Gesang vom Kindchen* (1919), ein Versepos zum Lobe
des Neuankömmlings, in dem er sich erstmals in Hexametern übte. Als er Katia das Gedicht vortrug, war sie zwar
»sehr gerührt«, empfand aber Widerstreben gegen die Darstellung des »Intimsten«. Er antwortete darauf, das »Intimste« sei »jedoch zugleich das Allgemeinste und Menschlichste«. Auch mochte die Mutter diese besondere Hingabe des
Vaters an die jüngste Tochter als kränkend für die anderen
Kinder empfinden, etwa den Satz »Letztgeborenes du und
Erstgeborenes dennoch / Mir erst in Wahrheit!« oder »du
erst, mein Liebling / Warest Frucht der männlichen Liebe«.
Thomas Mann aber kannte solche Bedenken nicht und woll-

te den *Gesang vom Kindchen* zusammen mit *Herr und Hund* veröffentlichen, wobei er es offenbar nicht peinlich fand, das »Kindchen« mit dem Hund auf eine Ebene zu setzen. Auch in der 1925 geschriebenen Novelle *Unordnung und frühes Leid* steht die Jüngste im Mittelpunkt – der erste kindliche Liebeskummer Elisabeths.

Die Jüngste erlebte die Idylle des Tölzer Gartens, von dem die »Großen« so schwärmten, nicht mehr. Sie bezeichnet ihre Kindheit als sehr glücklich, fühlte sich in der Familie mit den vier älteren Geschwistern geborgen und machte ihren Eltern Freude. Sie selbst wurde zunächst »Lisa« genannt, dann »Medi«, und diesen Namen behielt sie bei, solange es noch Geschwister gab. Ihren Vater nannte sie »Herrpapale«, nachdem man ihr gesagt hatte, daß »Tommy« für Kinder nicht angemessen sei.

Womöglich war es ein Akt des emotionalen Ausgleichs, daß sich Katia nun ihrerseits Bibi zuwandte, Michael Thomas, der fast ein Jahr nach Elisabeth am 21. April 1919 zur Welt kam. In ihren Augen war jedes Kind auf seine Weise ein Liebling. Sie strebte Gerechtigkeit an; das gelang aber auch ihr nicht immer, jedenfalls nicht im Fall von Monika.

Michael wurde »unter Kanonendonner« während der Münchner Räterepublik geboren, als die Brücke über die Isar gesperrt war und Katia nicht ins Krankenhaus konnte. Die Zustände waren katastrophal, erinnert sich Erika.[122] Allerdings war die Freude über das sechste Kind ohnehin gedämpft. Konnte man unter diesen Umständen denn überhaupt noch Kinder in die Welt setzen? War diese Schwangerschaft nicht erneut bei der angegriffenen Gesundheit der Mutter eine gefährliche Belastung? Katia wurde die Notwendigkeit einer »Inhibierung« von Geheimrat Müller bescheinigt; der Gatte wurde eigens zu einer Unterredung mit dem Arzt bestellt, der allerdings Katias entschiedenem Wunsch kein Verbot entgegensetzen wollte. Mit anderen Worten, Katia war gegen eine Abtreibung, der Arzt überließ die Verantwortung den Eltern. Thomas Mann und Katia berieten lange, schließlich konsultierte der Vater den Gynäkologen Dr. Faltin. Dieser wollte die Verantwortung für eine Abtreibung nicht allein tragen und beschied, daß er nicht handeln könne und wolle, wenn Katia ein »physisches-moralisches Widerstreben« hätte. Er riet, der Sache ihren Lauf zu lassen. Schließlich fand Thomas Mann, zwischen fünf und sechs Kindern sei kein großer Unterschied. Auf »wirtschaftliche Ausrüstung werden Kinder nach dem Kriege überhaupt kaum noch zu rechnen haben… Erziehung ist Atmosphäre, weiter nichts. Abgesehen von K.'s Gesundheit, habe ich eigentlich nichts dagegen einzuwenden, als daß das Erlebnis ›Lisa‹ (sie ist in gewissem Sinne mein *erstes* Kind) dadurch beeinträchtigt, verkleinert wird.«[123] Er war und blieb völlig fixiert auf Elisabeth und nahm auch nach der Geburt des kleinen Michael wenig Anteil an dessen Entwicklung. Auch das väterliche Interesse an den vier Älteren ging spürbar zurück.

Thomas Manns Tagebucheintrag am Tag der Geburt des jüngsten Sohnes Michael lautete: »Ich erwachte 6 Uhr von Schritten über mir und erkannte, daß die Geburt begonnen, K. im Bade. Schon nach Mitternacht hatte es angefangen. Seit frühem Morgen war die Köckenberg da. Ich legte mich noch einmal, stand 7 Uhr auf. Die Wehen, die schon sehr rasch aufeinander gefolgt waren, sodaß K. bis 8 Uhr das Kind erwartet hatte, waren seltener geworden. Ich telephonierte ihrer Mutter. Ging in die Allee, um Amann zu erwarten. Brachte dann Thee und Zwieback hinauf… Langsame Fortschritte. Injektionen. – Schrieb an Mama… Die Eröffnungswehen äußerst schmerzhaft, K. leidet sehr… – (Nach Tische) Es ist vorüber, ein gesunder Knabe zur Welt gebracht… Starkes Weinen K.'s nach der Narkose, erschreckend, aber nicht befremdend. Dann Beruhigung. Hübsch die Gratulation der Kinder, an deren Spitze Erika das Kleine ans Bett brachte. Es scheint vom Typus von K.'s Zwillingsbruder. Saß längere Zeit an K.'s Bett… In K.'s Sinne sehr froh über das männliche Geschlecht, das für sie ohne Frage eine psychische Stärkung.« Im Tagebucheintrag des nächsten Tages gestand er: »Was mich betrifft, so ist festzustellen, daß ich für den Knaben bei weitem die Zärtlichkeit nicht aufbringe, wie vom ersten Augenblick an für Lisa.«[124] Die Feststellung Katias, daß Thomas Mann seine Töchter – und nicht nur Elisabeth – mehr liebte als seine Söhne, erwies sich also als richtig. Unter der Kühle und Distanziertheit des Vaters litten alle drei Söhne. Mit Michael zusammen wuchs Elisabeth auf, gemeinsam spielten sie im Herzogpark, gemeinsam wurden sie von den verschiedenen Kinderfräulein betreut, zuerst einem schwäbischen, dem sie die Namen »Medi« und »Bibi« verdankten, dann einem Fräulein Thea und später der Kurz Marie, die noch im Hause wohnte, als längst kein Kindermädchen mehr erforderlich war, was sich aber bei der Emigration 1933 auszahlen sollte.

Auch für Monika bedeutete die Geburt der beiden »Kleinen« einen tiefen Einschnitt: »Ich kann sagen, daß mit der Geburt der ›Kleinen‹ – zwar war ich noch ein Kind – meine Kindheit beendet war. Bisher ›Nesthäkchen‹, wurden in mir durch die beiden Nachgeborenen mütterliche Gefühle erweckt.«[125] Aber nicht nur, wie sich später zeigen sollte. Sie verlor ziemlich plötzlich ihren Status als Jüngste. Ihr Bruder Klaus faßte die Situation folgendermaßen zusammen. »Dank der Ankunft des neuen Pärchens avancierten Golo und Monika zum Stande der ›Mittleren‹, während Erika und ich fast zum Erwachsenen-Rang befördert wurden. Angesichts der winzigen Kreaturen kamen wir uns recht würdig und überlegen vor, fast wie Onkel und Tante… Die beiden Kleinen nahmen in erheblichem Maß die elterliche Zärtlichkeit in Anspruch, woraus sich natürlich für uns ein gewisser Verlust ergab… Für Golo und Monika war die Lage besonders heikel; denn da sie sich ja ihrerseits schon in mittleren Jahren befanden, konnten sie mit der erlesenen Niedlichkeit von Medi und Bibi nicht mehr konkurrieren, ohne es aber mit uns, den Großen, an Vitalität und Abenteuerlust aufzunehmen. Monika – zugleich schüchtern und selbstgewiß – schien trotzdem nicht unzufrieden mit ihrem kleinen Dasein.«[126] Monika entwickelte sich zu einem schwierigen und sehr eigenwilligen Kind. Auch die älteren Geschwister waren trotz des Altersunterschieds womöglich ein wenig eifersüchtig, jedenfalls fanden sie das Verhalten der Eltern den beiden Kleinen gegenüber »zu süßlich«.

Anfang Juni erhielt Katia von ihrem Vater telephonisch die Nachricht vom Tod ihrer Großmutter Hedwig Dohm. Zusätzlich zu diesem Kummer wuchs Katia jetzt der Haushalt über den Kopf: »K. von den Lasten des Haushalts enerviert«, heißt es im Tagebuch ihres Mannes Anfang Juni 1919. Michael war ja erst sechs Wochen alt.

Am 1. Januar 1919 gründeten Erika, Klaus und Ricki Hallgarten den »Laienbund deutscher Mimiker«. Die Töchter Bruno Walters, Lotte und Gretel, wirkten ebenfalls mit. Erika und Klaus wurden zu Vorsitzenden gewählt, Mitglieder des Vereins waren vorerst nur Golo und Monika. Als erstes Stück wurde *Die Gouvernante* von Körner geprobt. Die Vereinschronik führte Gerta Marcks, Tochter des Historikers und spätere Regisseurin des Mimikbundes. Die Kinder nahmen ihre Sache sehr ernst. Vor den Eltern und einigen Freunden fand die erste Aufführung statt, Erika spielte die Gouvernante. Der Vater schrieb eine erste Kritik ins Vereinsbuch: »Die Gouvernante wurde von Fräulein Titi [Erika] mit verständiger Distinktion verkörpert. Nur dem großen Monolog erwies sich die Gestaltungskraft der achtbaren Künstlerin, welche übrigens die in ihrer Rolle enthaltenen französischen Redewendungen mit Exaktheit zu Gehör brachte, als noch nicht völlig gewachsen.«[127] Die nächste Aufführung, *Schneider Fips* von Kotzebue, fand bei Hallgartens statt. Schon war das Ensemble professioneller geworden, die Kinder wurden sogar von einem Theaterfriseur geschminkt. Zuschauer waren »Bruno Walter mit Frau und Tochter Lotte; Frau Geheimrat Marcks mit Fräulein Gerta Marcks und Otto, Frau Pfitzner, Herr und Frau Mann, Herr und Frau Hallgarten und die Fräuleins«[128]. Diesmal schrieb Bruno Walter die Kritik. Auch Golo und Moni durften bei diesen Aufführungen mitmachen und erhielten ebenfalls lobende Erwähnungen in den Kritiken.

Die Kinder wurden also keineswegs vernachlässigt, die Eltern nahmen ihre Aktivitäten ernst und brachten selbst viel Zeit für deren Darbietungen auf. Bruno Walter fachte die Theaterbegeisterung der Kinder insofern an, als er ihnen oft Freikarten für Opernaufführungen verschaffte. Andernfalls kauften sie sich Karten für Stehplätze. Die großartige Münchner Oper machte ihnen noch mehr Eindruck als die Theateraufführungen. Auch die Eltern Mann nahmen die Kinder oft mit ins Theater oder ins Konzert, Katia die beiden Kleinen, Thomas die beiden Großen. Jedenfalls faßten Klaus und Erika bald den Entschluß, Schauspieler werden zu wollen. Klaus änderte diese Entscheidung nach einem Mißerfolg als Darsteller – Katia hatte ihm ganz offen gesagt, er habe kein Talent als Schauspieler – und wollte nun wieder Dichter werden, aber Erika blieb dabei. Der Theaterbund existierte drei Jahre lang und brachte es auf acht Inszenierungen, zum Schluß wurde Klaus' eigenes Stück *Ritter Blaubart* aufgeführt.

Die Nachkriegsjahre

Das Jahr 1919 brachte Thomas Mann eine Ehrung, auf die er sehr stolz war: Er erhielt am 3. August die Ehrendoktorwürde der Philosophischen Fakultät der Universität Bonn. Alle anderen wurden um ihrer wissenschaftlichen Verdienste willen ausgezeichnet, Thomas Mann war der einzige Künstler unter den Geehrten. Sein Freund, der Literatur- und Theaterwissenschaftler Berthold Litzmann, der ihn für den Ehrendoktor vorgeschlagen hatte, informierte ihn per Telegramm, das ihn in Glücksburg, wo er auf Einladung seines Verlegers Fischer einige Wochen verbrachte, erreichte. »Ich sandte durch den Hausdiener Danktelegramm und mache aus meiner Freude kein Hehl ... Vergnüglichkeit und Titulierung. Feier mit Champagner vorgesehen.«[129] Als die Urkunde am Morgen eintraf, war Katia gerade mit den vier älteren Kindern an den Chiemsee gereist. Thomas ging nun am Sonntag allein zu den Schwiegereltern.

Anfang November 1919 waren die Manns wieder einmal von Bruno Walter vormittags ins Odeon eingeladen, aber »K.'s Nerven versagten, sie weinte und ›konnte nicht mehr leben‹, überwältigt für eine Stunde vom Hausfrauen- und sonstigen Elend der letzten Zeit«[130], notierte Thomas Mann ungerührt. Die Einladung wurde abgesagt. Immerhin verspürte der Ehegatte »Erbarmen« mit seiner Frau. Vor dem Essen machten dann Katia und Thomas Mann noch einen beruhigenden Spaziergang, begleitet von Erika und Monika. Zum Abendessen fühlte Katia sich schon wieder besser. Aber wenig später gab es einen Krach wegen des Ferienhauses am Starnberger See. Meist endeten jedoch die Streitigkeiten zwischen den Eheleuten noch am gleichen Tage mit einer Versöhnung.

Der Verlust des Tölzer Hauses hatte zur Folge, daß die Manns in ein Haus in Feldafing am Starnberger See investierten, das Thomas Manns Freund, der Kunsthistoriker Georg Martin Richter, im Frühjahr 1919 für 48 000 Mark erwarb. Es war im Stil eines »english cottage« erbaut und wurde »Villino« genannt. Thomas Mann, der für seine Arbeit Ruhe suchte, beteiligte sich am Kauf mit 10 000 Mark. Katia war entschieden »gegen die pekuniäre Beteiligung an Richters Unternehmung« gewesen. Thomas jedoch konnte der Versuchung nicht widerstehen, dem familiären Treiben von Zeit zu Zeit entgehen, um Ruhe und Einsamkeit genießen zu können. Er verbrachte im »Villino« von 1919 bis 1923 nachweislich vierzehn Arbeitsurlaube und arbeitete dort unter anderem am *Zauberberg*. Ärger gab es, als herauskam, daß Richter die Summe von 10 000 Mark entgegen der Absprache doch der Steuerbehörde gemeldet hatte. Katia, die die Steuererklärung vorzubereiten hatte, geriet in »größten Zorn« wegen Richter, da sie Schwierigkeiten beim Finanzamt befürchtete, dem sie die Zahlung nicht angegeben hatte. Thomas Mann erwog schuldbewußt die Auflösung des »Feldafinger Verhältnisses«. Katia verhielt sich aber weiterhin »etwas besser, ruhiger, wenn auch dauernd sehr herabgestimmt und reizbar«[131]. Richter wollte für bessere Stimmung sorgen und schaffte für das Haus in Feldafing ein Grammophon an, das Thomas Mann unentwegt spielen ließ, allein und in Gegenwart von Richter und Katia. Bereits 1920 erklangen also im »Villino« italienische Opern; das Grammophon war eine ähnliche Sensation wie der Apparat des Hofrats Behrens im *Zauberberg* für Hans Castorp.

Thomas war entzückt von seinen beiden Ältesten, Erika und Klaus, ja, verliebt in Klaus, was durch die Geburt Elisabeths zeitweilig in den Hintergrund trat. Er war »erschüttert«, wenn er Klaus einmal nackt sah, stolz darauf, einen so schönen Sohn zu haben. Klaus merkte das natürlich und hat wohl schon sehr früh etwas von den geheimsten Neigungen des Vaters gespürt. So fielen die gelegentlichen »Rencontres« mit Katia in dieser Zeit auch nicht immer zufriedenstellend aus. »Bin mir über meine diesbezügliche Verfassung nicht recht klar. Von einer eigentlichen Impotenz wird kaum die Rede sein können, sondern mehr von der gewohnten Verwirrung und Unzuverlässigkeit meines ›Geschlechtslebens‹. Zweifellos ist reizbare Schwäche infolge von Wünschen vorhanden, die nach der anderen Seite gehen. Wie wäre es, falls ein Junge ›vorläge‹? Es wäre jedenfalls unvernünftig, wenn ich mich durch einen Mißerfolg, dessen Gründe mir nicht

neu sind, deprimieren ließe. Leichtsinn, Laune, Gleichgültigkeit, Selbstbewußtsein sind schon deshalb das richtige
Verhalten, weil sie das beste ›Heilmittel‹ sind.«[132] So sprach
der Dichter sich selbst gut zu. Im Mai 1921 notiert er in ähn-
lichem Sinn: »Nachher Umarmung mit K. Meine Dankbarkeit für die Güte in ihrem Verhalten zu meiner sexuellen
Problematik ist tief und warm.« Das Problem wurde also
immer wieder thematisiert, wobei Katia offenbar viel Verständnis aufbrachte. Homosexualität war in der Familie
Pringsheim kein Tabuthema gewesen, zumal auch ihr Zwillingsbruder Klaus unter dieser Problematik litt.

Im August 1919, von einer längeren Reise nach Glücksburg
und Berlin zurückgekehrt, heißt es in Thomas Manns Tagebuch: »K. beigewohnt (leichtsinnig, hoffentlich straflos).«
Und am Ende des Eintrags: »K. sehr müde und angegriffen.
Besorgnis. Habe vor, mit Amann wegen des Beischlafes zu
sprechen. Eine Empfängnis ist nicht auszudenken.« Offenbar wußten die Manns nicht, wie man verhütet. Der Besuch
beim Arzt verlief ziemlich ergebnislos, er verschrieb »ein
Vorbeugungsmittel« und riet zum »getrosten Abwarten«[133].
Welches Vorbeugungsmittel, wird nicht erklärt. Im Oktober
1920, nachdem Katia gerade wieder von einem fast vier-
wöchigen Kuraufenthalt zurückgekommen war, heißt es:
»Dankbarkeit gegen K., weil es sie in ihrer Liebe nicht im Ge-
ringsten beirrt oder verstimmt, wenn sie mir schließlich
keine Lust einflößt und wenn das Liegen bei ihr mich nicht
in den Stand setzt, ihr Lust, d. h. die letzte Geschlechtslust zu
bereiten. Die Ruhe, Liebe und Gleichgültigkeit, mit der sie
das aufnimmt, ist bewunderungswürdig, und so brauche
auch ich mich nicht davon erschüttern zu lassen.«[134] War
Katia also gleichgültig, vielleicht frigide? Oder befürchtete
sie eine neue Schwangerschaft und war froh, wenn Thomas
keine »Lust« hatte?

Über Sexualität wurde in der Familie nicht gesprochen,
erklärte Elisabeth Mann Borgese in einem ihrer letzten Fern-

sehinterviews. »Aufklärung« gab es nicht, die Eltern hätten gemeint, die Kinder würden schon von selbst dahinterkommen, was ja dann auch zutraf. Um so erstaunlicher ist, wie offen Thomas Mann in seinen Tagebüchern darüber schrieb. Schließlich war nicht auszuschließen, daß sie einem der Kinder oder Katia in die Hände fielen. Von Katia gibt es keinerlei Äußerungen über das eheliche Intimleben. Sie war ihrem Mann offenbar ihr Leben lang treu. Die Kinder pflegten sie zwar mit ihren »Brunonen« zu necken: Das waren Bruno Frank und Bruno Walter, Freunde der Familie. Bei ihr tauchten auch andere Bekannte zum Tee auf, während Thomas am Starnberger See weilte, etwa Jakob Wassermann oder Arthur Schnitzler. Anlaß zu Eifersucht hat sie jedoch nie gegeben.

Die gesellschaftlichen Aktivitäten der Familie Mann waren so zahlreich, daß sie kaum darstellbar sind. Nicht nur kam fast jeden Tag Teebesuch, oft genug gab es abends auch noch Einladungen, Theaterbesuche oder vormittags Generalproben in der Oper, zu denen Bruno Walter sie einlud. Das Interesse am Theater hatte Katia wohl von ihrer Mutter, der Schauspielerin, übernommen. Hedwig war auch politisch und literarisch sehr interessiert; sie überbrachte stets als erste die Kritiken, nicht nur vom Theater, sondern auch von den Büchern ihres Schwiegersohns, sie übermittelte die neuesten Kriegsnachrichten, mitunter telefonisch. Fast täglich trafen sich Mutter und Tochter zum Tee. Wenn sie auch gelegentlich über den Schwiegersohn verstimmt war, so nahm sie doch an allem, was die Familie betraf, großen Anteil und schätzte ihn, je größer sein Ruhm, desto mehr.

Katia hörte oft als erste die neu geschriebenen Kapitel ihres Mannes, und sie durfte auch Kritik daran üben. Meist war sie »tief bewegt« oder zufrieden, zuweilen mußte sie ihren Gatten, der stets Selbstzweifel hegte, bestärken und ermutigen. Ihre Kritik, etwa wenn sie einen Themenwechsel zu abrupt fand, wurde nach Möglichkeit berücksichtigt, manchmal aber fand Thomas Mann pikiert, besser könne er es eben nicht machen. Des öfteren schrieb der Dichter, er habe auf Anraten Katias »technische« Änderungen vorgenommen. Wenn Thomas Mann nicht schlafen konnte, sprach er gelegentlich schon morgens um fünf Uhr mit seiner Frau über künstlerische oder politische Probleme, und oft, wenn er abends spät heimkam, hatte sie mit dem Abendessen auf ihn gewartet oder machte ihm noch etwas zurecht, und dann wurde ihr Gespräch fortgeführt. »Wenn mein Mann sich über eine bestimmte Szene noch nicht im klaren war, niedergeschlagen war und Sorgen hatte, wie er sie ausführen sollte, kam es schon vor, daß er sein Problem nicht allein mit sich herumtrug, bis es überwunden war, sondern sich mit mir besprach. Da kam er dann und sagte vielleicht: Ich sehe das noch nicht so ganz… Ich hörte ihm zu und sagte dann: Aber wieso denn? Ich könnte mir doch vorstellen, daß… Aber ich habe ihn nicht besonders angeregt zu seinen Büchern.«[135] Neben dieser geistigen Begleitung, die Katia ihrem Mann bot und die er offenbar jederzeit in Anspruch nehmen konnte, hat sie auch den Stoff geliefert für den *Zauberberg* und für *Die Betrogene*, eine späte Erzählung. Katia hatte ihrem Mann diese Geschichte erzählt, und sie war Thomas Mann so nahegegangen, daß sie ihn zu einer Novelle inspirierte. Auch sind viele Züge Katias in die literarischen Figuren Thomas Manns eingegangen, von der bereits erwähnten Imma Spoelmann in *Königliche Hoheit* bis hin zur Figur der Rahel im *Joseph*-Roman.

Trotz ihrer vielfältigen Verpflichtungen interessierte sich Katia lebhaft für die Politik. Im Dezember 1918 besuchte sie mit Mann und Mutter im Bayerischen Hof die Versammlung des »Rats«, später andere politische Veranstaltungen, beispielsweise eine Damenversammlung, bei der Frau Dr. Kempf, die National-Kandidatin, »sehr sympathisch« gegen die Pazifisten gesprochen hatte. In einem anderen

Fall besuchte sie einen pazifistischen Vortrag des Grafen Kessler im Kindlkeller.[136] Ab 1919 wurde in Deutschland das aktive und passive Wahlrecht auch für Frauen eingeführt, wovon Katia gern Gebrauch machte. Sie besorgte die Wahlunterlagen und veranlaßte für sich und ihren Mann aufgrund ihrer Wählerkarten die Eintragung in die bayerischen Wählerlisten. Thomas Mann verfolgte die Wahlen mit Argwohn. Als am 12.1.1919 die Wahlen zur Bayerischen Nationalversammlung stattfanden, standen Thomas Mann und Katia früh auf und gingen brav zur Bogenhausener Volksschule, um ihre Stimmen abzugeben: Katia stimmte für Frau Dr. Kempf, Thomas für den Kaufmann Hübsch, beide DVP. Im Mai 1920 versuchte Katia ihren Mann politisch zu beeinflussen, der sich ärgerte, daß nun sogar die »Kindermuhme«, deren Dummheit er beklagte, wählen ging. Katia wollte, daß ihr Mann bei der bevorstehenden Reichstagswahl seine Stimme für die Demokraten abgebe, um das Bürgertum zu stützen. »Ich würde allenfalls für die Deutsche Volkspartei stimmen«, schrieb Thomas Mann am 25. Mai ins Tagebuch. »Wie aber die Dinge in Bayern liegen, wo die Mittelparteien keinesfalls Aussicht haben und die Waage zwischen Sozialismus und Katholiken schwankt, werde ich mich uninteressiert verhalten.« Beim Abendbrot fanden Gespräche mit den Kindern über Sozialismus statt, »bei denen K. sich zu scheltend negativ verhielt«. Thomas Mann fand das unpädagogisch und wollte das Vertrauen der Kinder nicht durch eine solche Haltung in Frage gestellt wissen.[137]

Im Juli/August 1920 war Katia schon wieder erkältet, Geräusche an der Lungenspitze wurden diagnostiziert, sie war bettlägerig. Thomas war inzwischen eine Woche in Feldafing und fragte sich nach der Bahnfahrt mit einem sympathischen jungen Mann in weißen Hosen, der ihm gefiel und mit dem er sich kurz unterhalten hatte, ob er nun mit dem Weiblichen endgültig fertig sei. Immer wieder hatte er solche Anfechtungen gegenüber jungen Männern, denen er aber mannhaft widerstand, schließlich hatte er sich eine Verfassung gegeben.

Im Herbst 1920 mußte Katia dann wieder zur Erholung fahren. Ihre »Stellvertretung« übertrug sie jetzt der fünfzehnjährigen Erika, obwohl diese in der Schule schlecht war, Privatunterricht nehmen sollte und immer noch nicht am Gymnasium aufgenommen worden war. Die hausfraulichen Aufgaben waren vielfältig: Nicht nur sollte Erika der Mutter zahlreiche vergessene Gegenstände nachsenden, von der Bluse über das Haarwasser bis zum Schreibzeug. Sie mußte die Dienstboten beaufsichtigen, eine »Neue« in Empfang nehmen und deren Anmeldung und Lebensmittelkartenzuteilung kontrollieren. Um all das hatte sich Erika, die ja auch noch fünf jüngere Geschwister im Haus hatte, zu kümmern. Zwar gab es noch weiteres Personal, aber die Autorität lag bei ihr. Dazu schickte ihr die Mutter eine lange Litanei von Tätigkeiten: »Morgens um 7 soll sie anfangen: Dich frisieren? Frühstück bringen, Badewasser bringen. Spätestens um acht Buben-Schlafzimmer und Spielzimmer, Vorplatz, obere Treppe abkehren, obere Diele, Kinder, Moni und gnädiges Fräulein Zimmer, Badzimmer. Die Böden werden abgekehrt und feucht gewischt, ferner Staubwischen, und die Matratzen der Betten täglich umkehren. Um 10, ½ 11 ist sie hiermit meiner Ansicht nach leicht fertig. Die Treppe und Anrichte muß sie gleichfalls zusammenkehren. Hierauf gönnt sie sich eine Frühstückspause. Dann spült sie …«[138] So geht es weiter bis zum Abend. Ermahnungen zur Sparsamkeit mit Licht und Gas fehlen nicht, sogar die Putzlumpen mußte das Mädchen flicken. Zu den permanenten Kalamitäten des Hauses Mann gehörte auch, daß das Personal ständig wechselte, im Juni 1921 hatten sich wohl alle verschworen und kündigten gleichzeitig. »Ekel und Haß auf das nichtswürdige Gesindel«, notierte Thomas Mann am 15. Juni 1921 in seinem Tagebuch.

Kein Wunder, daß Erika insgeheim eine Abneigung gegen

Haushalt und Kinder entwickelte, obwohl sie praktisch veranlagt und energisch war. Sie lernte aber andere nützliche
Dinge, beispielsweise wie man sich anderen Menschen gegenüber durchsetzt. Und sie entwickelte ein Gefühl der
Überlegenheit, das sie aus ihrer Herkunft ableitete und sie
oft arrogant und herrschsüchtig erscheinen ließ. Katia dankte ihr nach der Rückkehr aus ihrer Kur wärmstens, sie war
froh über die Stütze, die sie in ihrer Ältesten hatte, und
glaubte wohl auch, daß diese Funktion Erika von ihren Strei-
chen abhalten würde. Erst im Oktober wurde Erika am
Gymnasium angemeldet, im Mai 1921 bestand sie die Aufnahmeprüfung.

Im Herbst 1921 begann Thomas Mann eine Januar-Reise
nach Prag, Brünn, Wien und Budapest zu planen, bei der
Katia ihn begleiten wollte. Sein Verhältnis zu ihr sei »einige
Wochen lang sehr sinnlich gewesen«, konstatiert er in seinem Tagebuch am 12.10.1921, also hatte er mit dem Weiblichen doch noch nicht abgeschlossen. Selbstverständlich erledigte Katia alle praktischen Details der Reisevorbereitung –
den Geldumtausch, die Billetts, die Hotelzimmer.
  Katia war jetzt das einzige der fünf Pringsheim-Kinder,
das noch in München lebte. Ihre drei Brüder befanden sich
zu dieser Zeit in Berlin: Peter Pringsheim war schon seit 1919
dort, habilitierte sich 1920, wurde 1923 a.o. Professor für
Physik und lehrte seit 1930 als ordentlicher Professor der
physikalischen Chemie an der Universität. Heinz Pringsheim wechselte nach der Promotion in Archäologie zum
Studium der Musiktheorie und arbeitete als Theaterkapell-
meister an den Hofopern in München, Dresden und Berlin.
Nach dem Ersten Weltkrieg war er als Musikkritiker für die
»Berliner Volkszeitung« und die »Allgemeine Musikzeitung«
tätig. Katias Zwillingsbruder Klaus hatte nach seinem
Musikstudium, unter anderem bei Gustav Mahler, die Sta-
tionen Wien, Genf, Prag und Breslau durchlaufen, ehe er

von 1919 bis 1925 musikalischer Leiter der Reinhardt-Bühnen in Berlin sowie Musikkritiker für den »Vorwärts« und den »Montag Morgen« wurde. Er war mit Klara Koszler, einer Tänzerin aus Prag, verheiratet, Heinz mit Olga Markowa Meerson, einer russischen Malerin und Matisse-Schülerin. Diese Verbindungen waren in den Augen der Familie Pringsheim Mesalliancen. Peter, der älteste der Brüder, heiratete erst 1923 und hatte sich mit Germaine van der Bogaert-Willaert, in den Augen seiner Mutter »einer hübschen und reizvollen Belgierin, der ersten uns willkommenen Schwiegertochter«[139], verbunden.

Es gab also häufig Anlaß zu Berlin-Reisen; auch wenn Thomas allein dort war, besuchte er die Pringsheimschen Verwandten. Katias Brüder besuchten des öfteren ihre Familie in München, aber letzten Endes war Katia nun die einzige, die sich um die Eltern kümmern konnte. Nach wie vor war ihre »rückwärtige Bindung« sehr stark, Besuche zwischen Arcisstraße und Poschinger Straße fanden fast täglich statt.

1922 kam es zur Aussöhnung zwischen Thomas Mann und seinem Bruder. Der Bruderzwist, der durch Heinrichs *Zola-Essay* und die politischen Meinungsverschiedenheiten während des Krieges, schließlich durch Thomas' Erwiderung in den *Betrachtungen eines Unpolitischen* ausgelöst worden war, konnte beigelegt werden. Heinrich war lebensgefährlich an Grippe, Bauchfell- und Blinddarmentzündung erkrankt; er mußte trotz Bronchialkatarrh und Herzbeschwerden eine Operation über sich ergehen lassen, und sein Zustand ließ das Schlimmste befürchten. Thomas Mann war trotz aller Zerstrittenheit tief besorgt und ließ zunächst Katia Erkundigungen über den Gesundheitszustand seines Bruders bei dessen Frau Mimi einholen. Daraus entwickelte sich ein regelmäßiger Austausch zwischen den beiden Frauen. Nachdem das Schlimmste überstanden war, sandte Thomas seinem Bruder Blumen mit folgendem Gruß: »Lieber Heinrich, nimm mit diesen Blumen meine herzlichen Grüße und Wünsche – ich durfte sie Dir nicht früher senden. Es waren schwere Tage, die hinter uns liegen, aber nun sind wir über den Berg und werden besser gehen, – zusammen, wenn Dir's ums Herz ist, wie mir.«[140] Neben den politischen Meinungsverschiedenheiten und der persönlichen Konkurrenz hatte es schon zuvor des öfteren Familienstreitigkeiten gegeben, meist wegen der Frauen Heinrichs, die nicht nach dem Geschmack der Familie waren. Nach der Versöhnung fuhren die Brüder für ein paar Tage an die Ostsee, wo Heinrich eine Kur machte. Man schrieb sich jetzt wieder Postkarten aus den Urlauben. Dennoch blieben Vorbehalte, wie Thomas Mann in seinem Brief an Ernst Bertram im Februar 1922 schrieb: »Eigentliche Freundschaft ist kaum denkbar. Die Denkmale unseres Zwistes bestehen fort.«[141] Zu Heinrichs Geburtstag im März 1922 waren Thomas und Katia Mann zusammen mit anderen Gästen bei dem Bruder eingeladen.

Julia Mann, die Mutter, konnte die Aussöhnung der beiden Brüder noch erleben. Es war all die Jahre ihr sehnlichster Wunsch gewesen, ihre Kinder in Harmonie und Frieden zu sehen. Sie starb im März 1923 in Weßling in Oberbayern, umgeben von Heinrich und Mimi, Vikko, dem jüngsten ihrer fünf Kinder, und dessen Frau Nelly sowie Thomas. Katia und Tochter Julia konnten beide aus Krankheitsgründen nicht erscheinen. Zuvor hatte Julia Mann noch einige Monate bei Thomas und Katia in der Poschinger Straße gelebt. Sie war eine stolze Frau, die darauf bestand, ihre Mahlzeiten selbst zu bezahlen. Die Inflation hatte ihr Vermögen verschlungen, und die Krankheit, von der sie sich bei den Manns in der Poschinger Straße erholen sollte, war ein von Hunger und Kälte verursachter allgemeiner Schwächezustand. Erika und Katia amüsierten sich über ihre Geldscheine, denn sie waren nichts mehr wert. Golo aber tat es leid, daß man zu der harmlosen alten Frau »nicht netter gewesen war, wie sie es doch verdiente«. Er jedenfalls hatte

Mitleid. Die siebzehnjährige Erika hingegen machte sich über den Pfarrer bei der Beerdigung lustig und berichtete stolz, sie habe alle drei Brüder, Heinrich, Thomas und Viktor, weinen sehen, »jeder für sich, in einem anderen Moment«.[142]

Der Herbst des Jahres 1923 ließ die Familie Mann nicht unberührt von den politischen Wirren, die sich in München abspielten. Während des sogenannten Hitlerputsches in der Nacht vom 8. zum 9. November erklärte Hitler die Reichsregierung und die Bayerische Staatsregierung für abgesetzt und ernannte sich selbst zum Reichskanzler. Aber am nächsten Tag ließ Reichsstaatskommissar von Kahr die nationalsozialistischen Putschisten vor der Feldherrenhalle auseinandertreiben. Hitler wurde verhaftet, etliche Putschisten getötet. Noch im gleichen Monat wurden die extremen Parteien NSDAP und KPD verboten.[143] Die Gefahr schien zunächst gebannt, aber die Angst vor Krieg und Aufruhr wird auch in der Poschinger Straße spürbar gewesen sein. Im gleichen Monat wurde die Inflation durch die Einführung der Rentenmark beendet, ein Trost für die Familie, deren finanzielle Belastung nicht zuletzt durch die Ausbildung der Kinder erheblich war.

Katias Eltern lebten noch der Arcisstraße, in dem weitläufigen Palais, das nun ohne die Kinder viel zu groß und leer geworden war. Im Dezember 1924 schrieb Hedwig Pringsheim ihrer Freundin: »Im ganzen ... ist das Leben hierzuland ja ziemlich ›dreckig‹. Es ist freudlos, und München zumal ist ganz verändert. Ich bin sehr vereinsamt, habe kaum noch Verkehr. Eigentlich bin ich fast auf Familie Thomas Mann reducirt, alles andre, was sonst noch bei uns aus- und eingeht, ist überflüssiges Füllsel. Daß mein Schwiegerson jetzt auf der Höhe seines Rums angelangt ist, wird Dir vielleicht bekannt sein. Er hat Erfolg über Erfolg, seine Stellung nicht nur in der Litteratur, sondern auch in der Welt, ist glänzend, und Katia sonnt sich in diesem Glanz. Sie begleitet ihn sehr viel auf seinen Reisen und nimmt teil an seinen Ehrungen. Sie sind auch die bei weitem ›pekuniärsten‹ in der ganzen Familie, und während wir, trotz unserem schönen Haus, das wir – leider – immer noch bewonen, recht arme Schlukker sind, schaffen sich Manns eben ein Automobil an und bauen sich eine Garage an ihrem Haus an: nobel. An ihren 6 Kindern hat sie, wie es so geht, teils Freud', teils Leid.«[144]

Erika und Klaus machen Karriere

Erika hatte sich aufgrund der frühen Erfahrungen und Erfolge im »Mimikbund« tatsächlich zu einer Bühnenkarriere entschlossen und im Frühjahr 1924 München verlassen, um in Berlin Schauspielunterricht zu nehmen. Klaus, der sehr an der Schwester hing und ohne sie orientierungslos war, folgte ihr im September nach. Onkel Klaus hatte ihm einen Posten als Theaterkritiker beim »12-Uhr-Blatt« verschafft. Die beiden Geschwister genossen ausgiebig das großstädtische Nachtleben der »Roaring Twenties«.

Katia war im Frühjahr 1924 wieder erholungsbedürftig und fuhr für sechs Wochen nach Clavadel bei Davos, in dieser Zeit war Thomas Mann wieder mit den beiden jüngsten Kindern allein.[145] Als Katia zurückkehrte, erkrankte er an Grippe. An die vier ältesten Kinder, die nicht mehr im Elternhaus lebten, schrieb Katia unermüdlich Briefe, schickte Pakete und erfüllte auch die schwierigsten Wünsche. Auch der Vater schrieb – unabhängig von Katia – an die Kinder, vor allem an Erika. Das meiste mußte allerdings Katia übernehmen. Ohnehin war das Verhältnis Thomas Manns zu den »beiden Mittleren« nicht gut, sie kommen auch in der Novelle *Unordnung und frühes Leid* (1926) nicht vor. Auch Michael, der Jüngste, schneidet dort nicht gerade gut ab. Ob allerdings die Dargestellten, Erika als »Ingrid« und Klaus als »Bert«, mit ihrer Schilderung in der Novelle zufrieden

waren, sei dahingestellt, allenfalls Elisabeth kam in der literarischen Darstellung wirklich gut weg. Katia war vermutlich
zufrieden, daß sie überhaupt nicht vorkam, ihr war es zuwider, wenn allzu Privates an die Öffentlichkeit drang.

Nachdem es das Haus in Tölz nicht mehr gab, zog es Thomas Mann wieder an die Ostsee, wo die Familie wiederholt
Badeurlaub machte und sich jedesmal prächtig erholte. »Die
Kinder schieden von der See mit wahren Schmerzen, die
kleinen wie die großen, genau wie einst ich…«, schrieb er
im August 1924 seinem Freund Ernst Bertram über den Aufenthalt auf Hiddensee. Auch Katia liebte das Meer. Von
Mitte Juli bis fast Ende August 1924 waren die Manns auf
Hiddensee und wohnten im »Haus am Meer«, wechselten
dann aber nach Bansin, ins »Haus Seeblick«. Der Grund
war folgender: Gerhart Hauptmann, mit dem die Manns
schon den Frühjahrsurlaub in Bozen verbracht hatten und
den sie aus München kannten, galt als der »König von Hiddensee«. Katia berichtet in ihren *Ungeschriebenen Memoiren*:
»Unsere Nachbarschaft in Hiddensee war etwas ärgerlich,
weil Hauptmann doch der König von Hiddensee war. Er
hatte uns sehr geraten, dort hinzukommen. Nun war er
aber dermaßen eindeutiger König, daß für uns dort wenig
Aufmerksamkeit abfiel. Wir wohnten im ›Haus am Meer‹,
›seinem‹ Haus, hatten aber mit den übrigen Gästen im Spei-
sesaal zu essen und bekamen sehr mäßiges Essen, wohingegen Hauptmann köstliche Speisen auf die Zimmer hinaufge-
tragen wurden. Das Ganze war etwas verdrießlich.«[146] So
blieb den Manns nichts anderes übrig, als das Hotel zu
wechseln. Einen König neben sich konnte wohl keiner der
beiden ertragen. Bekanntlich hat Thomas Mann im *Zauberberg* Hauptmann als Mynheer Peeperkorn, den Begleiter von
Clawdia Chauchat, auftreten lassen. Katia fand noch im
hohen Alter, Hauptmann sei »prachtvoll« gewesen. Sie hatte
eine ebenso scharfe Beobachtungsgabe wie ihr Mann und
hatte ebenfalls dieses »irgendwie nicht ganz Zulängliche« in

Hauptmanns Redeweise bemerkt. Obwohl er viel trank und gelegentlich Katia gegenüber etwas zudringlich wurde – er hatte ganz offensichtlich ein Faible für sie und war sehr von ihr eingenommen –, fand sie ihn aber immer sehr »nett«. Vielleicht fühlte sie sich geschmeichelt, von dem berühmten Dichter hofiert zu werden.

Auch die älteren Kinder hatten sich in Hiddensee eingefunden, Klaus wurde von seinen Gläubigern sogar bis in den Urlaubsort verfolgt. Vermutlich sprang Katia – wie so oft – wieder mit einem Sümmchen ein, um ihren Sohn vor den Gläubigern zu retten. Kaum zurück aus dem Urlaub, wurden die »beiden Kleinen«, Elisabeth und Michael, am Blinddarm operiert.

Als der *Zauberberg* im Herbst 1924 abgeschlossen war, bedeutete das nicht nur den Abschied von zwölfjähriger Arbeit, der Roman versprach auch hohe Einnahmen: Vorbestellt waren 5000 Exemplare, aber der Verleger Fischer druckte gleich 20 000, so sicher war er, daß das Buch sich gut verkaufen würde. Daher stellte die Veröffentlichung für die Manns auch eine Erleichterung finanzieller Art dar. Im November 1924 erschien der Roman, bereits im Dezember lagen die Verkaufszahlen bei 26 000. Thomas Mann reiste pausenlos umher und hielt Leseabende in Stuttgart, Freiburg, Dresden und Hannover. Anschließend traf er sich mit Katia in Berlin, wo sie ein paar Tage mit Erika verbrachten, die seit dem 1. September an den Berliner Reinhardt-Bühnen engagiert war.

Die erste Anschaffung aus dem Erlös des *Zauberberg* im Jahr 1925 war ein Auto, ein Fiat-Kabriolet mit 33 PS für sechs Personen, auf das Thomas Mann sehr stolz war, obwohl er gar nicht selbst fahren konnte. Für solche Dienste brauchte man einen Chauffeur. Zunächst war das Ludwig, der in der Novelle *Unordnung und frühes Leid* (1925) als »Xaver« auftritt und der so anstellig war, daß er neben dem Servieren, den Botengängen und anderen Beschäftigungen in Haus und Garten auch die Kunst des Autofahrens erlernte. Nach einiger Zeit aber wurde ein regelrechter Chauffeur eingestellt, Joseph genannt, der die Familie von nun an auf Ferienreisen und Ausflügen fuhr, Katia und Thomas im Fond des schwarzlackierten Wagens mit Staubmantel und Lederkappe, wie es damals Mode war.[147] Katia lernte ebenfalls Autofahren. Es gehörte zu ihren vielfältigen Pflichten, ihre Eltern, Offi und Ofey oder auch die »Urgreise« genannt, mit dem Auto herumzukutschieren, pünktlich in der Oper abzuliefern usw. Bis ins hohe Alter fuhr sie rasant. Die Fahrten per Fahrrad zum Einkaufen und zur Post waren vorbei.

Mehr und mehr wurde sie in den literarischen Betrieb ihres Mannes eingespannt. »Ich passe eine Nachmittagsstunde ab, da meine Frau nicht zu Haus ist und ich ihr also keine Korrespondenz diktieren kann (denn anders geht es nicht mehr; sie schreibt's mit der Maschine und bringt es mir abends als ›Courier‹)«, schrieb er Anfang 1925 an Bertram[148], und an Josef Ponten: »Sie wollen was Geschriebenes über Ihr Bau-Werk. Ich diktiere es meiner Frau, eine neue Einrichtung, ohne die ich tatsächlich nicht mehr fertig werde.«[149] Wann Katia nun die Zeit gefunden hatte, Stenographie und Schreibmaschine zu lernen, ist nicht überliefert. Jedenfalls erinnerte sich Elisabeth noch viele Jahre später, beim Geräusch der klappernden Schreibmaschine eingeschlafen zu sein. Es blieb auch nicht beim Diktat, Katia schrieb Briefe an Freunde und Verleger selbständig oder verfaßte die Schreiben, die Thomas Mann dann nur unterschrieb.

Im Juni 1925 konnte Thomas Mann seinen 50. Geburtstag feierlich begehen. Im Alten Rathaussaal zu München fand ine offizielle Feier statt, zu der sich Vertreter der unterschiedlichsten politischen Lager einträglich zusammenfanden, in dieser turbulenten Zeit ein seltenes Ereignis. Heinrich Mann war ebenfalls zugegen und sprach einen

Glückwunsch aus, der zur Rührung aller Eingeweihten zu einer Umarmung zwischen den sonst so steifen Lübecker Brüdern führte. Noch viele Wochen nach dem Geburtstag war Thomas Mann damit beschäftigt, Glückwünsche zu beantworten. Rudolf G. Binding, Jakob Wassermann, Stefan Zweig, Walter von Molo, Wilhelm von Scholz, Robert Musil, Ernst Weiß, Hans Franck, Frank Thieß, Arthur Schnitzler und viele andere hatten ihm gratuliert. Die Stadt München schenkte ihm zehn Flaschen wunderbaren Weines, der Verleger Fischer eine goldene Zigarettendose.

Klaus war inzwischen so bekannt, daß sein Stück *Anja und Esther* im Oktober an den Hamburger Kammerspielen in der Inszenierung von Gustaf Gründgens uraufgeführt wurde. Prompt löste die Aufführung einen Skandal aus. »Dichterkinder spielen Theater« lauteten die Schlagzeilen. In den Hauptrollen spielten Erika und Klaus Mann, Pamela Wedekind, Klaus' Verlobte, und Gustaf Gründgens, der spätere Ehemann von Erika. Über Klaus' Erfolg als Theaterschriftsteller war Thomas Mann dermaßen verwundert, daß er nur mit Ironie darüber berichten konnte. Er nannte das erste Stück seines Sohnes »unbeschreiblich gebrechlich und korrupt«, die Rolle, die Klaus darin spielen sollte, »morbide«. In die Premiere würden ihn keine zehn Pferde bringen, kündigte er schon Monate vorher an.[150] Er fuhr also nicht zur Uraufführung nach Hamburg, sah aber die Münchner zweite Aufführung, die fast gleichzeitig stattfand. Auch Katia fuhr nicht nach Hamburg. Thomas Mann hätte es »unmöglich billigen können, wenn sie, kaum zurück, schon wieder hinauf hätte fahren wollen«, schrieb er an Erika und gab vor, Katias Reisen billigen zu müssen. Vermutlich hat aber Katia ganz von allein darauf verzichtet, bei der Premiere zugegen zu sein.

Klaus Mann machte als Sohn des Dichters Schlagzeilen, auch mit seinem ersten, ebenfalls 1925 erschienenen Buch *Vor dem Leben,* was dem Vater nicht immer willkommen war. Auch weil er aus seinen homophilen Neigungen Konsequenzen gezogen hatte, die denen seines Sohnes, der sich nun öffentlich dazu bekannte, völlig entgegengesetzt waren. Erikas Beziehungen zu Frauen schienen ihn dagegen nicht zu stören. Katia verhielt sich allen homosexuellen Freunden ihrer Kinder gegenüber völlig unbefangen und aufgeschlossen. Alle Kinder, auch Golo, durften ihre Freunde oder Freundinnen mit nach Hause bringen. Längst hatte Katia sich mit den homoerotischen Neigungen ihres Mannes und mehrerer ihrer Kinder abgefunden. Als Thomas Mann seinen Aufsatz *Über die Ehe* schrieb, nahm er die Gelegenheit wahr, darin zur Homoerotik Stellung zu nehmen. Er schrieb am 16. 8. 1925 an die noch nicht zwanzigjährige Erika: »Den Ehe-Aufsatz für Keyserling habe ich hinter mich gebracht, auf ganz anständige Art, wie mir vorkommt. Es ist ein ziemlich umfangreiches Dokument geworden, hochmoralisch, und enthält auch eine prinzipielle Auseinandersetzung mit der Homoerotik, ei, ei. Es hat Mielein sehr gefallen.«[151] Über diese Thematik wurde also in der Familie offen gesprochen, und auch Katia, die von solchen Neigungen frei war, mußte ihre Meinung dazu abgeben.

Wenn die heranwachsenden Kinder zu Hause waren, herrschte stets Trubel: »Manchmal glich unser Haus [in der Poschinger Straße] einem zwanglosen Hotel auf dem Lande oder dem Hauptquartier einer munteren Verschwörerbande. Es tat sich was an Intrigen, Flirts, Diskussionen, hysterischen Ausbrüchen, künstlerischen Darbietungen, nächtlichen Gelagen. Immer war etwas los … In der allgemeinen Konfusion gab es nur einen Menschen, der die mannigfachen Dramen und Interessen der verschiedenen Hausbewohner und Gäste in ihrer Gesamtheit überschaute: meine Mutter. Sie schien die einfachsten Dinge zu vergessen oder durcheinanderzubringen, hatte in Wirklichkeit aber das organisatorische Genie, das nicht aus dem Kopf kommt, sondern aus dem Herzen. Während ihr Hauptinteresse stets dem Wohlergehen und Werk des Vaters galt, brachte sie es doch fertig, sich auch unserer Affären hilfreich anzunehmen und den Freunden mit herzlicher Sympathie und klugem Rate beizustehen ... Das ganze Haus kam zu ihr – jeder mit seinen Sorgen, Hoffnungen und Beschwerden.«[152] Zu Weihnachten waren Erika und Klaus schon wieder in der Poschinger Straße. Trotz aller Abenteuer war die Bindung an das Elternhaus eben doch sehr stark.

Das Jahr 1926 begann mit einer einwöchigen Reise der Eheleute Mann nach Paris, wo Thomas Mann einen Vortrag über *Die geistigen Tendenzen des heutigen Deutschlands* hielt und von der Deutschen Botschaft, von Adeligen und Ministern, von Intellektuellen und Gelehrten empfangen und hoch geehrt wurde.

Statt, wie geplant, im Februar 1926 mit Erika und den »beiden Kleinen« in die Schweiz zu fahren, bekam zunächst Thomas Mann Grippe. Katia erwischte es noch ärger, sie mußte sich mit einer Lungenentzündung ins Bett legen, Elisabeth und Michael kränkelten ebenfalls, die Lage schien so ernst, daß man vorübergehend eine Krankenschwester einstellte. Im Mai ging es dann ins bewährte Arosa. Katia erholte sich auch dieses Mal nur langsam. Allmählich konnte ihr Bett stundenweise auf den Balkon gerollt werden, erst Anfang Juni konnte sie wieder aufstehen. Thomas Mann blieb nur bis Ende Mai dort, Katia mußte noch einen ganzen Monat länger bleiben. Zur Hochzeit ihrer Ältesten aber war sie zur Stelle.

Erika heiratete am 24. Juli 1926, also am Geburtstag ihrer Mutter, den Schauspieler und Intendanten Gustaf Gründgens. Nach der standesamtlichen Trauung in München aß man im »Hotel Kaiserin Elisabeth« in Feldafing am Starnberger See zu Mittag. Das Abendfest fand im Elternhaus der Braut in der Poschinger Straße statt. Elisabeth Mann berichtete: »Das war eben auch noch eine richtige Hochzeit, eine bürgerliche Hochzeit, ich kann mich noch erinnern an die wunderbare Rede, die mein Vater damals hielt, wo er den Gustaf als Glühwürmchen beschrieb, das tags glanzlos ist, aber dann eben abends auf der Bühne glüht, ein Licht von sich gibt.«[153] Neben dem Brautpaar hatten sich Katia und Thomas Mann, die Großeltern Pringsheim, die Eltern von Gustaf Gründgens und alle Geschwister versammelt. Nach dem großen Essen wurden Reden gehalten, und es gab Champagner. Erika bekam eine traditionelle Aussteuer mit Silber, Geschirr und Leintüchern, wie Monika und Elisabeth sie nicht mehr erhielten. Die Ehe dauerte jedoch nicht lange, schon nach wenigen Wochen trennte sich das Paar wieder. Die formelle Scheidung wurde aber erst im Januar 1929 vollzogen. Während die Brautleute ihre eigene Heirat und ihren Hausstand in Hamburg wohl gar nicht so ernst genommen hatten, müssen Thomas und Katia Mann wohl daran geglaubt haben, sonst hätten sie nicht die prachtvolle Hochzeitsfeier ausgerichtet. Ob der Bräutigam homosexuell war oder nicht, spielte aber offenbar keine Rolle; die Manns legten anscheinend mehr Wert auf »Präsentabilität« der Schwiegerkinder, wie Inge und Walter Jens vermuten.[154] Andererseits schienen die Eltern auch Vorbehalte zu haben: Noch im Mai 1926 schrieb Katia an Erika: »Ach E., liebes E.! Ich mach mir bestimmt keine unnützen Sorgen, aber hast Du es Dir auch endgiltig überlegt! Du weißt, ich habe es dir in München gesagt, verloben ist absolut kein Grund, auch zu heiraten, und man sollte es noch einmal bedenken, ehe man vor den Ewigen tritt. Das hast Du ja übrigens offenbar nicht vor, da du keinen Taufschein brauchst.«[155] Auch schien das Verhältnis zwischen Vater und Schwiegersohn kühl zu bleiben: »Gute Grüße an Gustaf Gründgens«, schrieb er steif unter einen Brief an Erika, mit der er nun gemeinsame Rundfunklesungen zu veranstalten begann.[156] Aber ernsthaft stellten sich die Eltern dieser Heirat nicht entgegen.

Erika berichtete ihrer Freundin Pamela Wedekind noch

im Hochzeitsmonat über die Ereignisse, über die sie selbst erschrocken schien, denn sie liebte Pamela: »Meine Pamela, bitte, bitte, komm bald. So schrecklich gern möchte ich es, weil ich Dich eben doch über die Maßen liebe«, schrieb sie.[157] Klaus war zu der Zeit mit Pamela verlobt, aber auch diese Beziehung ging bald in die Brüche, Pamela heiratete später den Dichter Carl Sternheim. Gustaf Gründgens war homosexuell, versuchte es aber stets zu verbergen, vielleicht sogar durch seine Eheschließung mit Erika. Bald aber fragte er sich, warum er überhaupt geheiratet habe, zumal es auch sonst zwischen den Eheleuten Konflikte gab. Erika gab viel Geld aus, war verwöhnt und anspruchsvoll, was der aus armen Verhältnissen stammende Gustaf nicht verstehen konnte. Die Großmutter Pringsheim urteilte über die Ehe: »Das ist eine so komische moderne Ehe, daß sich schon gradezu der Heilige Geist bemühen müßte, um mir Urgroß-mutterfreuden zu verschaffen; auf die ich übrigens gar nicht aus bin.«[158] Nachdem Klaus Mann ein neues Stück geschrieben hatte, *Revue zu Vieren,* das die gleiche Thematik behandelte wie *Anja und Esther* und ein Reinfall wurde – es kam sogar zu Prügelszenen im Publikum –, entfernten sich die jeweiligen Partner mehr und mehr voneinander. Auch Klaus war von Gustaf enttäuscht; in seinem *Mephisto* schilderte er später Gründgens' Charakter und Karriere, wollte aber dieses Werk keineswegs als Schlüsselroman verstanden wissen. Nur Erika und Klaus hielten unter allen Umständen aneinander fest.

Die Manns seien die »Pekuniärsten« in der Familie, hatte die Großmutter gesagt, und sie konnten sich Reisen leisten. Im August 1926 fuhr die Familie mit den beiden Kleinen erneut ans Meer, diesmal nach Forte dei Marmi, anschließend besuchten sie die beiden Mittleren, Golo in Salem und Monika in Lausanne. Dieser Badeurlaub war der letzte in Italien. Die unschönen Dinge, die in *Mario und der Zauberer* (1930) geschildert werden, hatten sich dort abgespielt. Die achtjährige Elisabeth, mager wie ein Spatz, hatte es gewagt, für wenige Minuten nackt am Strand zu erscheinen, weil sie ihren sandigen Badeanzug ausgezogen und im Meerwasser gespült hatte. Damit hatte sie einen Sturm der Entrüstung ausgelöst, die Eltern mußten eine Geldstrafe zahlen. Und Thomas Mann hatte in der in dem italienischen Badeort eingefangenen Stimmung Vorzeichen des aufkommenden Faschismus wahrgenommen. Elisabeth baute sich später in Forte dei Marmi ein Haus, sie hat also dem damaligen Badepublikum nichts nachgetragen. Auf all diesen Reisen arbeitete Thomas Mann bereits an seinem Roman *Joseph und seine Brüder,* sammelte Material und machte sich Notizen. Im Oktober fanden die ersten Rundfunklesungen von Thomas und Erika Mann in Berlin statt.

Während ihrer Münchner und Berliner Zeit galten Erika und Klaus als die »Enfants terribles«, insbesondere Erika war »verwöhnt, anspruchsvoll und luxusbesessen«, während Klaus »melancholisch, frühvergreist und ruhmsüchtig«[159] war. Die beiden sorgten für Skandale und, wie die Großmutter es ausdrückte, sie verstanden »das Klappern, das zum Handwerk gehört«[160]. Insbesondere Erika muß hinreißend gewesen sein, sie verzauberte viele mit ihrem Charme und ihrem komödiantischen Talent. Während sie nie Tagebuch schrieb, hielt Klaus, wie der Vater, jedes für ihn wichtige Ereignis fest. Diese Aufzeichnungen belegen, wie früh er hellhörig für den Aufstieg des Nationalsozialismus war. Erikas politisches Interesse wurde erst geweckt, als sie selbst betroffen war. Auch sie äußerte sich 1932 angewidert über die politische Entwicklung in Deutschland und beschloß, die »Hitlerblätter, die doch bald die Öffentlichkeit darstellen werden«, aber auch »Bomben und Gummiknüppel« auf ihre Weise zu bekämpfen.[161]

Das Weihnachtsfest 1926 fand ohne die beiden Großen statt, Katia hatte ihnen aber ein Paket mit Schnaps, Büchern und einem Schlafrock für Gustaf Gründgens geschickt. Erika hatte ihre Eltern mit Schallplatten (ausgerechnet die »Neger-platte« war zerbrochen) und Süßigkeiten bedacht. Katia wurde von ihrem Mann reich beschenkt: Sie erhielt »eine schöne Handtasche, eine Armbanduhr aus weißem Golde, Murano-Vasen, warm gefütterte Handschuhe und eine Taschenlaterne zum Beleuchten der Kleinen zu später Stunde, ohne daß Kürzl erwacht«. Thomas hatte also in weiser Voraussicht schon alle Gaben vorher besorgt. Im Gegensatz zu Katia, die jedes Jahr rastlos durch Straßen und Geschäfte hastete, um alles einzukaufen, was immer wieder dazu führte, daß sie am Weihnachtsabend »erschöpft bis aufs Letzte« war.[162] Man plante ein geselliges Fest mit Gästen und den »Urgreisen«. Wie jedes Jahr – außer in Kriegszeiten – gab es Truthahn und Sekt.[163]

Thomas Manns Abneigung gegen allzu viele Familienbesuche richtete sich nicht zuletzt gegen die Pringsheims. Golo hörte einmal ein Gespräch der Eltern im oberen Stockwerk, das mit dem scharf und laut gesprochenen Satz Thomas Manns endete: »Sie haben mich nie gemocht, und ich sie auch nicht.«[164] Tagebucheintragungen Thomas Manns deuten darauf hin, daß ihm der Besuch der Schwiegereltern oftmals lästig war. Dennoch brauchte er seine Familie, – so unbequem das auch manchmal war –, sie verlieh ihm bürgerlichen Halt. Zwar benötigte er Ruhe bei der Arbeit, aber er liebte auch die familiären Umtriebe.

Das Jahr 1927 war wiederum überschattet von einem schrecklichen familiären Ereignis. Lula, Thomas Manns ältere Schwester Julia, nahm sich das Leben. Im Gegensatz zu ihrer Schwester Carla schien Lula auf den ersten Blick alles zu haben, was man braucht, um glücklich zu sein: einen reichen Mann und drei Töchter, Eva Maria und die Zwillinge Rosemarie und Ilsemarie. Aber Lulas Ehe ging schlecht. Sie war auf Abwege geraten, nahm Morphium und hatte obendrein einen untreuen Liebhaber. Schließlich wußte sie, die immer so großen Wert auf Konventionen gelegt hatte, keinen Ausweg mehr aus ihrer verfahrenen Situation. Am 10. Mai wurde sie erhängt aufgefunden, gescheitert an dem »schauerlichen Kontrast zwischen ihrem superbourgeoisen öffentlichen und ihrem heimlichen Dasein«[165].

An dieser Schwester hatte Thomas Mann besonders gehangen, ihr war der dritte Teil der *Buddenbrooks* gewidmet, und sie bildete auch das Vorbild für eine der Rodde-Schwestern im *Dr. Faustus*. Er empfand diesen Tod »als einen Blitz, der dicht neben ihm niedergegangen war«, so jedenfalls drückte er sich Katia gegenüber aus.[166] Nach der Beerdigung hielt er sich einige Wochen allein in Wildbad Kreuth auf – Katia konnte ihm offenbar nicht über seine Trauer hinweghelfen –, er mußte allein damit zurechtkommen.

Golo nahm 1927 sein Studium in München auf. Er wurde ein bedeutender Historiker und Publizist. Seine Mutter hatte sich für eines ihrer Kinder immer einen gutbürgerlichen Beruf gewünscht, beispielsweise Arzt oder Ingenieur, aber alle unterlagen dem »Fluch des Schreibens« und wurden – zum Teil hauptberuflich – Schriftsteller. »Historiker geht ja noch!« war der Kommentar Katias zu Golos Berufswahl.[167] Auch Michaels Beruf als Professor für Germanistik in Berkeley fand sie »seriös«, wenn er diese Entscheidung auch erst sehr spät getroffen hatte.

Im Oktober 1927 machten sich Erika und Klaus zu einer Weltreise auf, die die Eltern nicht wenig beunruhigte. Die beiden hatten sich nach ihrem Mißerfolg mit der *Revue zu Vieren* und ihren sonstigen privaten Problemen zu dieser Art Flucht entschieden. Schon am 18. Oktober (nach zwölf Tagen) war ein Telegramm bei den Eltern eingegangen, das die gute Ankunft der beiden in New York meldete. Thomas Mann antwortete sofort und bekannte: »...etwas besorgt waren wir doch gewesen, sowohl unter dem Eindruck von Nachrichten, die von Stürmen auf dem Atlantic meldeten

und zwar keine ernsten Besorgnisse, aber doch Vorstellungen mesquiner Qual erweckten, – wie auch in Betreff Eurer
Landung und ersten Eindrücke …« Dann aber kam heraus,
daß er eigentlich ein schlechtes Gewissen hatte, denn er hatte
am Tag zuvor »so ausführlich an Kläuschen Heuser geschrieben, der nun schon wieder seit acht Tagen von hier fort ist,
daß ein schlechtes väterliches Gewissen unausbleiblich wäre,
wenn ihr leer ausginget«[168]. Dieser Klaus, gestand er, sei als
Angelegenheit gewiß zu überschätzen, aber er duze ihn und
habe ihn zum Abschied mit dessen ausdrücklicher Zustimmung an sein Herz gedrückt. Der Sohn Klaus – der offenbar
auch ein Auge auf Klaus Heuser geworfen hatte – solle freiwillig zurücktreten und seine Kreise nicht stören. Besonders
eifersüchtig auf Klaus Heuser scheint aber Golo gewesen zu
sein. Es wurde in der Familie sogar darüber gescherzt, Golo
hieß im Familienjargon »Golette« oder »Angèle«, Erikas les-
bische Freundinnen wurden »Eulen« genannt.

Die Tagebücher Thomas Manns zwischen 1933 und 1943
geben gelegentlich Auskunft über diese Beziehung zu dem
Sohn des Direktors der Düsseldorfer Kunstakademie, der
1927 in der Poschinger Straße zu Gast war und den er danach
mehrfach in Düsseldorf besuchte. Thomas Manns Leidenschaft für Klaus Heuser wirkte viele Jahre nach. Noch im
Exil in Sanary schrieb er: »Nach menschlichem Ermessen
war das meine letzte Leidenschaft, und es war die glücklichste.«[169] Was wird Katia empfunden haben, als sie bemerkte,
daß Ehemann und Sohn sich nun für denselben Jüngling,
der Gast in ihrem Hause war, interessierten? Klaus Heuser
war nur vier Jahre jünger als Klaus, also damals siebzehn
Jahre alt. Elisabeth berichtet in einem Interview mit Heinrich Breloer, Katia habe, als ihr Mann ihr erzählen wollte, er
habe Kläuschen Heuser geküßt, nur gesagt: »Ach komm, hör
auf, das will ich ja gar nicht wissen!« Damit sei die Angelegenheit für sie erledigt gewesen. Katia sei überhaupt nicht
eifersüchtig gewesen, sie sei von Natur aus tolerant und ihre

Liebe sehr umfassend gewesen. Sie habe ihm diese Liebe gegönnt, und das habe er gewußt. Das sei im Bündnis mit ihr eingeschlossen gewesen.[170]

Der Vater äußerte in seinem Brief an seine Ältesten in Amerika den Wunsch, daß Erika und Klaus zu Weihnachten wieder zurückwären. Aber daran dachten die beiden überhaupt nicht. Sie reisten durch die USA, dann nach Hawaii, Japan, Korea, China und die Sowjetunion. Die meiste Zeit verbrachten sie in den Vereinigten Staaten, wo sie sich mit Hilfe von Freunden und Bekannten durchbrachten. Der Verleger Fischer, der ein großzügiges Honorar für das noch zu schreibende Reisebuch bewilligt hatte, und Klaus' amerikanischer Verlag Boni and Liveright, der – überrumpelt – ebenfalls einen Vorschuß gewährte, unterstützten das von der Presse angekündigte Unternehmen. Der Rest sollte durch »lectures« verdient werden. Die Geschwister traten als »literary Mann twins« in New York, Princeton, Boston, Chicago und Milwaukee auf. Klaus hielt Vorträge über die »Situation der jungen europäischen Generation«, während Erika moderne deutsche Lyrik rezitierte oder Leseabende von Klaus mit einer auswendig gelernten englischen Rede eröffnete. Wenn die finanzielle Not zu groß wurde, telegraphierten sie den Eltern.

Sie verstanden es, sich Zutritt zu Künstlerkreisen zu verschaffen, und verbrachten etwa den Silvesterabend 1927 bei Ludwig Berger in Hollywood, ein Abend, der sich dadurch unauslöschlich einprägte, daß Ernst Lubitsch und Greta Garbo anwesend waren. Die beiden charmanten und amüsanten jungen Leute fanden überall Gönner, die ihnen weiterhalfen. Erst im Juli 1928 kehrten sie nach Hause zurück. Die Eltern holten sie mit den beiden Kleinen am Bahnhof ab – für Thomas Mann eine Seltenheit, um elf Uhr vormittags, während seiner Arbeitszeit. Erika und Klaus veröffentlichten den zugesagten Reisebericht, *Rundherum. Das Abenteuer einer Weltreise* (1929). Diese Reise bildete nur den

Auftakt des ständigen Herumreisens der beiden. Erika war nicht häuslich veranlagt, auch Klaus blieb sein Leben lang kosmopolitisch unbehaust, richtete sich notdürftig in ständig wechselnden Hotelzimmern und Orten ein. Der Reisebericht und die ersten journalistischen Versuche Erikas in Form von Artikeln führten dazu, daß sie sich allmählich, gegen ihre ursprüngliche Absicht, als Schriftstellerin etablierte. 1932 erschien ihr erstes Kinderbuch *Stoffel fliegt übers Meer*, das sie auf Wunsch ihrer jüngeren Geschwister geschrieben und ihnen – mit den Worten »Für Medi und Bibi, weil sie meine Geschwister sind, und weil sie es gerne wollten« – gewidmet hatte. Ihre Leidenschaft galt dem Autofahren, ein für damalige Zeiten ungewöhnliches Hobby, wofür sie sogar eine Mechanikerprüfung ablegte. Im Frühjahr 1931 war sie Gewinnerin einer Autorallye.

Im Frühjahr 1928 unternahmen Thomas und Katia Mann eine Autotour über die Schweiz an die Côte d'Azur, den Sommerurlaub verbrachten sie wie im Jahr zuvor auf Sylt im Hotel »Haus Kliffende«. Nach den Sommerferien kam Elisabeth, nach einem Jahr Privatunterricht und einigen Jahren auf dem Privatschülchen in Bogenhausen, auf das Luisen-Gymnasium, wo sie gleich eine Klasse überspringen durfte. Sie machte schulisch ihren Eltern überhaupt keine Sorgen, war ausgezeichnet in Latein und bekam – wie die anderen Töchter auch – Klavierunterricht. Diese Stunden machten ihr zunächst keine Freude. Auch die elterliche und großelterliche Wagner-Verehrung vermochte sie nicht zu teilen. Erst nach einem Opernbesuch von »Lohengrin« begann sie ernsthaft zu üben. Musik wurde nun ihre Leidenschaft. Als Heranwachsende übte sie dermaßen verbissen, daß sich ihre Eltern Sorgen um sie machen mußten.

Um die Liebe ihres Vaters mußte sie sich niemals bemühen, sie wurde einfach geliebt, weil sie da war. Zu ihrer Mutter hatte sie ebenfalls ein gutes Verhältnis, das zeitlebens andauern sollte. Elisabeth litt an Schüchternheit und wagte nicht, etwas zu sagen, wenn berühmte Gäste zugegen waren. Sie bewunderte ihre älteren Geschwister Erika und Klaus, die amüsant und witzig von ihren Abenteuern erzählten, denen sie nichts entgegenzusetzen hatte. Besonders zu der dreizehn Jahre älteren Erika entwickelte sie ein enges Verhältnis, zumal diese sie für ihre Zwecke benutzte, wenn sie es für erforderlich hielt. War ein lästiger Freund zu Besuch, veranlaßte Erika die kleine Elisabeth, so lange zu quengeln, bis sie noch etwas bleiben durfte. Zu der acht Jahre älteren Monika dagegen hatte Elisabeth keine guten Beziehungen. Monika saß als Mittlere stets zwischen allen Stühlen, sie war und blieb ein Außenseiter, von früh an »dünkelhaft« und schrecklich »faul«, wie nicht nur Elisabeth fand. Von den Brüdern stand ihr neben Bibi Golo am nächsten. Aber auch Klaus konnte sie amüsieren, wenn er sporadisch zu Hause war.[171]

Zusätzlich zu den Urlaubsreisen unternahm Thomas Mann 1928 mehrere Vortrags- und Lesereisen nach Berlin, Wien, Frankfurt, Düsseldorf, Nürnberg, Leipzig und in die Schweiz. Trotzdem konnte er die Arbeit am *Joseph*-Roman fortsetzen und Ende Juni in der Gestalt Rahels Katia in den Roman einführen. »Rahel war hübsch und schön. Sie war es auf zugleich pfiffige und sanfte Weise, von der Seele her, man sah – und auch Jaakob sah es, denn ihn sah sie an –, daß Geist und Wille, ins Weibliche gewendete Klugheit und Tapferkeit hinter dieser Lieblichkeit wirkten und ihre Quelle waren: so voller Ausdruck war sie und schauender Lebensbereitschaft … Aber das Hübscheste und Schönste war eben ihr Schauen, war der durch Kurzsichtigkeit eigentümlich verklärte und versüßte Blick ihrer schwarzen Augen: dieser Blick, in den, ohne Übertreibung gesagt, die Natur allen Liebreiz gelegt hatte, den sie einem Menschenblick nur irgend verleihen mag, – eine tiefe, fließende, redende, schmelzende, freundliche Nacht, voller Ernst und Spott, wie Jaakob dergleichen noch nie gesehen hatte oder gesehen zu haben

meinte.«[172] So schilderte Thomas Mann Katia noch nach
dreiundzwanzigjähriger Ehe. In der Beschreibung Rahels
setzte er ihr ein Denkmal, wenn auch die Rahel des Romans
anfangs, als Jaakob sie am Brunnen traf, erst zwölf Jahre alt
war. »Es ist öfters gesagt worden, daß mein Mann bei Rahel
an mich gedacht hat. Sie ist doch so lustig, und wie sie die
Terraphim stiehlt, ihre versteckten Unternehmungen – es
ist ein bißchen was dran. Ich meine, ich bin zwar bei keiner
Entbindung gestorben, aber ich hätte können. Thomas
Mann hat sich da hineinversetzt.«[173] Offenbar hat die prag-
matische Katia, die bezeichnenderweise von ihrem Mann
als »Thomas Mann« spricht, es ihm nicht verübelt, daß er
die ihr nachgebildete Rahel im Roman sterben ließ, ganz
im Gegensatz zu dem geliebten Enkel Frido, den im *Dr.
Faustus* das gleiche Schicksal ereilt.

Nobelpreis und Nidden

Seit mehreren Jahren hatte es Gerüchte gegeben, daß Thomas Mann der Nobelpreis für Literatur zuerkannt werden
sollte. Noch 1927 hatten weder Katia noch Thomas Mann
daran geglaubt, aber nun, am 10. Dezember 1929, war es
soweit. Heinrich Breloer hat in seinem Film »Die Manns«
sehr anrührend geschildert, wie die Lieblingstochter Elisabeth die Mittagsruhe des Vaters stören und das Arbeitszimmer betreten durfte, um ihm die Nachricht über die Zuer-
kennung des Nobelpreises mitzuteilen. Klaus beschreibt die
Situation in der Poschinger Straße folgendermaßen: »Es
waren festlich animierte Tage. Die Journalisten stürmten
unser Haus, auf allen Tischen häuften sich die Telegramme.
Mielein stöhnte, weil so viele Leute kamen und das Telephon
nicht einen Augenblick Ruhe gab. Ach, und all die überflüssigen Sachen, die sie sich für die Reise nach Stockholm kaufen mußte. ›Ich weiß gar nicht, was ich bei Hofe tragen soll‹,

jammerte die Vielgeplagte. ›Ob ich mir etwas mit großem Dekolleté machen lassen muß, wie es früher beim Kaiser vorgeschrieben war? Wer hätte gedacht, daß der Nobelpreis so viele Probleme mit sich bringen würde!‹«[174]

Katia erinnerte sich Jahrzehnte später: »Bei der eigentlichen Feier war es natürlich sehr festlich, aber auch sehr komisch. Da saß der König in seinem Stuhl, Thronstuhl. Die Preisträger waren alle im Frack und sprachen ein paar Worte. Dann wurden sie, einer nach dem anderen, aufgerufen, mußten sich dem Thronstuhl nähern, und König Gustav übergab ihnen das Diplom.«[175] Auch das anschließende Diner schilderte sie in der ihr eigenen unsentimentalen Art: Der König habe zwischen zwei »ollen Morcheln« sitzen müssen, zwei Damen von Geblüt, und nur er allein habe von einem goldenen Teller essen dürfen, die anderen Gäste von silbernem Geschirr. Die festliche Tafel und die Zahl der Diener entgingen ihrer Aufmerksamkeit ebenfalls nicht. Neben der Ehre und dem weiter anwachsenden Ruhm für Thomas Mann brachte der Preis natürlich auch finanzielle Vorteile, denn obwohl die Auszeichnung ausdrücklich für die *Buddenbrooks* verliehen wurde – von der Volksausgabe konnte Fischer innerhalb kürzester Zeit über eine Million Exemplare verkaufen –, stieg auch der Absatz des *Zauberbergs,* sogar in englischer Sprache. Katia, die die Finanzen der Familie verwaltete, hatte keine Geldsorgen mehr, zumal ja der Nobelpreis mit einer Summe von 200 000 Reichsmark verbunden war, damals ein stolzer Betrag. Trotz Katias gegenteiliger Erinnerung haben die Manns offenbar die Hälfte des Preisgeldes auf einer Schweizer Bank deponiert, was ihnen später sehr zugute kam.

Von Mitte Februar bis Mitte April 1930 fuhren Thomas und Katia nach Ägypten, es sollte sozusagen eine »Kontrollreise« für die *Joseph*-Tetralogie werden. Für Thomas Mann war es nicht die erste Ägypten-Reise. Er war bereits 1925 einer Einladung der Stinnes-Linien gefolgt, die ihn als

Ehrengast zu einer Mittelmeerreise gebeten hatten. Damals hatte er Luxor, Karnak und Theben besichtigt, er kannte die ägyptischen Heiligtümer, Tempel und Statuen und war inspiriert von den morgenländischen Mythen. Dieses Mal wollte er sich noch einmal mit Katia der Einzelheiten vergewissern, außerdem war ein Abstecher nach Palästina geplant. Sie fuhren bei stürmischem Wetter per Schiff von Genua nach Alexandria. Dann ging es mit dem Nildampfer nach Nubien, wo sie einige Tage verbrachten. »Es war eine bedeutende Reise, weit nil-aufwärts ins Nubische, dann langsam über Assuan, Luxor, Kairo über den Kanal ins vorder-Asiatische. Habe ich Acht gegeben«, schrieb Thomas Mann an einen Freund.[176] Katia erinnerte sich Jahrzehnte später, daß die Schauplätze in Ägypten und Palästina mit den im Roman geschilderten übereingestimmt hätten.

Die Sommerferien 1930 verbrachte die Familie Mann mit den jüngeren Kindern in ihrem neuen Ferienhaus in Nidden an der Kurischen Nehrung. Bereits 1929 hatten sie einen Kuraufenthalt in Rauschen im Samland verbracht und sich in die Landschaft verliebt. Danach hatten sie auch einen Abstecher nach Nidden gemacht, wo es Thomas und Katia Mann überaus gefiel. Schon länger träumten sie davon, ein Haus zu bauen, sei es in St. Moritz oder Assuan, wie Thomas Mann einmal sagte. Bei einem Spaziergang entdeckten sie ein erhöhtes Plateau, das an einen Wald grenzte und einen wundervollen Rundblick auf das Haff bot. »Hier müßten wir eigentlich ein Haus haben«, dachte Katia. Der Traum ließ sich bald realisieren, denn die Litauer Forstverwaltung erklärte sich bereit, jenes Grundstück für 99 Jahre an die Manns zu verpachten. Nun fehlte nur noch das Haus. Man beauftragte einen Memeler Architekten, Dipl.-Ing. Herbert Reißmann, der ein der Landschaft angepaßtes Holzhaus mit Schilfdach errichten sollte, und eine ansässige Baufirma. Katia korrespondierte monatelang mit dem Architekten, sie plante alles, vom Grundriß bis zu den Möbelentwürfen und den Stoffen, die verwendet werden sollten. Zahl und Größe der Räume, Wasserleitungen, insbesondere warmes Wasser, das damals nicht überall selbstverständlich war – über alles mußte nachgedacht, die Beschlüsse umgesetzt werden. Ein bißchen Komfort strebte Katia schon an. Wenn das Haus auch schlicht war und aus bodenständigen Materialien bestand, so verfügte es doch über die damalige Technik, beispielsweise ein Pumpwerk mit Elektroantrieb für den erforderlichen Wasserdruck, Zentralheizung und elektrisches Licht. Im Erdgeschoß lagen neben dem Wohn-/Eßzimmer und den Wirtschaftsräumen noch vier Schlafzimmer, mit hellgrünen und orangefarbenen Schleiflackmöbeln. Vom Wohnzimmer, in dem sich ein Kamin befand, trat man auf eine Veranda. Im Obergeschoß befanden sich Thomas Manns kleines Arbeitszimmer mit Blick auf das Haff und weitere Schlafzimmer. Katia erinnerte sich, daß sie dort auch Radio, Grammophon und Telefon hatten, denn im ersten Sommer hatte sie es als lästig empfunden, daß sie zum Telefonieren immer ins Hotel gehen mußte.

Im Sommer 1930 stand das »brieflich« gebaute Haus wie durch ein Wunder fix und fertig da, zum Einzug bereit. Katia hatte an alles gedacht. Allerdings war die Reise dahin umständlich. Die Familie mußte zunächst mit dem Nachtzug von München nach Berlin, in der nächsten Nacht nach Königsberg, dann mit der Cranzer Eisenbahn oder per Taxi nach Cranz, von dort aus in drei Stunden per Dampfer nach Nidden. Aber die Landschaft war so reizvoll, das Klima fast italienisch, so daß sich der Aufwand einer langen Reise lohnte. Thomas Mann kannte ja die Ostsee seit Kindheitstagen und wollte sie auch seinen Jüngsten nahebringen. Zumindest Elisabeth entwickelte schon damals ihre Liebe zum Meer, die ihr Leben prägen sollte.

Am 2. September 1930 erlebte das Dorf ein rauschendes Fest: Alfred Pringsheim hatte die weite Reise nicht gescheut und feierte seinen achtzigsten Geburtstag in Nidden. Erika schrieb einen Glückwunsch für den Großvater, in dem es heißt: »Ofei wird also 80, – das ist eine phantastische Tatsache. Man muß bedenken, daß er die witzigsten Augen der Welt hat, einen Mund, der niemals Ruhe gibt, dem die Scherze und die lustigen Assoziationen nur so entströmen, ... daß er niemals Auto fährt und fast nie Trambahn –, ... daß er Klavier spielt wie ein junges Blut, daß er noch heute Mathematik treibt in seinem kleinen, geheimnisvollen Arbeitszimmer mit der Galerie und den astronomischen Geräten, und daß er kalte Enten brauen kann, Braten tranchieren, Salate würzen...«[177] Es muß eine Sensation für das Fischerdorf gewesen sein, als der alte Geheimrat abends ein Feuerwerk abbrennen ließ, ob dem Schwiegersohn das nun recht war oder nicht.

Der zweite Aufenthalt in Nidden fand von Anfang Juli bis in die ersten Tage des September 1931 statt, der dritte und letzte ab Mitte 1932.

Im August veröffentlichte Thomas Mann eine scharfe Stellungnahme zu den Ausschreitungen der Nationalsozialisten in Königsberg im »Berliner Tageblatt« vom 8.8.1932 unter dem Titel »Was wir verlangen müssen«. Noch vor dem Frühstück und ehe er an die Arbeit ging, pflegten er und Katia im Wald spazierenzugehen, wobei sie selten jemandem begegneten. »Eines Tages aber, es war nach dieser Mordaffäre, sah ich ein paar Leute in städtischer Kleidung im Wald gehen, und ich sagte zu meinem Mann: Komisch, was haben denn die da zu suchen? Wir kehrten bald um und gingen zum Haus zurück, in unseren Garten, und da kamen die Leute nach. Ich – wirklich wie Leonore im ›Fidelio‹ – stellte mich vor meinen Mann und sagte barsch: Was wünschen Sie hier? Da sagten sie: *Mais, Madame, nous sommes les journalistes belges, nous avons entendu votre mari à Bruxelles et nous voulons un petit interview.*«[178] Katia war deshalb so ängstlich, weil die Nationalsozialisten 1932 bei den Reichstagswahlen bereits 230 von 608 Mandaten erhalten hatten und ein – wahrscheinlich in Nidden ansässiger – Nationalsozialist Thomas Mann eine Warnung zugeschickt hatte, vermutlich als Rache auf seinen Artikel im »Berliner Tageblatt«: In einem Paket fand sich ein angekohltes Exemplar der *Buddenbrooks,* ein bestürzendes Menetekel für die nur wenige Monate später stattfindende Bücherverbrennung. Am 4. September 1932 verließ die Familie nach den Sommerferien ihr schönes Haus, auf das beide so stolz waren. Sie sahen es nie wieder. Heute ist es ein – 1967 noch von den Sowjets in Litauen errichtetes – Thomas Mann-Kulturzentrum und Museum.

Im Januar/Februar 1931 verbrachten die Manns mit der dreizehnjährigen Elisabeth einen Winterurlaub in St. Moritz. Auch Hermann Hesse mit seiner späteren Frau Ninon, der Verleger Samuel Fischer mit seiner Frau, deren Tochter Brigitte (Tutti) mit ihrem Ehemann Gottfried Bermann Fischer sowie Jakob Wassermann mit Frau und Sohn weilten auf der Chantarella. Ninon gewann auf gemeinsamen Spaziergängen Katias Zuneigung. Sie schrieb an ihren Mann: »Ich habe mich derart in Frau Mann verliebt – ich kann Dir nicht beschreiben, wie entzückend sie ist.«[179] Katia, die den Alltag einer Künstler-Ehefrau und die vorherrschenden Klischees darüber kannte, riet Ninon, die Kunstgeschichte studiert hatte, niemals ihre eigenen Interessen aufzugeben, und warnte sie vor allem davor, unverheiratet mit Hesse in das neue Haus zu ziehen. Ninon wurde oft als Hesses Sekretärin vorgestellt oder abschätzig als dessen Geliebte behandelt, und vielleicht wurde ihr durch diese Gespräche klar, daß es das beste sei, die ungewisse Situation zu beenden. Jedenfalls folgte sie dem Rat Katias und bat ihren Mann im Juni des gleichen Jahres um die Scheidung. Sie und Hesse heirateten wenige Monate später.

1932 lebten Katia und Thomas Mann in Wohlstand und Luxus. Sie besaßen zwei Autos, eine Horch-Limousine und einen offenen Buick. Sie beschäftigten fünf Angestellte – zwei Hausmädchen, eine Köchin, einen Fahrer –, die alle im Untergeschoß lebten, sowie »das Fräulein« für die beiden Jüngsten, Marie Kurz, die im ersten Stock bei den Kindern wohnte. Eigentlich brauchte man sie gar nicht mehr, denn Michael besuchte das vornehme Landerziehungsheim Neubeuern, Elisabeth ging ja bereits seit 1928 auf das Luisen-Gymnasium. Aber Fräulein Kurz blieb als eine Art von Hausdame »mit würdigsten Manieren«. Trotz der hohen Steuern, die die Manns zahlen mußten, waren sie wohlhabend. Sie leisteten sich kulinarische Genüsse, unternahmen viele Reisen und besaßen neben ihrer Villa in der Poschinger Straße das Haus in Nidden. Das Geld vom Nobelpreis und die Einnahmen vom *Zauberberg* sowie Katias gute Finanzpolitik ermöglichten ihnen ein Leben, das den Neid nicht nur der politischen Feinde erregte, wenn beispielsweise nach einem Theaterbesuch der Chauffeur mit den Pelzen im Foyer erschien, um sie abzuholen.[180]

Im Frühjahr 1932 entschlossen sich Klaus, Erika, Ricki Hallgarten und Annemarie Schwarzenbach, eine Reise nach Persien zu unternehmen, für die alle, insbesondere aber Ricki, eifrig Vorbereitungen trafen. Der Freund aus der Kinderzeit, Nachbar in der Poschinger Straße, der Maler war, schien ausgelassen, litt aber an Stimmungsschwankungen und »Weltangst«. Die Abfahrt der vier wurde im voraus von der Wochenschau gefilmt. Die beiden Ford-Wagen waren frisch lackiert, Overalls, Tropenhüte, Sonnenbrillen, alles lag für die Expedition bereit, als Katia am 5. Mai 1932 in der Poschinger Straße ein besonders feines Mittagessen zum Abschied für die jungen Leute gab. Da klingelte das Telefon. Die lustige Runde erfuhr, daß Ricki Hallgarten sich soeben, also einen Tag vor der geplanten Abreise, in Utting am Ammersee erschossen hatte. Er hinterließ einen Zettel: »Sehr geehrter Herr Wachtmeister. Habe mich soeben erschossen. Bitte Frau Thomas Mann in München zu

benachrichtigen. Ergebenst – R. H.«[181] Als Katia den Anruf
entgegennahm, hatte sie Mühe, die gutgelaunt schwatzende
Runde zu unterbrechen, ihr Gesicht »war plötzlich sehr ernst
geworden, ein graues Gesicht, als wäre ein Aschenregen darauf gefallen«[182]. Erika erlitt fast einen Nervenzusammen-
bruch, und Thomas Mann hatte alle Mühe, sie zu beruhigen,
schildert Klaus Mann im *Wendepunkt*. Katia hatte die
schwere Aufgabe, Rickis Mutter und Bruder zu benachrichtigen. Sie konnte nur gerade herauspressen: »Ricki hat sich
erschossen«, stellte sofort den Mannschen Wagen und
Chauffeur zur Verfügung, und die Hallgartens waren nach
wenigen Minuten auf dem Weg zum Ammersee, wo Ricki
sich ein kleines Haus gemietet hatte. An die Persienreise
war nun nicht mehr zu denken.

Erikas Rolle im Familienkreis war auch nach ihrem Weggang
dieselbe, sie brachte Leben ins Haus, konnte erzählen, andere
Leute imitieren und alle zum Lachen bringen, selbst der
Vater lachte Tränen bei ihren Erzählungen. Aber schon im
Januar 1932 wurde sie während einer Rezitation bei einer
pazifistischen Veranstaltung in München persönlich von der
SA angepöbelt und bedroht. Diesen Augenblick vergaß sie
nie. Prompt berichtete der »Völkische Beobachter« am
16. Januar über diese Veranstaltung: »Ein besonders widerli-
ches Kapitel stellte das Auftreten Erika Manns dar, als die
Schauspielerin, wie sie sagte, ihre ›Kunst‹ dem Heil des Frie-
dens widmete. In Haltung und Gebärde ein blasierter Lebe-
jüngling, brachte sie ihren blühenden Unsinn über die ›deutsche Zukunft‹ vor … Das Kapitel ›Familie Mann‹ erweist sich
nachgerade zu einem Münchner Skandal, der auch zu gege-
bener Zeit seine Liquidierung finden muß.«[183] Auch in anderen Zeitungen standen Beleidigungen, gegen die Erika und
Constanze Hallgarten, Rickis Mutter und Organisatorin der
Veranstaltung, klagten – mit Erfolg. Aber es blieb nicht bei
diesem Prozeß. Gegen zahlreiche Attacken wehrte sich Erika

immer wieder, indem sie die Angreifer verklagte. Sie war
damals schon konfliktfreudig und besaß einen ausgeprägten
Gerechtigkeitssinn, von ihrem Mut ganz zu schweigen. Eine
Konsequenz dieser nationalsozialistischen Verfolgungen war
jedoch, daß Erika nach dem 13. Januar 1932 kaum noch als
Schauspielerin engagiert wurde.

Ende des Jahres entstand daher die Idee, ein politisches
Kabarett zu gründen. Nicht nur Erika begeisterte sich dafür,
sondern auch ihre Freundin und Geliebte, Therese Giehse,
ihr Bruder Klaus, der künftige Musiker des Ensembles
Magnus Henning und viele Freunde. Als Erika eines Tages
beim Abendessen sagte, ihr sei immer noch kein Name für
das Unternehmen eingefallen, deutete Thomas Mann auf
die Pfeffermühle auf dem Tisch und sagte: »Wie wär's denn
damit?« In diesem Moment war ein berühmtes Kabarett
geboren, das am 1. Januar 1933, einen Monat vor der Macht-
ergreifung, in der Münchner »Bonbonniere« Premiere hatte.
Eltern und Freunde nahmen an der ersten Vorstellung teil,
die aus zwanzig Nummern bestand. Die Texte waren überwiegend von Erika und Klaus geschrieben, sie waren literarisch *und* politisch, nur indirekt kritisch und absichtsvoll
naiv. Therese Giehse führte Regie, während Erika die Confé-
rence übernahm. Die Freundschaft beider Frauen überdau-
erte Jahre, und Therese Giehse wurde eine enge Freundin
der Familie, ja fast ein Familienmitglied. Auch das Weihnachtsfest verlebte sie meist bei den Manns.

Die Eltern waren von Erikas und Therese Giehses Aufführungen sehr angetan, das Theater war Abend für Abend aus-
gebucht. Aber längst waren die Nationalsozialisten auf das
Unternehmen aufmerksam geworden. Angeblich saß sogar
Reichsinnenminister Frick in der Vorstellung und machte
sich Notizen.[184] Gerade als Erika anfing, weitere Pläne für
ein neues Programm ab April 1933 für eine Deutschlandtour-
nee und Aufführungen in Berlin zu machen, wurde von den
Nationalsozialisten eine Reihe von Gesetzen erlassen, die die

Grundrechte außer Kraft setzten und neben vielen anderen Schikanen auch das Recht auf freie Meinungsäußerung unterdrückten. So war der Erfolg des Kabaretts nur von kurzer Dauer, es mußte aufgrund der politischen Umstände bald wieder schließen. Es war bald klar, daß Klaus und Erika emigrieren mußten. Die Eltern hatten eine Auslandsreise angetreten. Klaus und Erika planten, in der Schweiz einen Neubeginn zu wagen.

VIER

Die Frauen im Exil

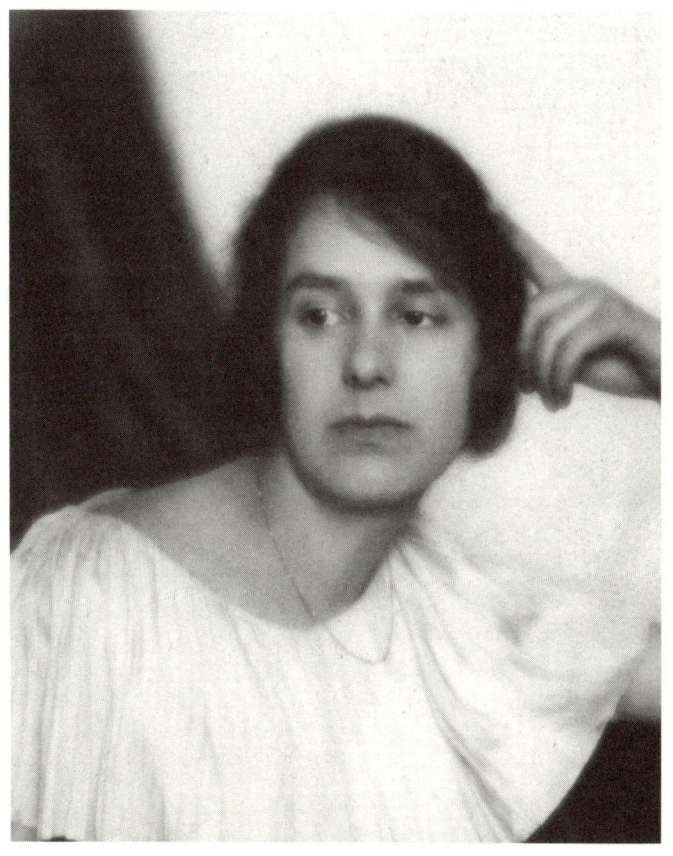

Erika Mann, 1927.

Südfrankreich und Schweiz 1933 bis 1938

Nachdem Hitler am 30. Januar 1933 Reichskanzler geworden war, änderte sich die politische Lage dramatisch. Thomas Mann, der anläßlich des 50. Todestages von Richard Wagner Vorträge in München, Amsterdam, Brüssel und Paris in deutscher und französischer Sprache hielt, hatte diese Tournee am 10. Februar mit einem Vortrag über *Leiden und Größe Richard Wagners* im Auditorium Maximum der Münchener Universität begonnen. Die Veranstaltung war sehr gut besucht und fand positive Resonanz. Am nächsten Tag – es war der Hochzeitstag von Thomas und Katia Mann, deswegen erinnerte sich Katia so genau – fuhren sie nach Holland. Um sich von der anstrengenden Tournee noch ein wenig zu erholen, reisten sie anschließend mit den beiden jüngeren Kindern nach Arosa.

In diese Zeit fielen der Reichstagsbrand und die Reichstagswahlen vom 5. März 1933. Katia durchschaute die Wahlmanipulation sofort. Vor den anderen Hotelgästen, die sich um das Radio versammelt hatten, bemerkte sie empört: »Das sind doch gar keine freien Wahlen. Die Opposition haben sie ja zum größten Teil eingesperrt. Was soll denn das?« Als jemand sie vor solch unvorsichtigen Äußerungen warnte, sagte sie: »Ich brauche mich nicht in acht zu nehmen, wir können sowieso nicht mehr zurück.«[1] Thomas Mann wollte das zunächst nicht wahrhaben, aber bei einem Telefonat mit Erika und Klaus, die damals gerade in München waren, wurde auch ihm klar: An eine Rückkehr war nicht zu denken. Erika erging sich in Andeutungen: Die Eltern sollten ruhig noch ein bisserl dort bleiben, das Wetter sei so abscheulich in München. Auch Katias Mutter riet dringend von einer baldigen Rückkehr ab. Die Familie hatte nichts weiter bei sich als die Dinge und Kleidungsstücke, die man für eine dreiwöchige Reise benötigt.

Nachdem die beiden Ältesten die Eltern vor ihrer Rückkehr gewarnt hatten, mußten sie selbst unverzüglich aus Deutschland verschwinden. Zunächst fuhren die Geschwister in die Schweiz, nach Lenzerheide. Klaus setzte sich am 13. März nach Paris ab, Erika blieb in der Schweiz, nachdem sie noch einmal kurz in München gewesen war. Dort war es ihr gerade noch gelungen, das *Joseph*-Manuskript und einige Handschriften aus der Poschinger Straße zu holen und sie noch am gleichen Tag, dem 15. März 1933, ihrem Vater zu übergeben. Diese »kühne Tat« der tapferen Tochter[2] ermöglichte es Thomas Mann, weiter an seinem Werk zu arbeiten. Erika hatte München sofort wieder verlassen, weil auch der Chauffeur und Diener Hans sie gewarnt hatte, sie seien gefährdet und würden überwacht. Obwohl er selbst offenbar seit Jahren die Familie für die Nationalsozialisten ausspioniert hatte, plagte ihn vermutlich nun sein schlechtes Gewissen.

Heinrich Mann als Präsident der Sektion Dichtkunst der Preußischen Akademie der Künste flüchtete wenige Tage nach seinem Ausschluß am 21. Februar 1933 nach Frankreich. Um kein Aufsehen zu erregen, verließ er ohne Gepäck seine seit Tagen bespitzelte Berliner Wohnung, nahm lediglich einen Regenschirm mit, fuhr mit der Straßenbahn zum Bahnhof und nahm den Zug nach Frankfurt a. M. Dort übernachtete er, fuhr nach Karlsruhe und passierte schließlich am 22. Februar zu Fuß die Grenze bei Kehl. In Toulon holte ihn sein Freund Wilhelm Herzog ab, der sich bereits seit 1930 in Sanary in Südfrankreich befand. Heinrich Mann sollte nie wieder nach Deutschland zurückkehren.

Mitte März 1933 trat Thomas Mann zusammen mit anderen berühmten Mitgliedern aus der Preußischen Akademie der Künste aus: Sie waren weder zum Verzicht auf öffentliche politische Betätigung noch zur »loyalen Mitarbeit« an den der Akademie zufallenden nationalen Aufgaben »im Sinn der veränderten geschichtlichen Lage« bereit. Wegen der Anmaßungen des neuen Regimes, aber auch wegen der Bedrohung seiner gesamten Existenz durchlebte Thomas Mann in der Schweiz eine schwere Krise, die ihn dazu bewog, sein Leben auf eine neue Basis zu stellen.[3] In diesem Sinne diktierte er Katia am 14. März die Erklärung seines Rücktritts auch vom Vorsitz des Schutzverbandes Deutscher Schriftsteller.

Katia, die eigentlich nach München zurückfahren wollte, um dort den Haushalt aufzulösen, beschloß nach einigem Hin und Her, nicht abzureisen, sondern bei ihrem Mann zu bleiben. Am 18. März fuhren die Manns nach Lenzerheide und lebten zunächst im Haus einer Freundin. Tags darauf erlitt Thomas Mann dort jedoch einen Zusammenbruch. »Nach dem Erwachen zunehmender Erregungs- und Verzagtheitszustand, krisenhaft, von 8 Uhr an unter K's Beistand. Schreckliche Excitation, Ratlosigkeit, Muskelzittern, fast Schüttelfrost u. Furcht, die vernünftige Besinnung zu verlieren«, notierte er in sein Tagebuch. Mit Katias Beistand, mit Tabletten, Kompressen und Beruhigungsmitteln, die ihm der Arzt verschrieb, besserte sich sein Zustand etwas. Aber die Aussicht auf ein längerfristiges Exil, die Aufgabe seines gewohnten Lebens und die Gewißheit, daß nun eine Lebensepoche abgeschlossen sei, ängstigten ihn zutiefst, und er schämte sich dessen. Thomas Mann war sich bewußt, daß er mit der kulturellen Überlieferung und der Sprache seines Landes aufs engste verbunden war und auch zu alt, um sich noch eine andere Sprache so gut anzueignen, um in ihr denken, schreiben oder gar dichten zu können. Hinzu kamen die unterschiedlichsten Nachrichten von anderen Emigranten oder Daheimgebliebenen. Niemand wußte, wie es weitergehen würde. Auch für Katia war die Zukunft in diesem Augenblick noch völlig ungewiß, dennoch mußte gehandelt werden. Das am 24. März verkündete Ermächtigungsgesetz übertrug der Regierung außerordentliche Vollmachten. Es schaltete für zunächst vier Jahre den Reichstag als gesetzgebendes und kontrollierendes Verfassungsorgan aus; damit war der Weg zu Hitlers nationalsozialistischer Diktatur geebnet.

Wie sehr sich die politische Lage verschärft hatte, erfuhr die Familie Mann am eigenen Leibe, als die »Münchner Neuesten Nachrichten« im April einen Offenen Brief veröffentlichten, der einen Protest der Richard-Wagner-Stadt München gegen Thomas Manns erst im Februar gehaltenen Vortrag über Richard Wagner darstellte. Dieses Schreiben war von vielen bekannten Münchner Persönlichkeiten unterzeichnet worden, darunter Hans Pfitzner, Hans Knappertsbusch und Richard Strauss. Die Nationalsozialisten hatten Richard Wagner für sich vereinnahmt und warfen Thomas Mann nicht allein vor, seine frühere nationale Gesinnung verleugnet und gegen eine kosmopolitisch-demokratische eingetauscht zu haben. Sie bezichtigten ihn überdies eines »ästhetisierenden Snobismus« und »überhebliche[r] Geschwollenheit«. »Wir lassen uns eine solche Herabsetzung unseres großen deutschen Musikgenies von keinem Menschen gefallen, ganz sicher aber nicht von Herrn Thomas Mann…«, hieß es weiter. Das Recht auf »Kritik wertbeständiger deutscher Geistesriesen« wurde ihm abgesprochen.[4] Damit war das Urteil über Thomas Manns Teilhabe am kulturellen Leben, sein künstlerisches Schaffen und seinen Verbleib in Deutschland gefällt. In solchen Momenten verspürte sogar Katias Vater Solidarität mit seinem Schwiegersohn, er war außer sich vor Zorn. Am 22. April veröffentlichte Thomas Mann in der »Frankfurter Zeitung« und der »Deutschen Allgemeinen Zeitung« eine Erwiderung auf das Wagner-Manifest, die Golo als »zu werbend und marklos« beurteilte. Er meinte, sie hätte besser nicht geschrieben werden sollen.

Am 10. Mai 1933 inszenierten die Nationalsozialisten in Berlin und in anderen deutschen Städten die Bücherverbrennung, der Bücher von Heinrich und Klaus Mann sowie vieler anderer jüdischer, marxistischer oder pazifistischer Schriftsteller zum Opfer fielen, Thomas Mann blieb davon ausgenommen. Klaus schrieb über diesen makabren Akt am 11. Mai in sein Tagebuch: »Gestern also sind auch meine Bücher in allen deutschen Städten öffentlich verbrannt worden; in München auf dem Königsplatz. Die Barbarei bis ins Infantile. Ehrt mich aber.«[5]

Erika befand sich im April 1933 in Zürich und plante die Weiterführung der »Pfeffermühle« in der Schweiz. Dann traf sie sich mit ihrem Bruder Klaus in Toulon und fuhr mit ihm und Therese Giehse für ein paar Wochen an die Riviera. Daß die Schauspielerin jüdischer Herkunft war, wußte man offenbar in Deutschland noch nicht, denn der »Führer« schätzte dieses urwüchsige bayerische Talent. Ihr Bruder war allerdings bereits in Deutschland verhaftet und ins KZ verbracht worden. Auch die Familienmitglieder der anderen Schauspieler der »Pfeffermühle« waren nun gefährdet. Nachdem sich Erika monatelang um neue Räume und Genehmigungen der Schweizer Behörden bemüht hatte, konnte schließlich die »Pfeffermühle« am 30. September 1933 im Gasthof »Zum Hirschen« in Zürich wiedereröffnet werden.

Golo, inzwischen 23 Jahre alt, hielt sich zunächst noch in Deutschland auf. In Göttingen, seinem Studienort, fand er einen Brief Katias vor, die ihn bat, doch im Münchner Haus für einige Zeit die Kontrolle zu übernehmen. Zusammen mit seinem Freund Kai Köster fuhr er nach München, ließ seine Bücher in Göttingen und bezahlte dort sein Zimmer für einen Monat im voraus. Er, der »Hausvater«, mußte sich um alles kümmern, war er doch am wenigsten gefährdet. Aber selbst für ihn war die Zukunft völlig ungewiß. Im Hause Pringsheim ging es traurig zu. Golo erinnert sich später, daß Alfred und Hedwig Pringsheim noch im Prunk ihres verödeten Hauses in der Münchener Arcisstraße lebten, wo die beiden sich häufig stritten, weil die Großmutter sich einer »zarten Bewunderung Hitlers nicht erwehren« konnte, während der Großvater sich empörte, daß er den Nationalsozialismus noch erleben mußte.

Trotz der Arbeit an seiner Dissertation mußte Golo mehrfach in die Schweiz reisen, Anfang April vor allem auf Wunsch der Eltern, die vorübergehend in der Nähe von Lugano eine Unterkunft gefunden hatten. Sie erwarteten von ihm, daß er Elisabeth nun doch aus Deutschland heraushole, die eigentlich in München unbedingt die Schule hatte weiterbesuchen wollen. Aber nach wenigen Wochen stellte sie fest, daß die Atmosphäre sich vollkommen verändert hatte. Viele Lehrer und Schülerinnen waren inzwischen Nationalsozialisten geworden, man behandelte sie viel distanzierter als früher, sie fand die Stimmung unerträglich.

Nun wollte sie unbedingt zurück, und Golo fiel die Aufgabe zu, sie zu holen. Golo und Elisabeth fuhren mit der Eisenbahn von München nach Friedrichshafen, von dort mit einem Schweizer Ausflugsdampfer über den Bodensee nach Romanshorn, wo sie mit Erleichterung die Schweizer Fahne erblickten. Dann ging es über Zürich nach Lugano. Dort nahmen die Eltern sie am 3. April auf dem Bahnhof in Empfang. Auch der jüngste Sohn Michael nutzte die Gelegenheit eines Schulausfluges, um sich in die Schweiz abzusetzen und zu den Eltern zu fahren. Golo blieb zwei Tage in Lugano und schilderte den Eltern die Lage zu Hause. Es gelang ihm, Katia davon abzuhalten, allein nach München zu reisen, um den Haushalt aufzulösen. Elisabeth und Michael blieben nun bei den Eltern. Wochenlang spielten sie Tennis, besuchten Konzerte und trafen die Familie Hermann Hesses, die unweit in Montagnola wohnte. Doch man konnte weder

ewig im Hotel wohnen noch die Kinder von der Schule fern-
halten.

In dieser Lage bekam Golo den Auftrag, zurückzufahren
und möglichst viel Geld von den Bankhäusern Feuchtwanger und Aufhäuser abzuheben und in Sicherheit zu bringen.
Das tat er auch, und zwar mit der gebotenen Vorsicht: Sech-
zigtausend Mark hatte er bereits in Tranchen abgehoben und
auf dem Speicher in der Poschinger Straße versteckt, als der
Bankier Feuchtwanger – übrigens ein Vetter des Roman-
ciers – ihm mitteilte, mehr könne er ihm aufgrund eines
amtlichen Befehls nicht auszahlen. Die gleiche Auskunft bekam er bei Aufhäuser. Ein zweiter Auftrag Golos bestand
darin, Notizen und eine Anzahl von Wachstuchheften aus
dem Schließschrank zu holen und in einem Handkoffer als
Frachtgut nach Lugano zu schicken. Ida Herz, Thomas
Manns langjährige Freundin und Archivarin, erhielt den
Auftrag, wichtige Teile der Bibliothek zu verpacken und an
eine Deckadresse in der Schweiz zu senden.

Am 26. April wurde das Haus in der Poschinger Straße
»nach Waffen« durchsucht und zwei der Wagen beschlagnahmt. Das Geld, von dem Golo sagte, es habe das Vermögen
der Eltern in der Schweiz um ein Drittel vermehrt – dies
besagt, daß sie bereits 120 000 Mark in der Schweiz besaßen –,
fanden die Nazis aber nicht! Doch wußte Golo jetzt, in welcher Gefahr auch er sich befand: Ihm drohte der Paßentzug
und die Konfiszierung des Geldes. In einem erregten Telefon-
gespräch mit Katia verlangte sie – so verschlüsselt mußte man
damals sprechen –, *finis transire*. Golo war dreifach belastet:
durch die jüdische Herkunft, durch die schweigende Abwesenheit des Vaters und »das gar nicht schweigende Draußen-
bleiben seiner Geschwister und Heinrich Manns. Immer
wäre ich eine Geisel zur beliebigen Verwendung geblieben,
völlig vereinsamt, ohne Arbeit, ohne Lohn.«[6] Über Karlsruhe,
wo er das Geld in einem Banksafe deponierte, Basel und
Zürich kehrte er zu seinen Eltern zurück.

Aber Golos zweiter Auftrag, des Vaters Notizen und Tagebücher nach Lugano zu schicken, war nicht ausgeführt. »Ich
rechne auf Deine Diskretion, daß Du nichts von diesen Dingen lesen wirst«, hatte der Vater verlangt, und Golo war daraufhin so geheimnisvoll mit den Sachen umgegangen, daß
der Chauffeur Hans mißtrauisch wurde. Er glaubte, es han-
dele sich um etwas Politisches. Der »treue Hans«, dem alle
vertraut hatten, der jedoch inzwischen immer frecher geworden war, erbot sich nun überraschenderweise, Golo die
lästige Arbeit abzunehmen und den Koffer zum Bahnhof zu
bringen. Der Koffer kam nicht in Lugano an, denn der
Chauffeur hatte ihn der Politischen Polizei übergeben. Das
wußte aber noch niemand. Thomas Mann wartete und
geriet in Verzweiflung, denn es handelte sich um seine Tagebücher aus den zwanziger Jahren, und er befürchtete, die
Nationalsozialisten würden daraus im »Völkischen Beobachter« zitieren, was in seinen Augen den Ruin bedeutet
hätte. Bei einem Treffen zwischen Golo, den Manns und
Rechtsanwalt Heins beschwor Thomas Mann den Anwalt,
den Koffer auszulösen, was diesem schließlich auch gelang.
Fatal war allerdings der Beschluß der Manns, Heins möge
alle in der Poschinger Straße befindlichen Manuskripte, einschließlich der Briefe Katias aus Davos, in seiner Kanzlei auf-
bewahren. Sie tauchten nie wieder auf.

Die Schwierigkeit, das Geld der Eltern aus dem Safe in
Karlsruhe in die Schweiz zu bringen, löste Golo mit der Hilfe
französischer Freunde, Pierre Bertaux, Raymond Aron, so-
wie Pierre Viénot, der Botschaftsrat an der französischen
Botschaft in Berlin war. Der französische Botschafter André
François Poncet erklärte sich sogar bereit, das Geld in einer
Kuriertasche nach Paris zu senden.

In München wurde vorläufig die Fiktion der baldigen
Rückkehr Thomas Manns aufrechterhalten, heimlich aber
holten Marie Kurz, Ida Herz sowie Rechtsanwalt Heins
immer wieder Kleidungsstücke, Bücher und Möbel aus

dem Haus und transportierten sie in die Schweiz. Die Schweizer Behörden sahen keine Notwendigkeit, die Einbürgerung der Manns zu beschleunigen, die Pässe waren abgelaufen, und Thomas Mann fürchtete den endgültigen Bruch mit der Heimat. Die Frage »Expatriierung oder Rückkehr« wurde immer wieder besprochen, ohne zu einer endgültigen Lösung zu führen. Der fehlende Koffer machte dem Dichter Tag und Nacht zu schaffen, seine »Befürchtungen galten jetzt in erster Linie und fast ausschließlich diesem Anschlage gegen die Geheimnisse meines Lebens«. In Basel, wo die Manns nach einer dauerhaften Bleibe Ausschau hielten, saßen Katia und Thomas »viel Hand in Hand. Sie versteht halb und halb meine Furcht wegen des Koffer-Inhalts«, notierte er im Tagebuch.[7] Da Katia den Inhalt der Tagebücher nicht kannte, konnte sie nur ahnen, daß seine damaligen Eintragungen intimster Art gewesen sein mußten. Nachts quälte Thomas sich schlaflos im Bett, während Katia ihm beruhigend zuredete. Endlich, am 2. Mai, erhielt er einen Anruf von Heins, der Koffer sei in der Schweiz, wahrscheinlich in Lugano. Der Dichter hatte »das Gefühl, einer großen, ja unaussprechlichen Gefahr entgangen zu sein, die vielleicht keinen Augenblick bestanden hat«.[8]

Für die Sommermonate plante das Ehepaar zunächst, nach Südfrankreich zu gehen, wo sich viele Emigranten und Freunde befanden, und dort abzuwarten. Am 6. Mai fuhren Katia und Thomas Mann per Bahn an die Côte d'Azur, Erika holte die Eltern mit dem Wagen in Toulon ab. Im Hotel trafen die drei auf Elisabeth und Michael sowie Erikas Freundinnen, Therese Giehse und Annemarie Schwarzenbach.

Während Thomas Mann nach der langen Bahnfahrt erst einmal ruhen mußte, besichtigte Katia mit den Kindern bereits das erste Haus, am folgenden Tag Häuser in St. Cyr und in Bandol. Inzwischen wohnte die Familie in Bandol, wo sich bereits zahlreiche Emigranten niedergelassen hatten und wo Thomas Mann hoffte, nun im Grand Hotel ein wenig zur Arbeit und zur Ruhe zu kommen.

Immerhin war das größte Problem gelöst: Katia und Thomas waren nun mit ihren beiden Jüngsten zusammen, Erika und Klaus befanden sich nach Bandol zunächst in Paris, dann in Zürich und in Amsterdam, jedenfalls in Sicherheit. Auch Golo und Monika sollten schon Ende Mai bzw. Anfang Juni eintreffen. Katias Eltern waren zu einem vierzehntägigen Besuch unterwegs, um ihre Tochter, die sie drei Monate nicht gesehen hatten, wiederzusehen. Thomas billigte um Katias willen ihren Besuch, obwohl er voraussah, daß die Anwesenheit der Pringsheims nicht eben eine Erleichterung für ihn sein würde. Trotz der vielen Besuche und des Hotellebens versuchte Thomas Mann weiterzuarbeiten, während Katia neben den Hausbesichtigungen nicht nur wichtige Telefonate führte und Telegramme aufgab, sondern auch seine Korrespondenz erledigte. Ganz gleich unter welchen Umständen sich das Familienleben abspielte, Thomas Mann benötigte stets seinen gleichförmigen Lebensstil. Trotz widriger Umstände gelang es Katia immer wieder, diese geregelte, ihm gemäße Lebensform herzustellen.

Endlich, am 19. Mai, traf der verlorengegangene Koffer in Bandol ein, äußerlich unversehrt, aber nicht verschlossen; der Inhalt schien durchwühlt worden zu sein. Thomas Mann schwebte also in der Ungewißheit, ob jemand das Tagebuch gelesen hatte. Trotzdem empfand er Erleichterung. Aber die Unlust zu arbeiten, die große Schlaffheit und Trägheit, die ihn übermannte, sobald er sich an die Arbeit setzte, auch die Neigung zu »depressiver Erregung« nahmen nicht ab.[9] Er wünschte sich ein eigenes Haus, eine eigene Küche und ein Auto dazu. Dieser Wunsch ging bald in Erfüllung. Katia hatte mit Hilfe von Freunden ein Haus in der Nähe von Sanary gefunden, zwischen Marseille und Toulon gelegen. »La Tranquille« besaß alle Eigenschaften, die die Manns suchten: einen günstigen Preis, eine gute

Lage, eine geschmackvolle Einrichtung. Allerdings fehlte auch Katia ihre gewohnte Energie, hatte sie doch bereits elf Pfund abgenommen, und schon wieder stand ein Umzug bevor. Die Turbulenzen des Alltagslebens, drückende Sorgen und alarmierende Nachrichten raubten Thomas Mann den Schlaf, er nahm regelmäßig Phanodorm, Luminaletten und Adalin. Die Kombination Phanodorm und Adalin hatte er schon in Lenzerheide ausprobiert, sie half ihm am besten. Allerdings fühlte er sich davon noch am nächsten Tag oftmals schläfrig. Zum Aufputschen kamen die »Heiterlein« hinzu – der Wirkstoff Benzedrin, den auch Klaus und Erika nahmen –, wobei offenbar niemand in der Familie an etwaige Nebenwirkungen dachte. Auch Katia griff gelegentlich zu Schlafmitteln.

Jetzt mußte sie nicht nur in Paßangelegenheiten zum deutschen Konsul nach Marseille, wo es ihr gelang, die Kinder in ihren Paß eintragen zu lassen, sondern auch alles bezüglich des neuen Hauses regeln. Es fehlte an Wäsche, Besteck und vielem anderen, es mußte mit der Besitzerin Inventur gemacht und über das einheimische Dienstmädchen verhandelt werden. Das Mädchen Marie aus München hatte bereits zugesagt, in »La Tranquille« auszuhelfen. Auch Erika unternahm viel. Neben den Tätigkeiten für die »Pfeffermühle« schrieb sie ein weiteres Kinderbuch, *Muck, der Zauberonkel* (1934), und versuchte mit Leseauftritten und Arbeiten für den Schweizer Rundfunk, aber auch durch die künstlerische Leitung einer Modenschau im Zürcher Kaufhaus Globus ihren Lebensunterhalt selbst zu verdienen.

Mitte Juni 1933 konnte die Familie nach Sanary-sur-Mer umziehen und endlich das monatelange Leben im Hotel beenden. Die Villa war nicht groß, besaß aber ein Arbeitszimmer mit einer Terrasse für Thomas Mann, an die er später noch oft zurückdachte. Das Klima war angenehm. Noch im gleichen Monat kaufte Katia ein älteres Peugeot-Cabriolet, das die in München verlorengegangenen Wagen ersetzte, den Preis konnte sie – geschäftstüchtig wie sie war – um 1000 Francs herunterhandeln. Thomas Mann verkaufte nach Rücksprache mit Katia und Golo die deutschen Goldpfandbriefe, die auf einer Schweizer Bank gelegen hatten, und erhöhte damit ihr ausländisches Vermögen auf 200 000 Schweizer Franken. Die Hälfte seines Vermögens und sein Münchner Haus habe er ohnehin den Nazis hingeworfen, notierte Thomas Mann am 17. Juni 1933. Allmählich schien er sich an den Gedanken zu gewöhnen, daß München mit all den liebgewordenen Sachen endgültig verloren war. Maria, das Münchner Hausmädchen, war Mitte des Monats eingetroffen, Katia konnte wieder die gewohnten Mahlzeiten servieren. Schon wenige Tage nach dem Einzug fanden wie einst in der Poschinger Straße Gesellschaftsabende statt; lebhafte Konversation über die deutschen Dinge und Lesungen aus dem Mannschen Werk standen dabei im Mittelpunkt.

Golo fand durch die Vermittlung von René Schickele bald ein Zimmer bei einem amerikanischen Schriftsteller namens William Seabrook in einem heruntergekommenen schloßartigen Gemäuer. Tagsüber hielt er sich allerdings meist bei der eigenen Familie auf und sammelte erste Lehrerfahrungen, indem er seinen jüngeren Geschwistern, die inzwischen 14 und 15 Jahre alt waren, eine Art Ersatz-Schulunterricht in Latein und Geschichte gab. Katia meinte, er hätte eigentlich Hauslehrer bei einem jungen Grafen werden sollen, aber beide wußten, daß die Zeiten der »Hofmeister« längst vorbei waren. Die Seabrooks veranstalteten rauschende Feste mit großartiger Bewirtung, bei denen beispielsweise eines Abends Heinrich mit seiner Freundin Nelly, Thomas Mann mit Katia, Julius Meier-Graefe, René Schickele mit Gattin und zwei Söhnen, Lion Feuchtwanger, Arnold Zweig und Aldous Huxley zugegen waren. Lion Feuchtwanger, mit dem sie befreundet waren und den Katia schon seit Schulzeiten kannte, besaß mit seiner Frau ein neues, »neiderregendes Heim«.

In Sanary und in der näheren Umgebung befanden sich

noch mehr deutsche Emigranten, darunter Bert Brecht, Ernst Toller, Erwin Piscator, Franz Werfel, Ludwig Marcuse und Hermann Kesten, ein Freund von Klaus Mann. Auch der Wagner-Enkel Franz Wilhelm Beidler, Joseph Breitbach und Annette Kolb, die seit langem mit Katias Eltern und durch sie auch mit der Familie Mann befreundet war, hielten sich dort auf. Allmählich funktionierte alles nach gewohntem Muster, und Thomas Mann konnte in dem »hübschen, kultiviert wohnlichen Hause« an seinem *Joseph*-Roman weiterarbeiten. Auch Heinrich, dessen gesamtes Vermögen einschließlich der Bankguthaben und der Bücher von den Nationalsozialisten konfisziert worden war, zog aus dem Hotel in eine kleine Privatwohnung in Bandol, wohin ihm seine spätere Frau Nelly Kröger, nach einer abenteuerlichen Flucht über Dänemark nach Nizza, gefolgt war. Die Manns befanden sich also in guter und vertrauter Gesellschaft. Als wieder einmal Geburtstage anstanden – Katia, Schickele und dessen Frau feierten alle ihren 50. Geburtstag in Sanary –, sagte jemand beim Essen: »Ach, was wäre das wohl in Berlin jetzt für ein großes Fest gewesen, Schickele, wenn Ihr Geburtstag heute in Berlin gefeiert werden könnte. Da habe ich ganz schlicht gesagt: Besser konnte die Gesellschaft auch nicht sein«, erinnert sich Katia noch Jahrzehnte später.[10]

Doch vertrieben die gute Gesellschaft, das schöne Haus und die wiedergewonnene Sicherheit keineswegs alle Sorgen über Deutschland. Das Haus Poschinger Straße 1 wurde von den Nationalsozialisten bald zweckentfremdet. Katia sorgte sich um ihre Eltern, die ihr Palais in der Münchner Arcisstraße, wo sie vierzig Jahre gewohnt hatten, räumen mußten, um Platz für einen weiteren Parteibau am Königsplatz zu machen. »Das Restchen Zukunft der beiden Greise dunkel und ungewiß, ebenso das der Sammlung und Kunstwerke. Man scheint an Übersiedelung ins Ausland zu denken u. zwar dorthin, wo wir uns niederlassen. Wir neigen jedoch dazu, den Entschluß zu verschieben u. hängen dem Gedanken nach, noch den Winter abwartend in Nizza zu verbringen«, schrieb Thomas Mann ins Tagebuch.[11] Noch konnte er sich zu keiner endgültigen Lösung durchringen. Es gab endlose Diskussionen. Thomas Mann wollte den Bruch mit Deutschland trotz allen Drängens von seiten der drei ältesten Kinder, insbesondere Erikas, nicht vollziehen, weil seine Bücher in Deutschland erschienen und weil er für deren Verständnis und Absatz auf die deutsche Sprache angewiesen war. Zahlreiche Schreiben seines Verlegers Bermann Fischer und seines Rechtsanwalts Heins drängten ihn zu einer Entscheidung. Katia schrieb Anfang Juli einen unmißverständlichen Brief an Heins: Der Entschluß, nicht zurückzukehren, stehe endgültig fest.

Neue Schreckensnachrichten blieben nicht aus. Am 12. Juli 1933 veranlaßte SS-Oberführer Reinhard Heydrich, damals Leiter der Politischen Polizei Bayerns, in einem Schreiben an den Reichsstatthalter in Bayern den Erlaß eines »Schutzhaftbefehls« für Thomas Mann. Das bedeutete, daß er im Falle einer Rückkehr nach Deutschland sofort festgenommen worden wäre. In diesem Schreiben gab Heydrich als Begründung an, Thomas Mann habe eine »undeutsche, der nationalen Bewegung feindliche, marxistische und judenfreundliche Einstellung«.[12] Thomas Mann notierte besorgt »die Spuren der Sorge und Aufregung, die sich, nicht überraschender, aber ergreifender Weise« in Katias Aussehen abzeichneten. Er selbst litt an depressiver Müdigkeit und »Zwischenfällen nervösen Versagens«.[13]

Dennoch wurde Katias 50. Geburtstag am 24. Juli 1933, einem sehr heißen Tag, gebührend gefeiert. Schon drei Tage vorher fuhr Katia mit Erika, Golo und Monika zum Einkauf nach Nizza, zwei Tage vorher besorgte Thomas Mann mit Erika und Katias Kusine die Geburtstagsgeschenke in Bandol: ein hübsches blaues Strandkleid nebst Jacke, Parfums, dazu Ledertaschen und Marquis-Chocolade. Beim Frühstück trugen die Kinder »wohl memorierte Verse« vor, die

Thomas und Erika gedichtet hatten. Abends wurde dann im Garten gefeiert. Die Familie Schickele, Frau Meier-Graefe, fünf Kinder und Thomas Mann stießen mit Pfirsich-Champagner auf Katia an. Die jungen Leute hatten einen Schwips, es wurde spät. Nur Klaus fehlte bei dem Geburtstag seiner Mutter, hatte aber einen zu Herzen gehenden Geburtstagsbrief geschrieben, bei dessen Lektüre Erika, die seit den frühesten Kindheitstagen sehr eng mit Klaus verbunden war, weinen mußte.

Der Bruder lebte zu dieser Zeit mit Fritz Landshoff im »Grand Hotel« in Zandvoort und arbeitete an seiner Emigrantenzeitschrift »Die Sammlung«, die unter der Schirmherrschaft von André Gide, Aldous Huxley und Heinrich Mann im Querido Verlag in Amsterdam erschien. Er sei als »Einziger auch in der Fremde noch einmal in der Fremde«, schrieb er, und könne nicht an dem großen Singspiel teilnehmen, das doch zweifellos vorbereitet worden sei. Er rechne sich gern aus, ob das Leben seiner Liebsten lohnend gewesen sei, nur für seine Mutter falle diese Bilanz befriedigend aus. Klaus schrieb betont lustig: »Die sehr reizvolle und berühmte Kindheit, die schöne Ehe, die breite Sackgasse; Krieg, Pestilenz und abwechslungsreiches Ungemach, aufs umsichtigste überstanden; einen kleinen, aber erlesenen Kreis der Brunonen stets amüsiert und getröstet; Joseph Breitbach und Maurice Rostand begeistert; sehr gut französisch und ein wenig Auto-fahren gelernt; höchste Mathematik, Homer, alle Opern von Wagner und alle Novellen von Maupassant am kleinen Finger beherrscht; viele Villen eingerichtet, Kochtöpfchen installiert, Schlafröcke verschenkt, in vielen Büchern erwähnt worden und den ›Untergang des Postdampfers‹ gewidmet bekommen; zahlreiche Köchinnen gehaßt, überall sehr beachtet worden −: ich komme zu sehr guten Ergebnissen, und dabei verschweige ich noch die wichtigsten Dinge. An das alles können keine Nazis heran, sie sind überhaupt ziemlich machtlos, kurz und gut, ich bin sehr traurig, nicht da zu sein, aber gerade *wenn* ich da wäre, würde ich vielleicht etwas weinen.«[14]

Trotz der großen Hitze am Mittelmeer arbeitete Thomas Mann unverdrossen an seinem *Joseph*-Roman weiter. Die Korrekturen des ersten Bandes wurden Ende Juli abgeschlossen. Bei der Lektüre der Szene mit Rahels Tod war er »zu Tränen gerührt ... wie es beim Schreiben war und bei jedem Wiederlesen unfehlbar sich wiederholt. Hier spielt die Herkunft der Figur aus meinem Verhältnis zu K. eine Rolle. Nicht umsonst liebt auch sie die Geschichte Jaakobs und Rahels so sehr. Sie erkennt sie als die idealisierte, die mythische Darstellung unserer Lebensgemeinschaft.«[15]

Im August erfolgte die Beschlagnahme des gesamten Eigentums Thomas Manns. Ende August erfuhr Katia, die mit einer schweren Halsentzündung und Husten bettlägerig war, durch einen Brief von ihrer Mutter, daß das Haus in der Poschinger Straße beschlagnahmt worden sei und von SA-Leuten bewacht werde. Alle Gegenstände, die noch nicht herausgeschafft worden waren, mußten nun als verloren gelten: der Flügel, Tischwäsche, Bestecke und der Kühlschrank, die noch kurz vor der Abreise vorgenommenen Verschönerungen mit Teppichen, Lüstern und Wandbespannungen waren umsonst gewesen. Achtzehn Jahre hatten die Familie Mann dort gewohnt. Der Verlust ging ihnen nahe, doch trösteten sie sich damit, daß andere Freunde und Bekannte noch mehr verloren. Am folgenden Tag traf dann auch der Brief des Rechtsanwalts Heins und die Stellungnahme der Politischen Polizei ein, der bekannt war, daß Kisten und andere Gegenstände unter einer Deckadresse aus dem Haus geholt worden waren. Das bedeutete, daß auch der Rechtsanwalt gefährdet war. Für die Freigabe des Hauses sollten 97 000 Mark »Fluchtsteuer« gezahlt werden. Katia setzte trotz ihrer Krankheit sofort einen Brief an den Anwalt auf, nachmittags verfaßten beide Eheleute einen weiteren Brief an das Finanzamt, der erstens der Stadt und der Politischen

Polizei die Schuld für die Situation zuwies sowie zweitens die Abmeldung der Familie Mann aus München enthielt. Das deutsche Finanzamt hatte inzwischen nicht nur das Haus, sondern sogar die Bibliothek, soweit sie bei Drittpersonen untergebracht war, und alle bei Verlegern anstehenden Honorare »vorsorglich« sichergestellt. Die Manns mußten sich alles gefallen lassen, selbst ein weltberühmter Dichter und Nobelpreisträger wie er besaß schon im Sommer 1933 keine rechtliche Handhabe mehr gegen das Unrecht.

Der Verbleib in dem gemieteten Haus in Sanary war unsicher, große Hitze und eine Fliegenplage machten den Aufenthalt in Südfrankreich immer unangenehmer. Katia war des öfteren fiebrig und wiederholt bettlägerig, was sie aber nicht hinderte, sich um eine dauerhafte Bleibe für die Familie zu kümmern, ein reges gesellschaftliches Leben aufrechtzuerhalten – vielleicht auch, um Thomas von seinen Ängsten abzulenken – und die Korrespondenz für ihn zu erledigen. Dennoch blieb noch Zeit für die gewohnten Spaziergänge und zum Schwimmen im Meer mit Golo, Elisabeth und Michael.

Katias Eltern mußten nun ihr Palais in der Arcisstraße 12 in München räumen, konnten sich aber nicht entschließen, Deutschland zu verlassen. Immerhin war Alfred Pringsheim nun schon 83 Jahre alt. Das Gebäude der Pringsheims, in dem Katia mit ihren vier Brüdern aufgewachsen war, sowie das angrenzende Grundstück Nr. 14 mußten am 10. August 1933 an den Nationalsozialistischen Deutschen Arbeiterverein e.V., der später in der NSDAP aufging, verkauft werden. Auch die angrenzenden Häuser nichtjüdischer Besitzer mußten geräumt werden. Die Häuser wurden noch im Herbst 1933 abgerissen, um das südliche Parteigebäude der NSDAP zu errichten. Das Grundstück Nr. 12 war schon seit 1889 im Familienbesitz, das Grundstück Nr. 14 hatte Alfred Pringsheim noch 1918 für 300 000 Reichsmark gekauft. Nun wurde Katias Vater gezwungen, beides der »Partei« zu überlassen. Der Kaufpreis in Höhe von 600 000 Reichsmark wurde bar bezahlt.[16] Die Pringsheims zogen in eine Etagenwohnung am Maximiliansplatz 7. Zweifellos belasteten Katia die Sorgen um ihre alten Eltern, denen sie nicht beistehen konnte.

Gegen Ende des Sommers entschieden sich Thomas und Katia Mann, vor allem der Sprache wegen, nun doch in die Schweiz zu ziehen. Nach einigem Hin und Her hatte Erika durch Vermittlung von Frau Faesi[17] das Haus in der Schiedhaldenstraße 35 in Küsnacht am Zürichsee gefunden. Ende September 1933 wurde es bezogen. Das Packen und die Umzugsorganisation überließ Thomas Mann wieder seiner Frau. »Möge K. diese turbulenten Tage gut überstehen«, notierte er distanziert, oder: »K. mit Auflösung u. Übergabe des Hausstandes überbeschäftigt«; schließlich war er froh, daß sie »glücklich aus ihrem Arbeitsgedränge herausgefunden« hatte.[18] Das neue Haus kostete 600 Franken monatlich, war möbliert, aber nicht wirklich komplett eingerichtet, es fehlte an Wäsche und Silber. Ansonsten war es »bildschön … in feiner Lage überm See, 10 km von Zürich bei Küsnacht«, besaß vier Badezimmer, mehrere Gästezimmer, eingebaute Schränke und Bücherregale sowie einen freundlichen, aber ungepflegten Garten.[19] Das bedeutete für alle Kinder ein eigenes Zimmer, außer für Monika, die ohnehin nur selten nach Küsnacht kam, verstand sie sich doch von allen Kindern am wenigsten mit den Eltern. Für die beiden deutschen Hausmädchen gab es ebenfalls winzige Zimmerchen. Zwei Katzen und ein Hund gesellten sich bald zur Familie.

Während Katia und Thomas Mann mit der Bahn nach Zürich reisten, hatte Golo die Aufgabe, mit dem Hausmädchen Marie, den Geschwistern Elisabeth und Michael sowie der Katze *le monstre* im Peugeot in die Schweiz zu fahren. Sie machten eine viertägige Reise daraus und besichtigten viele südfranzösische und Schweizer Städte. Am Abend des vierten Tages traf sich die Familie mit Erika und Klaus in dem Zürcher Hotel »Sankt Peter«. Thomas Mann hoffte, daß nach der bereits erfolgten Zahlung von 70 000 Mark das Münchner Haus geräumt und verkauft werden könne, Katia wieder Aussicht auf ihr Erbe haben würde und man sogar wieder nach Nidden werde reisen können. Nachdem sich aber in der Schweiz alles so glücklich gefügt hatte und die Aussichten für die Zukunft wieder rosiger schienen, zerstob seine gute Laune einen Tag vor dem Umzug plötzlich: »Mittagessen mit Klaus im Restaurant. Stimmungszerfall im Lauf des Nachmittags. K. zu meinem Kummer enerviert und überfordert.« Wieder meldeten sich Zweifel und Depressionen bei Thomas Mann über die finanzielle Lage, die Wahl des Wohnsitzes und die unsichere Zukunft. Während also Katia mit einem von den Freunden Reiff geliehenen Wagen Lebensmittel in das zu beziehende Haus schaffte, legte Thomas Mann sich ins Bett und ließ sich Tee auf das Zimmer kommen. Allerdings empfand er »moralisches Unbehagen darüber, daß ich K. bei den an sie gestellten Anforderungen so wenig zur Hand gehen kann«, was seine Niedergeschlagenheit vertiefte.[20] Auch nach dem Einzug in das von allen als sehr schön geschilderte Haus mit dem von Katia chauffierten, schwerbepackten Peugeot besserte sich Thomas Manns Laune nicht. »Beginn der Installation in dem eleganten, aber dilettantisch gebauten, lächerlich hellhörigen und unzulänglich eingerichteten Haus«, hielt er im Tagebuch fest. Da die beiden Jüngsten Musik studieren wollten, wußte er schon jetzt, daß ihn das Üben stören würde. Klaus ebenso wie Erika machten ihrem Vater strenge Vorhaltungen, daß er abfällige Äußerungen seines Verlegers Bermann über Klaus und Heinrich hinnahm[21], ohne ihm energisch zu widersprechen. Die Spannungen mit seinen ältesten Kindern drückten zusätzlich auf seine Stimmung.

Erika hatte ihrem Vater geschrieben:

»Lieber Z. Ich würde mir *über dich von niemandem* (vom Intimsten und Liebsten nicht) in dem Ton schreiben lassen, den Bermann gegen K. bei Dir riskieren kann. Wenn Du Dir, – vom Politischen völlig abgesehen, – diese *Unverschämtheit* nicht eindeutig und rundweg verbittest, dann tust Du nicht recht, einem Gesellen wie K. gegenüber, der Dir (wiederum von allem anderen loyaler Weise abgesehen) treuer ist, als Bermann, lachen muß ich, weil es über diesen Schleimfrosch noch zu so ernsthaftem Kummer kommen soll, wie dies einer ist, den Du mir mit Deiner unerklärlichen Haltung (der rein menschlichen) in dieser Sache verursachst.
Bekümmert und zu später Stunde
Kind E.«[22]

Erika hatte Klaus von Kindheit an beschützt und für ihn gekämpft, auch dem Vater gegenüber. Sie fühlte sich für ihn verantwortlich, ließ von ihrem »Guthaben« bei den Eltern auch Geld an ihn überweisen, wenn er in Not war. Thomas Mann schrieb Erika einen langen, väterlichen Brief und überließ es Katia, ihr bei der Premiere der »Pfeffermühle« den Antwortbrief zu übergeben, die nur drei Tage nach dem Umzug in die Schiedhaldenstraße stattfand. Thomas Mann war stolz auf seine Tochter und sparte auch dann nicht mit Lob, wenn sich Spannungen mit ihr ergaben. Sie wiederum zögerte nicht, dem Vater die Meinung zu sagen, wenn sie es für nötig hielt. Sie war die einzige Tochter, die das wagte.

Obwohl die Manns Geld auf Schweizer Banken hatten und der Lebensstil bescheidener war als in München, mußte Katia sich Sorgen wegen der Lebenshaltungskosten machen, denn die drei Ältesten verdienten zwar etwas, aber nicht genug, und erhielten noch immer monatliche Zuwendungen der Eltern. Die anderen drei Kinder waren völlig von ihnen

abhängig. Da in Deutschland auch die Bankvermögen konfisziert waren, mußte die Familie Erika zufolge von den
Übersetzungshonoraren der Bücher Thomas Manns leben.
Erika erzählte 1968 in einem Rundfunkgespräch folgende
Anekdote: »... als meine Mutter uns in Zürich anmeldete,
beziehungsweise in Küsnacht anmeldete, wurde sie natürlich
auf gut schweizerisch sofort gefragt, wieviel Geld vorhanden
sei, und sie sagte: keins. Dem Mann verschlug es die Sprache, und er sagte: Ja, irgend etwas müssen Sie doch haben.
Und sie sagte: Wir müssen, aber wir haben es nicht. Also
sie hat schließlich nachweisen können, daß alle Wahrscheinlichkeit dafür spräche, daß er [TM] genug haben würde, um
nicht der öffentlichen Wohlfahrt zum Opfer zu fallen, wovor
der Mann natürlich eine sehr berechtigte Todesangst hatte.
Soweit konnte sie es treiben, aber weiter nicht. Wir hatten
durchaus kein Geld. Dazu waren noch meine zwei kleinen
Geschwister, unmündige Kinder, die also mit ernährt und
erzogen werden mußten, wir vier Großen brachten uns selber durch, aber die finanziellen Sorgen waren erheblich. Sie
wurden aber wie immer leise von meiner Mutter getragen.
Mein Vater wurde mit allen diesen Sorgen verschont.«[23]
Diese Darstellung stimmt natürlich nicht ganz. Tatsächlich
hatten die Manns Geld auf Schweizer Banken, und Thomas
Mann setzte bei seinem Verleger Bermann Fischer die Genehmigung für eine Sonderausgabe der *Jaakobsgeschichten*
bei der Schweizerischen Büchergilde durch, was ihm etwa
viertausend Schweizer Franken einbrachte. Auch Honorare
für Vorträge, sonstige Veröffentlichungen und Tantiemen
von anderen ausländischen Verlagen gingen ein.

Allerdings konnte gar keine Rede davon sein, daß die »vier
Großen« sich selber durchbrachten, wie Erika hier behauptet. Klaus hatte immer Geldsorgen, auch wenn er für seine
schriftstellerischen Arbeiten Honorare bezog. Golos Stelle
als Lehrer für Deutsch an der École Normale Supérieure in
St. Cloud bei Paris, die er im November 1933 angetreten

hatte, war, wie damals üblich, eine unbezahlte Stelle, d.h. er erhielt lediglich Kost und Logis. Auch bei bescheidener Lebensweise mußte er die Eltern in Anspruch nehmen. Monika verdiente nichts, denn sie studierte ab 1934 Musik in Florenz, wo sie bei Freunden wohnte. Bis dahin lebte sie allein in einem gemieteten Zimmer in Sanary. Aus ihren Erinnerungen ist nirgends ersichtlich, wovon – wenn nicht von den Eltern – sie gelebt hätte. Die beiden Jüngsten gingen noch zur Schule. Elisabeth besuchte die Unterprima des Freien Gymnasiums in Zürich nach monatelanger Pause und studierte gleichzeitig Klavier. Michael wurde vierzehnjährig als Geiger in die Meisterklasse des Zürcher Konservatoriums aufgenommen, nachdem Katia persönlich mit Adolf Busch, dem berühmten Geiger, gesprochen hatte.

Bereits am 6. Oktober hatten Elisabeth und Michael in Begleitung ihrer Mutter die Aufnahmeprüfung für das Konservatorium bestanden. Thomas Mann schrieb am 17. Oktober 1933 an René Schickele, er habe Freude an seinen Kindern. Michael verspreche ein vorzüglicher Geiger zu werden, und Elisabeth werde das Abitur früher machen, als sie überhaupt die Universität besuchen könne. Auch Elisabeth spielte leidenschaftlich und mit einer gewissen Borniertheit Klavier, obwohl die Eltern der Meinung waren, daß ihr Talent für eine Künstlerkarriere nicht ausreiche. Sie unterstützten Elisabeth dennoch.

In den sechs Wochen, die Golo bei den Eltern wohnte, machte er sich nicht nur beim Einrichten und Aufstellen der Bücher nützlich, er chauffierte die Eltern auch zu ihren Theater- und Konzertbesuchen nach Zürich und holte sie wieder ab. Thomas Mann, der offenbar nicht gern von Katia gefahren wurde, weil sie keinerlei Rücksicht auf seine Ängste nahm, wohingegen Golo dies tat und dementsprechend vorsichtig fuhr, pflegte zu Katia zu sagen: »Siehst du, fahre nur auch so gewissenhaft wie dein Söhnchen.« Es lag aber nicht in Katias Natur, vorsichtig und langsam zu fahren. Im übrigen fand Golo seine Mutter in dieser Zeit deutlich gealtert, nicht wegen finanzieller Sorgen, »sondern aus schierem Ekel an den Ereignissen in Deutschland«. »Wann kommt die Erlösung?« pflegte sie zu fragen.[24]

Die älteren Kinder, Erika, Klaus und Golo, drängten den Vater, sich öffentlich von Deutschland loszusagen. Erika und Klaus hielten es für eine Fehlentscheidung, beim Fischer Verlag zu bleiben. Der in Amsterdam ansässige Querido Verlag hätte gern den *Joseph*-Roman herausgebracht. Aber trotz aller Schwierigkeiten mit dem Verlag und der Familie blieb Thomas Mann seinem alten Verleger bzw. dessen Nachfolger Gottfried Bermann Fischer treu. Katia hatte schon kurz vor dem Umzug in die Schweiz angedeutet, daß auch Golo, wie seine Geschwister, eine entschiedene, distanzierende Äußerung des Vaters gegen Hitler-Deutschland herbeisehne. Das erregte, ja verstimmte Thomas Mann aufs äußerste, es kam sogar zu einer peinlichen Szene, wie Golo berichtet. Denn der Vater liebte es nicht, von ihm oder Katia angetrieben zu werden.[25] Am nächsten Morgen besprach Thomas dieses Problem noch einmal mit Katia. Sie stimmte mit ihm überein, daß man – da der Roman im Oktober in Deutschland erscheinen würde – jetzt dem Verlag nicht mehr in die Quere kommen dürfe. Sie wußte ihn zu beruhigen und zwischen ihm und den Kindern zu vermitteln. Doch war der Streitfall damit noch lange nicht beendet. Zwischen all den Sorgen verfolgten die Manns aufmerksam den Reichstagsbrandprozeß und die politischen Vorgänge in Deutschland, immer noch in der Hoffnung, eines Tages zurückkehren zu können. Die Freundschaft zu Ernst Bertram, die Thomas Mann so viel bedeutet hatte, erkaltete allmählich wegen dessen Zustimmung zum Nationalsozialismus.

Anfang September notierte Thomas Mann, Klaus habe ihm und dem Hause Fischer durch die Aufnahme von Heinrichs Artikel in die »Sammlung« einen Streich gespielt.[26] Das erste Heft der von Klaus Mann herausgegebenen literari-

schen Emigrantenzeitschrift »Die Sammlung« erschien im
Oktober. Thomas Mann, der als einer der Mitarbeiter fun-
gierte, fühlte sich hintergangen, denn die Zeitschrift erwies
sich keineswegs als unpolitisch. Der erste darin enthaltene
Aufsatz von Heinrich Mann, »Sittliche Erziehung durch
deutsche Erhebung«, enthielt neben den anderen von der
Reichsstelle zur Förderung des deutschen Schrifttums kriti-
sierten Aufsätzen von Wassermann, Döblin, Kerr und Schik-
kele »nur Schmähungen gegen das neue Deutschland«[27]. Die
Reichsstelle befand, daß es für jeden deutschen Verleger eine
Selbstverständlichkeit sein solle, keine Schriften von Autoren zu veröffentlichen, die »geistige Kriegshetze« gegen das
neue Deutschland im Ausland verbreiteten. Das betraf auch
den Fischer Verlag, dessen Leiter, Gottfried Bermann, wie er
damals noch hieß, sofort nach Lektüre des neuen Heftes, in
dem er wohl auch eine Konkurrenz für seine eigene Zeitschrift, die »Neue Rundschau«, sah, seinen Lektor Samuel
Saenger nach Sanary schickte, um Thomas Mann unter
Druck zu setzen. Saenger hielt dem Nobelpreisträger vor,
daß der Fischer Verlag durch Thomas Manns Mitarbeit an
der »Sammlung« in seinen Grundfesten erschüttert werde
und daß das Erscheinen der *Jaakobsgeschichten* gefährdet
sei. Schließlich telegraphierte Thomas Mann an Bermann:
»Muß bestätigen, daß Charakter ersten Heftes Sammlung
nicht ihrem ursprünglichen Programm entspricht.« Thomas
Mann zog seine Mitarbeit an der »Sammlung« zurück, worüber Klaus nicht zuletzt menschlich sehr enttäuscht war.
Aber auch andere Autoren wie Stefan Zweig, René Schickele,
Julius Meier-Graefe, Annette Kolb und Robert Musil distan-
zierten sich von ihrer ursprünglichen Zusage, weil ihnen ein
unpolitisches Forum versprochen worden war und weil sie
Rücksicht auf den deutschen Markt, zum Teil auch auf ihre
dort noch wohnhafte Familie nehmen mußten. Sie fürchteten ein vollständiges Publikationsverbot. Die Absage des
Vaters und der anderen Autoren bedeutete einen schweren

Rückschlag für Klaus. Dennoch erschien die »Sammlung« bis 1935, ihr Niedergang war nicht zuletzt durch die Zerrissenheit des literarischen Exils mitbedingt.

Die *Jaakobsgeschichten* erschienen als erster Teil des *Joseph*-Romans im Oktober 1933. Solange der S. Fischer Verlag nicht aus Deutschland ausgewiesen war, konnten die Werke Thomas Manns dort noch erscheinen. Allerdings wurden die Verlagshonorare konfisziert. Aber Bermann fand doch mindestens einmal eine Gelegenheit, Thomas Mann über die französische Botschaft eine Honorarzahlung zukommen zu lassen. Von Bekannten hörte Thomas Mann zu seiner Genugtuung, daß die *Jaakobsgeschichten* überall in München auslagen. Er bekam zahlreiche positive Rezensionen von den Freunden, die Presse in der Heimat reagierte allerdings zwiespältig.

Inzwischen waren die in Badenweiler eingelagerten Möbel und Einrichtungsgegenstände in Küsnacht eingetroffen, unter anderem der berühmte Schreibtisch Thomas Manns sowie Kaulbachs Jugendbildnis von Katia. Die Lieferung der 40 Kisten mit Hausrat und Porzellan sowie die »überflüssigen« Bücher empfand Thomas Mann jedoch als Heimsuchung. Die besten und wichtigsten Bücher, die man bei Freunden untergebracht hatte, waren beschlagnahmt worden. Nicht nur deswegen litt er an seelisch bedingten Magenschmerzen, rheumatischen Schmerzen im Arm, Niedergeschlagenheit, Kopfschmerzen, depressiver Erregung und Akklimatisierungsschwierigkeiten. Katia ließ trotz ihrer eigenen gesundheitlichen Probleme – sie litt an einer Gebärmuttergeschwulst und war dem Tagebuch Thomas Manns zufolge »enerviert und unwohl«[28] – diese Schwierigkeiten nie in den Vordergrund treten. Sie nahm wieder Diktate auf und übersetzte die Einleitung für einen französischen Vortrag ihres Mannes, sie tat alles, um ihn zu entlasten und seinen Stimmungsschwankungen entgegenzuwirken. Bald füllte sich das Haus wieder mit neuen und alten Freunden,

Konzerte und Vortragsveranstaltungen wurden besucht, Einladungen ausgetauscht.

Katias Krankheit erforderte im November ärztliche Behandlung. Sie litt an Fieber und Übelkeit, der Arzt verordnete Bettruhe und gab ihr ein Schlafmittel. Trotzdem verschlimmerte sich ihr Zustand dermaßen, daß Thomas sich Sorgen machte. »K.s Krankheit, die das Signal für eine zukünftig eingeschränktere Aktivität ist, beunruhigt mich sehr; denn auf ihrer Spannkraft ist alles aufgebaut«, vermerkte er am 17. November 1933. Er wußte also, was er ihr zu verdanken hatte. Katia war enttäuscht, als der Arzt ihr weiterhin Schonung auferlegte, denn ein vierzehntägiger Besuch ihrer Eltern stand unmittelbar bevor. Zwar besserte sich ihr Zustand, aber sie sah angegriffen aus und brauchte Erholung. Dennoch fand sie Zeit und Kraft, an einem einzigen Tag ihre Eltern zum Bahnhof zu bringen, den kranken Wassermann zu besuchen, der bald darauf in der Neujahrsnacht starb, und mit ihrem Mann das Ehepaar Hesse zu treffen, an manchen Tagen zum Mittagessen und zum Tee Gäste zu haben und abends Veranstaltungen zu besuchen.

Es kam immer wieder zu Zornesausbrüchen des Dichters, unter anderem aus politischen Gründen. »Heftiger Gereiztheitsausbruch in Gegenwart der Alten und Reisigers gegen die Kinder wegen der geforderten Anmeldung bei der Berliner Zwangsorganisation ... Abends Brahms und Wagner musiziert. Später erneutes recht gequältes Gespräch mit K. über die widrige Sache der Zwangsorganisation. Müde, elend«, notierte er am 8. Dezember 1933.

Tags zuvor war Thomas Mann aufgefordert worden, sich beim Reichsverband deutscher Schriftsteller anzumelden, das hieß für ihn, sich als zum deutschen Schrifttum gehörig zu bekennen, was in der Sache für ihn eine Selbstverständlichkeit war, und den Anordnungen des Reichsverbandes zu folgen, was er keinesfalls wollte. Bereits einen Tag später setzte er ein Schreiben mit folgendem Wortlaut auf: »Als

Ehrenmitglied des im Reichsverbande aufgegangenen
S. D. S. darf ich wohl annehmen, daß man mich und mein
Werk nach wie vor als zum deutschen Schrifttum gehörig
betrachtet und hoffe, daß es weiterer Formalitäten in meinem Falle nicht bedarf.«[29] Damit aber war die Sache keineswegs erledigt. Die von ihm abgelehnten Formulare sollten
auf jeden Fall unterschrieben werden. Erst im Januar 1934
fand die Angelegenheit ein Ende. Thomas Mann hatte die
Formulare nicht unterschrieben, aber der Verlag war so geschickt, daß er sich vom Propagandaministerium bescheini-
gen ließ, daß Thomas Mann zu den »im Ausland lebenden
Deutschen« zählte und nicht zu den »deutsch schreibenden
Ausländern«. Damit konnte das Kapitel »Jaakob trägt Leid
um Joseph« 1934 als Vorabdruck im Januarheft der »Neuen
Rundschau«, der Zeitschrift des Fischer Verlags, erscheinen.

Auch zur Aufgabe seiner Mitgliedschaft in der Kultur-
kommission des Völkerbundes sollte Thomas Mann gezwungen werden. Ein Schreiben des Auswärtigen Amtes in
Berlin mit dieser Forderung war ihm Anfang Dezember
nachgesandt worden. All diese politischen Angelegenheiten
und Zwangshandlungen waren ihm zutiefst zuwider. Sein
Rechtsanwalt Heins hatte immerhin bei der Politischen Polizei erreicht, daß der Fischer Verlag in Berlin die Honorare in
die Schweiz auszahlen durfte, das war im Dezember 1933 eine
Summe von 20 000 Franken. Der Rest des in München depo-
nierten Bankguthabens war offenbar als »Reichsflucht-
steuer« eingezogen worden.

Bei der bleibenden Ungewißheit über die Zukunft war es
angenehm, viele Freunde und Bekannte zu haben, mit denen
man sich aussprechen und die Lage in Deutschland erörtern
konnte. Zu diesen zählten Hermann Hesse, der alte Freund
Reisiger, der für ein paar Wochen in der Schiedhaldenstraße
wohnte und ein angenehmer Hausgenosse war, Erich von
Kahler, Heinrich Wölfflin, der Alttestamentler Köhler sowie
der Historiker Fleiner, das Industriellenehepaar Reiff, die

auch Freunde der Eltern Pringsheim waren, die Faesis, der Zürcher Verleger und Buchhändler Oprecht und seine Frau sowie viele andere.

Kurz vor Weihnachten 1933 trafen Bermanns auf der Durchreise in Küsnacht ein. Klaus haßte sie dermaßen, daß er in seinem Zimmer blieb und sich weigerte, sie zu begrüßen. Katia mußte mit all diesen Schwierigkeiten fertigwerden und vermitteln. Trotz aller Widrigkeiten konnte das erste Weihnachtsfest im Exil mit einigen Freunden und allen Kindern in Küsnacht fast wie gewohnt begangen werden. Zwar war Katia »recht leidend und nervös«, Thomas Mann führte dies auf ihre »klimakterische Verfassung zusammen mit augenblicklichem Unwohlsein« zurück und nahm sich vor, zart und duldsam zu sein.[30] Die ganze Familie saß zum Festessen in der großen Halle, die Katia mit einem eigens angefertigten großen Tisch und Stühlen dafür hergerichtet hatte, danach gab es Champagner. Bis spät in die Nacht wurde gefeiert – Musik, Gespräche und Telefonate lösten einander ab. Nur eine plötzlich auftauchende Spannung zwischen Erika und Klaus trübte die Stimmung; Klaus' Freund Fritz Landshoff umwarb auch Erika, die ihn jedoch zurückwies. Klaus schien dessen Selbstmord gefürchtet zu haben und versuchte Erika zu bereden. Aber sie blieb eisern, zumal sie ja mit der eifersüchtigen Therese Giehse zusammen war.

Anfang Januar 1934 schrieb Thomas Mann seinem früheren Freund Bertram und gab einen melancholischen Rückblick auf das so ereignisreiche Jahr 1933 und den Weihnachtsabend: »Den Weihnachtsabend haben wir mit den versammelten Kindern und ein paar Freunden eigentlich ganz nach alter Art verbracht. Nun haben die älteren Söhne ihre Arbeit in Amsterdam und St. Cloud wieder aufgenommen, die Kleinen gehen in der Stadt ihren Studien nach, und Moni, die bis Weihnachten in Sanary geblieben war, will ihren Wohnsitz jetzt nach Florenz verlegen, wo sie Freunde hat. Erika bleibt uns, ein Kind, für das meine Bewunderung und Liebe immer gewachsen ist. Sie hat hier mit einem für Zürcher Verhältnisse ganz beispiellosen Erfolg ihr literarisches Cabaret, das ganz allein auf ihrer Energie und Phantasie, ihrer zart melancholischen und doch mutig angreifenden Geistigkeit steht, wieder eröffnet ... Ich habe an diesem Erfolg mehr Freude, als an dem Beifall, den etwa die Jaakobsgeschichten finden. Das ist die unmerklich und schmerzlos sich einschleichende Abdikation meiner Jahre zugunsten der jungen Leute.«[31]

Der Silvesterabend 1933 verlief in banger Ungewißheit über die Zukunft. Das Haus in der Poschinger Straße und das Inventar blieben weiter beschlagnahmt, die Pässe wurden nicht erneuert, die Hausbesitzerin in Küsnacht wollte ab April die Miete erhöhen, und schließlich gab es noch kontroverse Verhandlungen zwischen Katia und Bermann über 15 Prozent Honorar pro gebundenem Exemplar. Immerhin waren Band II und III der *Jaakobsgeschichten* und ein Essayband innerhalb der nächsten vier Monate vorgesehen. Der Zustand Thomas Manns blieb unter diesen Bedingungen von »Müdigkeit, geistiger Mattigkeit« und »Überdruß« geprägt.

Wie mag Katia die Zukunft gesehen haben? Ihr Bruder Peter, dessen physikalisches Seminar offenbar aus Protest gegen seine im Mai 1933 von den Nationalsozialisten dekretierte »Beurlaubung« überfüllt war, war nach Brüssel berufen worden, Bruder Klaus war bereits 1931 als Professor für Komposition sowie als Orchester- und Chorleiter an die kaiserliche Musikakademie Ueno in Tokio gegangen, Bruder Heinz lebte zurückgezogen in Bayern. Die Eltern lebten immer noch in München und konnten sich nicht entschließen, Deutschland zu verlassen. Und die Kinder machten ihr ebenfalls Sorgen.

Die »Pfeffermühle« feierte zunächst Triumphe. Die Tournee durch fünf Schweizer Städte im November / Dezember 1933 verlief erfolgreich und erntete überwiegend positive Kritiken, und nicht zuletzt: Sie brachte Geld ein. Klaus steuerte gelegentlich Texte bei, und die mollige, sieben Jahre ältere, erfahrene Schauspielerin Therese Giehse, Erikas Lebensgefährtin und Freundin jener Zeit, führte Regie und war der Star des Ensembles. Leider aber war Therese eifersüchtig auf die Männer, mit denen Erika ebenfalls flirtete. Daher kam es häufig zu Streitereien; nicht alles in der »Pfeffermühle« war so harmonisch, wie Erika es im nachhinein darstellte. Auch bei den anderen Ensemblemitgliedern waren Streitereien und Eifersüchteleien an der Tagesordnung. Das Personal wechselte häufig, vermutlich auch wegen Erikas herrischem Ton. Auch war sie, wie ihre Mutter, oft krank. Schon damals litt sie an Bronchitis, Gallensteinen, Gelbsucht und Fieber. Die Drogen, vor denen sie Klaus warnte, nahm sie selber, um ihre Nervosität zu vertreiben. Ihr Aktivismus und ihre ständige Hektik ließen ihr keinen Raum für Selbstkritik. Gleichwohl verdient Anerkennung, wie sie mit ihrem Kabarettprogramm einen ganz persönlichen Weg fand, gegen das verhaßte Nazi-Regime zu kämpfen.

Für Erika begann das Jahr 1934 mit einer neuen Tournee durch die Schweiz, mit einem neuen Programm und teilweise neuen Darstellern. Sie hoffte, mit ihrem Kabarett den Zuschauern die Augen zu öffnen und sie aufzurütteln. Das war nicht so einfach, weil die politische Kritik nur indirekt erfolgen durfte und sich in eine literarische Form kleiden mußte. Am liebsten verwendete sie Märchen und Kinderlieder. Aber die Zuschauer verstanden die Botschaft, zumal vor allem Emigranten im Publikum saßen. In den Frühsommerwochen des Mai und des Juni ging Erika erneut auf eine erfolgreiche Tournee durch Holland, Auftritte in Wien und Straßburg waren geplant. Aber die Nationalsozialisten beobachteten die »Pfeffermühle« mit Argwohn, und sowohl deutsche als auch schweizerische Zeitungen übten heftige Kritik. Freunde warnten Erika; Thomas Mann mußte sich vom deutschen Generalkonsul in der Schweiz Vorhaltungen wegen seiner Tochter machen lassen. Aber er hielt es für klüger, sich nicht einzumischen. Das dritte »Pfeffermühlen«-Programm vom Herbst 1934 wurde bereits von Krawallen gestört, was zusammen mit politischen Skandalen und Pressebeschimpfungen bald darauf zum Ende des Kabaretts in der Schweiz führte.

Die in der Schweizer Öffentlichkeit laufende Hetzkampagne gegen ihre Person lastete Erika hauptsächlich der Mutter ihrer Freundin Annemarie Schwarzenbach an. Renée Schwarzenbach sympathisierte mit den Nationalsozialisten, im Gegensatz zu ihrer schönen Tochter Annemarie, die politisch links stand und außerdem lesbisch und drogensüchtig war. Annemarie, die Geschichte studierte und Romane schrieb, entstammte einer reichen Schweizer Seidenfabrikantenfamilie. Sie finanzierte die Autorenhonorare für Klaus Manns Zeitschrift »Die Sammlung«, zeitweise wollten die beiden sogar heiraten. Annemaries Mutter machte Erika und Klaus für die Drogensucht ihrer Tochter verantwortlich und erteilte Erika sogar Hausverbot. Aber Annemarie war leidenschaftlich in Erika verliebt, und die beiden ließen sich von ihrer Freundschaft nicht abbringen, obwohl Erika Annemaries Gefühle nicht in gleicher Weise erwiderte. Erika mußte sich nun in anderen Ländern um Gastspiele bemühen. Das Kabarett trat in den nächsten fünfzehn Monaten in der Tschechoslowakei, Holland und Luxemburg auf und konnte erst 1935 wieder in der Schweiz gastieren, wenn auch nicht in Zürich.

Klaus, auch »Eißi« genannt, und Erika nahmen Drogen. Die Geschwister nannten es das »Thun« und verharmlosten ihren Mißbrauch, obwohl sie mitansehen mußten, wie einige ihrer Freunde daran zugrunde gingen. Auch Fritz Landshoff, Therese Giehse und Annemarie Schwarzenbach waren dem Rauschgift verfallen. Klaus nahm verschiedene Mittel, von Kokain bis zu Morphium, er nahm sie in Tablettenform (Eukodal) oder injizierte sie. In seinem Tagebuch schilderte er die verschiedenen Zustände, die sie hervorriefen. Bereits im November 1931 notierte er dort, er habe erfolglos im Apothekerschränkchen der Eltern nach etwas »Opihaftem« (Opiumhaltigen) gesucht. Katia bezeichnete die Sucht als das »kleinbürgerliche Laster«[32], hoffte indes, daß ihr Sohn dem Rauschgift genügend Stabilität und Lebenskraft entgegenzusetzen habe, um nicht daran zugrunde zu gehen. Das hoffte auch Erika, die besser damit umgehen konnte.

Die beiden »Großen« steckten immer wieder in finanziellen Engpässen. Trotz des großen Erfolgs brachte die »Pfeffermühle« ihrer Initiatorin nicht genug ein, denn es mußten Gagen gezahlt und Lokale gemietet werden; die Reisen von Ort zu Ort und die Hotelkosten kamen hinzu. Klaus, der seinerseits Texte für Erikas »Pfeffermühle« schrieb, lebte ständig über seine Verhältnisse und schrieb manchen Bettelbrief an die Mutter. Neben der Herausgabe der »Sammlung« verfaßte er seinen ersten Exilroman *Flucht in den Norden,* der 1934 bei Querido erschien.

Zur Ablenkung von der schriftstellerischen Tätigkeit – und wie Katia meinte »auch wegen der Honorare« – übernahm Thomas Mann im Februar 1934 eine anstrengende Vortragstournee mit öffentlichen Leseabenden in neun Schweizer Städten. Nach dieser ersten kräftezehrenden Reise fuhren er und Katia wie früher zu einem Erholungsurlaub nach Arosa. Wieder – wie vor einem Jahr – stiegen sie im »Neuen Waldhotel« ab. Immerhin war die Stimmung besser als damals, denn das schrecklichste Jahr ihres Lebens hatten die beiden nun hinter sich gebracht. Thomas Mann gelang es erst mit der Wiederherstellung seines Lebensrahmens, die tiefe Kränkung, die ihm durch das nationalsozialistische Regime zugefügt worden war, zu überwinden. Marie Kurz, die treue Hausangestellte, war aus München nach Küsnacht gekommen, um sich während der Abwesenheit der Eltern um

die beiden Kinder zu kümmern. Sie brachte einige Anden-
ken aus der Poschinger Straße mit, wo mittlerweile fünfzehn fremde Personen lebten. Über die Enteignung seines
Hauses erregte sich Thomas Mann zwar immer wieder,
aber im Ganzen verlief dieser Urlaub geruhsam. Katia versuchte ihren Mann davon zu überzeugen, daß er den Gedanken an eine friedliche Loslösung von Deutschland und
die Wiederherstellung seines Eigentums aufgeben müsse.
Sie sah die politische Situation viel klarer als er. Trotz seiner
Befürchtungen konnte er seine Angstzustände meist überwinden; wenn es ihm nicht gelang, rief er nach Katia, die
ihn dann mit Kompressen und Tabletten beruhigte. Insbesondere die Nachrichten über Deutschland führten zu
»Panik, Angst und nervösen Verzweiflungszuständen«.[33]
Thomas Mann versuchte auch im Urlaub zu arbeiten, und
Katia mußte selbst während des Hotelaufenthaltes Briefe
nach seinem Diktat schreiben. Nach drei Wochen kehrten
die beiden glücklich heim nach Küsnacht, empfangen von
den Kindern und Fräulein Kurz, den Mädchen und einem
Hündchen.

Thomas Mann arbeitete zu dieser Zeit an dem »Huij und
Tuij«-Kapitel des *Joseph*-Romans. Ein besonders wichtiger
Brief an das Reichsinnenministerium in Berlin, von dem er
sich erhoffte, daß die dortigen Behörden die Münchener
Polizei veranlassen würden, seinen Paß zu verlängern und
die Beschlagnahme seines Vermögens aufzuheben, fand
Katias Zustimmung. Sie las auch seine Vortragsmanuskripte,
oder er las sie ihr vor. Abschreiben mußte sie allerdings nur
noch selten, denn inzwischen wurden die Manuskripte an
eine sehr schnell arbeitende Schreibkraft, Frau Lind, gegeben. Wenn die Kinder oder Besuch da waren, las der Dichter
gern vor, um die Wirkung auf seine Zuhörer zu prüfen. »K.
war starr und in Erregung über ihr ungeahntes Wiederer-
kennen des ägyptischen Ehe-Geschwisterpaares, der Dun-
kelmaus und des heiseren Sumpfbibers. Sie versicherte nach-

her, die ganze Zeit habe sie an sich halten müssen, und ich selbst war überrascht von der Ähnlichkeit«[34], schrieb er über die Lesung des »Huij und Tuij«-Kapitels. Befriedigt vermerkte er dann jedesmal, daß der Text ihren vollen Beifall gefunden oder daß sie nichts einzuwenden gehabt habe. Ihr Urteil war ihm in literarischen, aber auch in politischen Dingen außerordentlich wichtig. Der zweite Band des *Joseph*-Romans, *Der junge Joseph*, erschien im April 1934.

Schon im Mai fand die nächste aufregende Reise statt. Auf Einladung des Verlegers Alfred A. Knopf fuhren Thomas und Katia aus Anlaß des amerikanischen Erscheinens der *Geschichten Jaakobs* zum ersten Mal in die Vereinigten Staaten. Zunächst ging es mit der Bahn von Basel nach Paris, wo Golo sie abholte. Nach dem gemeinsamen Abendessen notierte Thomas in seinem Tagebuch, Golos »sympathischer, biederer Charakter«[35] habe sich wieder bewährt. Am nächsten Morgen ging die Reise weiter nach Boulogne, wo sie am 19. Mai mit der R. M. S. »Volendam« ablegten. Nach zehntägiger Fahrt, auf der Katia wieder an einem Bronchialkatarrh und Thomas Mann an Seekrankheit litt, trafen sie am 29. Mai in New York ein. Der Verleger Knopf und etliche Journalisten kamen schon vor der Landung an Bord. Das Paar wurde dann von Knopf durch New Jersey und grüne Villenvororte zum Hotel chauffiert, wo weitere Interviews stattfanden, die der Lektor mehr schlecht als recht übersetzte. Nach dem Lunch mit den Knopfs mußte Thomas Mann wieder Interviews geben, und abends fand ein Souper in einem französischen Restaurant statt, von dem die vorzügliche Küche und die Weine in Erinnerung blieben. Abends fuhr man noch in die Stadtwohnung der Knopfs. Schließlich kamen die Manns müde in ihrem Hotel an, wo sie noch den Blick auf die Stadt aus ihren Zimmern im 24. Stock genossen. Es war ein triumphaler Empfang.

Am 6. Juni, also an Thomas Manns Geburtstag, fand dann

das eigentliche »Testimonial Dinner« im »Plaza« mit über 250 Gästen in Anwesenheit des Bürgermeisters von New York, La Guardia, statt. Katia erinnert sich an diese erste Amerika-Reise noch Jahrzehnte später. Blanche Knopf sei vorher zu ihnen nach Zürich gekommen und habe sie eingeladen, anläßlich des Erscheinens des ersten *Joseph*-Bandes in englischer Sprache[36] nach New York zu einem »Testimonial Dinner« zu kommen, zu dem viele Schriftsteller erwartet würden. Selbstverständlich würde Alfred alle Kosten übernehmen. Die Manns sagten sofort zu. Da Thomas Mann zu dieser Zeit kaum Englisch sprach, hatte er eine kleine Rede vorbereitet; »gegen Ende der Rede, als er schon seine Dankbarkeit für den freundlichen Empfang, für das amerikanische Interesse an seiner Arbeit und für die Veranstaltung dieses festlichen Empfangs durch seinen Freund Alfred Knopf ausgedrückt hatte, schloß er mit dem Satz: ›He is not only a publisher, he is a creature too.‹ Er meinte aber: creator – da wäre ich nun beinahe in den Boden gesunken, aber Knopf hat gelacht.«[37] Die Peinlichkeit, die Katia angesichts eines solchen Fehlers ihres Mannes empfand, zeugt von der Stärke ihrer Identifizierung mit ihm, sie litt mit ihm. Sie sprach sehr gut Französisch, und auch ihr Englisch war besser als seines. Für den Luxus auf dieser Reise hatte Katia indirekt gesorgt, als sie dem Verleger schrieb, der Arzt hätte Thomas Mann diese Reise zwar gestattet, aber nur unter der Bedingung, daß er sie »mit allem Komfort« anträte. Als Katia dann angesichts ihrer Hotelsuite im »Plaza Savoy« zu Knopf sagte: »Alfred, that's wonderful«, habe dieser schlau geantwortet: »I didn't forget what your doctor said.«

Die Rückfahrt traten sie am 12. Juni auf dem Dampfer »Rotterdam« an. Ihre Luxuskabinen waren voller Blumen und Geschenke, und sie dachten gern an die perfekte Organisation ihres Aufenthalts und die überwältigende Aufnahme durch die Knopfs zurück. Bei aller Begeisterung blieb aber doch bei dem Schriftsteller ein »bitterer oder übelfader

Geschmack nach Reue und Peinlichkeit« zurück. »Es ist geleistet worden. Ich habe, so gut es ging, oft demütigend behindert von der fremden Sprache, meinen Mann gestan-
den...«[38], bilanzierte Thomas Mann, während er noch an
Bord mit Katia Zeitungen und Briefe sichtete und ihr bereits
wieder Antworten diktierte. Während der Überfahrt sahen
sie Filme an, diskutierten mit den anderen Passagieren und
spielten Shuffleboard. Thomas Mann hielt in der Touristen-
klasse eine Ansprache an mitreisende Studenten mit anschließender Fragestunde, die zur Zufriedenheit verlief.
Katia las den *Jungen Joseph* zu Ende und »sprach sehr entzückt, erheitert und bewunderungsvoll von dem Buch. Ihre
Einwände betreffen psychoanalytische Belastungen in dem
Brunnen-Kapitel und bei der Rückkehr der Brüder gegen
Ende«, vermerkte Thomas Mann am 16. Juni, ohne zu sagen,
ob er diese Einwände für berechtigt hielt.

Klaus zuliebe gingen die Eltern am 18. Juni 1934 in Rotterdam von Bord. Sie trafen sich mit ihm, gingen in ein Café
und aßen abends noch mit ihm im Bahnhofsrestaurant.
Thomas Mann schilderte die Zusammenkunft kühl: »Nachher Verabschiedung von Klaus, der sich als freundlicher
Mensch wie immer erwies, dessen Verfassung aber nicht die
beste ist, da er unter dem Eindruck des Todes seines Freundes W. Hellmert steht, der an Morphium zu Grunde gegangen.«[39] Mehr berichtete er nicht über das Treffen mit dem
ältesten Sohn. Ob Katia wohl ahnte, daß es ihrem Sohn einmal ähnlich ergehen würde?

Um Mitternacht mit dem Zug in Brüssel angelangt, trafen
sie sich noch mit Katias Bruder Peter auf ein Bier. Die Familie war beiden so wichtig, daß sie ihre Reise mehrfach unter-
brachen, um die Angehörigen zu sehen. Zurück in Zürich,
holten Erika und »die Kleinen« sie am Bahnhof ab. Erika
war eigens aus Straßburg angereist. »Die Kurz«, die Mädchen, Erika mit »der Giehse«, alle bis auf den jüngsten Sohn
Michael, der in der Stadt geblieben war, feierten das Wieder-

sehen. Wie schon mit Klaus in Rotterdam besprach man die Lage in Europa und die Gefahren, die der Schweiz im Falle einer »europäischen Explosion« drohten. Nach dem Abitur Elisabeths wollten die Manns doch lieber wieder nach Südfrankreich ziehen, sie fühlten sich bei aller Freude der Heimkehr in der Schweiz wie in einer Mausefalle. Schon am nächsten Morgen fuhr Katia Marie Kurz zum Bahnhof, weil Platz für ihre Eltern gebraucht wurde, die am 22. Juni abends zu einem vierzehntägigen Besuch eintrafen.

Obwohl Thomas Mann dieses Mal dabei war, als Katia und Erika die alten Pringsheims abholten, und obwohl er sogar mit ihnen spazierenging, war das Verhältnis zwischen ihm und seiner Schwiegermutter seit langem getrübt. »Die Renitenz und der sprungbereite zerstörende Negativismus von K.s Mutter im Gespräch sind äußerst widerwärtig«, hielt er am 25. Juni 1934 im Tagebuch fest. Wenige Tage später notierte er: »Meine Gereiztheit und nervöse Belastung durch die Alten, namentlich den albernen und dürren Widerspruchsgeist von K.s Mutter, eine Objektivität, die geistige Überlegenheit vorstellen soll, aber nichts als Unwissenheit und dünkelhafter Selbstschutz ist, ist sehr groß … Auch irritiert mich das senile und schon recht hemmungslose Gejökel des Dreiundachtzigjährigen mit dem hübschen Stubenmädchen.«[40] Er stritt sich mit den beiden über Kleinigkeiten und nannte den Schwiegervater nur noch den »Alten«. Bei ihrer Abreise empfand er jedes Mal Erleichterung. Dennoch hatte er nichts dagegen, daß die Eltern bei jedem Besuch Geld mitbrachten und außerdem viele Kosten trugen, die die Kinder betrafen, ob es sich nun um eine Bratsche für Michael handelte oder die Druckkosten für Golos Dissertation. Katia scheint mehr Geduld gehabt zu haben, sie fuhr ihre Eltern mit dem Auto spazieren und klagte nicht einmal über die quälend langsamen Spaziergänge.

Für Elisabeth wurde auf Anraten von Bruno Walter ein Flügel gemietet, worüber sie sich sehr freute. Allerdings

machten sich bei ihr in diesem Sommer Anzeichen der Dop-
pelbelastung von Schule und Konservatorium bemerkbar.
Sie litt an Schluckbeschwerden und Atembeklemmung,
ganz offensichtlich war sie überanstrengt. Auch mit ihren
Eltern stand es gesundheitlich nicht zum besten. Thomas
litt in jenem Sommer an einer sehr schmerzhaften Zahnge-
schwulst, und Katias Frauenleiden hatte sich wieder verstärkt. Michael spielte inzwischen, zusammen mit dem
Grammophon, das Doppelkonzert von Bach oder, gemeinsam mit Elisabeth, Konzerte von Mozart und Spohr, wobei
seine Energie und Beherrschung beeindruckten. Allerdings
rügte der Vater, daß er sofort »bockig, frech und grob« rea-
giere, wenn man ihm Vorhaltungen mache, was ihn »traurig
und fremd« anmutete.[41] Auch Monika war ein schwieriges
Kind. Nun wollte sie doch nach Küsnacht kommen, was
der Vater als »verfehlten Wunsch« bezeichnete. Katia wollte
ihr diese Entscheidung zwar freistellen, tat es aber nicht
gern. In einem Brief aus dieser Zeit schildert Katia ihre Tochter als »teilnahmslos und unbekümmert« und »dumpf-wun-
derlich«, das Elternhaus sei ihr nicht bekömmlich. Die Mutter übte deutlich harsche Kritik an Monika, sie kam einfach
nicht mit ihr zurecht.

Erika fuhr zum Leidwesen des Vaters mit ihren Freundinnen wieder ab, Golo traf für die Ferien ein, und bei den
nächtlichen Gesprächen war man sich einig »im Abscheu
vor den deutschen Dingen«. Durch ihre vielen Kontakte
waren die Manns stets gut unterrichtet über das politische
Geschehen; sie konnten in der Schweiz auch ausländische
Zeitungen lesen, notfalls holte Katia eigens die Extrablätter
aus der Stadt. Außerdem gab es die in Deutschland verbotene »Neue Zürcher Zeitung«, die »Times«, »Le Temps«
und andere internationale Blätter. Aus Deutschland hörte
man Schreckliches. Die treue Ida Herz war wegen unvorsich-
tiger Äußerungen verhaftet worden, kam allerdings nach sieben Wochen wieder frei. Katia hielt über eine Schwester von

Ida den Kontakt aufrecht. Aber am 30. Juni erfuhren die Manns von neuen Verbrechen der Nationalsozialisten. Das NS-Regime beseitigte eine Reihe von Gegnern unter dem Vorwand eines Aufstands der SA. Damit schaltete Hitler einen potentiell konkurrierenden Machtfaktor aus, beglich alte Rechnungen und korrumpierte die Reichswehr, die der Ermordung ihres ehemaligen Generals, Reichswehrministers und Reichskanzlers Kurt von Schleicher tatenlos zusah. Der sogenannte Röhm-Putsch – angeblich eine Verschwörung der SA unter Ernst Röhm, dem einzigen potentiell selbständigen Rivalen Hitlers, dem Verrat und Homosexualität vorgeworfen wurden – führte am 30. Juni 1934 zu einer dreitägigen, von SS und Gestapo organisierten Mordaktion, der mindestens 100 Personen zum Opfer fielen. Diese Nachricht entnahm Thomas Mann dem »Zürcher Extrablatt«, das der Chauffeur noch am Abend des 30. Juni brachte und das beim Essen vorgelesen wurde. »Unglückseliges, thorheitsvolles Land, das sich diesen schändlichen Mist, diesen Sumpf von Lüge, Roheit und Verbrechen hat aufreden lassen und noch lange nicht Frieden finden wird«, notierte Thomas Mann. Angesichts dieser Schrecknisse war er sogar froh, daß die Schwiegereltern gerade in Küsnacht waren und nicht in München, wo große Menschenmassen auf den Beinen waren und Verhaftungen und Erschießungen stattfanden.[42] Allerdings fürchtete er, daß wegen der Zustände in München sich der Aufenthalt der »beschwerlichen Greise« hinausziehen könnte. Das aber war nicht der Fall, sie reisten am 5. Juli wieder ab, denn sie wollten noch nach Stuttgart, wo die Thoma-Bilder, die früher ihren Saal geschmückt hatten, ausgestellt waren. Es steht nicht fest, ob diese Bilder von den Pringsheims freiwillig verkauft wurden oder ob sie sie wegen der Räumung des Hauses in der Arcisstraße verkaufen mußten.

Im Juli 1934 erhielten die Manns von den Schweizer Behörden in Bern einen Personalausweis, der zwar nur für ein Jahr gültig war, aber ihnen dennoch ein beruhigendes Gefühl verlieh. Damit konnten sie auch ein Visum für Italien erlangen, denn Thomas Mann war zu einer internationalen Tagung des Kulturkomitees des Völkerbundes nach Venedig eingeladen worden, bei dem es um das Thema »Kunst und Staat« gehen sollte. Es war die zweite Reise dorthin seit der Novelle *Der Tod in Venedig*. Die Manns stellten fest, daß die vergangenen neun Jahre nicht spurlos an der Stadt vorübergegangen waren. Sie trafen einen Tag vor Katias Geburtstag ein; mit Beschämung mußte sich der Dichter eingestehen, daß er dieses Datum vergessen hatte. Katia war aber darüber nicht gekränkt. Sie beschlossen, ersatzweise gemeinsam etwas in der *Merceria* zu kaufen. Sie genossen dennoch das Strandleben, mieteten eine Kabine, badeten, und Thomas Mann beobachtete wie einst »vierzehnjährige Knaben-Zwillinge, der eine vom Typ Bibis, die mich durch ihre anmutige Gleichmäßigkeit interessieren«[43]. Ansonsten war der Ertrag der Reise gering. Allein die Fremdsprachigkeit hinderte Thomas Mann daran, seinem Ärger über das Niveau und die Ergebnisse der Konferenz Luft zu machen. Obwohl er vorbereitet war und sich zu Wort gemeldet hatte, verbrachte er zwei Vormittage in entnervender Bereitschaft – ohne das Wort zu erhalten. So etwas war ihm noch nie widerfahren.

Noch in Venedig, während der gesellschaftlichen Abendveranstaltung, bei einem Diner im »Excelsior«, erfuhren sie von der Ermordung des österreichischen Bundeskanzlers Dollfuß durch die Nationalsozialisten. Zum Glück war Erika zu diesem Zeitpunkt in der Schweiz und nicht in Wien. Sie meldete den Eltern diese Nachricht per Telegramm. Die Hitze, die entnervenden Sitzungen, die mangelnde Ruhe und die politischen Ereignisse führten dazu, daß Thomas Mann, einem Weinkrampf nahe, die Tagung verließ. Katia mußte andere Teilnehmer bitten, den Zustand ihres Mannes zu schildern und ihn zu entschuldigen. Damit war diese Tagung beendet. Sie reisten per Bahn zurück, wobei sie neunmal von Kontrollen gestört wurden, und erreichten am nächsten Morgen Zürich, wo Golo sie mit dem Wagen abholte. Wieder zu Hause, traf Erika ein. Sie führten lange Gespräche über die politische Lage, die Aussichten, die Hoffnung auf einen politischen Zusammenbruch des NS-Regimes. Am nächsten Tag stießen auch Klaus und Therese Giehse zur Familie, und die Gespräche wurden fortgesetzt. Die Manns hofften, daß der Wille, dem »Reichstagsbrand- und Mörder-Regime Hitler-Göring-Goebbels ein Ende zu machen«[44], sich im Ausland nun doch verstärken würde. Dazu wollte Thomas Mann einen Beitrag leisten.

Bei einem Waldspaziergang besprach er mit Katia seinen Plan, einen Offenen Brief an die »Times« zu schreiben und die Welt, namentlich England, dazu aufzufordern, dem Schand-Regime in Berlin ein Ende zu machen. Dazu aber waren Vorarbeiten nötig. Er mußte einerseits die Aufzeichnungen des Jahres 1933 durchsehen und Notizen machen, andererseits sollte es ja eine Art Aktion und deshalb kurz und prägnant sein; und er kannte seine Neigung zur Länge. An seinem Roman konnte er jetzt ohnehin nicht mehr weiterarbeiten, so sehr quälte ihn diese politische Aufgabe. Katia war offenbar einverstanden, denn er begann schon am nächsten Tag mit den Vorarbeiten. Da starb wenig überraschend Hindenburg; Hitler vereinigte auf der Stelle unter dem Titel »Führer und Reichskanzler« die Ämter des Reichspräsidenten und des Reichskanzlers in seiner Person und ließ auch die Reichswehr auf sich vereidigen. Thomas Mann war »halb krank vor Trauer und Entmutigung«[45]. Mühsam und gequält ging er mit Katia eine halbe Stunde spazieren, fragte sich, ob sein Vorhaben denn überhaupt noch sinnvoll sei. Die mißglückte Tagung in Venedig belastete ihn weiterhin. Hinzu kam das Dilemma, ob er nun seinen Roman zurückstellen und an dem Offenen Brief weiterarbeiten sollte. Er war äußerst niedergedrückt und verstimmt. Ein weiterer Spaziergang mit Katia brachte dann jedoch Klarheit. Thomas Mann notierte das Ergebnis ihrer Unterhaltung: »Sie lehnt die Selbstverdächtigung, der Übergang zu einer politisch-konfessionellen Arbeit sei eine Desertion von der künstlerischen Aufgabe, deren ich überdrüssig oder die mir zu schwer, entschieden ab und bestreitet ebenso lebhaft die Nutzlosigkeit und Müßigkeit dieser Aufgabe. Ihre Wünsche gehen aber in die Richtung einer befreienden Äußerung von mir gegen die deutschen Greuel, das der Halbheit meiner Stellung, meiner Abhängigkeit von dem Lande, dem unwürdigen An der Nase herum geführt werden in Sachen meines Besitzes ein Ende macht. Sie hat weitgehend recht, auch wenn sie fürchtet, ich könnte meine äußere Passivität bereuen, wenn der Tag des Zusammenbruchs da ist.«[46] Katia erwartete also eine politische Äußerung von ihm, wie sie und die älteren Kinder ja schon seit längerem von ihm wünschten, und bekämpfte geschickt und energisch seine Selbstzweifel, die freilich immer wiederkehrten. Auch Stefan Zweig, der auf einen Besuch vorbeikam, sah den Augenblick für eine solche Äußerung gekommen.

Während eines Aufenthalts in Lugano in der Villa Castagnola im Herbst 1934 besuchten die Manns Hermann Hesse, dessen Frau gerade eine Italienreise machte. Thomas Mann litt weiterhin an seinen Angst- und Erregungszuständen, und für Katia bedeutete der Aufenthalt »die Freiheit vom Hausstande«, also waren die Ferien für beide als Erholung gedacht. Dennoch schrieb Thomas Mann während dieses Urlaubs sein Manuskript für die *Meerfahrt*, einen Bericht über die Amerika-Reise, zu Ende, während Katia die Abschrift anfertigte und dabei auch gleich den Autor auf sachliche Flüchtigkeiten hinwies. Obwohl sie fand, daß ihr Mann sich erholt hatte, fühlte er sich ständig unwohl, so daß sie ihn bei einem Arzt in Basel anmeldete. Dieser verschrieb aber nur kreislauffördernde Mittel und versuchte den Patienten zu beruhigen. So gab er den Rat, daß Thomas Mann morgens nach dem Bad im Bett frühstücken solle.

Gegen Ende des Aufenthalts in Lugano erfuhren die Manns durch Erika telefonisch die Nachricht vom Tode des Verlegers Samuel Fischer in Freudenstadt im Schwarzwald. Thomas Mann war ergriffen. Fast vier Jahrzehnte hatte er mit dem Verleger zusammengearbeitet. Sie sandten sofort ein Telegramm an Hedwig Fischer, und Katia drängte Thomas, in der »Neuen Zürcher Zeitung« einen Nachruf zu schreiben, womit er sogleich begann. In seinem Tagebuch notierte er: »Ein Stück meines Lebens und ein gutes Stück deutschen Lebens geht mit dem kleinen Juden, der ein Glückskind und eine Art von Genie war, ins Grab... Die Trauer um den alten Freund liegt mir in den Gliedern, im Kopf; im Herzen.«[47] Noch im August hatte er freundschaftlich mit Samuel Fischer korrespondiert, und Katia hatte dessen Frau gegenüber die Arbeitskrise ihres Mannes erwähnt. Fischer hatte – anders als Katia – geraten, die politische Aktion aufzugeben und sich »der unmittelbaren Gegenwart und persönlichen Aufgabe mit gutem Gewissen zuzuwenden«[48]. Ende Oktober erschien in den »Basler Nachrichten« ein Artikel von Thomas Mann »In memoriam S. Fischer«. Später veröffentlichte er noch einen Nachruf im Gedenkheft der »Rundschau«, mit dem er zufriedener war als mit dem etwas kühl geratenen Artikel in der Schweizer Zeitung. Auch hier hatte Katia mitgewirkt. Thomas Mann hielt im Tagebuch fest, daß Katia auf »Milderungen charakteristischer Einzelheiten im Fischer-Nachruf im Interesse wohltuender Wirkung« bestanden habe, die er »in Gottes Namen«[49] vorgenommen habe. Manchmal ging Katia in ihrem »herausfordernden Eifer« zu weit, so daß ihr Mann, der eines Abends selbst die Frage des politischen Eingreifens (er nannte den geplanten Offenen Brief an die »Times« auch »das Bekenntnis« oder »das Politikum«) aufgeworfen hatte, dermaßen verstimmt war, daß ihm zum Vorlesen seines Romantextes »die seelische Freiheit«[50] fehlte.

Nach der Rückkehr aus dem Urlaub am 18. Oktober war

zu Hause wieder allerlei los. In Basel hatten Thomas und Katia Erika und »die Giehse« getroffen, in Küsnacht warteten außer den beiden »Kleinen« Klaus, der gerade vom 1. Allunionskongreß der Sowjetschriftsteller in Moskau zurückgekehrt war, und dessen Freund Landshoff, der sein Lungenleiden in Davos auskurieren wollte. Klaus hatte sich von des Vaters russischen Honoraren etwas kaufen dürfen, also brachte er den Eltern brav eine Teedecke und ein Lackkästchen mit – für den Rest hatte er sich, weniger brav, offenbar Kokain gekauft – und blieb einen guten Monat in Küsnacht. Fast täglich notierte er in dieser Zeit in seinem Tagebuch »genommen«, oder »etwas genommen«, »Eu und H« [Eukodal und Heroin].

Monika war, wie in Aussicht gestellt, bereits Mitte August zu einem Besuch bei den Eltern eingetroffen, war aber im September an einer Gelbsucht erkrankt. Katia hatte ihr sogar ihr eigenes Schlafzimmer überlassen und schlief in einer Dachkammer, weil die Tochter mit dem ihr eingeräumten Schlafzimmer unzufrieden war. »K. ist enerviert durch die Renitenz, Undankbarkeit und Hypochondrie der Patientin Moni«[51], hielt der Vater im Tagebuch fest. Zur Erleichterung aller reiste sie am 18. Oktober, am Ankunftstag der Eltern, spätabends, von der gutmütigen Katia zum Bahnhof chauffiert, wieder nach Florenz ab. Nun erkrankte Michael an einer fiebrigen Halsentzündung, die sich zum Bronchialkatarrh entwickelte, und mußte ebenfalls betreut werden.

Inzwischen weitete sich der Literaturbetrieb im Hause Mann immer mehr aus: Katia diktierte inzwischen dem Freund Franz Beidler die Kapitel ihres Mannes für die »Rundschau« in die Maschine. Oder sie schrieb sie selbst ab, Thomas Mann korrigierte dann die Abschrift, manchmal bis spät in die Nacht. Allerdings klappte auch das Diktat des Dichters nicht immer: »Hemmungsvoller Diktat-Versuch an K., an dessen Stelle eine Besprechung des Gedankenganges und der Auftrag seiner vorläufigen Fixierung gesetzt wurde. – Zermürbt«, hielt er am 10. November 1934 umständlich im Tagebuch fest. Offenbar sollte Katia selbst den Gedankengang, den er ihr entwickelt hatte, schriftlich fixieren. Aber damit nicht genug – Vortragsmanuskripte, die Korrespondenz sowie die Finanzverwaltung gehörten ebenfalls zu den Aufgaben der Dichtersgattin.

Im November wurden Thomas und Katia Mann zum Steueramt Küsnacht vorgeladen, nachdem Katia sich schon mit einem Steuerjuristen beraten hatte. Schließlich wurde ihre Jahressteuer auf vorläufige 3000 Franken festgesetzt. Bei einem Spaziergang besprachen die Eheleute auch, wie immer gegen Ende des Jahres, die Finanzlage. Obwohl der Jahresetat sich auf 30 bis 40 000 Schweizer Franken gegenüber 50 bis 60 000 in München belief, würde die Lücke im nächsten Jahr durch Einnahmen gedeckt sein und die Substanz brauchte nicht oder nur geringfügig angegriffen zu werden. Diese Tatsache war für Thomas Mann immer beruhigend, offensichtlich litt er seit seiner Jugend und verstärkt seit seiner Vertreibung aus Deutschland unter Verarmungsängsten. Anfang Februar 1935 wurde das Vermögen von Thomas und Katia Mann auf 210 000 Schweizer Franken veranschlagt.[52]

Der Haushalt verschlang nach wie vor große Summen. Ständig hatte die Familie Gäste, ob zum Mittagessen, zum Abendessen, zum Tee oder als wochenlangen Dauerbesuch. Auch die Kinder durften ihre Freunde und Freundinnen mitbringen, stets wurden sie eingeladen und belebten die abendlichen Unterhaltungen. Ohne Personal waren diese Einladungen nicht zu verkraften, denn Katia hatte viele andere Pflichten. Wenn Thomas Mann nach Zürich zum Zahnarzt oder zum Friseur mußte, fuhr sie ihn dorthin, holte ihn wieder ab, machte inzwischen Besorgungen. Wenn lästiger, aber unvermeidlicher Besuch kam, nahm sie ihm auch die Unterhaltung ab. Sie gingen täglich zusammen spazieren, und sei es nur für eine halbe Stunde. Manchmal nahmen sie aber auch ihre Post mit in den Wald, wo sie die Briefe lasen und besprachen, denn zu Hause herrschte selten Ruhe.

Entgegen den Hoffnungen Katias hatten bei der Volksabstimmung im Saargebiet am 13. Januar 1935 mehr als 90 Prozent für die Rückgliederung in das Deutsche Reich gestimmt. Nur dieses Ergebnis im Saarland macht verständlich, daß Klaus, wieder zurück in Amsterdam, Mitte Januar 1935 in einem Brief an seine Mutter schrieb: »Ärmste Muttmaus – Dir muß man ja wohl am ersten einen Kondolenz-Brief schreiben: wir müssen uns alle gegenseitig Kondolenz-Briefe schreiben, denn es ist ja ganz *fürchterlich...* Wie ist es denn nur möglich, daß die Menschen derartig dumm sind. Dabei handelt es sich doch dort zum größten Teil um Arbeiter. – Nun sind alle Hoffnungen wohl zunächst vernichtet und wenn nicht der pathologische Charakter der Scheusäler wäre, könnten wir sie wohl ganz begraben.« Und er riet seiner Mutter, vorerst gar keine Zeitungen mehr zu lesen, sich zu zerstreuen, weniger an die Politik und mehr an die persönlichen Angelegenheiten zu denken.[53] Katia hatte wohl weniger an eine Abstimmung zugunsten von Frankreich gedacht als an eine Absage an den Nationalsozialismus, gegen den übrigens Klaus in saarländischen Zeitungen angekämpft hatte. Sie hatte sogar an einer Hilfsaktion für das Saargebiet teilgenommen und Zürcher Bankdirektoren und Geschäftsleute um Spenden gebeten. Die Manns selbst gaben 200 Franken, Thomas Mann lehnte es aber »etwas gereizt« ab, auf weitere Sammelvisiten zu gehen. Das hinderte Katia nicht, mit zwei Geschäftsleuten nochmals herumzufahren, um Geld aufzutreiben.

Mitte Januar 1935 traf Alfred Knopf, der amerikanische Verleger Thomas Manns, aus New York zum Besuch in Küsnacht ein. Er befand sich auf einer großen Europa-Reise und plante gemeinsam mit dem Autor eine englische Gesamtausgabe der Novellen und einen weiteren Essay-Band. Der Ver-

leger kam zum Mittagessen und blieb zum Tee, abends fuhren die Manns zu einem Liederabend mit dem berühmten
Sänger Heinrich Schlusnus, danach schloß sich im »Baur au
Lac« noch ein Souper mit dem Gast an. Bei all diesen Aktivitäten glaubte Katia, ihre Handtasche verloren zu haben, die
sie aber nach verzweifeltem Suchen im Auto wiederfand.
Überhaupt scheint Katia zeit ihres Lebens etwas zerstreut
gewesen zu sein, ganz im Gegensatz zu ihrem Mann, mal
verlor sie ihre Brille, mal die Autoschlüssel. Die Kinder neck-
ten sie gelegentlich wegen dieser Eigenschaft.

Vom 19. bis zum 30. Januar 1935 unternahm Thomas
Mann in Begleitung Katias eine Vortragstournee nach Prag,
Brünn, Wien und Budapest. Diese Reise war von etlichen
Mißgeschicken belastet: ein Stromausfall im Nachtzug, ein
Rohrbruch mit Überschwemmung auf dem Weg nach Prag
und eiskalte Waggons, kein Speisewagen, ersatzweise wurden »unmögliche Fettwürstchen« angeboten. In Prag wurden die Manns entschädigt, nicht allein durch das Zusam-
mentreffen mit Erika, die dort gastierte. Sie bewohnten –
wie schon drei Jahre zuvor – im Hotel »Esplanade« ein Zimmer mit Salon, Katia wurde mit Blumen begrüßt. Der Empfang wog die Unbilden der Reise auf. Ein Besuch bei Mimi
Mann, Heinrichs ehemaliger Frau, war angesagt, abends die
Vorstellung in der »Pfeffermühle« und anschließend die traditionelle Feier mit Sekt und Kaviar mit Erika.

Die Manns wurden überall erkannt, der Dichter mußte
Journalisten Rede und Antwort stehen, allenthalben Auto-
gramme geben, zahlreiche Menschen begrüßen und ange-
strengte Unterhaltungen führen. Der Anlaß des Besuches in
Prag war ein Wagner-Vortrag Thomas Manns in der Volks-
hochschule »Urania«. In Wien trafen sie neben den Gast-
gebern zahlreiche Freunde und Bekannte, unter anderen
die Werfels, Frau Hugo von Hofmannsthal, Frau Arthur
Schnitzler, Frau Jakob Wassermann, alle drei Witwen berühmter Dichter. Abends gingen die Manns ins Theater in

der Josephstadt und vergnügten sich bei einem Lustspiel.
Von Wien ging es weiter nach Budapest. Wieder gab es einen
großen Empfang mit Photographen und Journalisten, ein
Journalist war sogar schon in den Zug gestiegen. Der stil-
volle Aufenthalt bei den Hatvanys[54], die ein Haus in der Altstadt sowie ein Schloß mit Park in Hatvan in der Nähe von
Budapest besaßen, begeisterte die beiden; sie wurden mit
dem Auto herumgefahren und besichtigten Schloß und
Park, absolvierten Empfänge und Pressekonferenzen, Pho-
totermine und Stadtrundfahrten bei Nacht. In Budapest
machten sie auch die persönliche Bekanntschaft des ungarischen Religionswissenschaftlers Karl Kerényi, die zu einer
jahrzehntelang anhaltenden Freundschaft führte. Auf der
Rückfahrt machten sie wieder Station in Wien mit Lesungen
aus dem *Joseph*-Roman. Man kann es nicht leugnen: Obwohl diese Reisen anstrengend waren, beflügelten sie auch.
Thomas Mann war selbst von seiner guten Konstitution
überrascht. »Die Kundgebungen der Sympathie für meine
Existenz, die ich überall erfuhr, sind selbstverständlich eine
Nerven-Wohltat«[55], hielt er fest. Katias Konstitution war
offenbar weniger stabil. Denn obwohl von dem Glanz ihres
Mannes auch etwas auf sie abfiel, erkältete sie sich wieder;
diesmal verlor sie buchstäblich ihre Stimme. Kaum zurück
in Küsnacht, mußte der Arzt gerufen werden.

Im Februar 1935 stellten Katia und Thomas Mann wieder
einmal fest, daß sie erholungsbedürftig waren. Eine Reise ins
Hochgebirge sollte Abhilfe schaffen. Obwohl der Dichter sich
vor dieser Reise ein wenig fürchtete und zunächst seinen Arzt
in Basel befragte, der ihn jedoch dazu ermunterte, reisten die
Eheleute am 9. Februar nach St. Moritz. Es war ihr dritter
Aufenthalt im Hotel »Chantarella«, wo sie einige Bekannte
trafen: Bruno Walter und Frau, die alten Münchner Nachbarn und Freunde, die zurückgezogen dort lebten und deren
Töchter eigens aus Sankt Moritz heraufgekommen waren.
Abends sprach man mit Walters über Musik und die politi-

schen Ereignisse. Der dreißigste Hochzeitstag am 11. Februar wurde mit »betrachtendem Austausch« beim Frühstück an Katias Bett begangen. Gleichzeitig besaß dieser Tag auch insofern Symbolkraft, als es sich – wie Katia feststellte – um den zweiten Jahrestag ihrer Abreise aus Deutschland handelte.

Allerdings erkältete Katia sich wieder, Thomas Mann war deswegen enttäuscht und verstimmt. Obwohl Katia nun aus gesundheitlichen Gründen auf ihren Skikurs verzichten mußte, begleitete sie dennoch ihren Mann bei seinen Spaziergängen. Bald wurden die Gäste – eine manisch-depressive Frau Oppenheim und einige junge jüdische Damen, die um ein abendliches Zusammensein baten – Thomas Mann zuviel, er fand sie »zu zutraulich«, d. h. zu distanzlos. Er wollte vorzeitig abreisen. Katia aber war dagegen. Es kam zum Streit. Am nächsten Tag, und zwar gegen den Willen und das Erwarten Thomas Manns, wurde die Abreise von Katia nun in aller Hast vorbereitet, unter »Überreizung und Depression auf beiden Seiten«. Wahrscheinlich hatte Katia genug von der Unzufriedenheit ihres Mannes. Aber mit diesem traurigen Ende ihres Urlaubs hatten die beiden doch nicht gerechnet. Im Zug saß Thomas Mann fünf Stunden lang stumm, »meistens mit geschlossenen Augen in bitterer Niedergeschlagenheit, Furcht und Kummer, während K. hustete«[56]. Wieder zu Hause, nahm die Familie das Abendessen in bedrückter Stimmung ein. »Für K. ist es gut, die Kinder wieder zu haben, morgen Erika zu sehen und nicht mehr mit mir allein zu sein«, schrieb Thomas Mann unter dem 21. Februar wehleidig in sein Tagebuch. Aber noch am selben Abend versöhnten sich die Eheleute wieder. Thomas Mann suchte Katia in ihrem Schlafzimmer auf, sie empfanden »stille Trauer über den unglücklichen Ausgang der Reise«[57]. Katia hatte also gewartet, bis Thomas sie aufsuchte, nicht umgekehrt. Der Besuch von Erika mit Therese Giehse und Annemarie Schwarzenbach verlief heiter und lenkte von dem Zerwürfnis ab.

Klaus war jetzt in Amsterdam. Es war ihm gelungen, seinen Roman *Flucht in den Norden* für 250 Dollar bei Knopf unterzubringen. Er hatte aber nicht genug Geld, weder für die »Sammlung« noch für seine Arztrechnungen, die er seiner Mutter schickte. Sein Drogenkonsum stieg ständig. Dennoch arbeitete er wie besessen weiter, versuchte René Schickele zu einem Aufsatz anläßlich des 60. Geburtstags seines Vaters zu überreden und schrieb sogar an seine in Florenz lebende Schwester Monika wegen einiger Straßennamen und Ortsteile in Florenz, die in seinem Roman über Tschaikowsky, *Symphonie Pathétique,* eine Rolle spielen sollten. Monika erledigte diese Aufgabe zur Zufriedenheit ihres Bruders. Einstweilen studierte sie Musik bei dem italienischen Komponisten Luigi Dallapiccola. Sie war inzwischen mit dem ungarischen Kunsthistoriker Jenö Lányi befreundet, der Leben und Werk des Florentiner Bildhauers Donatello erforschte. Lányi stellte sich Ende 1936 erstmals bei ihren Eltern vor.

Erika gastierte im Frühjahr 1935 wieder mit großem Erfolg in Den Haag. Sie besuchte Klaus in Amsterdam und hielt auch telefonisch Kontakt mit ihm. Schon zu Beginn des Exils hatte sie Klaus vor den Drogen gewarnt: »Die Zeiten sind so schlecht, daß man keiner ihrer Lockungen willfahren darf«; trotz Erikas Rat vermochte Klaus ihnen aber nicht zu widerstehen.[58] Auch beruflich hatte Erika Sorgen. Zwar trat sie mit ihrer Truppe überall erfolgreich auf, aber die Zensurbehörden sowohl der Tschechoslowakei als auch der Niederlande verlangten Streichungen in ihrem Programm; auf keinen Fall wollten sie sich mit den Deutschen anlegen. Erika mußte Zugeständnisse machen, um weiter auftreten zu können, aber sie merkte, daß die Bedingungen härter wurden. Seit dem Sommer 1935 wurden nur noch einzelne Nummern in das Programm der »Pfeffermühle« aufgenommen, ein neues Programm wurde nicht mehr entworfen. Mit Klaus zusammen schrieb sie im Herbst 1935 einen dreiteiligen Sketch, *Die*

Prophetin, nach Meinung ihrer Biographin eine der besten »Hitlersatiren«, die die Gattung hervorgebracht hat.[59]

Seit 1934 führten die Gestapo und das Reichsinnenministerium, das Auswärtige Amt sowie das Propagandaministerium Akten über Erika Mann und das »Pfeffermühle«-Ensemble. Die Anschuldigungen reichten aus, um Erika im Juni 1935 »als geistige Urheberin« der »deutschfeindlichen Pfeffermühle« und der »würdelosen Darbietungen, die auf eine Verunglimpfung Deutschlands abgestellt sind« zu bezeichnen und ihr die deutsche Staatsbürgerschaft zu entziehen.[60] Aber Erika hatte vorgesorgt. Sie flog nach London und heiratete am 15. Juni in Ledbury in der Nähe von Malvern, zwischen Hereford und Worcester gelegen, den englischen Lyriker Wystan H. Auden, den der Schriftsteller Christopher Isherwood, mit dem Klaus befreundet war, als möglichen Heiratskandidaten vorgeschlagen hatte. Zwar war Auden homosexuell, aber er war bereit, Erika die britische Staatsbürgerschaft durch diese »Paßehe« zu verschaffen. Die beiden hatten sich nie vorher gesehen, daher gibt es eine beträchtliche Legendenbildung um diese Eheschließung. In der ersten Variante sagt Erika auf dem falschen Bahnhof in England zu dem einzigen dort wartenden Mann: »It is so kind of you to marry me.« Bei der zweiten Variante sagt Wystan auf dem richtigen Bahnhof zu der einzigen aussteigenden Frau: »Darling, how lovely to meet you.« Bei der dritten Variante – der angeblich richtigen – treffen sich die beiden in einem *village pub.* Wystan kommt in Begleitung eines Freundes zu spät, hält mit quietschenden Bremsen. Händeschütteln mit Erika und ihr Vorschlag, den Wagen nach Malvern zu fahren, wo ihr Bräutigam als Lehrer arbeitet, fallen zusammen. Die beiden Herren sollen baß erstaunt über ihre fast männliche Erscheinung gewesen sein und darüber, daß sie sogar einen Führerschein besaß.[61]

Anders als bei Erikas erster Eheschließung gab es kein Hochzeitsmahl und keine Familienfeier. Trauzeuge war ein

Ehepaar aus Wystans Nachbarschaft. Die Ehepartner verzichteten auf alle finanziellen Ansprüche gegeneinander, und obwohl sie nie zusammenlebten, wurden sie gute Freunde.

Während der kurzen Zeit, die Erika wegen der Eheschließung in London verbrachte, traf sie erste Arrangements mit dem Theateragenten Rudolf Kommer über eine Amerika-Tournee der »Pfeffermühle«. Klaus hatte darauf gedrängt, denn er hatte seine Exilzeitschrift »Die Sammlung« 1935 einstellen müssen und strebte nun in das Land der Freiheit. Aber er wollte dorthin nicht ohne Erika. Anfang Mai fanden die letzten Aufführungen der »Pfeffermühle« in Luxemburg statt. Für Therese Giehse wurde ebenfalls ein britischer Ehemann gefunden, der Schriftsteller John Hamson-Simpson. Sie heirateten am 20. Mai 1936, damit war auch Thereses Ausreise in die USA gesichert. Aber nicht alle Ensemble-Mitglieder kamen auf die Amerika-Tournee mit.

Ein weniger gerngesehener Gast im Hause Mann war Ida Herz. Die Archivarin Thomas Manns traf am 14. April 1935 ein, »eine Haut, die nun einige Tage in den Kauf zu nehmen« war, wie Thomas Mann festhielt. Allerdings wurde sie, wie auch die Kinder und die Schwiegermutter, in den literarischen Betrieb eingespannt, obwohl Thomas Mann die »unselige Herz, die an meinen Mienen hängt, namenlos lästig und enervierend«[62] fand. Sie blieb nur ein paar Tage.

Während einer Ferienreise nach Nizza im Mai besuchten die Manns René Schickele und Familie, sahen Heinrich Mann und dessen Lebensgefährtin, »die Kröger«, deren »alberne Ordinärheit« Thomas Mann nervös machte. Nicht zuletzt trafen sie Klaus, dem Katia sogleich bei der Übersetzung einer Ansprache ins Französische half, die er auf einem Kongreß in Barcelona zu halten hatte. Vielleicht wollte sie ihm das Gefühl geben, daß sie auch für ihn hinreichend Zeit erübrigen konnte. Er erhielt von ihr auch 1000 Francs, um Schulden zu bezahlen. Thomas Mann erfuhr hier offenbar zum ersten Mal, daß Klaus »etwas Morphium gebraucht, wenn auch mit Maßen«[63]. Der Vater schien dieser Auskunft zu vertrauen.

Katia hatte während dieser Reise wieder viel zu tun. Außer ihrer Übersetzungshilfe für Klaus schrieb sie einen Briefentwurf ihres Mannes an die Parteizeitung »Komsomolskaja Prawda« in Moskau ins reine und begann mit der Abschrift der Episode »Die Feste Zel« aus dem *Joseph*-Roman, die in zwei Tageszeitungen abgedruckt werden sollte. In ihren Briefen an die Kinder klagte Katia häufig über Zeitmangel und ihre vielen Aufgaben. Schon Anfang Mai hatte sie – wie so oft – beim Frühstück mit ihrem Mann über den dritten Band des *Joseph*-Romans diskutiert, über dessen »Mangelhaftigkeit; Falsch-Angegriffenheit zu Anfang. Später gibt es wohl Gutes, aber Energisches ist zu tun«[64], so das Ergebnis dieser Besprechung in den Worten des Autors. Dieses Kapitel mußte er jetzt überarbeiten.

Am 26. Mai 1935 fand die vorgezogene offizielle Feier des 60. Geburtstages Thomas Manns in Zürich statt. Schon Tage vorher waren Glückwünsche eingegangen und Vorbereitungen getroffen worden. Die Stadt Zürich veranstaltete die Festlichkeit im Corso-Theater, man spielte das »Concerto grosso« von Vivaldi, führte den dritten Akt von Thomas Manns Drama *Fiorenza* auf, hielt Reden und überreichte eine Mappe mit Lithographien. Die Geburtstagspost nahm kein Ende, Zeitungen und Zeitschriften brachten Artikel. Gäste und Familie trafen zu dem großen Ereignis ein. Am 6. Juni fand dann die private Geburtstagsfeier mit sämtlichen Kindern, Hans Reisiger, Bruno Frank und Frau und anderen Freunden statt. Hauptgeschenk für den Jubilar war ein neuer Radioapparat.

Zum Glück konnten Thomas und Katia sich auf ihrer zweiten Amerika-Reise vom 9. Juni bis 13. Juli etwas von dem Geburtstagsstreß erholen. Diesmal reisten sie mit Golo über Paris, wo sie Annette Kolb besuchten, verabschiedeten sich von Golo, der nach St. Cloud mußte, und fuhren dann von Le Havre mit dem Dampfer »Lafayette« nach New York, wo Knopf sie wieder abholte. Allein auf dieser Überfahrt nach Amerika beantworteten sie allerdings noch 175 Briefe. Anlaß der Reise war eine weitere hohe Ehrung für den Dichter: Am 20. Juni erhielt er zusammen mit Albert Einstein die Ehrendoktorwürde der Harvard University. Die Verleihung fand in einem Festzelt mit 6000 Menschen statt. Die Gastfreundschaft in Amerika war für das Ehepaar wieder überwältigend. Besonders beeindruckte sie eine Einladung am 30. Juni 1935 bei den Roosevelts, an die sich Katia noch Jahrzehnte später genau erinnern konnte:

»Als wir das zweite Mal hinüberreisten, wurde meinem Mann in Harvard zusammen mit Albert Einstein die Ehrendoktorwürde verliehen, und wir wohnten bei dem damals sehr bekannten Schriftsteller van Loon. Er war Popularhistoriker, hatte eine Weltgeschichte geschrieben, ein netter Mann. Als wir bei ihm wohnten, bekamen wir von Roosevelt eine Einladung zu einer *dinner party* ins Weiße Haus. Wir fühlten uns sehr geehrt. Es war ein kleiner Kreis, und ich kann mich erinnern, Roosevelt erzählte irgendeine Geschichte aus seiner Münchner Studienzeit, worauf Mrs. Roosevelt sagte: ›I think, this was an excellent story.‹ Da mußten wir alle lächeln, nachdem sie sie nochmals als solche erklärt hatte.«[65] Thomas war beeindruckt von dem Präsidenten im Rollstuhl, dessen »kluger Physiognomie«, »Energie und Selbstherrlichkeit«.[66] Um von New York nach Washington zu gelangen, bestiegen die Manns erstmals ein Flugzeug. Zurück ging es mit der »M. S. Berengaria«, die in Cherbourg anlegte, schließlich waren sie am 13. Juli, nach fünf Wochen, zurück in Küsnacht.

Noch am gleichen Tag holte Katia Klaus von der Bahn ab, der sich in Sils Maria aufgehalten hatte. Zusammen gingen sie ins Konservatorium, wo Michael erfolgreich ein Geigenkonzert von Lalo vorspielte. Erika kam zum ersten Mal als Mrs. Auden nach Hause, wie üblich in Begleitung ihrer

Freundin Giehse. Nach dem Besuch in Küsnacht fuhren die beiden Kabarettistinnen mit der »Pfeffermühle« auf Tournee in die böhmischen Bäder. Die Großeltern Pringsheim waren bis Ende des Monats zu Besuch, und Klaus stellte fest, daß sie sehr, sehr alt geworden waren. Thomas Mann hielt eine kleine Rede zum 80. Geburtstag seiner Schwiegermutter. Der Schwiegervater war offenbar inzwischen ziemlich taub geworden, was ihn aber nicht daran hinderte, mit Katia in die Oper zu gehen und mit den beiden jüngsten Enkeln zu musizieren.[67] In die Zeit ihres Besuches fiel auch Katias 52. Geburtstag, an dem eine Ausfahrt mit den Eltern unternommen wurde. Bei der Abreise der Pringsheims, »zurück in den abscheulichen und bedrohlichen deutschen Hexenkessel«[68], empfand Thomas Mann sogar Mitleid mit seinen Schwiegereltern.

Trotz aller Geburtstagsfeierlichkeiten arbeitete Thomas Mann weiter am dritten Band *Joseph in Ägypten*. Er mußte Änderungen im Pyramiden-Kapitel vornehmen und erörterte mit Katia einen problematischen Punkt im Gatten-Kapitel: »die direkte Feststellung der Parallelität Joseph – Mut. – Eine Vergeßlichkeit im Gang des Gesprächs (Potiphars Enttäuschung über den konkreten Zweck ihres Kommens) schon gestern beim Lesen vermerkt. – Besserungen, Beschäftigung mit der Reise.«[69] Allein aus dieser Tagebuchnotiz ist ersichtlich, wie weit Katia auch in die Romaninhalte eindrang. Sie bemerkte schon beim Vorlesen Unstimmigkeiten und Auslassungen, die für den logischen Zusammenhang wichtig waren. Wenn Golo zu Hause war, wurde auch er in die Abschriften eingespannt, beispielsweise schrieben er und Katia die Salzburger Lesung im August 1935 ab, bei der der Dichter das Kapitel über den Tod Mont-kaws vortrug. Die Lesungen dauerten manchmal bis zu zwei Stunden. Golo war praktisch in allen Ferien zu Hause. Diesmal hatte er dem Vater seine Dissertation, mit der er bei Jaspers 1932 promoviert worden war, *Zum Begriff des Einzelnen, des Ich und des Individuellen bei Hegel,* zur Lektüre mitgebracht. Ob Katia diese Arbeit ebenfalls las, ist nicht bekannt. Im Herbst 1935 wechselte Golo als Lektor für deutsche Sprache und Literatur von St. Cloud nach Rennes, wo er bis Sommer 1936 blieb. Er erhielt dort – im Gegensatz zu St. Cloud – immerhin ein spärliches Gehalt.

Am 15. September 1935 hörten die Manns im Radio die Rede Hitlers im Reichstag, bei der er, »unterbrochen vom Beifallsgeschrei der Mannen, die neue Judengesetzgebung kundgab und zwar unter Berufung auf den Richter Brodsky. Schauderhaft, höchst schauderhaft«[70], notierte Thomas Mann. Schon zwei Tage nach diesem Ereignis stand Ida Herz wieder auf der Schwelle des Küsnachter Hauses, diesmal als Flüchtling vor den Nürnberger Nationalsozialisten, mit nur einem Köfferchen als Gepäck und ohne Geld. Noch hofften die Manns, daß sie in wenigen Tagen würde zurückkehren können. Aber die Hoffnung trog. Sie war denunziert worden; sie hatte ihrem Dienstmädchen gegenüber führende Persönlichkeiten in Staat und Partei, unter anderen Adolf Hitler und Julius Streicher, beschimpft. Nur durch ihre sofortige Flucht in die Schweiz, wo sie später Arbeit im Oprecht Verlag fand, konnte Ida Herz der strafrechtlichen Verfolgung entgehen.[71] Später fand sie in England ihre endgültige Bleibe, zunächst aber floh sie zu den Manns, die sie als ihre Freunde betrachtete.

Katia machte sich nun erst recht Sorgen um ihre noch in München lebenden Eltern. Die Nürnberger Gesetze lieferten die juristische Grundlage für die Verfolgung und Diskriminierung der Juden, also ihrer ganzen Familie. Am 16. Oktober 1935 fuhr Katia mit ihren Eltern, die nun 80 und 85 Jahre alt waren, nach Zürich zu dem Rechtsanwalt Wilhelm Abegg, dem ehemaligen Staatssekretär im preußischen Innenministerium, und ließ sich über die Auswanderungsperspektiven der Eltern beraten. Auch die Freigabe von Katias Eigentum, also ihrem Erbe, wurde erörtert. Aber daraus wurde nichts. Abegg hatte das Vertrauen der Manns gewonnen, denn auch Thomas ließ sich von ihm beraten. Dabei wurde ihm klar, daß er allenfalls durch den Erwerb einer anderen Staatsbürgerschaft die Chance hätte, sein Eigentum zurückzuerhalten.

Der Fischer Verlag mußte teilweise verkauft werden. Ein Teil mit den vom Propagandaministerium »erwünschten« Autoren sollte in Deutschland verbleiben, der andere Teil, mit den »Asphaltautoren« Thomas Mann, dem 1929 verstorbenen Hugo von Hofmannsthal, Carl Zuckmayer, Alfred Kerr, Alfred Döblin und vielen anderen, vom Ausland aus weiter vertreten werden. Die Autoren, die mit den von Gottfried Bermann Fischer im Ausland gegründeten Verlagen zusammenarbeiten wollten, mußten ihren Vertrag mit dem alten Verlag kündigen und einen neuen abschließen. So auch Thomas Mann, dessen Bücher von nun an in Wien, wohin Bermann Fischer zunächst gegangen war, bei der Bermann-Fischer Verlag GmbH erschienen und damit vorläufig dem Zugriff der Nationalsozialisten entzogen waren.[72] Das hatte auch den Vorteil, daß dem Dichter fortan seine Honorare wieder ausgezahlt werden konnten. Die Gespräche über die Vertragsbedingungen führte Thomas Mann mit Bermann und Katia in Gegenwart Reisigers am 21. September 1935, also bereits eine Woche nach dem Erlaß der Nürnberger Gesetze. Ihm war nicht ganz wohl bei diesen Verträgen, die er unübersichtlich fand. Auch mißtraute er der politischen Situation in Österreich. Aber weil er nach wie vor überzeugt war, daß seine Bücher im deutschsprachigen Raum erscheinen müßten, fügte er sich. Immerhin wurde ihm von Bermann eine Rente von jährlich 24 000 Reichsmark zugesagt, die auf die Tantiemen aus dem Verkauf seiner Bücher angerechnet werden sollte.[73] Katia wird wohl wesentlichen Einfluß auf diese Verhandlungen gehabt haben. Sie schrieb in einem Brief an Klaus, der ja wie Erika schon seit langem den Vater gedrängt hatte, sich von seinem

Verleger zu trennen, sie habe Bermann bei seinem Besuch in der Schweiz »weder bös noch unanständig« gefunden, doch sei er den Schwierigkeiten seiner Aufgabe intelligenzmäßig nicht gewachsen.[74] Auch hier also suchte sie zu vermitteln zwischen dem harten Urteil von Erika und Klaus und der Position des Vaters und Bermanns.

Katia, die neben ihren vielen anderen Aufgaben auch über die Ausbildung der Kinder wachte, konnte sich nun über die Erfolge ihrer jüngsten Tochter Elisabeth freuen. An den Tag, an dem Medi mit siebzehn Jahren das Abitur ablegte, erinnerte sich die Mutter noch viele Jahrzehnte später: »Ich war bei der Schlußfeier, und da bekam jeder Schüler sein Abgangszeugnis ausgehändigt, nur zu Elisabeth sagte der Rektor: Diese Schülerin hat ihre Zeit so gut ausgenutzt, daß wir ihr das Abgangszeugnis noch gar nicht geben können, da sie, bevor sie nicht 18 Jahre alt ist, keine Hochschule beziehen darf. Zu ihrem 18. Geburtstag wird das Zeugnis ihr zugesandt werden können.«[75] Laut Tagebuch Thomas Manns wurde Medi im September 1935 als Abiturientin entlassen. Darauf waren die Eltern stolz. Dennoch hatte auch diese Tochter ihnen Sorgen gemacht, denn sie hatte sich starrsinnig in den Kopf gesetzt, Pianistin werden zu wollen. Mit Verbissenheit übte sie Klavier, doch trauten ihr die Eltern eine musikalische Karriere nicht zu. Gleichzeitig war sie in der Schule ehrgeizig, legte sich einen strengen Tagesplan zurecht und schlief nur noch wenige Stunden. Das führte zu psychosomatischen Störungen: Schluckbeschwerden, Atembeklemmung, Platzangst bei Tisch und Anfälle von Schwermut. Endlich, mit achtzehn Jahren, erklärte sie sich bereit, sich von dem Neurologen Dr. Katzenstein behandeln zu lassen, den bereits Golo und Klaus konsultiert hatten. Einen anderen Rat wußte auch Katia nicht zu geben.[76]

Bei diesen Gesprächen gestand sie ihr eigentliches Problem: ihre unglückliche Liebe zu dem 1901 geborenen Verleger Fritz Landshoff, die fünf Jahre währte. Der war aber in

Erika verliebt, die es gerne sah, wenn Landshoff die jüngere Schwester auf dem Cello begleitete oder mit ihr über Literatur diskutierte. Denn sie war ja mit Therese Giehse liiert und fand seine Verliebtheit lästig. So förderte sie die Zusammenkünfte zwischen Landshoff und Elisabeth und gab der unglücklichen Liebe ihrer jüngeren Schwester immer neue Nahrung. Beispielsweise arrangierte Erika, daß Elisabeth ihren Wagen nach Holland überführte, wo sie Fritz Landshoff traf, der in derselben Pension wohnte. Dabei kam es dann endlich zu einer Aussprache zwischen den beiden. Elisabeth gestand ihm ihre Liebe, und er antwortete, daß er sie wegen seiner Beziehung zu Erika nicht erwidern könne. Nach ihrer Rückkehr ins Elternhaus notierte der Vater erleichtert, Medi sei wohl mit Landshoff einig geworden. Aber damit war die Sache noch lange nicht ausgestanden. Weiterhin litt Elisabeth an psychosomatischen Symptomen, an denen auch Dr. Katzenstein nichts ändern konnte. Gleichwohl absolvierte sie jetzt mit Erfolg und trotz ihres Liebeskummers auch das Konservatorium in Zürich.

Die Schreibarbeiten im Hause Mann konnten inzwischen kaum mehr bewältigt werden. Frau Lind, die neue Schreibkraft, schrieb so schnell, daß Katia nicht mit dem Kollationieren nachkam und Golo und Bibi einspannte. Auch die achtzigjährige Frau Pringsheim half manchmal mit. Allerdings durfte Katia mit ihrer Mutter nicht über Inhalte diskutieren: »K. und ihre Mutter, kollationierend, ›verstehen nicht‹, was in dem kleinen Gleichnis vom Mann, der Kuh und dem Kalb die Kuh bedeuten soll. Das verleidete mir diese gemeinsame Hilfeleistung«, schrieb Thomas Mann am 6. Oktober 1935 gekränkt in sein Tagebuch.[77] Er hatte aber offenbar nichts dagegen, wenn Erika und »die Giehse« mithalfen. Jedenfalls wurde zeitweise jede verfügbare Kraft eingesetzt, um Post, Manuskripte, Vorträge und Korrekturen pünktlich fertigzustellen.

Thomas Mann hatte Klaus' Roman *Symphonie Pathétique,*

der das Leben Tschaikowskys behandelte, erst am 30. September erhalten und fand ihn amüsant, aber »unbedeutend«. Doch auch von der Mutter erwarteten die Kinder eine eingehende Lektüre ihrer Werke. Nicht immer konnte sie schnell genug reagieren. Schon am Anfang des Monats hatte Katia an Klaus geschrieben: »... Zeit habe ich auch durchaus nicht: wichtige Lektüre bedrängt mich, ein Roman über Peter Tschaikowsky traf ein und einer über Heinrich IV. Ich habe mich zunächst dem russischen Musiker zugewandt, brachte es aber noch nicht über fünfzig Seiten, sodaß ein Urteil dann doch voreilig wäre. Wann komme ich arme, den Dingen Verhaftete denn wohl zum Lesen, und jetzt schon gar, da ich das Joseph-Manuskript korrigieren muß, welches zur Zeit abgeschrieben wird von einer von Lion empfohlenen Schreiberin, die den Teufel im Leibe hat und gegen die unsere Kat[j]ou sich verkriechen kann.«[78] Katia hatte wohl Klaus gegenüber, von dessen Gefährdung sie wußte, das Bedürfnis, sich zu rechtfertigen, weil sie mit der Lektüre seines neuen Romans nicht schneller vorangekommen war. Thomas Mann hingegen las zuerst Heinrichs Roman *Die Jugend des Königs Henri IV.*, den er bewunderte.[79]

Als Thomas Mann bei einem Spaziergang Katia das Liebeskapitel seines *Joseph*-Romans entwickelte, meinte sie, das werde die »pièce de résistance« des Bandes abgeben, und auch er glaubte, mit dem Abschluß dieses Lebensabschnitts Josephs das Schlimmste überstanden zu haben. Um das Liebeskapitel angemessen zu gestalten, las er Napoleons Briefe an Marie Louise, nicht etwa seine eigenen an Katia.[80] Für die Schulung seines Stils las er in dieser Zeit ganz bewußt Proust, auf den Annette Kolb ihn bereits 1920 hingewiesen hatte. Insgeheim trug sich der Dichter bereits seit längerem mit dem Gedanken, noch vor der Vollendung des langwierigen und schwierigen *Joseph*-Romans eine Goethe-Novelle zu schreiben, die dann als *Lotte in Weimar*, wie üblich, viel länger wurde als geplant. Die Geschichte des Treffens zwischen

Goethe und Charlotte wurde zwischen dem dritten und dem vierten Band des *Joseph*-Romans eingeschoben.

Thomas Mann erhielt im November 1935 ein Angebot aus der Tschechoslowakei, offenbar aus der Umgebung von Beneš, zusammen mit dem Bruder Heinrich die tschechische Staatsbürgerschaft anzunehmen. Dieser Brief wurde sogleich beantwortet, denn er war sowohl für eine eventuelle Ausreise als auch für die Rückerstattung des Eigentums der Familie wichtig. Man konnte ja nicht wissen, wie die politische Lage in Deutschland sich entwickeln würde. Thomas Mann erkannte klar, daß die Olympiade von 1936, die schon im Januar in Garmisch beginnen sollte, »zu einer katastrophalen Monstre-Reklame für das Dritte Reich zu werden« drohte. Wieder trug er sich mit dem Gedanken, einen entlarvenden Artikel für die Weltpresse zu schreiben.

Dennoch wurde Erikas dreißigster Geburtstag mit den Geschwistern und ihren Freundinnen gebührend gefeiert, der 29. von Klaus viel weniger feierlich. Immerhin ging Katia mit ihm nachmittags ins Kino, in den Film *Die Auferstehung,* bevor dann der Abend bei Champagner und Tschaikowsky-Musik im Familienkreis verbracht wurde.

Am folgenden Abend besuchten Katia, Thomas und Klaus Mann die Tschaikowsky-Oper *Eugen Onegin,* aber das rührende Bemühen der Eltern um den Sohn nützte nichts. Klaus wußte praktisch nicht mehr, ob er nun depressiv oder süchtig war. Tatsächlich war er beides. Seine Depressionen und die Todessehnsucht verstärkten sich immer mehr: »Depression. Dringlichster Sterbe-Wunsch… Abends: vor Trauer *geschrien.* Dann Weinkrampf von gewiss einer halben Stunde – wie ich es noch *nie* gekannt habe. – Mielein. – Arzt mußte kommen.«[81] Der von Katia gerufene Arzt Dr. Stahel gab ihm eine Injektion. Drei Tage später heißt es im Tagebuch: »Wieder schauerlich depressiv – oder süchtig?… Wieder geschrien vor Traurigkeit. Wie soll ich es schaffen?

Lieber Gott, wie SOLL ich es schaffen?? Du süßer Tod. -«
Über Erika, die ein paar Minuten mit ihm sprach und ihn
mit der Bemerkung zu trösten versuchte, es seien »nur Aus-
fallerscheinungen«, schrieb er: »Es ist furchtbar, daß ich ihr
das antun muß.« Katia kannte die schreckliche Sucht ihres
Sohnes, aber sie wußte sich nicht anders zu helfen, als ihm
trotz allem immer wieder Geld zu schicken. Im Januar 1936
hatte Klaus seine monatlichen Zuwendungen bereits bis
April im voraus in Anspruch genommen und bettelte in
einem Brief vom 14. Januar aus Sils Baseglia um das Geld
für Mai und Juni. In Anspielung auf das von Katia als »klein-
bürgerlich« bezeichnete Laster unterschrieb er den Brief mit
den Worten: »Ich bin sehr grossbürgerlich, sehr vernünftig,
besonders in Geldsachen. Als der treue Aissi-K.« Auch der
Vater war nun vollkommen informiert. In seinem Tagebucheintrag hält er fest: »K. glaubt, der Drogue Herr bleiben und
einen Schwebezustand von freier Gewöhnung und Ge-
legentlichkeit einhalten zu können. Der Weinkrampf wird
ihn wohl über seinen Irrtum belehrt haben. Dennoch ist
der Wunsch nach gänzlichem Bruch mit dem Mittel nicht
vorhanden und äußert sich auch in der Absicht, Dr. Katzenstein zu konsultieren, kaum...«[82] Am Ende des Jahres zog
Klaus in seinem Tagebuch Bilanz: »Die letzten Stunden des
schlimmen Jahres 1935. Wie war dieses schlimme Jahr? Habe
mein schönstes und traurigstes Buch geschrieben, die ›Symphonie Pathétique‹, außerdem viel nebenbei... Das ›Thun‹-
Problem immer bedenklicher und zentraler. Höhepunkt des
›Nehmens‹ in Budapest; damals die tiefste Depression, stärk-
ste Todessehnsucht... E. konstant. Auch ihr Zustand. Arbeit,
Erfolg und moralische Haltung. Liebe. Mielein besonders
lieb, besonders in den letzten Monaten.«[83]

Für Thomas Mann endete das Jahr 1935 in Geschäftigkeit.
Im November las er bei einer Wohltätigkeitsveranstaltung in
Winterthur für Pariser Emigrantenkinder aus *Joseph in
Ägypten*. Die Eheleute gingen fast täglich spazieren, fanden

Zerstreuung im Kino oder im Schauspielhaus, besuchten Vortragsveranstaltungen und verfolgten die Entwicklung in Deutschland, insbesondere die Maßnahmen gegen die Juden, die immer mehr Entsetzen hervorriefen. Heinrich Mann traf zu einem mehrtägigen Besuch ein, allerdings ohne Nelly. Auch Thomas verreiste zu einer kurzen Lesetour nach Solothurn und Bern ohne Katia, eine der wenigen Reisen, die er noch ohne ihre Begleitung unternahm. Sie empfing inzwischen Bermann Fischer in Verlagsgeschäften zum Lunch. Nicht nur um die zukünftige Niederlassung des Verlages ging es dabei, sondern auch um die Titel der neuen Bände von *Joseph in Ägypten*. Katia fand es wie Bermann besser, die Bände getrennt zu betiteln, während Thomas Mann auf der Einheit (»Des dritten Romanes 1. und 2. Teil«) bestand. Diesmal mußte Katia nachgeben.

Thomas Mann arbeitete damals an dem von ihm als schwierig empfundenen »Keuschheitskapitel« seines Romans. Was mag Katia dazu beigesteuert haben? Von »Rencontres« mit ihr, von Zärtlichkeiten zwischen den beiden Eheleuten ist jedenfalls im Tagebuch nicht mehr die Rede. Offenbar hat der Dichter nun endgültig »mit dem Weiblichen abgeschlossen«, wie er schon 1920 glaubte, denn Augen hatte er jetzt überwiegend für schöne Jünglinge. Anläßlich eines Besuches des jungen Albert Rascher, Sohn des Verlegers Max Rascher, im September 1935 gedachte er seiner großen Liebe Klaus Heuser, der ihn wenige Tage später tatsächlich kurz besuchte. Nostalgisch verglich der Dichter sich erneut mit Goethe: »Seltsam, der glückliche, der belohnte Fünfziger – und damit Schluß. Goethes erotisches Aushalten bis über 70 – ›immer Mädchen‹. Aber in meinem Fall sind wohl die Hemmungen stärker, und man ermüdet früher, selbst abgesehen von Unterschieden der Vitalität.«[84] Aus diesen Worten spricht Bedauern über diese »letzte Variation einer Liebe, die wohl nicht mehr aufflammen wird«, aber auch Dankbarkeit für das Gewesene. Katia las diese Passagen im Tagebuch erst viele Jahre später. Elisabeth sagte dazu, ihre Mutter sei nicht gekränkt über diese Stellen im Tagebuch gewesen. »Sie wußte, was ihre Beziehung zu ihm war und was die Beziehung zwischen ihm und Männern, nämlich philosophisch und ästhetisch … Nie hat sie ihm das übelgenommen, nie war sie eifersüchtig. Sie wußte, daß sie keinen Grund dazu hatte.«[85]

So verging auch das dritte Jahr im Exil in Ungewißheit. Man hatte sich zwar an den Zustand gewöhnt, aber eigentlich war nichts geklärt: weder die Frage einer Auswanderung der Pringsheims noch die Zukunft von Erikas Kabarett oder von Klaus' möglicher weiterer Tätigkeit als Herausgeber. Golo war zwar in Frankreich beschäftigt, konnte aber wegen der neuen Gesetze nicht Staatsbeamter werden, hatte also keine Aussichten auf eine feste Anstellung. Monika und die beiden Jüngeren hatten noch keine Ausbildung abgeschlossen.

Im Januar 1936 konnte Bermann Fischer seinen neuen Verlag in Wien gründen, das Erscheinen der Werke Thomas Manns im deutschsprachigen Raum schien damit gesichert. Allerdings waren gleichzeitig auch neue Feinde auf den Plan getreten. Leopold Schwarzschild, der Herausgeber des »Neuen Tage-Buchs«, hatte am 11. Januar 1936 einen Artikel veröffentlicht, in dem er Bermann Fischer als »Schutzjuden« bezeichnete und ihn verdächtigte, einen getarnten Exilverlag in Wien mit dem Einverständnis Goebbels' gründen zu wollen. Daraufhin veröffentlichten Annette Kolb, Hermann Hesse und Thomas Mann in der »Neuen Zürcher Zeitung« einen Protestbrief. Schwarzschild wiederum verlangte nun von Thomas Mann, sich von Bermann Fischer zu distanzieren. Die gesamte Exilliteratur fühlte sich durch Schwarzschilds Artikel verunglimpft. Korrodi griff Ende Januar mit seinem Artikel *Deutsche Literatur im Emigrantenspiegel*, in dem die Emigrantenliteratur mit der jüdischen gleichgesetzt wurde, ebenfalls in die Debatte ein.

Die Familie Mann am 50. Geburtstag Thomas Manns,
6. Juni 1925. Von links nach rechts oberste Reihe: Arthur Eloesser,
Thomas Mann, Golo. Mittlere Reihe: Maria Mann-Kanova,
Erika, Monika, Heinrich Mann, Klaus, unbekannte junge Frau.
Vorne: Katia Mann.

Hedwig Dohm im Alter.

Hedwig Pringsheim, geb. Dohm,
und ihr Mann, Alfred Pringsheim.

Die fünf Pringsheim-Kinder als Pierrots, 1892.
Gemälde »Kinderkarneval« von Friedrich August Kaulbach.

Katia mit ihrer Mutter Hedwig Pringsheim.

*Das Pringsheimsche
Palais in der
Arcisstraße 12 in
München.*

Studentin Katia, um 1900.

*Katia als
Abiturientin,
1900.*

Die Geschwister Erika, Klaus, Monika und Golo
mit einer Kinderfrau in Bad Tölz, ca. 1913.

Thomas Mann mit
Tochter Erika, geboren am
9. November 1905.

Katia Mann mit Klaus
auf dem Arm, geboren am
18. November 1906.

Das Haus Poschingerstraße 1 in München, gebaut 1914,
war der Wohnsitz der Familie Thomas Mann bis 1933.

Hochzeitsfoto von Erika Mann und Gustaf Gründgens, 1926.

Das Ehepaar Mann in ihrer »prachtvollen 8-cylindrigen Horch-Limousine«, die Thomas Mann im Juli 1928 gekauft hatte.

Gemeinsam mit Therese Giehse und ihrem Bruder Klaus
gründete Erika Mann in München das Kabarett
»Die Pfeffermühle«, für das sie den Großteil der Texte schrieb
und auch selbst auf der Bühne stand.

Elisabeth und ihr Mann Giuseppe Antonio Borgese
auf ihrer Hochzeitsreise, 1939.

Vater und Tochter:
Thomas Mann mit
Monika in den frühen
vierziger Jahren in
Kalifornien.

*Glücklich nimmt Katia ihre Tochter Monika am 28. Oktober 1940
nach dem Schiffsunglück in New York in Empfang.*

Katia Manns siebzigster Geburtstag, 1953.

*Elisabeth mit ihren Töchtern und ihrer Mutter
auf dem Weg zur Beerdigung ihres Mannes, 1952.*

*Katia und ihre Töchter Elisabeth (links) und Erika (hinten)
trauern um Thomas Mann. Kilchberg, 16. August 1955.*

Katia am Steuer ihres Autos,
1960.

Elisabeth,
Mitte der sechziger Jahre.

Monika auf Capri,
1956.

Elisabeth spielt mit einem ihrer
fünf Hunde auf der Terrasse
ihres Hauses in Sampro Head
bei Halifax/Kanada, 1999.

Monika im Jahr 1983.

Katia an ihrem 95. Geburtstag, 1978.

Die Auseinandersetzung hatte für die Familie Mann auch
interne Folgen. Denn am 26. Januar 1936 telegraphierte
Klaus an den Vater aus Amsterdam: »bitten inständigst auf
Korrodis verhängnisvollen Artikel wie und wo auch immer
zu erwidern stop diesmal geht es wirklich um eine Lebens-
frage für uns alle. Klaus und Landshoff.«[86] Erika schrieb aus
Biel und warf ihrem Vater vor, zum ersten Mal öffentlich *für*
eine Persönlichkeit eingetreten zu sein, der Unrecht geschehen war (Bermann), und damit *gegen* einen verdienten
Emigranten (Schwarzschild). Der Vater sei der gesamten
Emigration in den Rücken gefallen, er scheine bereit, seiner
Beziehung zu Bermann alle Opfer zu bringen. Und nun
drohte sie mit Liebesentzug: »Falls es ein Opfer für Dich bedeutet, daß ich Dir, mählich, aber sicher, abhanden komme,
–: leg es zu dem übrigen. Für mich ist es traurig und schrecklich. Ich bin Dein Kind E.«[87]

Erika wußte, wie sie mit ihrem Vater umzugehen hatte,
wenn sie etwas durchsetzen wollte. Er aber war entsetzt.
Zunächst griff Katia in dieses drohende Familienzerwürfnis
ein: »Von Ärger ist natürlich gar keine Rede, auch von Kränkung nicht, aber ich bedaure es freilich sehr, daß Du es nicht
unterlassen konntest, so zu schreiben«, rügte sie ihre älteste
Tochter. Lange Erklärungen über den Sachverhalt folgen.
Zum Schluß schrieb Katia: »Du bist, außer mir und Medi,
der einzige Mensch, an dem Z.s Herz ganz wirklich hängt,
und Dein Brief hat ihn sehr gekränkt und geschmerzt...
Daß aber Deine mir selbstverständliche Mißbilligung so
weit gehen würde, quasi mit ihm zu brechen, hätte ich wirklich nicht erwartet. Und für mich, die ich nun einmal sein
Zubehör bin, ist es auch recht hart. Dein Brief ist ja natürlich
kein Abschiedsbrief für immer, und ich nehme an, daß sich
in absehbarer Zeit ein Weg finden wird... Es segnet und
umarmt Dich Dein Mielein.«[88] Bei allem Selbstbewußtsein
bezeichnete sich Katia als »Zubehör« ihres Mannes und
stand auf seiner Seite. Indem sie Erikas Mißbilligung aber

»selbstverständlich« fand, nahm sie wieder ihre Mittlerrolle ein. Am wichtigsten war ihr die Versöhnung zwischen Vater und Tochter.

Daraufhin schrieb Thomas Mann am 24. Januar aus Arosa, wo er sich von Mitte Januar bis Anfang Februar mit Katia aufhielt, einen zwölfseitigen Brief an Erika, »für sie und die Nachwelt«. Erika ließ sich beruhigen, am 29. Januar war sie bei den Eltern und besprach die Ereignisse mit ihnen. Am 3. Februar erschien Thomas Manns Stellungnahme in der »Neuen Zürcher Zeitung«. Diesen Offenen Brief an Korrodi hatte Katia im Entwurf verfaßt.[89] Er bedeutete die endgültige Absage an das nationalsozialistische Regime und die erklärte Solidarität mit der Exilliteratur. Aber kaum war der Brief abgeschlossen, war Katia unwohl und bettlägerig, Thomas Mann hatte eine »heftige Nervenreaktion auf den gestrigen Brief. Ängste, im Gespräch mit K. geäußert … Meine Nervosität galt dem Zweifel, ob ich natürlich-persönlich gehandelt oder mich zu Fremdem hätte treiben lassen.«[90] Auch er bekam eine leichte Grippe. Aber die Reaktionen auf diesen Offenen Brief waren so positiv, daß er sich bestätigt fühlte, wie vermutlich Katia auch. Allerdings war zu befürchten, daß es wegen dieses Briefes politische Reaktionen aus Deutschland geben würde. Die Schweiz zögerte mit der Einbürgerung, die Behörden wollten von der gesetzlichen Frist nicht abweichen, auch nicht in diesem Fall, was Thomas Mann kränkte. Er erhielt lediglich einen Fremdenpaß. Noch im gleichen Jahr, am 2. Dezember, wurde Thomas Mann die deutsche Staatsbürgerschaft entzogen. Das galt auch für Katia und die vier jüngeren Kinder. Die Manns überlegten, ob sie nach Kopenhagen oder nach Wien ziehen sollten.

Neben der Auseinandersetzung in der Presse wurde fleißig weitergearbeitet, am Roman, aber auch an Glückwünschen zu Heinrichs 65. Geburtstag am 27. März, zu Bruno Walters 60. Geburtstag am 15. September und nicht zuletzt an einem

Vortrag zu Sigmund Freuds 80. Geburtstag. Im März fuhr Katia für ein paar Tage zu Erika nach Arosa. Therese Giehse hatte am 6. März Geburtstag, und Erika und Therese hatten Katia eingeladen. Thomas Mann blieb mit den beiden Jüngsten allein im Haus. Offensichtlich vermißte er seine Frau sehr, denn er ging allein spazieren und aß allein zu Abend, jedenfalls am Tag ihrer Abreise. Nach drei Tagen kam sie, begleitet von Erika und deren Freundin, zurück.

Im März trafen Katias Eltern wieder zu ihrem gewohnten Besuch in Küsnacht ein, »frisch und kregel, aber ahnungslos und von den Vorgängen kaum berührt«[91]. Die alte Frau Pringsheim half ihrer Tochter wieder beim Kollationieren, beide fanden das eben fertiggestellte »Keuschheitskapitel« amüsant. Trotz ihrer Hilfe fand Thomas Mann seine Schwiegermutter schwer erträglich. Als die Pringsheims abreisten, notierte der Dichter mitfühlend, dies sei eine Entlastung für Katia. Tatsächlich fühlte wohl er selbst sich erleichtert.

Auch die Kinder machten wieder Sorgen. Während Monika einen Brief aus Florenz an die Eltern über einen Liebeskummer und ihre Aussichtslosigkeit im musikalischen Bereich schrieb – auch sie hatte sich eine Laufbahn als Pianistin in den Kopf gesetzt[92] –, hatte Michael sich im April mit Phanodorm und anderen Mitteln betäubt. Dieser Zwischenfall, den der Vater als »Bubenstreich« bezeichnete, verstörte das Haus, wurde aber als harmlos eingestuft: »Er hatte eine Überdosis Schlafmittel genommen, und dann den Golo dazu verlockt, mit ihm auf den See zu rudern. Und er hatte sich vorgenommen, dort, im Boot mit Golo, zu sterben. Was ja wirklich ein teuflischer Plan war«, berichtet Elisabeth.[93] Ihm wurde aber nur übel, und Golo ruderte wieder zurück, außer sich vor Wut und Sorge. Der Arzt mußte kommen. Zusammen mit den Eltern, Golo und dessen Freund Kai Köster wurde die Angelegenheit besprochen. Ob Katia diesen Selbstmordversuch auch so distanziert betrachtete wie der Vater, ist nicht ersichtlich. Jedenfalls machte sie sich Sorgen um den begabten Jüngsten, wie aus anderen Situationen hervorgeht.

Am 15. Mai 1936 bestand Michael mit siebzehn Jahren sein Lehrexamen im Fach Geige mit Auszeichnung, in den theoretischen Nebenfächern schnitt er dagegen schlecht ab. Im Oktober des gleichen Jahres mußte Michael dennoch aus dem Zürcher Konservatorium ausscheiden. Das Konzertdiplom scheiterte daran, daß er sich mit dem Direktor des Konservatoriums überwarf, ja, ihn sogar ohrfeigte, weil der ihm das Klavierspielen in der Pause verbieten wollte. Daraufhin wurde Michael sofort relegiert. Katia erinnert sich: »Alle Professoren haben ihn dazu beglückwünscht, daß endlich jemand diesem Direktor zu Leibe gegangen war; aber die Gegenwehr endete halt mit schleunigem Abgang und ohne das zweite Diplom in der Tasche. Er hat dann in London sein Violinstudium fortgesetzt und kam nach Amerika, als wir schon dort waren.«[94] Michael neigte überhaupt zu Gewalttätigkeit und trank schon in jungen Jahren zuviel. Trotzdem waren die Eltern stolz auf ihren begabten Sohn. Thomas Mann bewunderte seine Disziplin und sein Talent auf musikalischem Gebiet, Katia tat alles, um ihn zu fördern.

Aber es gab noch andere Belastungen des Ehelebens. Anläßlich eines Gesprächs mit Bermann warf Katia ihrem Mann vor, er habe ihr nicht genügend »sekundiert«, vermutlich ging es wieder um Vertragsverhandlungen. Anschließend gingen die beiden zwar ins Varieté, aber Thomas Mann litt noch immer unter dem Vorwurf, er sei ihr unwürdig begegnet, und war »matt, abgespannt und traurig«[95]. Dennoch beschlossen die beiden am nächsten Morgen, daß Katia ihn auf der bevorstehenden Reise nach Wien und Prag begleiten sollte, offenbar waren sie wieder versöhnt. Die Woche in Wien war dermaßen mit Terminen überhäuft, daß Thomas Mann sein Tagebuch nicht fortführen konnte, sondern nur einen summarischen Bericht am Ende des Aufder Vater, ist nicht ersichtlich. Jedenfalls machte sie sich Sorgen um den begabten Jüngsten, wie aus anderen Situationen hervorgeht.

Am 15. Mai 1936 bestand Michael mit siebzehn Jahren sein Lehrexamen im Fach Geige mit Auszeichnung, in den theoretischen Nebenfächern schnitt er dagegen schlecht ab. Im Oktober des gleichen Jahres mußte Michael dennoch aus dem Zürcher Konservatorium ausscheiden. Das Konzertdiplom scheiterte daran, daß er sich mit dem Direktor des Konservatoriums überwarf, ja, ihn sogar ohrfeigte, weil der ihm das Klavierspielen in der Pause verbieten wollte. Daraufhin wurde Michael sofort relegiert. Katia erinnert sich: »Alle Professoren haben ihn dazu beglückwünscht, daß endlich jemand diesem Direktor zu Leibe gegangen war; aber die Gegenwehr endete halt mit schleunigem Abgang und ohne das zweite Diplom in der Tasche. Er hat dann in London sein Violinstudium fortgesetzt und kam nach Amerika, als wir schon dort waren.«[94] Michael neigte überhaupt zu Gewalttätigkeit und trank schon in jungen Jahren zuviel. Trotzdem waren die Eltern stolz auf ihren begabten Sohn. Thomas Mann bewunderte seine Disziplin und sein Talent auf musikalischem Gebiet, Katia tat alles, um ihn zu fördern.

Aber es gab noch andere Belastungen des Ehelebens. Anläßlich eines Gesprächs mit Bermann warf Katia ihrem Mann vor, er habe ihr nicht genügend »sekundiert«, vermutlich ging es wieder um Vertragsverhandlungen. Anschließend gingen die beiden zwar ins Varieté, aber Thomas Mann litt noch immer unter dem Vorwurf, er sei ihr unwürdig begegnet, und war »matt, abgespannt und traurig«[95]. Dennoch beschlossen die beiden am nächsten Morgen, daß Katia ihn auf der bevorstehenden Reise nach Wien und Prag begleiten sollte, offenbar waren sie wieder versöhnt. Die Woche in Wien war dermaßen mit Terminen überhäuft, daß Thomas Mann sein Tagebuch nicht fortführen konnte, sondern nur einen summarischen Bericht am Ende des Aufenthalts verfaßte. Der Höhepunkt war wohl der 80. Geburtstag Sigmund Freuds mit dem Vortrag Thomas Manns *Freud und die Zukunft*, der mit brausendem Applaus bedacht wurde. Bei ihrer Heimkehr aus Wien und Prag waren die Manns zufrieden, daß der »problematische Bibi« wieder in leidlicher Verfassung war, obwohl er seinen Besuch beim Psychiater geschwänzt hatte.

Schon im nächsten Monat stand eine Reise nach Budapest an, wo vom 5. bis zum 18. Juni eine Tagung des »Comité de la Coopération Intellectuelle« stattfand, bei der Thomas Mann sprechen sollte. Katia ging mit ihm ein Exposé über »Humanismus und Humaniora« durch, dessen Entwurf diesmal Golo verfaßt hatte. In der Familie herrschte also wahrhaft Arbeitsteilung. Der 61. Geburtstag Thomas Manns wurde ausnahmsweise in der Bahn gefeiert. Katia hatte vor Reiseantritt kleinere praktische Geschenke eingekauft und überreicht. In Budapest wurden die Manns wieder überaus herzlich bei den Hatvanys aufgenommen. Katia hatte die kleine Genugtuung, daß Thomas Manns Rede nach ihrem Stenogramm im »Pester Lloyd« abgedruckt wurde. Bei dem anschließenden Besuch in Wien mit dem Freud-Vortrag, mit Soupers, Empfängen, einer Opernaufführung mit Bruno Walter, Treffen mit Bermanns und zahlreichen Schriftstellern, einem Besuch bei Freud in dessen Sommerhaus, einer Besichtigung des neuen Wiener Verlags und vielen anderen Aktivitäten war Thomas Mann dermaßen begeistert, daß er bereits die Übersiedlung nach Wien ankündigte, was langanhaltenden Applaus hervorrief. Erstaunlich war ja – und das mochte auch die Manns in trügerischer Sicherheit wiegen –, daß Bruno Walter noch 1936 als Operndirektor nach Wien berufen wurde.

In den Tagen nach der Rückkehr der Manns nach Küsnacht trafen Klaus und Golo ein. Gemeinsam besprach die Familie Bibis Probleme, wobei Klaus den Verteidiger, Erika den Ankläger spielte. Was dabei herauskam, wird leider nicht berichtet. Es ist allerdings naheliegend, daß Erika ihren jüngsten Bruder strenger beurteilte als Klaus. Der Vater nahm die Schwierigkeiten seines jüngsten Sohnes wohl wahr, er war aber zu beschäftigt mit dem Abschluß des dritten Bandes der *Joseph*-Tetralogie, um sich des schwierigen Teenagers wirklich anzunehmen. Außerdem reisten schon wieder Katias Eltern an, Hedwig Pringsheim wurde 81 Jahre alt, ihr Geburtstag wurde im Familienkreis gebührend gefeiert. Erika fuhr eigens aus Sils nach Hause; zum Abendessen wurden Freunde eingeladen. Nach dem Weggang der Gäste hatte Thomas Mann wieder »gequälte Nerven«. Frau Pringsheim hat vielleicht geahnt, daß sie nicht mehr lange zu leben haben würde; sie schenkte Erika einen Smaragdring und Katia einen Goldtopas-Schmuck sowie einen Blaufuchskragen, den die Tochter ihrer Mutter zu Ehren auch zum Abendessen anlegte. Alfred Pringsheim litt nachts an Atemnot, was Katia Anlaß zu Besorgnis gab. Schon vor Katias Geburtstag reisten die Pringsheims wieder ab. Das Haus leerte sich. Nur Golo war noch zu Hause; er fuhr seine Eltern ins Engadin, nach Sils Baseglia, wo sie zum ersten Mal im Sommer die schöne Landschaft genießen konnten. Sie trafen hier Erikas Freundinnen, Therese Giehse und Annemarie Schwarzenbach, die dort ein Haus besaß. Am nächsten Morgen, einem strahlend schönen Tag, beglückwünschte Thomas Katia schon am Bett zu ihrem Geburtstag, anschließend frühstückten sie zu zweit auf ihrem kleinen Balkon. Danach wendete sich der Dichter wieder seiner Arbeit zu. Später gingen die beiden spazieren, fuhren nachmittags nach Sankt Moritz, um Einkäufe zu machen. Abends feierten sie Katias Geburtstag mit Golo und den beiden Damen bei ein paar Flaschen Sauternes; alles in allem ein ruhiger Geburtstag ohne Briefdiktate, die aber bereits am nächsten Tag wieder einsetzten. Allerdings hatte Thomas Mann immer weniger Lust zu diesen Diktaten. Auch später im Jahr klagte er über diese Arbeit, die er quälend und ermüdend fand.

Unterdessen betrieb der Kaufmann Rudolf Fleischmann aus Proseč »mit heiligem Eifer und ›historischer‹ Feierlichkeit« die tschechische Ehren-Einbürgerung Thomas Manns und der Seinen in der Tschechoslowakei.[96] Thomas Mann unterschrieb den Einbürgerungsantrag an die tschechische Gemeinde am 6. August 1936. Noch hatte er den deutschen Behörden gegenüber ein schlechtes Gewissen, fühlte sich aber durch seine wiederholten Mahnungen, er müsse eine andere Staatsangehörigkeit annehmen, wenn ihm nicht seine Habe zurückgegeben werde, gedeckt. Katia hatte überhaupt keine andere Möglichkeit, sie war einfach als Ehegattin mitbetroffen, als am 19. November 1936 die Gemeinde Proseč Thomas Mann einen Paß ausstellte und ihm und seiner Frau das Bürgerrecht verlieh. Die beiden jüngsten und noch unmündigen Kinder Elisabeth und Michael erhielten ebenfalls die tschechische Staatsbürgerschaft. Den Eid für die Einbürgerung legte Thomas Mann in Zürich vor dem tschechischen Konsul ab. Klaus und Erika waren bereits vorher der deutschen Staatsangehörigkeit für verlustig erklärt worden. Die beiden gingen im Sommer 1936 – zunächst für ein halbes Jahr – nach Amerika, Erika mit ihrem englischen, Klaus mit einem niederländischen sogenannten Fremden- oder Gunstpaß, der ihm bereits 1934 gewährt worden war. Die tschechische Staatsbürgerschaft erhielt er erst am 25. März 1937. Golo und Monika beantragten die tschechische Staatsbürgerschaft separat von den Eltern. Voraussetzung dafür war das Heimatrecht, das zuvor bewilligt werden mußte. Golo bekam im Januar, Monika im März 1937 von der Gemeinde Proseč das Heimatrecht zugesprochen.[97]

Gequält von Rheuma, Hals- und Kopfschmerzen sowie einem lästigen Ekzem, konnte Thomas Mann am 23. August 1936 den dritten Band *Joseph in Ägypten* abschließen. Dreieinhalb Jahre hatte er daran gearbeitet, die gesamte Zeit seines bisherigen Exils, wenn auch von vielen Reisen und Vorträgen unterbrochen. Dieser vorläufige Abschluß war für

Katia Grund genug, ein besonderes Abendessen mit anschließender Bowle und Torte zu arrangieren. Danach gab der Dichter eine »festliche Lesung« aus dem Schlußkapitel vor den Zuhörern Katia, Erika, Therese Giehse, Golo, Elisabeth und Michael. Elisabeth trug einen von Erika gedichteten Glückwunsch vor.

Zur Erholung von den Strapazen war eine Reise der Manns an die Côte d'Azur geplant, ihrem ersten Wohnsitz im Exil. Aber der Dichter erholte sich dort nicht. Die »schwer depressive Chocwirkung des Midi«[98], der gräßliche Lärm, das fade Essen verschlimmerten seinen gereizten Nervenzustand. Zwar besuchten sie Sanary und Bandol, trafen alte Freunde wieder – die Feuchtwangers, Frau Meier-Graefe und die Schickeles –, aber die Akklimatisierung dauerte fast eine Woche. Le Lavandou, die nächste Station, wo man Heinrich treffen wollte, war noch desaströser: entnervender Mistral, ein großer Waldbrand, uneßbares Gebackenes, Mücken – alles störte. Bald war Katia fiebrig und appetitlos, matt und benommen. Der herbeigeholte Wiener Arzt stellte eine Angina und 39 Grad Temperatur fest. Auch Thomas Mann wurde angesteckt, litt zusätzlich an rheumatischen Schmerzen. Katia entschloß sich, die Rückreise ohne Genehmigung des Arztes anzutreten. Wie froh waren die beiden, als sie die Sauberkeit, Eleganz und den Komfort ihres Schweizer Domizils wiederfanden.

Bei der Ankunft in Küsnacht fanden sie nicht nur Kuno Fiedler vor, den Pastor, der Elisabeth getauft hatte; er war vor den Nationalsozialisten aus dem Würzburger Gefängnis geflohen. Auch Therese Giehse logierte vorübergehend im Hause. Zusätzlich zu all diesen Besuchen mit ihren menschlichen Problemen gab es schlechte Nachrichten über den »fatalen« Bibi, der offenbar einen unerlaubten Ausflug bzw. einen Ausreißversuch gemacht hatte. Katia war vollkommen niedergeschlagen. Da bekam Thomas Mann plötzlich eine sehr schmerzhafte Gesichtsrose, die tagelange Bettruhe, die

Behandlung durch den Hausarzt Dr. Stahel sowie sorgfältige Pflege durch Katia erforderte, die Umschläge mit essigsaurer Tonerde machen mußte. Der Patient war »dankbar für K.'s Pflege und die gute, leichte Nahrung«.[99]

Er versäumte allerdings nicht, unter heftigen Schweißausbrüchen der im Hause versammelten Gesellschaft aus seinem soeben abgeschlossenen Roman vorzulesen.

Im September 1936 reisten Erika und Klaus nach Amerika ab, ein Empfehlungsschreiben des Vaters für die »Pfeffermühle« sollte ihr den Weg ebnen, und der Ehemann Wystan Auden, den sie vor der Abreise in London besucht hatte, sollte die Übersetzung der wichtigsten Texte ins Englische vornehmen. Wieder mußte sich Erika um die Räumlichkeiten und vor allem die Geldgeber kümmern. Ihr Englisch war zwar recht gut, aber keineswegs perfekt. Ende November trafen weitere Ensemblemitglieder in New York ein. Sie mußten sich ebenfalls erst an die neuen Verhältnisse und an die neue Sprache gewöhnen, was besonders Therese Giehse Probleme bereitete. Sie war zutiefst verärgert, weil Erika inzwischen neue Kontakte geknüpft hatte, unter anderem mit dem »unermeßlich Reichen«, ihrem Verehrer Maurice Wertheim, der sie am liebsten sofort geheiratet hätte, dann aber wenigstens die Schulden für die »Peppermill« übernehmen durfte. Auch Martin Gumpert, emigrierter Arzt und Schriftsteller, hatte sich leidenschaftlich in Erika verliebt. Mit ihm blieb sie sogar jahrelang zusammen, ohne allerdings zu irgendwelchen Einschränkungen ihrer persönlichen Freiheit bereit zu sein.

Die Freundin Annemarie Schwarzenbach war inzwischen ebenfalls in New York eingetroffen und arbeitete als Fotojournalistin; sie war allerdings dem Morphium verfallen und selbstmordgefährdet. Erika mußte sich um all diese Menschen kümmern, auch um Klaus, der nicht von den Drogen lassen konnte. Er sehnte sich nach einer dauerhaften Beziehung, die er selbst nicht eingehen konnte. Seit seiner

Jugend litt er an einer verzweifelten Todessehnsucht, die kein
Arzt heilen konnte. Das alles führte zu Spannungen in der
Truppe, insbesondere Therese Giehse fühlte sich ausge-
schlossen. Sie war von Anfang an gegen das amerikanische
Unternehmen gewesen.

Am 5. Oktober 1936 trafen Katias Eltern wieder zu ihrem
üblichen Besuch in Küsnacht ein, diesmal aber handelte es
sich tatsächlich um den letzten Besuch bei ihrer Tochter.
»Noch im Sommer 1936 konnten meine Großeltern Pringsheim Küsnacht besuchen, wie in den beiden Jahren vorher.
Danach wurde ihnen der Paß entzogen. Auf die Frage des
Geheimrats, warum? lautete die Antwort: ›Sie haben einen
Schwiegersohn.‹ Ende Oktober 1939 durften sie schließlich
in die Schweiz ausreisen, ihre geliebte Tochter sahen sie
nie wieder, weil meine Eltern in den USA waren, mich
wohl…«[100], erinnert sich Golo.

Auch Monika machte den Eltern Probleme. Sie traf am
18. Oktober aus Florenz in schlechter gesundheitlicher Verfassung ein. Verschiedentlich sprachen die Eltern über das
»recht trübe Problem Moni«[101], fanden aber keine Lösung.
Bibi gab im November »Anlaß zu Betrübnis durch dumme
Lasterhaftigkeit«, und das, obwohl er ein Privatzimmer in
der Stadt erhalten hatte, von dem der Vater von vornherein
annahm, daß er es mißbrauchen würde.[102] Er neigte zu Jäh-
zorn und trank. Und es kam noch schlimmer. Ende November gab es eine heftige Szene mit Bibi wegen dessen Frechheit
und Lasterhaftigkeit, die mit seinem lauten Abgang endete.
Katia konnte vor Erregung und Sorge nicht schlafen und
fuhr mit Medi im Auto los, um ihn zu suchen. Erfolglos
kamen die beiden heim. Am nächsten Morgen brach Katia
»zu meinem Herzweh in Tränen aus vor nervöser Erschöpfung«, notiert der Gatte. Sie fuhr wieder mit dem Wagen los
und fand ihren Jüngsten in seinem Bett. Die Nacht hatte er
bei seinem Freund Heiner Hesse, dem Sohn Hermann Hesses, verbracht. Man habe ihn ja fortgejagt, sagte er zu seiner

Entschuldigung.«»Froh, daß K. aus der gröbsten Sorge heraus war, arbeitete ich noch etwas weiter«[103], schrieb Thomas Mann in sein Tagebuch, als seien die Kinder allein Katias Angelegenheit. Mitte Dezember teilte Michael seinen Eltern mit, daß er seine und Elisabeths Schulfreundin Gret Moser heiraten wolle, ein hübsches Schweizer Mädchen. Außer der Jugend der beiden hatten die Eltern dieser Absicht eigentlich nichts entgegenzusetzen, im Gegenteil, sie hofften vielleicht, daß Michael durch Gret ein wenig stabilisiert würde. Zuvor aber sollte er seine Berufsausbildung abschließen.

Der dritte Band des *Joseph*-Romans, *Joseph in Ägypten*, erschien bereits Mitte Oktober 1936 im Wiener Verlag Bermann Fischers. Zur Freude des Autors war Ende November die erste Auflage von 10 000 Bänden schon vergriffen. Bereits Ende Oktober begann er mit den Vorarbeiten zu *Lotte in Weimar*. Inzwischen hatte Klaus schon wieder einen Roman geschrieben, *Mephisto*, der das Leben eines Opportunisten im Nationalsozialismus schilderte, gleichzeitig aber eine kaum verschlüsselte Abrechnung mit seinem ehemaligen Schwager Gustaf Gründgens war. Die Großmutter, Hedwig Pringsheim, konnte den soeben erschienenen Roman noch lesen und war mit ihrem Porträt als »Generalin« nicht unzufrieden. Katia las ihn noch vor Thomas Mann und schrieb ihrem Sohn:

»Liebster Aissi-Sohn:

Nun sollen alle kommen und Dir über den ›Mephisto‹ ein treffend Wörtlein sagen, und die Mutter soll den Anfang machen, während der Vater noch mit dem Buch Fühlung nimmt (ich habe ihm strikt anbefohlen, es lückenlos zu lesen, aber der Mann hat Dir ja so garstige Angewohnheiten!) Nun also, ich habe viel Freude an der Lektüre gehabt, und ich halte es für ein geglücktes Produkt. Dichterischer und menschlich bewegender ist natürlich der Tschaikowski, aber der Mephisto ist nicht nur amüsant, mit leichter Hand teil-

weise virtuos hingelegt, worin es, meines Wissens, keiner
unter jungen Autoren Dir gleich tut, als Milieuschilderung
ganz vorzüglich, sondern man spürt ja doch auch die Leidenschaft der Gesinnung, und die Frage, ob es sich lohnt,
sich vierhundert Seiten lang mit diesem im Grunde doch
ziemlich mediokren und unappetitlichen Burschen zu beschäftigen, kann man am Schluß unbedingt bejahen, da der
menschliche Typus eben doch voll und ganz, nicht einseitig-
gehässig, herauskommt, und gerade den Schluß, den Zusammenbruch in Frau Bellas Schoß mit der vorangegange-
nen Botschaft von Otto, finde ich sehr gut, während die
Figur beim Pakt mit dem Teufel ja wirklich in eine gewisse
abscheuliche Großartigkeit wächst. Auch der sympathisch
gesehene (mein Gott, an wen erinnert er mich doch?) junge
Niklas steht gut an seinem Ort, und überhaupt sind fast alle
Figuren von größter Lebendigkeit und Anschaulichkeit. Nur
einiges scheint mir infolge der Transposition nicht so ganz
geglückt. Die Ehe mit Barbara dünkt mich etwas matt und
unglaubhaft, und auch die Barbara-Sebastian-Welt eher
farblos und konventionell. (nicht der Geheimrat und die
nicht mehr läutende Generalin.) Auch mit dem negroiden
Masochismus bin ich nicht ganz einverstanden, aber dies
wohl wirklich mehr aus Billigkeitsgründen, weil ich das Gefühl habe, daß man bei einem Schlüsselroman (etsch!) einer
so bis ins Kleinste der Wirklichkeit nachgebildeten Gestalt
dergleichen eigentlich nicht anhängen darf. Am glänzend-
sten als Schilderung finde ich fast das Berlin <u>vor</u> dem
Zusammenbruch, das freilich das Nachfolgende ja beinahe
rechtfertigt, und wie der Betrug von Herrn Katz mit dem
Drama ›Die Schuld‹ aufkommt, habe ich dann doch laut
gelacht. Der Dicke und die Lindenthal sind auch sehr geglückt, aber teilweise gleitet die Kritik an Nazi-Deutschland
vielleicht ins Polemisch-Journalistische ab, das läßt sich
wohl kaum vermeiden. Alles in allem kann ich nur wiederholen: eine fesselnde Lektüre von hoher künstlerischer Qua-

lität und starkem aktuellen Interesse... Bin zu sehr gehetzt und konnte auch gar nicht so schön über den Mephisto schreiben, wie ich es eigentlich könnte und der Gegenstand es erfordert... Alles Gute, Ihr Lieben. Sehr anhänglich das uralte Mielein.«[104] Sie war damals 53 Jahre alt.

Thomas Mann las das Buch ebenfalls und schrieb am 3. Dezember an Klaus, er habe es »längst genußreich beendet«, der Roman habe ihm großes Vergnügen gemacht. Er lobte den Sohn und dessen Darstellung des Bösen über alle Maßen.[105] Schon während der Lektüre hatte der Vater notiert, er fände den Roman »leicht und geschickt«, er habe »moralische Wirkungen«[106]. Es trifft also nicht ganz zu, daß Thomas Mann die schriftstellerischen Arbeiten seines Sohnes nicht hinreichend würdigte oder ihm mit Kälte und Distanz begegnete, wie immer wieder behauptet wird.

Am 2. Dezember 1936 wurde Thomas Mann aufgrund des »Gesetzes über den Widerruf von Einbürgerungen und die Aberkennung der deutschen Staatsangehörigkeit vom 14. Juli 1933« die deutsche Staatsangehörigkeit aberkannt. Katia und die vier jüngeren Kinder wurden in diese Verfügung eingeschlossen. Die Begründung war, der Dichter habe sich wiederholt an »Kundgebungen von internationalen, meist unter jüdischem Einfluß stehenden Verbänden, deren feindselige Einstellung gegenüber Deutschland allgemein bekannt«[107] sei, beteiligt. Auch habe er sich in einer Diskussion in der »Neuen Zürcher Zeitung« eindeutig auf die Seite des staatsfeindlichen Emigrantentums gestellt. Sein Bruder Heinrich, sein Sohn Klaus und seine Tochter Erika seien bereits vor längerer Zeit wegen unwürdigen Auftretens im Ausland der deutschen Staatsangehörigkeit verlustig erklärt worden.[108] Thomas Mann, der unfreiwillig ins Exil gegangen war, konnte von der rechtlichen Bedeutungslosigkeit dieses Aktes sprechen, da er schon seit 14 Tagen tschechischer Staatsbürger war. Er muß also gewußt haben, was ihm drohte, und hat wohl die tschechische Staatsbürgerschaft rechtzeitig und dankbar angenommen, obwohl er nie wirklich vorhatte, dorthin zu übersiedeln. Die National-sozialisten nannte er »flüchtige, wenn auch penetrante Er-scheinungen, die zur Zeit Deutschland regieren«.

Am 19. Dezember 1936 erkannte die Philosophische Fa-kultät der Universität Bonn als Folge der Ausbürgerung Thomas Mann die Ehrendoktorwürde ab. Er erhielt diese Nachricht zu Weihnachten 1936. Trotz der von Katia mit »liebevollstem Fleiß« ausgerichteten Bescherung war dieses Weihnachtsfest doch etwas getrübt. Die beiden Großen, die sonst immer zur guten Stimmung beigetragen hatten, blie-ben in Amerika, Moni, mit »nervöser Depression«, weigerte sich an dem Fest teilzunehmen. Überschattet von den politi-schen Ereignissen – dem Bürgerkrieg in Spanien, der Aus-bürgerung, der Aberkennung der Ehrendoktorwürde, der Sorge um die Zukunft – konnte an diesem Jahresende keine rechte Stimmung aufkommen. Am 31. Dezember antwortete Thomas Mann dem Dekan der Philosophischen Fakultät Bonn, Prof. Dr. Karl Justus Obenauer, auf die Aberkennung. Übersetzungen dieses Briefwechsels[109] erschienen fast über-all in der internationalen Presse. Die Familie versuchte gleichwohl wie gewohnt dem Leben Freude abzugewinnen. Diesmal las Golo an einem der Feiertage aus seinem *Gentz*-Buch vor, das der Vater »recht reizvoll« fand. Katia bemühte sich, durch Beibehalten der gewohnten Feste und Feiern dem Leben im Exil ein Stück Normalität zu erhalten.

Die Premiere der »Peppermill« fand am 5. Januar 1937 in New York im obersten Stockwerk eines Wolkenkratzers statt. Schon bei dieser ersten Vorstellung wurde deutlich, daß ein politisches Kabarett in Amerika nicht ankommen würde. Sie fand relativ wenig Anklang, wohl auch weil das literarische Kabarett in Amerika keine Tradition hatte, vielleicht auch, weil das Programm teils in englischer, teils in deutscher Spra-che vorgetragen wurde.[110] Das Projekt war gescheitert, die geplante Tournee mußte gekündigt werden, das Ensemble löste sich auf. Das Kabarett hatte vier Jahre und über 1000 Vorstellungen überdauert, nun wurde es eingestellt. Therese Giehse und Magnus Henning, die ältesten Ensemble-Mitglieder, kehrten im Februar 1937 nach Europa zurück.

Erika setzte ihre amerikanische Karriere als »lecturer« fort, ja, sie wurde ihrem Bruder zufolge einer der begehrtesten »lecturers« des Kontinents. Obwohl also das Kabarett-Unternehmen bald scheiterte, hatte Erika doch als erste ihre Fühler nach Amerika ausgestreckt und viele Kontakte geknüpft, die sie in die Lage versetzten, nicht nur selbst dort öffentlich aufzutreten, sondern auch später ihren Eltern den Weg zu ebnen. Im März 1937 sprach sie in New York auf einer Massenveranstaltung des »American Jewish Congress« über Hitler und seine Kriegspläne. Thomas Mann sandte ihr dazu ein Glückwunschtelegramm, in dem der ganze Stolz, aber auch der Anspruch des Vaters zum Ausdruck kommt: »Du sprichst dort als selbständige Persönlichkeit, zugleich aber tust Du es gewissermaßen an meiner Statt als meine Tochter und als meines Geistes Kind ...«[111] Sie versuchte, wie mit ihrem Kabarett, auch auf diese Weise die Wahrheit über das nationalsozialistische Regime in Deutschland zu verbreiten und trug anschaulich und beredt vor, wie es dort zuging. Die Verhältnisse illustrierte sie mit Geschichten aus dem Alltag und machte den Amerikanern auf leicht faßliche Weise den Charakter dieses Regimes deutlich. Auch die Gefahr eines von Deutschland ausgehenden Krieges und eine dann erforderliche militärische Erwiderung des Auslands hielt sie den Amerikanern vor Augen. Mit solchen Veranstaltungen hatte Erika in Amerika großen Erfolg; sie übte diese Tätigkeit als Vortragsreisende bis 1939 aus.

Allerdings war ihr Leben als »lecturer« äußerst anstrengend. Ihrer Mutter schrieb sie am 1. Mai 1937, sie habe fünf Mal in drei Tagen allein in Cleveland gesprochen, was sie an den Rand des Zusammenbruchs gebracht habe. »Meine etwas kindische Art, Geschichtchen zu erzählen, und, nur an Hand ihrer, Schlüsse zu ziehn, die ungeheuer allgemeinverständlich sind, nimmt die schlichten Amerikaner für sich ein, – und wenn es mich nicht ein wenig zu sehr *langweilen* möchte, in diesen öden Städten umherzufahren, allein, – und als tapfere kleine Frau, – ich könnte gewiß davon leben und dürfte auch wohl das Gefühl haben, es nicht völlig nutzlos zu tun.«[112] In fünf Monaten sprach sie über fünfzig Mal an verschiedenen Orten über das nationalsozialistische Regime. Erika konnte zwar von diesen Einkünften leben, sie verdiente im Jahr 1938/39 pro Vortragsabend 50 bis 100 Dollar, bei steigendem Honorar in der darauffolgenden Saison. Aber ein Vortragsabend gemeinsam mit Klaus brachte nur die Hälfte ein. Die Agentur sorgte für Werbung und Reisekosten, während Erika für die Hotels und die sonstigen Nebenkosten aufkommen mußte; aber die unregelmäßige Lebensweise schadete ihrer Gesundheit und machte ihren Eltern Sorgen. Sie rauchte viel, nahm Aufputschmittel und war häufig schlaflos. Die Vermutung des Vaters jedoch, Erika sei »in der Hoffnung«, wurde mit einem Brief zerstreut.[113] »Jenes« sei es nicht, schrieb sie diskret. Aller Wahrscheinlichkeit nach war sie zu dieser Zeit zwar von Gumpert schwanger, aber sie wollte keine Kinder. Ihrer äußeren Rastlosigkeit entsprach ihre innere Ruhelosigkeit, sie wurde immer nervöser und gereizter, ihre politischen Ansichten immer kompromißloser.

Klaus, der ebenfalls Texte für die »Pfeffermühle« geschrieben hatte, machte sich schon am 10. Januar 1937 auf die Rückfahrt nach Europa, zunächst nach Paris – immer noch rauschgiftsüchtig und ohne Geld. Trotzdem arbeitete er wie besessen. Er schaffte es, gleichzeitig an einem Rilke-Aufsatz und an seinem Emigranten-Roman *Der Vulkan,* der 1939 erschien, zu arbeiten. Im Februar fuhr er zu den Eltern nach Küsnacht. Er war etwas verstimmt, weil diese ihn nicht über die väterliche Gründung der Zeitschrift »Maß und

Wert« unterrichtet hatten und der Vater ihn trotz seiner Redaktionserfahrung bei der »Sammlung« offenbar auch nicht daran beteiligen wollte. Herausgeber waren Thomas Mann und Konrad Falke, Redakteur wurde zunächst Ferdinand Lion. Die Mittel für das Unternehmen stellte eine literaturfreundliche und reiche Dame, die ganz im Hintergrund zu bleiben wünschte, zur Verfügung.[114] Klaus beklagte sich bitter über des Vaters »völlige Kälte« ihm gegenüber. »Ob wohlwollend, ob gereizt (auf eine sehr merkwürdige Art »geniert« durch die Existenz des Sohnes): niemals interessiert, niemals in einem etwas ernsthafteren Sinn mit mir beschäftigt… Reizende Äußerungen, wie etwa gelegentlich ›Flucht i.d.N.‹ oder ›Mephisto‹ *kein* Gegenbeweis. Mischung aus höchst intelligenter, fast gütiger Konzilianz – und Eiseskälte«, klagte er in seinem Tagebuch.[115] Dennoch blieb für ihn das Elternhaus immer eine Zuflucht. Klaus und Erika hatten nie eigene Wohnungen, sie zogen es vor, in Hotels zu wohnen, und blieben unbehaust.

Anfang Januar 1937 befanden sich die beiden »Großen« in den USA, Golo in Prag, Moni in Wien, Bibi in Paris, so daß nur noch Medi zu Hause war, die inzwischen auch schon Chauffeurdienste leisten mußte. Dafür durfte sie auch ein paar Tage zum Skilaufen nach Arosa kommen, wo vom 22. Januar bis 20. Februar die Eltern wieder wie gewohnt Urlaub machten und der Dichter die Arbeit an *Lotte in Weimar* begann. Katia zog sich beim Skifahren eine Fußverletzung zu, die sie einige Tage ans Bett fesselte. Die Diktate fanden weiterhin statt. Weder in der Krankheit noch im Urlaub gönnten sich die Manns eine Pause. Die schlechte Nachricht, die sie in Arosa erhielten, betraf Katias Eltern in München, denen gerade die Pässe entzogen worden waren. Thomas Mann empfand »Ekel und Niedergeschlagenheit, – weil ich sehe, daß es K. nahegeht«.[116]

Trotz Zahnbeschwerden und Ischiasschmerzen nahm Thomas Mann eine Einladung der New School for Social

Research an, die die Manns vom 6. bis zum 29. April 1937 auf ihre dritte Reise in die Vereinigten Staaten führte. Den englischen Vortrag über Goethe und die Tischrede übte er immer wieder mit Mrs. Hottinger, einer in Zürich lebenden Übersetzerin und Schriftstellerin, die auch die Übersetzung angefertigt hatte; er repetierte sie allein oder mit Katia. Dieses Mal ging die Reise wieder über Paris nach Le Havre, dann mit der »Normandie« nach New York. Zufällig waren auch der Schriftsteller Aldous Huxley und seine Frau an Bord, so daß die beiden Ehepaare – bis auf gewisse Sprachschwierigkeiten – angenehme Unterhaltung hatten. Aber Thomas Mann litt weiterhin an so starken Schmerzen, daß sie ihm den Schlaf raubten. Endlich, am 12. April, legte das Schiff in New York an, wo die Manns wie üblich von Journalisten, Photographen, Freunden, Professor Hans Simons von der New School for Social Research und tröstlicherweise Erika empfangen wurden. Sie stiegen im Hotel »Bedford« ab, in dem auch Erika wohnte. Dort trafen sie ihren damaligen Lebensgefährten Martin Gumpert, der weiterhin unbedingt Erika heiraten wollte, sowie den reichen Bankier Maurice Wertheim, der ihre Schulden aus dem »Pfeffermühlen«-Fiasko bezahlt hatte. Katia schrieb an Golo und Klaus, die sich in Prag aufhielten: »Ich muß ja sagen, daß Martin mir menschlich entschieden besser gefällt als Maurice, aber ein *bißchen* glanzvoller müßte er halt sein«.[117] Sie hatte also schon eine Vorstellung von Erikas zukünftigem Ehemann, aber sie mischte sich nicht ein, zumal Erika ja noch mit Auden verheiratet war. Und ohnehin konnte man dem lieben Kind ja nicht raten. Erika hielt sich noch immer alle Türen offen und nahm sogar ein Engagement als Schauspielerin in einer amerikanischen Show an.

Bereits einen Tag nach der Ankunft hielt Thomas Mann seinen Wagner-Vortrag in New York. Am 15. April hielt er die Festrede auf dem Bankett der New School for Social

Research, dem ehemaligen Frankfurter Institut für Sozialforschung, mit dem Titel »The Living Spirit«. Er sprach über die Zerstreuung der deutschen Intellektuellen in alle Welt und die Wiederbegründung der deutschen Universität in New York. Prompt ging bei der »University in Exile«, für die der Dichter sich eingesetzt hatte, eine Spende in Höhe von 100 000 Dollar ein. Am 20. April fand ein Dinner der »American Guild for German Cultural Freedom« zur Gründung der »Deutschen Akademie« in New York statt; auch hier hielt Thomas Mann eine Rede. Erste Pläne für ein Archiv seiner Werke in Yale wurden geschmiedet. Er lernte den Verleger der »Washington Post«, den Politiker und Philanthropen Eugene Meyer und dessen einflußreiche Frau Agnes E. Meyer kennen, ferner machte er die Bekanntschaft der Psychoanalytikerin Caroline Newton, ebenfalls eine große Verehrerin und Sammlerin seiner Werke. Am 21. April hielt er eine Rede auf einer »Gedenkfeier für die Opfer des Faschismus«. Diese Tage waren mit Lectures, privaten Lesungen aus *Lotte in Weimar*, Einladungen und Theaterbesuchen so voll, daß es ein anstrengendes Programm war, zumal Thomas Mann von seinen Schmerzen behindert war. Auch eine neue Lebensperspektive eröffnete sich ihm: eine Einladung nach Hollywood, wo ihm 3000 Dollar pro Woche geboten wurden und die Verfilmung von *Zauberberg* und *Königliche Hoheit* geplant war.

Endlich, am 23. April 1937, schifften sich die Manns auf der »Ile de France« in New York für die Rückreise ein. Sie planten, zukünftig wenigstens einen Teil des Jahres in den USA zu verbringen, hatten sie doch dort inzwischen viele Freunde. Thomas Mann fand, eine solche Distanzierung von Europa sei seiner »seelischen Freiheit und Heiterkeit … unendlich zuträglich«[118]. Von dieser Reise und ihren weiteren Plänen berichtete auch Katia in dem bereits erwähnten Brief an Klaus und Golo, aber unterschwellig bedrückte sie die Sorge um ihre Eltern: »Ich bin trüber Ahnungen voll und schlimme Träume ängstigen mich. Denn von allen habe ich so lange nichts gehört und was kann inzwischen alles passiert sein!… Von den Urgreisen habe ich auch die ganze Zeit kein Sterbenswörtchen gehört, sodaß ich zum Mindesten fürchten muß, daß der Postverkehr inhibiert wird, was ja für die arme Offi schon schlimm genug wäre.«[119]

Thomas Manns Ischiasschmerzen hatten sich während der Rückreise verstärkt, nur mit Tabletten konnte er sich noch aufrecht halten. Dr. Katzenstein verordnete Wärme, Injektionen und Kurzwellentherapie, Katia besorgte einen neuen Liegestuhl, Wärmekissen und sogar ein Fußfell für die Schreibtischarbeit. Nichts half. Schließlich wurden die Schmerzen so unerträglich, daß er nur noch einen Gedanken hatte: Morphium. Katia saß nachts wieder tröstend an seinem Bett. Schließlich wurden alle Therapien abgesetzt, die beiden beschlossen, eine Bäderkur in Ragaz zu machen. Immerhin konnte der Dichter sich noch an dem neuen Auto freuen, das Katia anläßlich seines 62. Geburtstages anschaffte, einen dunkelroten Chevrolet für 5000 Franken.

Klaus unternahm im April eine Reise nach Wien, Prag und Budapest. Er hielt Vorträge und traf seine Geschwister Moni in Wien und Golo in Prag. Mittlerweile brauchte er eine Schachtel Eukodal am Tag, was er selbst viel fand, besonders wenn ihm übel wurde und er weder arbeiten noch schlafen konnte. Im Mai beriet er sich in Budapest mit Dr. Sandor wegen einer Entziehungskur. Der Entzug begann am 27. Mai 1937 im Sanatorium »Siesta« in einem krankenhausartigen Zimmer mit vergitterten Fenstern, in dem er keinen Besuch empfangen durfte. Diese Vorschrift wurde allerdings für einige Freunde gelockert. Klaus betrachtete das Ganze als »melancholische Komödie«. Er schrieb einen Brief an Katia, in dem er »alles« gestand.[120]

In dem Sanatorium wurde Klaus bestens betreut, mindestens vier Ärzte und eine Krankenschwester kümmerten sich um ihn. Er schrie und tobte nicht, lag nur schwach und schwitzend im Bett, verspürte Todessehnsucht und fragte sich, wie er ohne diesen gefährlichen Trost der Drogen weiterleben könne. Katia und Erika telefonierten mit Dr. Klopstock, einem der behandelnden Ärzte, und ließen sich Einzelheiten über Klaus' Zustand übermitteln. Am 7. Juni 1937, also einen Tag nach seinem Geburtstag, schrieb Thomas Mann in sein Tagebuch: »Zwischenein Telephon-Gespräch K.'s und Eri's mit Dr. Klopstock in Budapest wegen Klaus. E.'s Abneigung hinzufahren. Der Junge moralisch und selbstkritisch nicht recht intakt. Verträgt keine Autorität, verscherzt aber das Recht, sie nicht zu ertragen.«[121] Am nächsten Tag gab es tröstliche Nachrichten aus Budapest, Klaus hatte die Eltern und an Erika Briefe geschrieben. An seine Mutter schrieb er aus der Klinik: »In absehbarer Zeit fange ich bestimmt *nicht* wieder an – vielleicht *sehr* viel später einmal. Wozu soll man 80 werden? Ofei ist doch auch schon ganz taub und hat nicht einmal einen Paß. Aber zunächst will ich noch ein paar gute Sachen schreiben.«[122] Klaus war also nicht einmal in der Entzugsphase ganz überzeugt, von nun an strikt auf Drogen verzichten zu wollen. Schwäche und ungeheure Müdigkeit waren die Folgen der Entziehungskur. Nach drei Wochen wurde er entlassen, litt zwar noch an Schlafstörungen, galt aber wieder als »gesund«. Nur konnte er zum Kummer seiner Familie, die sich die größten Sorgen machte, nicht einsehen, daß er sein »gefährliches Glück« aufgeben sollte. Katia schrieb ihm einen Brief, dem der Vater immerhin »ernste Worte« hinzufügte.

Erika war zum Geburtstag des Vaters aus Amerika in die Schweiz gekommen und sollte ihren Bruder gleich nach der Entlassung auf Dr. Klopstocks Geheiß »übernehmen«. Sie war in Begleitung Medis kurz nach Salzburg gereist, um Bruno Walters Konzerte zu hören, und verbrachte anschließend mit ihren ebenfalls süchtigen Freundinnen Annemarie

Schwarzenbach und Therese Giehse einige Urlaubstage in
Annemaries Haus in Sils Baseglia. Zu ihnen stieß nun Klaus
mit seinem Freund Curtiss, noch aber blieb er offenbar
standhaft. Anschließend fuhren Klaus, Thomas Curtiss und
Annemarie Schwarzenbach nach Küsnacht zu den Eltern,
wo viel Betrieb herrschte. Es gab ein familiäres Beisammen-
sein, und Klaus durfte aus seinem *Ludwig II.* vorlesen. Das
Haus war voll, es herrschte Trubel, Curtiss konnte nicht bei
den Manns untergebracht werden. Infolgedessen fragte
Klaus vor einem späteren Besuch höflich bei Katia an, ob
sein Besuch mit seinem amerikanischen Bekannten erwünscht sei, und falls ja, müßte er wiederum über »den
Grad der Unerwünschtheit Bescheid wissen – das heißt
zum Beispiel, ob ich den Amerikaner in der ›Sonne‹ einquar-
tieren, zu Mahlzeiten aber oben haben könnte; (gesetzt, Ihr
seid überhaupt in Küsnacht). Wenn auch diese Lösung jenseits des Erwünschten liegt, müßte ich meinen Küsnachter
Aufenthalt allerdings auf ein Minimum beschränken – was
mir – aus mannigfachen Gründen, leid wäre. Nicht zu beto-
nen brauche ich wohl erst, daß der seriöse junge Mann
natürlich sehr glücklich wäre, irgendwo und irgendwann
Eures Umgangs noch einmal zu geniessen – ...«[123] Nun,
Klaus durfte diesmal Thomas Curtiss mitbringen. Der Vater
nannte ihn zwar geringschätzig »Freundchen«, gleichwohl
schenkte er ihm ein Buch mit Widmung. Klaus fuhr anschließend nach Paris und an die Côte d'Azur. Bereits am
17. Juli hatte er einen Rückfall, die ganze Kur war also vergeblich gewesen. Im August kam er mit Curtiss wieder nach
Küsnacht, diesmal durften die beiden sogar beim Einräu-
men von Büchern helfen. Katia ließ ihn in ihrem Abschiedsbrief vom 12. September 1937, ehe Klaus mit Curtiss nach
Amerika reiste, grüßen, »weil er doch ein so *angenehmer*
Hausgenosse war«. Erika war schon im Juli nach Amerika
vorausgefahren.

Die knapp vierwöchige Kur in Ragaz, die Thomas Mann

im Juni / Juli 1937 unternahm, brachte zwar keinen sofortigen Erfolg, aber die Voraussage des Arztes, nach acht Wochen würde die Besserung einsetzen, traf ein. Inzwischen saß Katia wieder auf einem Feldstühlchen in der Klinik an seinem Bett und nahm Diktate auf oder begleitete ihren Mann auf den Spaziergängen, ebenfalls mit dem Feldstühlchen, damit er sich gegebenenfalls ausruhen konnte. Auch das Kofferpacken, das er bisher selbst bewältigt hatte, übernahm jetzt sie. Mitte Juli konnte Thomas Mann dennoch das Riemer-Kapitel in *Lotte in Weimar* abschließen.

Nach der Rückkehr aus Ragaz waren Erika, Klaus, Golo, Medi und Bibi wieder einmal im Elternhaus zu Besuch, und Katia hatte viele Gäste zu verkraften. Ihr Geburtstag wurde wieder festlich begangen, aber ihr schönstes Geschenk war vermutlich, daß ihr Mann trotz anhaltender Schmerzen und Behinderung eine leichte Besserung verspürte. Aber auch der Besuch ihres Bruders Heinz mit Familie, der zurückgezogen in Icking bei München wohnte und sicherlich Nachrichten von den Eltern Pringsheim überbrachte, wird sie gefreut haben. Allerdings war Katia nach Abreise der Gäste wieder bettlägerig und überanstrengt. Thomas Mann mußte sich allein um die Besucher kümmern, er machte sich – wie üblich, wenn sie Schwäche zeigte – Sorgen um seine Frau. Aber seine eigene Befürchtung, daß er aus seiner Krankheit nicht mehr herausfinde und sie die Auflösung einleite, hatte sich gelegt. Die Sorgen der Manns galten jetzt wieder den Kindern.

Aber die nächste gesundheitliche Belastung Thomas Manns trat bald ein: das langfristige Problem mit den Zähnen. Eine Brücke hatte sich gelockert und zu einer Wurzelreizung geführt. Es gab schlaflose Nächte, unangenehme Zahnarztbesuche und Beschwerden beim Essen. Als er endlich Ende Oktober eine Prothese erhielt, hatte er so große Schwierigkeiten damit und entwickelte eine solche Abneigung dagegen, daß er zunächst die weichgekochten Mahlzeiten in seinem Zimmer einnahm. Jede Mahlzeit war qualvoll. Zum Glück konnte er sprechen, so daß Gesprächen mit Besuchern und mit Katia nichts im Wege stand. Katia mußte wiederholt mit ihm zum Zahnarzt, um Korrekturen vornehmen zu lassen. Ja, sie wurde sogar energisch, als die Schmerzen Anfang November noch immer nicht nachgelassen hatten, und war »gereizt« gegenüber dem Zahnarzt. Aber je schlimmer die Zähne und eine hinzugetretene Erkältungskrankheit, desto besser wurde der Ischias. Dennoch saß Katia wieder oft am Bett ihres Mannes und versuchte ihn zu trösten. Aber der Dichter war wirklich geplagt, denn an die Erkältung schloß sich noch ein Gehörgangsexzem an. Katias Krankendienste hörten nicht mehr auf.

Anfang Dezember bekam Michael eine schwere Infektion, deren Ursache zunächst unbekannt war. Er lag mit hohem Fieber und appetitlos im Bett, was Katia zutiefst beunruhigte. Schließlich diagnostizierte der Arzt eine Hirnhautreizung und versteckte Lungenentzündung. Viele Stunden mußte Katia nun am Bett ihres Jüngsten sitzen. Drei Ärzte wurden hinzugezogen, als sich Bibis Zustand verschlimmerte. Ausgerechnet zu Weihnachten hatte er starke Augenschmerzen und war gegen Licht empfindlich. Die Behandlung ließ ihn zeitweise auf einem Auge völlig erblinden. Die Ärzte verordneten eine vierwöchige, sehr anspruchsvolle Behandlung; Katia war äußerst niedergeschlagen. Aber sie sorgte dafür, daß Bibi ein eigenes Weihnachtsbäumchen und Geschenke in seinem Zimmer beschert wurden. Zum Glück besserte sich sein Zustand am Silvesterabend 1937, wo er in Katias Gesellschaft Pfannkuchen essen und auf dem kranken Auge wieder sehen konnte, wenn auch vorerst nur zu fünfzig Prozent.

Trotz all dieser Krankheitsfälle arbeitete Thomas Mann unentwegt: *Lotte in Weimar* wurde wiederaufgenommen, er hoffte, den Roman 1938 abschließen zu können; die Vorträge

für Amerika mußten vorbereitet, die neue Zeitschrift betreut
werden. Die lästige Korrespondenz wucherte immer mehr,
alte Briefe und Papiere wurden vernichtet. Für das neue
Jahr war ein Schopenhauer-Aufsatz geplant, ein Aufenthalt
von einem Vierteljahr in Amerika, die Reise nach Prag und
Wien, eine Badereise im Sommer waren in Aussicht genommen. Es fehlte nur an Zeit. Entsprechend arbeitsreich
begann das Jahr 1938. Während des unerläßlichen Winterurlaubs in Arosa begann Thomas Mann den Schopenhauer-
Aufsatz, gequält von einem juckenden Exzem. Trotz aller
widrigen Umstände fühlte er sich hier im »Waldhotel« so
wohl wie sonst nirgends. Klaus und Erika waren in Amerika;
Medi war bei den Eltern in Arosa, später trafen noch Golo,
Bibi und Gret Moser dort ein. Bei Tisch während eines feier-
lichen Diners gab es einen Zwischenfall mit Bibi, der am
Morgen nach einem Champagner-Exzeß sein Hündchen
getötet hatte. Er brach in einen Weinkrampf aus und mußte
den Tisch verlassen, was wiederum Katia sehr aufregte. Thomas Mann versuchte sie zu beruhigen und plädierte dafür,
daß Bibi die Überfahrt nach Amerika mit den Eltern mache,
nicht vorher allein auf einem anderen Schiff. Gegen Ende
des Urlaubs in Arosa waren beide Manns wieder erkältet,
Katia fieberhaft und bettlägerig, was ihre Reisevorbereitun-
gen für Amerika störte. Anfang Februar traf Monika mit
ihrem Verlobten, dem ungarischen Kunsthistoriker und
Donatello-Spezialisten Dr. Jenö Lányi, bei den Eltern ein.
Thomas Mann vermerkt dies ohne Kommentar in seinem
Tagebuch. An den nächsten Tagen war Lányi bei den Manns
zum Essen eingeladen. Seine Vorträge für die vierte Ameri-
kareise übte Thomas Mann wie in den Jahren zuvor mit
Mrs. Hottinger. Am 15. Februar war der Tag der Abreise.
Die Manns fuhren wieder über Paris, wo sie sich mit Annette
Kolb trafen, und schifften sich zwei Tage später mit Bibi auf
der »Queen Mary« ein. Die Reise stand in dem »niederschla-
genden Zeichen der österreichischen Katastrophe«, worüber

die Bordzeitung berichtete. Immerhin wußte man, daß der österreichische Bundeskanzler Kurt von Schuschnigg von den Nazis gezwungen worden war, die Mörder seines Vorgängers Engelbert Dollfuß zu begnadigen, und daß Göring in Wien erwartet wurde. Schon fragten sich die Manns: »Wohin? Paris? London? Amerika?« Thomas Mann hatte Depressionen und war – wie üblich bei einschneidenden Veränderungen – durchdrungen von der »Sinn- und Zwecklosigkeit des Ganzen«[124]. Sogar das Ausbleiben eines Koffers mit Manuskripten ließ ihn vorübergehend gleichgültig. Zum Glück tauchte dieser Koffer aber wieder auf. Vier Monate sollte diese Reise dauern.

Am 19. Februar 1938 stellten Katia und Thomas während ihrer Schiffsreise bei Tisch fest, daß sie 33 Jahre verheiratet waren. »Das Erschrecken, der Schwindel dabei: Das Leben – ich sagte, ich möchte es nicht wiederholen, das Peinliche habe zu sehr überwogen. Fürchte, K. wehgetan zu haben«[125], schrieb Thomas Mann lakonisch in sein Tagebuch. Wie Katia auf diese Äußerung reagiert hat, ist nicht bekannt. Bei der Ankunft in New York wurden die Manns von Erika, den Knopfs und anderen Bekannten wieder auf das feierlichste begrüßt, Journalisten kamen an Bord, Blumen wurden im Hotel abgegeben. Thomas Mann trug Agnes Meyer seine Yale-Rede vor und schenkte ihr ein handschriftliches Exemplar seines Vorworts zu »Maß und Wert«, sie überreichte einen von ihr verfaßten Aufsatz über den *Joseph*.

Am 25. Februar fand vor einem gewaltigen Auditorium und unter großem Beifall die feierliche Eröffnung der Thomas-Mann-Sammlung in der Yale-Universität mit einer Rede des Dichters statt. Anschließend begann die anstrengende Vortragstournee durch fünfzehn amerikanische Städte über »The Coming Victory of Democracy«, wobei Erika ihre Eltern zumeist begleitete. Agnes Meyer hatte die Rede in Auftrag gegeben und übersetzt. Die Reise ging zunächst nach Middletown, über Chicago nach Detroit und endete wieder in New York. Danach ging es nach Washington zu den Meyers, nach Philadelphia, Kansas City, Tulsa, Denver, Salt Lake City, von dort nach Los Angeles, Hollywood, San Francisco, Beverly Hills, zurück über Chicago, Cleveland, Toronto, Jamestown und wieder nach New York. In Urbana, Illinois, wurde Thomas Mann am 29. April 1938 der renommierte »Cardinal Newman Award« verliehen. Trotz aller interessanten Eindrücke und Ehrungen stand diese Reise doch im Schatten der politischen Ereignisse in Europa.

Am 12. März erfuhren die Manns »überrumpelnde und niederschlagende Nachrichten über die Gewalttat an Österreich«[126]. Dort waren einen Tag zuvor reichsdeutsche Truppen einmarschiert, und Österreich wurde an Hitler-Deutschland »angeschlossen«. Thomas Mann war nicht nur wegen seiner Zeitschrift, die in Österreich erschien, tief deprimiert. Dieses Ereignis betraf ihn und seine Familie existentiell. Die Frage eines baldigen Krieges beschäftigte damals alle; während Erika und Thomas Mann Zweifel daran hatten, ihn gleichzeitig aber herbeiwünschten, um dem Hitler-Regime ein Ende zu machen, sprach die Familie bereits eine Woche nach dem »Anschluß« von einer vorläufigen Rückkehr nach Küsnacht, um dort den Haushalt aufzulösen und die Bibliothek zu retten. Die Schweiz erschien ihnen nun erst recht wie eine Falle. Zunächst wollte man jedoch noch abwarten. Inzwischen fanden zwischen Katia, Erika und Thomas ständig Beratungen über ihr »Lebensprogramm« statt; monatelang glaubten sie, Europa nicht mehr wiederzusehen. Katia ängstigte sich erneut, als sie Ende April im Zug nach Chicago aus der Zeitung erfuhr, daß die Juden in Deutschland enteignet wurden. Was sollte nun aus ihren Eltern werden? Sie konnte kaum noch schlafen und grämte sich.

Schließlich kamen die Manns überein, die restliche Vortragstournee noch zu beenden und für den Sommer das Haus am Meer zu beziehen, das ihnen Caroline Newton in

Jamestown, Rhode Island, zur Verfügung stellte. Gleichzeitig streckte Agnes Meyer ihre Fühler aus, um zu eruieren, ob Thomas Mann eine Professur in Princeton bekommen könnte. Wieder einmal waren dem Dichter seine weiblichen Verehrerinnen ausgesprochen nützlich. Erika sollte inzwischen nach Küsnacht fahren, den Haushalt auflösen, alles regeln und dafür sorgen, daß Golo und Medi zu den Eltern in die USA kamen. Dabei blieb es nicht aus, daß einige der Funktionen der Mutter nun an die älteste Tochter übergingen. Wenn Katia auch häufig überarbeitet war, so ging damit doch auch ein Stück Macht und Einfluß verloren. Katia ihrerseits sollte sich inzwischen nach einem geeigneten Domizil in Princeton umsehen. Die erneute Auswanderung war also beschlossene Sache. Vorerst jedoch hatte Erika die Aufgabe, bei den Vorträgen ihres Vaters dabeizusitzen und in der »question period« die Fragen, die eigentlich an Thomas Mann gerichtet waren, zu beantworten. Sein Englisch reichte dafür nicht aus. Erika war nicht nur sprachbegabt, sondern auch äußerst praktisch veranlagt. Er konnte ihr Vorträge gleich in die Maschine diktieren, die sie dabei schon teilweise übersetzte. Katia allerdings mußte weiterhin die lästigen Briefdiktate erledigen. Aber gemeinsam diskutierten die drei über Inhaltliches, beispielsweise, wenn Katia und Erika taktische Einwände gegen eine Äußerung Thomas Manns hatten.

Erikas neues Buch *School for Barbarians. Education under the Nazis,* zu dem Thomas Mann ein Vorwort schrieb, erreichte innerhalb weniger Monate Auflagen von 40 000 Exemplaren in den Vereinigten Staaten. Fritz Landshoff brachte es im gleichen Jahr auf deutsch unter dem Titel *Zehn Millionen Kinder. Die Erziehung der Jugend im Dritten Reich,* im Amsterdamer Querido Verlag heraus. Erika konnte sich nur deshalb auf das Geschäft des Bücherschreibens einlassen, weil sie in dieser Form ihrem Vater keine Konkurrenz machte. Aber sie hatte auch noch andere Aufga-

ben übernommen. Der »Anschluß« Österreichs durch die
Nationalsozialisten hatte eine neue Flüchtlingswelle ausgelöst. Wie ihr Vater engagierte sich auch Erika in der »American Guild of German Cultural Freedom«, die seit 1935
existierte und versuchte, den Intellektuellen aus Europa Aus-
reisepapiere und Stipendien zu verschaffen. Auf diese Weise
konnte Erika im Namen ihres Vaters und mit dessen Unterstützung Hermann Broch, Hans Sahl, Elias Canetti und
Bodo Uhse, Hilde Walter und Elisabeth Castonier helfen.
Für diese Flüchtlingshilfe mußten nicht nur Anträge gestellt
und Befürwortungen geschrieben werden, sondern auch die
amerikanische Öffentlichkeit mobilisiert werden, damit genügend gespendet wurde. Erika gelang dies vorzüglich, beredt und charmant wie sie war.

Das Intermezzo Princeton 1938 bis 1941

Die Einwanderung der Manns nach Amerika ging schnell
und unproblematisch über die Bühne, der amerikanische
Konsul in Toronto war äußerst zuvorkommend. Von der
Antragstellung bis zur Aushändigung der Pässe dauerte es
nur einen Tag. Anfang Mai 1938 reisten sie über Kanada wieder in New York ein, diesmal als amerikanische Staatsbürger.
Von dieser Schnelligkeit konnten damals viele Einwanderer
nur träumen, aber Agnes Meyer hielt ihre schützende Hand
über die Manns und leitete rechtzeitig die formalen Schritte
ein. Allerdings waren nun die Tschechen verärgert. Als erstes
mußte Thomas Mann Beneš, seinen früheren Wohltäter, mit
einem langen Telegramm besänftigen.

Am 21. Mai fuhr Erika nach Europa, versehen mit Geld
und Schlüsseln, vielen Anweisungen wegen der Kinder, der
Mädchen, der Bücher, des Hausrats. Bibi war vorübergehend noch in den USA, fuhr aber Anfang Juni zurück nach
Paris, wo er sein Musikstudium beenden wollte. Golo sollte

Mitte Juni in Amerika eintreffen. Er hatte bereits in Küsnacht die Goethe-Literatur verpackt und abgesandt. Die
Eltern lebten vorübergehend in dem Landhaus Caroline
Newtons in Jamestown auf Rhode Island; Katia übernahm
von der Hausbesitzerin als Haushaltshilfe die »Negerin
Lucy«. Thomas Mann hoffte, mit viel Arbeit die Zeit des
ungeklärten Daseins zu überbrücken. Die ängstliche Stimmung des Dichters wurde aufgehellt durch das Angebot
einer Professur an der Universität Princeton, die mit vier
Vorträgen über Goethe und Schopenhauer absolviert werden konnte und 6000 Dollar pro Jahr einbringen sollte.
Auch das hatte Agnes Meyer in die Wege geleitet. Am
28. Mai diktierte Thomas Mann Katia einen Brief an den
Präsidenten der Universität Princeton, Dodds, in dem er
die Berufung annahm. Wieder waren Thomas und Katia
sehr unschlüssig und überlegten, ob sie nicht doch noch für
zwei Monate in die Schweiz und nach Europa zurückfahren
sollten. Aber Gumpert und Saul C. Colin, ein emigrierter
Filmagent aus Rumänien, den das Ehepaar durch Klaus
und Erika kennengelernt hatte, rieten ab.

Bereits auf seiner dritten Amerika-Reise hatte Thomas
Mann Agnes Meyer kennengelernt. Sie war eine deutschstämmige Journalistin, der er am 25. April 1937 ein Interview
gab; es erschien in der »Washington Post«, deren Besitzer
und Herausgeber ihr Ehemann, Eugene Meyer, war. Aus diesem Interview entwickelte sich eine Freundschaft, von deren
Ausmaß die Manns sich damals noch keine Vorstellung
machen konnten. Denn Agnes Meyer war nicht nur wohlhabend und einflußreich – sie widmete sich dem verehrten
Dichter und seiner Familie über viele Jahre hinweg, häufig
war ihm dies sogar ausgesprochen lästig. Sie wollte ein
Buch über Thomas Mann schreiben, um ihn dem amerikanischen Publikum näherzubringen, sie übersetzte Reden
und Artikel für ihn und schrieb fulminante Rezensionen seiner Bücher. Sie setzte sich für seine Kinder ein und war bei

allen Problemen, die mit der Einwanderung verbunden waren, von uneigennütziger Großzügigkeit. Sie sorgte nicht nur dafür, daß er an die Princeton University berufen wurde, sondern vermittelte ihm später auch eine Beratungstätigkeit an der amerikanischen Nationalbibliothek, wodurch er der Peinlichkeit entging, von privaten Spenden leben zu müssen.

Allerdings mußte sich Thomas Mann gelegentlich gegen ihre fanatische Hingabe und ihre übereifrige, hartnäckige Einflußnahme zur Wehr setzen. In seinen Tagebüchern wurde aus der »teuersten Fürstin«, seinem »guten Engel«, wie er sie in seinen Briefen nannte, »die Meyer« oder gar die beschwerliche »Geist-Pute«[127]. Er schätzte es gar nicht, wenn er merkte, daß er vereinnahmt werden sollte. Sie diskutierte mit ihm alle seine Werke und Reden, am liebsten unter vier Augen, und schrieb Rezensionen in der »Washington Post«. Ihr Interesse an dem berühmten Dichter war aber nicht nur geistiger Art. Doch brauchte Katia nicht eifersüchtig zu sein, sie wußte, daß ihr Mann sich diesen Verführungsversuchen entziehen würde. Auch Katia profitierte von »Ags« Geld und Einfluß, bekam hübsche Geschenke und Einreisevisa für Kinder und Verwandte.

Während sich die Manns auf Rhode Island aufhielten, fühlte sich Thomas Mann bedrückt. Er stellte fest, daß seine Niedergeschlagenheit nicht nur von den Ereignissen in Europa herrührte, sondern auch von der Einsamkeit auf der Insel; das Leben dort fand er langweilig und öde.

Am 1. Juni 1938 wurde Thomas Mann die Ehrendoktorwürde der Columbia University in New York verliehen. Diese Feier war eine vielbesuchte Veranstaltung, die lange dauerte; obwohl er sich über Applaus und Ehre freute, war der Dichter am Ende froh, Katia in dem Gedränge wiederzufinden. In dieser Zeit wurden mehrere Fahrten nach Princeton unternommen, um dort ein geeignetes Haus zu finden. Thomas Manns 63. Geburtstag verlief sehr ruhig, sie hatten lediglich das Emigranten-Ehepaar Löwenstein zu Lunch und Tee zu Gast. Obwohl viele Telegramme von den Kindern, Freunden und Bekannten eintrafen, wurde ihm das Herz schwer, er war appetitlos und müde. Als Katia jedoch nach langem Hin und Her die Rückfahrt nach Europa und die Luxuskabine auf der »Statendam« gebucht hatte, hellte sich seine Stimmung auf. Der Gedanke, wieder in der Schweiz anzukommen und alle sechs Kinder um sich zu haben, erfreute ihn, denn allen Problemen zum Trotz brauchte er seine Familie.

Schließlich, am 27. Juni 1938, fanden die Manns ein geeignetes Domizil in Princeton, 65 Stockton Street. Es war elegant, hatte genügend Platz, auch für Golo, wenn er einträfe. Ein zweiter Wagen stand ebenfalls in der Doppelgarage zur Verfügung. An Monika war zunächst nicht gedacht. Das Ganze wurde nach Absprachen über Raumaufteilung und Unterbringung der Bibliothek für ein Jahr zu 250 Dollar monatlich gemietet. Weder Katia noch Thomas ahnten, daß die Stockton Street ihr Zuhause für die nächsten Jahre werden sollte. Sie waren über den Mietabschluß erleichtert, denn zwei Tage später sollte ihr Schiff nach Europa abgehen, und sie hatten diese Reise nun schon mehrfach umgebucht.

Am 11. Juli 1938 trafen die Manns wieder in Küsnacht ein. Beinahe vier Monate waren sie unterwegs gewesen und freuten sich auf ihr Zuhause. Golo und Medi holten die Eltern am Bahnhof in Zürich ab und brachten sie mitsamt ihren elf Gepäckstücken heim, wo Berge von Post auf sie warteten. Katia erhielt endlich Nachricht von ihren Eltern, also war ihre Post doch nicht verlorengegangen. Die Pringsheims planten, nach Konstanz zu reisen und sich mit den Kindern in Kreuzlingen zu treffen. Klaus und Erika waren inzwischen drei Wochen als Kriegsberichterstatter im spanischen Bürgerkrieg gewesen und schrieben über ihre Erfahrungen in der französischen und russischen Presse. Sie kündigten ihre baldige Ankunft in Küsnacht an. Bibi machte Hochzeitspläne. Aber auch traurige Nachrichten erreichten sie: Der alte Freund Reiff war inzwischen gestorben, Annemarie Schwarzenbach befand sich wegen ihrer Rauschgiftsucht in lebensgefährlichem Zustand. Der Fischer Verlag in Wien wurde inzwischen von Nationalsozialisten weitergeführt. Wenige Tage nach ihrer Ankunft waren tatsächlich alle sechs Kinder in Küsnacht versammelt, und Thomas Mann konnte aus dem August-Kapitel der *Lotte in Weimar* im Familien-kreis vorlesen, eine Tätigkeit, die ihn stets ermutigte und anregte.

Monika war von Sanary zunächst zurück in die Schweiz gegangen, hatte anschließend Musik und Kunstgeschichte in Florenz studiert und dort auch ihren späteren Mann Jenö Lányi kennengelernt. Anfang 1937 wünschten ihre El-tern, daß sie ihre Ausbildung bei einer Schweizer Pianistin und Klavierpädagogin fortsetze; dem widersetzte sie sich und ging nach Wien. Zusammen mit ihrem Verlobten wechselte sie ihre Wohnsitze zwischen Florenz, Zürich und Wien, bis beide nach London zogen. Am 19. Juli 1938 war Monika nun wieder in Küsnacht, zusammen mit allen fünf Geschwistern, und blieb bis September dort. Als die Eltern nach Princeton übersiedelten, war sie zur Verabschiedung zur Stelle. Klaus schrieb Positives über seine Schwester, wenn auch immer mit leicht ironischem Unterton. So heißt es beispielsweise am 1. Juni 1938 in einem Brief an seine Mutter in Princeton: »Kinder ich sags euch: das Mönnle ist ein ganz feines Ding geworden. Nicht ohne seltsame Züge freilich, aber auch durchaus nicht ohne gewinnende – und wenn ein Mensch von artigem Niveau, wie der Lányi, ihr mit so schwärmerischer Treue ergeben ist, muß überhaupt etwas an ihr dran sein. Wirklich, sie ist ganz leise und wür-dig, schwermütig halb, halb humorvoll, nicht ohne bizarre Einfälle, mit Anmut zurückhaltend, auch ziemlich hübsch. (Die seltsamen Züge an ihr kennst Du selber, da brauche ich nicht drauf einzugehen...) – Es ist nicht zu verhehlen,

daß sie mancherlei vor der Medi voraus hat – diese allerdings auch vielerlei vor ihr. Denn auch die Medi ist natürlich sehr droolig, und, durch Golos strenge Mienen an den
Ernst des Lebens gemahnt, auch wieder viel vernünftiger geworden.«[128] Besonderen beruflichen Ehrgeiz scheint Monika
nicht an den Tag gelegt zu haben, denn sie erreichte nie
irgendeinen Abschluß und strebte auch kein Berufsziel an.
Sie lebte von den Eltern, schrieb gelegentlich einen Feuille-
ton-Artikel und spielte Klavier.

Katias Versuch, ihre Eltern wiederzusehen, war mißlungen. Sie hatte am 22. Juli den ganzen Tag auf einen Anruf
von ihnen aus Konstanz oder Kreuzlingen gewartet. In ihrer
Besorgnis fuhr sie aufs Geratewohl am 23. dorthin, konnte
aber nur telefonisch mit ihnen sprechen. Der Grenzübertritt
war ihnen untersagt worden, der alte Professor Pringsheim
war von dem Grenzbeamten »unglimpflich« behandelt worden. Katia kehrte noch am gleichen Abend traurig und erbittert zurück. Schließlich fuhren Medi und Gret Moser, ihre
Freundin und Michaels Braut, an die Grenze. Gret konnte
als Schweizerin ohne weiteres die alten Pringsheims besuchen und ihnen Lesematerial und Briefe überbringen. Katia
war ein wenig erleichtert, als sie den Bericht ihrer zukünftigen Schwiegertochter hörte. Gret konnte noch einmal die
Eltern Pringsheim besuchen; ihre eigene Tochter und deren
Familie sahen sie aber nicht wieder.

Erika verbrachte noch acht Tage mit ihren Eltern in Sils
Baseglia, ehe der eigentliche Umzug von Küsnacht nach
Princeton stattfand. Bruder Heinrich wurde noch einmal
für ein paar Tage nach Küsnacht eingeladen, er hatte die
Arbeit an *Die Vollendung des Königs Henri Quatre* abgeschlossen. Es galt, von vielen Abschied zu nehmen, auch
von Heinz Pringsheim und seiner Frau. Ende August notierte Thomas Mann in seinem Tagebuch: »Besorgnis um
K., deren Leistungsfähigkeit durch die Auflösung des Haushalts auf eine Probe gestellt wird, der sie früher besser

gewachsen gewesen wäre.«[129] Katia hatte sich also trotz Erikas Hilfe wieder einmal überanstrengt.

Am 16. September 1938 reiste Neville Chamberlain nach Berchtesgaden zu Hitler, um den drohenden Krieg gegen die Tschechoslowakei zu verhindern. Bekanntlich hatte er damit keinen Erfolg. Hitler begnügte sich nicht mit der Abtrennung des Sudetenlandes von der Tschechoslowakei aufgrund des Münchner Abkommens vom 29. September 1938, sondern zerschlug am 15. März 1939 durch den Einmarsch deutscher Truppen und die Bildung des »Protektorats Böhmen und Mähren« auch die Tschechoslowakei. Thomas und Katia Mann hatten ihre Billetts seit langem in der Tasche, sie schifften sich mit Elisabeth als einzigem Kind am 17. September 1938 in Boulogne ein und verließen Europa für die nächsten fünfzehn Jahre. Thomas Mann bemühte sich während der Fahrt darum, Ruhe zu bewahren, teilte aber Katias tiefe Niedergeschlagenheit, die nicht nur von der Erschöpfung herrührte, sondern auch von der politischen Lage in Europa. Ihre Eltern waren ja noch in München, täglich rechnete man mit dem Kriegsausbruch. Elisabeth vertrieb sich die Zeit auf dem Schiff mit Kino-Besuchen und neuen und alten Bekannten. Am 25. September 1938 kamen sie im New Yorker Hafen an. Wie lange dieser Aufenthalt dauern würde, wußten sie noch nicht. Elisabeths Geschwister waren schon in den Vereinigten Staaten, nur Golo und Moni waren noch in Europa zurückgeblieben.

Bei der Ankunft in Princeton in der Stockton Street begrüßte die Manns das Dienerpaar »Lucy und ihr John, magerer Nigger«[130], die ihnen beim Auspacken halfen; zusätzlich gab es noch eine Waschfrau und einen »caretaker« für Haus und Garten. Katia hatte also das gewohnte Personal, und immerhin war das Haus, trotz einiger Unzulänglichkeiten, geräumiger und repräsentativer als das in Küsnacht. Michael wurde erwartet, die Eltern hofften, daß auch Erika und Golo bald eintreffen würden. Klaus hatten sie schon in New York getroffen. Elisabeth wohnte bei den Eltern in Princeton und studierte Klavier bei einer russischen Pianistin in New York, wo sie auch an kulturellen Veranstaltungen teilnahm. In Princeton war es aber auch nicht langweilig, da zahlreiche prominente Emigranten im Hause Mann verkehrten und Elisabeth meist dabei war, wenn Besuch kam. Nachbarn wie Albert Einstein, Bruno Walter mit Frau, Max Reinhardt, Hermann Broch und Erich von Kahler besuchten die Manns, die »großen« Geschwister kamen ebenfalls vorbei.

Elisabeth lernte in diesen Kreisen ihren späteren Mann kennen, den italienischen Schriftsteller, Historiker und Literaturprofessor Giuseppe Antonio Borgese, der emigriert war, weil er sich an der Mailänder Universität geweigert hatte, den faschistischen Eid zu leisten. Schon seit 1931 lehrte er an der Universität von Chicago Literatur und Politische Wissenschaften. Thomas Mann kannte sein Buch *Goliath, der Marsch des Faschismus* und hatte, noch in der Schweiz, einen Artikel Borgeses in »Maß und Wert« abgedruckt. Borgese war eine eindrucksvolle Persönlichkeit, ein Gelehrter, der mehrere Sprachen fließend und eloquent sprach, allerdings störte die Familie schon bald sein aufbrausendes Temperament. Elisabeth jedoch bewunderte ihn uneingeschränkt; sie konnte zu ihm aufblicken, denn er war 36 Jahre älter als sie und hätte ihr Vater sein können. Sein Buch hatte sie schon in der Schweiz verschlungen und – dezidiert, wie sie war – beschlossen, daß sie diesen Mann heiraten wolle, ohne ihn je gesehen zu haben.

Michael traf tatsächlich bald aus Quebec ein, zusammen mit Klaus und weiteren Freunden half er beim Auspacken der Bücher und Haushaltsgegenstände, die Anfang Oktober aus der Schweiz eintrafen. Thomas Mann freute sich zwar über die Wiederherstellung der gewohnten Ordnung in seinem Arbeitszimmer, war aber erkältet. Er litt außerdem an »Furcht vor dem neuen Leben« und Depressionen. Michael

hatte nach dem unfreiwilligen Abgang vom Züricher Konservatorium in London weiterstudiert, erst in Amerika
wechselte er zur Bratsche und bekam bald ein Engagement
im San Francisco Symphony Orchestra. Später spezialisierte
er sich auf moderne Musik und trat bei großen Tourneen als
Solist auf. »Plötzlich hat er's hingeschmissen und ist, schon
an die vierzig, nach Harvard gegangen und hat angefangen
zu studieren. Komischerweise hat er seinen Doktor nicht in
Musikwissenschaften, sondern in Germanistik gemacht. In
Berkeley bekam er sofort eine Assistenz-Professoren-Stelle,
und jetzt ist er dort Ordinarius«, schilderte seine Mutter seinen Werdegang.[131]

Die Erlebnisse im spanischen Bürgerkrieg, die sogenannte
Reichskristallnacht vom 9. November 1938, die Zerschlagung
der Tschechoslowakei im März 1939 hatten aus Klaus und
Erika, die ursprünglich Pazifisten gewesen waren, Kriegsbe-
fürworter gemacht, wenn sie sich auch erst 1943 für den Mili-
tärdienst in der amerikanischen Armee entschieden. Zunächst wollte Erika etwas für die Emigranten tun, die sich
in rivalisierenden Gruppen gegenseitig das Leben schwer-
machten. Jetzt mußten diese Gruppen erst einmal an einen
Tisch gebracht werden: Rechte und Linke, Juden und Katholiken, Sozialdemokraten und Kommunisten mußten über
die Verwendung der Gelder aus dem Thomas-Mann-Fonds
entscheiden, der für antifaschistische Propaganda und Aufklärung in Deutschland gedacht war. Am 16. September 1938
fand in Paris eine Sitzung statt, bei der Heinrich, Thomas
und Erika Mann anwesend waren. Erika hatte die schwierige
Aufgabe, ihren Vater politisch zu motivieren und gleichzeitig
seine Ängste vor einer politischen Vereinnahmung zu zerstreuen. Nicht weniger schwierig war es, die politischen
Querelen zu umgehen, die sich um den Thomas-Mann-
Fonds bildeten. Viel Erfolg hatte Erika dabei nicht, und
Feinde machte sie sich außerdem; sie wurde sogar des Pro-
kommunismus verdächtigt, und das sowohl in Emigranten-

kreisen als auch in der amerikanischen Politik. Ab Juni 1940 führte das FBI ein Dossier über Erika und Klaus; die deutsche Botschaft in Washington sowie die deutschen Konsulate in den Vereinigten Staaten mußten schon seit 1937 regelmäßig über Erikas Aktivitäten nach Berlin berichten. In ihrem 200 Seiten starken FBI-Dossier taucht immer wieder die Behauptung auf, Erika sei wie ihr Bruder »sexuell pervers« und sie sei schon vor 1933 »aktiver Agent der Komintern in Berlin« gewesen.[132]

Von Juni bis Mitte September 1939 reisten Thomas und Katia zum ersten Mal seit ihrer Übersiedlung in die USA in Begleitung von Erika nach Europa. Verabschiedet wurden sie im New Yorker Hafen unter anderen von Klaus, Golo und Medi, letztere »erschüttert und verwirrt, in Thränen«, weil Erika sie wegen ihrer Vergeßlichkeit heftig gescholten hatte und vermutlich wegen Landshoff, der »rekonvaleszierend« mitreiste.[133] Erika hatte allen Grund, nervös zu sein, denn Landshoff gab ebenso wie Klaus Anlaß zur Sorge; er war drogensüchtig und selbstmordgefährdet. Sie hatte ihm angeboten, mit den Eltern und ihr nach Europa zu reisen. Die Schiffsreise gestaltete sich schon deshalb dramatisch, weil Landshoff zwar täglich gelobte, nichts mehr zu »nehmen«, es aber doch tat, und weil er Erika belog. Schließlich wurde er ernsthaft krank. Die stärksten Mittel wurden eingesetzt. Thomas Mann mußte dem Schwerkranken gut zureden, Erika bot ihm sogar die Ehe an, obwohl sie ihn nicht liebte. Sie tat das alles, weil sie nicht zulassen wollte, daß jemand sich aus seinem Leben und seiner Verantwortung »davonstahl«. Landshoff lehnte das Angebot vernünftigerweise ab. Und Erikas Bemühungen hatten Erfolg, Landshoff gesundete später wieder.

Die Manns nahmen Quartier im holländischen Noordwijk, wo sie sich erholen wollten. Zweck dieser Reise war aber auch, Familienangehörige zu treffen, insbesondere die alten Pringsheims, die immer noch in München wohnten und sich nun endlich entschlossen hatten, in die Schweiz zu emigrieren. Sie befürchteten, daß die Anwesenheit der Manns in der Schweiz ihre eigene Ausreise aus Deutschland gefährden könnte, und hatten ihre Tochter per Telegramm gebeten, nicht jetzt in die Schweiz zu fahren. Die Manns verschoben ihre Abreise aus Holland mit Rücksicht auf diese Bitte der Eltern immer wieder. Endlich, am 7. August, brachen sie nach Zürich auf, wo Katia ihre Eltern jedoch vergeblich erwartete.

Am 18. August 1939 reisten die Manns per Flugzeug weiter nach London, zu der seit einem halben Jahr verheirateten Monika und ihrem Mann. Schon bei der Landung sah der Vater seine Tochter von der Terrasse aus winken. Sie gingen zusammen in ein kleines italienisches Restaurant, besuchten gemeinsam das englische Renaissanceschloß Hampton Court und ließen sich von Monika in der »netten, kleinen Wohnung« mit Selbstgekochtem, Kaffee und Bier verwöhnen. Sie gingen zusammen ins Globe Theatre und sahen »The Importance of Being Earnest«, und Thomas Mann nahm mit seinem Schwiegersohn an einer Führung durch die Abteilungen Assyrien, Ur und Ägypten im British Museum teil. Alles verlief offenbar harmonisch, Monika schien glücklich.

Der Vater war so angetan von diesem Besuch, daß er am 23. August 1939 notierte: »Abschied von den jungen Leuten, denen im Kriegsfall die Protektion Murrays und Nicolsons zu erwirken. Das zart verkümmernde Wesen Moni's gibt rührend zu denken.«[134] Noch wußte niemand, wie bald der Krieg ausbrechen würde. Als über London der Luftkrieg hereinbrach und jedermann Gasmasken trug, wußten Monika und Jenö, daß sie schleunigst versuchen mußten, nach Amerika zu gelangen, in den rettenden Hafen. Der Vater glaubte, seine Beziehungen spielen lassen zu können, um Tochter und Schwiegersohn in die Vereinigten Staaten zu holen. Selbst Katia war von diesem Wiedersehen so angetan, daß sie nach dem Besuch bei ihrer zweitältesten und ungeliebten Tochter an Klaus schrieb: »Ich bin fest entschlossen, in meinem Leben kein unfreundliches Wort mehr über sie zu sagen, und mich nett und hilfreich zu verhalten.«[135] In der Familie hatte es nämlich häufig Diskussionen über Monis »Geschmacklosigkeit im Briefschreiben, Heiterkeit und Befremden«[136] gegeben. Bei diesem rein privaten Besuch in London sahen die Manns auch Katias Kusinen Käthe Rosenberg und Ilse Dernburg sowie Ida Herz wieder, die nach London emigriert waren. Nach einigen ausgefüllten Tagen flogen sie von London nach Stockholm zum PEN-Kongreß, der jedoch nicht mehr stattfand, denn am 1. September 1939 marschierten deutsche Truppen in Polen ein, und der Zweite Weltkrieg begann.

Erika berichtete in einem Gespräch mit Roswitha Schmalenbach, wie sie den Kriegsausbruch erlebten, während der Vater an *Lotte in Weimar* arbeitete: »An diesem Buch schrieb er auch im Sommer 1939, als er sich mit meiner Mutter verwegener Weise nach Stockholm zum Internationalen Pen-Club-Kongreß begeben hatte. Ich hatte meinen Eltern gesagt, fahrt nicht nach Stockholm, der Krieg kommt. Sie sagten, ach vielleicht kommt er doch nicht, wir gehen da einmal hin. Also sie waren dort, natürlich brach der Krieg aus, und zwar brach er aus, wie man sich vielleicht noch erinnert, um zwölf Uhr mittags. Nun war das ja die Zeit, wo Thomas Mann an seiner Musik arbeitete … also seinem dichterischen Werk … an ›Lotte‹. Und meine Mutter und ich berieten uns: Sollen wir ihm sagen, der Krieg ist ausgebrochen? Und nach einigem Hin und Her beschlossen wir, das hat um eins auch noch Zeit, er soll ruhig sein Abschnittchen heute noch fertig machen.«[137]

In Zürich hatte sich inzwischen eine Katastrophe ereignet: Gretel Walter, die jüngere Tochter Bruno Walters und seit Kindheitstagen befreundet mit den Mann-Kindern, wurde von ihrem Mann erschossen, der sich anschließend selbst das Leben nahm. Erika fuhr zur Trauerfeier nach Zürich, wo Bruno Walter für seine Tochter Beethoven spielte und sich zahlreiche gute alte Freunde und Emigranten eingefunden hatten. Anschließend fuhr Erika von Zürich nach Stockholm, wo ihre Eltern auf sie warteten. Thomas Mann konnte aber dort seinen geplanten Vortrag »Das Problem der Freiheit« nicht mehr halten.

Katia und Thomas Mann mußten wegen des Kriegsausbruchs übereilt von Malmö nach Amsterdam fliegen und von dort über London nach Southampton gelangen, um das amerikanische Flüchtlingsschiff »Washington« zu erreichen. Erika war es dank unermüdlicher Energie und ihrer Beziehungen gelungen, für den 12. September noch drei Schiffsplätze zu ergattern. Auf dem Liner befanden sich 2000 Personen in dichtem Gedränge, »die die Nächte auf improvisierten Pritschen in den zu Concentration camps umgewandelten Gesellschaftsräumen«[138] verbringen mußten. Am 18. September 1939 erreichten Thomas, Katia und Erika den Hafen von New York, wo Martin Gumpert die Tochter erwartete. Aber schon im Oktober begannen wieder ihre Vortragstermine und die damit verbundenen Reisen, viel Zeit blieb also nicht für ein von Gumpert dringend ersehntes Zusammenleben. Thomas Mann war froh, den Krieg von Princeton aus verfolgen zu können, und rüstete sich sogleich wieder für seine Arbeit am Schreibtisch.

Aber nun gab es neue Sorgen: Klaus war in Santa Monica, Medi mit ihrem zukünftigen Ehemann in Mexiko, Moni mit ihrem Mann in London, das evakuiert werden sollte. Die Lage war äußerst gefährlich, zumal die meisten Familienmitglieder ja noch die tschechischen Pässe besaßen. Hedwig und Alfred Pringsheim kämpften um ihre Ausreise in die Schweiz. Im August 1939, als Thomas Manns amerikanische Gönnerin Agnes Meyer Deutschland besuchte, lebten die Pringsheims in München, in der Widenmayerstraße 35, zweiter Stock.[139] Bedingung für ihre Ausreise war nun der

Verkauf der kostbaren Majolika-Sammlung, die mit 450 Stücken eine der vollständigsten in Deutschland war. Da ein solcher Kunstschatz auf dem deutschen Markt nicht verkäuflich war, hatte das Innenministerium im Januar 1938 einfach die Sammlung von der Liste der »national wertvollen Kunstwerke« gestrichen. Erst danach konnte sie nach zähen Verhandlungen am 21./22. Juli 1939 bei Sotheby's in London versteigert werden. Allerdings mußte Alfred Pringsheim dem Berliner Schloßmuseum drei wertvolle Fayencen und zwei Silberpokale »schenken«. Mit dem Devisenerlös – Alfred Pringsheim erhielt 2997 Pfund Sterling, d. h. statt der versprochenen 40 nur 17 Prozent – sollten die Pringsheims ausreisen können, unter der Bedingung, daß sie einen gültigen Reisepaß, eine polizeiliche Abmeldung und Fahrscheine bei der Devisenstelle vorlegten, was einem Ausreisezwang gleichkam. Der Rest des Versteigerungserlöses ging teils an die Reichsbank, teils blieb das Geld in London »zur Verfügung auf amtliche Autorisation«. Der den Pringsheims noch zustehende Teilbetrag wurde ihnen jedoch nie übergeben.[140] Golo Mann zufolge erhielten die Großeltern Pringsheim umgerechnet ca. 60 000 Mark. Davon konnten sie in den wenigen ihnen noch verbleibenden Jahren leben. Hedwig und Alfred Pringsheim, die es trotz der Enteignung ihres Hauses bis dahin versäumt hatten, rechtzeitig das Land zu verlassen, gelang es nun endlich doch noch, im September 1939 in die Schweiz zu emigrieren, also in allerletzter Minute.

Sie durften lediglich ein paar Familienporträts mitnehmen. Thomas und Katia waren inzwischen bereits wieder in die USA abgereist. Ein alter Freund, Karl Haushofer, hatte sich für die beiden Alten bei Rudolf Heß, dem »Stellvertreter des Führers« bei der NSDAP, eingesetzt. Einfluß hatte offenbar auch das »Haus Wahnfried« genommen – so durften sie wenigstens ihre »arischen« Zimmermädchen behalten. Frau Emmie Oprecht, die Frau des Verlegers, hatte für die beiden eine Wohnung in Zürich gefunden. Eine Freundin aus

Münchner Zeiten, Frau Lilly Reiff, die Oprechts und Golo
Mann, der als einziger der Familie noch auf dem Kontinent
lebte, kümmerten sich, so gut es ging, um die beiden. »Katja
ist beruhigt in dem Bewußtsein, daß ihre uralten Eltern nun
wirklich doch noch in die Schweiz gelangt sind. Mit Hilfe
namentlich des Hauses Wahnfried ist es schließlich gelungen, und für die Frist, die ihnen allenfalls noch gegeben ist,
haben die alten ehemaligen Millionäre zu leben«, berichtete
Thomas Mann seinem Bruder Heinrich.[141]

Wie es aber wirklich bei den Pringsheims aussah, konnte
sich wohl kaum einer vorstellen. Katias Vater war nach den
Demütigungen, die er erlitten hatte, nach der Enteignung
und den Aufregungen der in letzter Minute geglückten Ausreise zutiefst deprimiert. Seine Frau hat noch bis zum Schluß
versucht ihn aufzumuntern, aber er starb im Juni 1941 im
Alter von 91 Jahren. Im Hause Pringsheim war es schon seit
Jahren still geworden. Katias Brüder – außer Heinz – befanden sich im fernen Ausland und versuchten nach Amerika zu
kommen. Peter wurde 1941 als Gastprofessor an die University of California in Berkeley berufen. Katias Zwillingsbruder
Klaus gelang dies erst 1946, als er mit seinem Sohn nach Kalifornien kam, wo er regelmäßig seinen Schwager und seine
Schwester besuchte. Katias Bruder Heinz hatte während des
Krieges Berufsverbot und lebte versteckt in Icking in Oberbayern. Er war nicht emigriert. Die Kinder waren also seit
langem fort, vorbei die Soireen und Geselligkeiten.

Hedwig und Alfred Pringsheim konnten aufgrund ihres
hohen Alters und der Reisebeschränkungen die Ereignisse
im Hause Mann nicht mehr persönlich miterleben, die 1939
stattgefunden hatten. In diesem Jahr hatten nicht nur Heinrich und Nelly Kröger geheiratet, sondern auch drei der
Mann-Kinder: Im März 1939 trat der jüngste Sohn Michael –
noch nicht einmal 20jährig – mit seiner Schweizer Schulfreundin Gret Moser in New York vor den Traualtar. Er

wirkte so jung bei der Heirat, daß der Kirchendiener fragte, »Now, where is the bridegroom?«, erinnerte sich seine Mutter später.[142] Die Eltern hatten sich entschlossen, dieser Heirat zuzustimmen, weil sie hofften, Michael würde durch Gret, die sie sehr mochten, etwas ruhiger werden; er neigte immer noch zu Zornesausbrüchen und zu Alkoholmißbrauch. Gret war ein schlankes, dunkelhaariges Mädchen aus guter Schweizer Familie und entsprach dem knabenhaften Typ von Frau, den auch Thomas Mann schätzte. Der Vater des Bräutigams litt an einer schmerzhaften Gürtelrose, war also nicht zugegen und begnügte sich mit Gratulationen bei der abendlichen Familienfeier in Princeton.

Im gleichen Monat hatten auch Monika und der acht Jahre ältere Jenö Lányi in London geheiratet, wo das Paar lebte. Über den Ehemann gibt es kaum Beschreibungen, nur Klaus erinnerte sich an »Lányis weiche, angenehm schmeichlerische, intelligent parasitenhafte, zivilisierte Art«[143] Er mochte ihn. Bei Monis Hochzeit war offenbar niemand von der Familie anwesend, aber London war von dem nicht mehr ganz jungen Paar nur als Übergangsstation gedacht.

Ein halbes Jahr nach ihren Geschwistern heirateten auch Elisabeth, die gerade einundzwanzig Jahre alt war, und Giuseppe Borgese, der nur sieben Jahre jünger war als sein Schwiegervater. Das machte es den Eltern schwer, ihn als »Schwiegersohn« zu betrachten. Jedoch hatten seine geistige Statur und politische Haltung sie beeindruckt. Die Hochzeit wurde auf den 23. November 1939 festgesetzt. Die kirchliche Zeremonie war nur kurz, dennoch weinte Thomas Mann »vor Nervenschwäche«, er fühlte sich »leidend und abgeneigt«. Es tat ihm leid, seine geliebte Jüngste nach Chicago gehen zu sehen, obwohl er dem Bräutigam am 4. Juni 1939 – kurz vor einer Europareise – geschrieben hatte: »Wir lassen unsere Elisabeth zurück im Vertrauen, daß ihr guter Engel oder wie man den Lebensinstinkt nennen will, der uns leitet, ihr das Rechte zu tun eingeben wird. Wir können nur sagen, dass wir eine Verbindung von Herzen begrüssen würden, die uns im Persönlichen glückverheissend und im Überpersönlichen schön und sinnvoll dünkt.«[144] Trauzeugen waren der Schriftsteller Hermann Broch und Roger Sessions, der amerikanische Musikpädagoge und Komponist. Vor der Hochzeit hatte das Brautpaar eine dreimonatige Reise nach Mexiko absolviert, wo Borgese an seinem Werk *Montezuma* arbeiten wollte. Er hatte den Eltern versprechen müssen, Elisabeth könne sich nach dieser Reise frei entscheiden. Da nach der dreimonatigen Probezeit beide zur Heirat entschlossen waren, konnten Thomas und Katia nicht mehr nein sagen, wollten sie sich dem Glück ihrer Tochter nicht widersetzen. Elisabeth hatte sich durchgesetzt.

Erika spottete in einem Brief an den Vater: »Lieber Z., – ich höre (durch meinen weltumspannenden Nachrichtendienst) Du seist ›ein wenig zart und traurig gewesen‹, – neulich abends, als unsere Prinzessin Dulala den munteren Greis (der sich mir gegenüber ja selber als sommerliche Abendsonne bezeichnet hat, – stark, schön und golden, – aber eben doch abendlich!) heimgeführt hatte und er sie wegführte aus der Stocki. Ich habe sehr an Euch gedacht, in diesen Tagen, – denn natürlich ist es, – a) melancholisch im allgemeinen, – wenn das Kindchen fortgeht, – und, b) ist es natürlich ein bißchen schreckhaft, daß es gerade *dahin*geht, das trotzige Sonderlingl.« Schließlich fragte Erika ihren Vater auch noch ganz unverhohlen: »Hat das Dörmchen gemundet? (mir vom eigenen Schlummer abgespart! Nein, – ich nehme ja Blaue und Gelbe in rauhen Mengen!) ...«, was beweist, daß Erika ihren Vater mit Schlafmitteln versorgte und selber ebenfalls viel zu viele davon einnahm.[145]

Ob nun die drei jüngsten Mann-Kinder 1939 heirateten, weil sie den kommenden Krieg fürchteten und ihrem Leben dadurch Festigkeit zu geben versuchten oder ob Elisabeth wegen ihrer unglücklichen Liebe zu Fritz Landshoff diesen Weg wählte und Monika, die schon auf die Dreißig zuging, sich wie der Vater eine »Verfassung« geben wollte, ist nicht mit Gewißheit zu sagen. Jedenfalls gab Elisabeth für die Ehe ihre musikalischen Karrierewünsche auf. Sie tat es ihrer Mutter nach und wurde Assistentin, Sekretärin, Chauffeuse ihres Mannes. Ob Monika je spezifische Berufswünsche hatte, ist nicht erkennbar. Fest steht, daß Elisabeths Ehe bald scheiterte und Moni wenig später durch ein grausames Schicksal Witwe wurde.

Das Jahr 1939 brachte aber noch weitere wichtige Ereignisse, denn endlich, Ende Oktober, konnte Thomas Mann aufatmen, *Lotte in Weimar,* der Roman, den er 1936 in Küsnacht begonnen hatte, war beendet. »Möge es seinen Platz einnehmen – in meinem Leben und in der Welt der Schriften«[146], wünschte er sich. Aber er vergaß auch nicht, seiner Frau zu danken. Die Widmung an Katia lautete:

> »Angefangen an trautem Ort –
> Schrieb in der Fremde daran fort,-
> Einmal fehlt' ich, macht's einmal gut,–
> Es wurde fertig in Deiner Hut.
> Bleibe Du mir auf dieser Erden,
> so soll alles fertig werden!«

Kaum war das Werk beendet, begann er den vierten Teil des *Joseph*-Romans zu schreiben, den er ja nur kurz hatte unterbrechen wollen.

Auch Erika hatte mit Klaus zusammen weitere Bücher über die Flüchtlinge aus dem nationalsozialistischen Deutschland geschrieben. Im April 1939 erschien *Escape to Life,* ein Führer durch die deutsche Emigration.[147] Darin fanden sich Porträts der bekanntesten Politiker, Schriftsteller, Schauspieler und Künstler im Exil, Onkel Heinrich und der Vater fehlten natürlich nicht. 1940 erschien ein weiteres gemeinsames Buch, *The other Germany,* das eher historisch argumentierte und den Amerikanern klarmachen wollte, daß es außer den Nazis auch noch andere Deutsche gegeben habe, große Denker wie Goethe und Heine. Es vertrat die These, daß der Nationalsozialismus weder in der deutschen Geschichte angelegt gewesen sei noch im deutschen Charakter, daß den Deutschen jedoch der Sinn für Politik fehle. Die Schwierigkeiten beim Schreiben dieses Buches waren groß, saß Klaus doch in New York und Erika in Küsnacht in der Schweiz. Während Erika anschaulich schilderte, schrieb Klaus theoretisch und abstrakt. Erika warf ihm dies gelegentlich vor und änderte seine Texte, er aber grämte sich, daß er es der Schwester nicht rechtmachen konnte. Beiden war Aufklärung über Hitler und der Kampf gegen ihn ein wichtiges Anliegen. Im gleichen Jahr erschien ein weiteres Buch von Erika allein unter dem Titel *The lights go down*. Das war wieder ein Buch, in dem sie den Alltag unter dem Hitler-Regime schilderte, sie nannte es selbst ein »politisches Lehrbuch«. Außerdem schrieb sie zwei größere Erzählungen, die sie im Familienkreis vorlas und die der Bruder »geschickt und rührend« fand, von denen aber nur eine veröffentlicht wurde.[148]

Zum Weihnachtsfest 1939 konnten die Manns immerhin drei ihrer Kinder, Erika, Klaus und Elisabeth mit Ehemann, sowie etliche Freunde um sich versammeln. Und trotz des Krieges gab es ein Champagner-Dinner und viele Geschenke. Zwar waren die Manns nach der dramatischen Flucht aus Schweden wieder in der Sicherheit Princetons gelandet, aber das Schicksal einiger Familienangehöriger war äußerst ungewiß. Golo hatte sich freiwillig als Kraftfahrer für das französische Rote Kreuz gemeldet, und Katias Bruder Peter war noch Ordinarius in Brüssel, wo er nicht mehr lange bleiben konnte, denn der Einmarsch der deutschen Wehrmacht in Holland, Belgien und Frankreich stand vor der Tür. Heinrich Mann befand sich noch in Nizza. Monika und ihr Mann hielten sich noch in England auf. Wie konnten sie da heraus-

kommen? Wie sollte man ihnen helfen? Thomas Mann
wirkte mit Erika und anderen im »Emergency Rescue Committee« mit, das wiederum eng mit dem »President's Advi-
sory Committee on Political Refugees« zusammenarbeitete.
Zeitweise gliche ihr Haus tatsächlich einem Emergency
Rescue Office, schrieb Thomas Mann an einen Freund, so
beschäftigt waren sie mit den Versuchen, viele Gefährdete –
und nicht zuletzt ihre eigenen Verwandten – aus Europa zu
retten.

Katia erwog den Plan, nach Europa zu fliegen, um ihre
Eltern noch einmal wiederzusehen. Erika riet ihr jedoch
davon ab, mit folgender, äußerst aufschlußreicher Begründung: »Soso, – hinüberflattern also willst DU! Fast könnte
man es ja im Mai zusammentun. Nur daß es doch zu ärgerlich wäre, für den Vater, – wenn er uns beide gleichzeitig ein-
büßte und könnte mich doch leicht als Frau benutzen, –
nach Deinem Hingang. Nein, – ich glaube überhaupt, Du
darfst nicht. Warum sollten denn auch die Uren [die Prings-
heims], kräftig und ohne hemmende Responsibilitäten, wie
sie sind, den kleinen Trip nicht tun?«[149] Sicher war das
scherzhaft gemeint, aber allein die Überlegung zeugte doch
von der absoluten Identifizierung Erikas mit dem Vater und
ihrem früh eingeübten Rollenverständnis als Stellvertreterin
ihrer Mutter.

Im Sommer 1940 verbrachten Thomas und Katia Mann
fast drei Monate in Brentwood nahe Los Angeles in Kalifornien, wo sie wiederum ein geräumiges Haus in einer Hügel-
landschaft bezogen, die der toskanischen nicht unähnlich
war, und wo ihnen das Klima sehr zusagte. Besonders die
Anwesenheit der ältesten Kinder sowie der guten Freunde,
der Ehepaare Walter und Frank, machte ihnen den Aufenthalt dort angenehm. Die universitäre Atmosphäre in Princeton und das dortige Klima fand Thomas Mann – verglichen
mit Kalifornien – doch eher bedrückend. Das Jahr 1940
bescherte den Manns außerdem ihren ersten Enkel: Fridolin

(Frido) Mann, der am 31. Juli 1940 in Monterey, in der Nähe von San Francisco geboren wurde, wo Michael als Bratschist beim San Francisco Orchestra arbeitete. Die Manns erfuhren von der Geburt ihres ersten Enkels per Telegramm. »Telegramm von Bibi aus Carmel, daß das Kind, ein Knabe, glücklich zur Welt gekommen. Die Großvaterschaft kommt spät und macht mir geringen Eindruck. Der erste Enkel, Amerikaner von Geburt, hat deutsches, brasilianisches, jüdisches und schweizerisches Blut, vom letzteren sogar noch von meiner Großmutter«, notierte Thomas Mann, nicht ahnend, daß er in dieses Kind ebenso vernarrt sein würde wie seinerzeit in Elisabeth. Schon im September kam Michael mit Frau und Kind zu den Eltern nach Brentwood, das nicht weit entfernt lag, und der Großvater konnte seinen Enkel in Augenschein nehmen.

Im August 1940 erfuhren die Manns auch, daß ihre Bemühungen um die Einreise Monikas und ihres Mannes nach Kanada Erfolg hatten: »It was only your own exceptional and distinguished service to the causes for which this country is at war that made it possible for an exception to be made in the general rule in the case of your daughter and her husband«, schrieben die kanadischen Behörden dem berühmten Dichter. So sehr er sich darüber freute, so sehr wünschte er sich jedoch, daß die Vereinigten Staaten auch Golo gegenüber solche Rücksichten an den Tag legten. Denn dieser sei so viel mehr gefährdet als Monika und stünde auch seinem Herzen viel näher, schrieb er ungeniert an Agnes Meyer.[150] Da war sie wieder, diese unterschiedlich ausgeprägte Zuneigung des Dichters seinen eigenen Kindern gegenüber, aus der er auch keinen Hehl machte.

Golo befand sich noch immer in Frankreich, er war inzwischen inhaftiert in einem Lager bei Nîmes. Aufgrund der Einflußnahme von Agnes Meyer sollte er entweder über Brasilien oder über den amerikanischen Konsul in Marseille herauskommen. Schließlich gelang seine dramatische Flucht über die Pyrenäen, zusammen mit Heinrich, dessen Frau Nelly, Franz Werfel und Alma Mahler-Werfel. Varian Fry, ein ortskundiger junger Amerikaner, hatte sie auf Schleichwegen über die französisch-spanische Grenze geführt. Von dort aus ging es nach Lissabon, wo sie am 20. September 1940 ankamen. Am 13. Oktober traf die Gruppe zusammen mit vielen anderen geretteten Schriftstellern in New York ein. Das »Emergency Rescue Committee« gab zur Begrüßung in New York eine Festveranstaltung, auf der Thomas Mann sprach. Auch Erika Mann war mit ihrem britischen Paß aus England wieder eingetroffen.

Angesichts der ungewissen Rückkehr nach Europa hatten die Manns schon im September 1940, während des Aufenthalts in Kalifornien, für 6500 Dollar ein Grundstück in Pacific Palisades gekauft und Gespräche mit einem Architekten geführt. Wieder planten Thomas und Katia, sich ein neues, eigenes Haus zu bauen; auf das Münchner Haus konnten sie ja nicht mehr hoffen. Das Terrain lag sehr schön und war mit Palmen und Zitronenbäumen bepflanzt. Auf der Rückfahrt Anfang Oktober nach Princeton machten sie eigens einen Abstecher nach Chicago, wo Elisabeth ihr erstes Kind erwartete. Aber die Enkeltochter Angelica, genannt Gogoi, ließ sich Zeit. Sie kam erst am 30. November 1940 zur Welt, nachdem die Großeltern fast zwei Wochen lang auf ihre Ankunft gewartet hatten und dann enttäuscht abgefahren waren.

Der sechzigjährige Borgese, der bereits erwachsene Kinder aus erster Ehe hatte, entpuppte sich als leidenschaftlicher Vater, wachte aber auch darüber, daß er selbst nicht zu kurz kam. Er erwartete, daß sich Elisabeth voll und ganz der Familie widmete. Aber die Ehe ging nicht gut. Zunächst übernahm Elisabeth die gleiche Rolle wie ihre Mutter. Mit häuslichen Arbeiten hatte Elisabeth bisher nicht viel im Sinn gehabt; in ihrem Elternhaus hatte sie kaum derlei Pflichten gehabt. Jetzt aber lernte sie kochen, denn Borgese liebte die italienische Küche. Sie tat alles, um ihren Mann bei seiner Arbeit zu unterstützen. Als einziges Privatvergnügen nahm Elisabeth weiterhin Klavierstunden in Chicago, die die Eltern bezahlten; übrigens hatten sie ihr auch den Bechstein-Flügel dorthin transportieren lassen. Allerdings hatte Elisabeth sich vorgenommen, nach ihrem 25. Lebensjahr kein Geld mehr von ihren Eltern in Anspruch zu nehmen, bis dahin wollte sie selbständig sein. Einen solchen Wunsch haben ihre Schwestern nie geäußert. Zunächst aber ordnete sie sich vollkommen unter und stellte ihr Leben in den Dienst der Politischen Wissenschaften und der italienischen Literatur. Sie besuchte die Vorlesungen ihres Mannes über Dante und Machiavelli und beschäftigte sich in ihrer Freizeit mit anthropologischen und biologischen Studien, die sie ebenfalls interessierten. Sie bewunderte ihren Mann und lernte viel von ihm. Im nachhinein fand sie allerdings, er habe von ihr erwartet, daß sie sich nur für ihn interessiere, obwohl er natürlich, rein theoretisch, ihre eigenen geistigen Interessen durchaus befürwortete.

Elisabeth organisierte den Haushalt wie ihre Mutter, war allerdings zu schüchtern, um dem unbotmäßigen Hauspersonal den Laufpaß zu geben. Daher mußte Katia bei einem ihrer Besuche die unangenehme Aufgabe übernehmen, den »Dunkelis« zu kündigen, sie war ja erfahrener und energischer in diesen Dingen als ihre Tochter. Die Beziehungen zwischen Elisabeth und ihren Eltern blieben eng, sie telefonierten miteinander und schrieben sich Briefe. Sie besuchten sich oft, mit, aber auch ohne Borgese, was ihre Eltern besonders schätzten, denn obwohl Borgese ein bekannter Wissenschaftler war, fand Thomas Mann manchmal, daß er sich zu sehr in den Vordergrund dränge. Er redete laut und dezidiert, und wenn er sogar vor ihm, dem Nobelpreisträger, durch die Tür ging, verletzte das seine Eitelkeit. Katia mußte ihre Tochter bitten, auf Borgese dahingehend einzuwirken, daß er sich ein wenig mäßige. Das Verhältnis zwischen dem Schwiegersohn und den Manns war also nicht ganz einfach.

Erika war auf eigenen Wunsch inzwischen nach London gegangen, wo sie auf Einladung des britischen Informations-ministers Propagandasendungen für die BBC übernahm, die nach Deutschland ausgestrahlt werden sollten. Thomas Mann hielt ihren Aufenthalt dort zwar wegen der deutschen Luftangriffe auf England für zu gefährlich, aber Erika setzte sich durch. Sie wollte diese Aufgabe vorübergehend wahr-nehmen und im Herbst ihre Vortragsreisen in den Vereinig-ten Staaten weiterführen. Sie fuhr zweimal nach London, einmal von August bis Oktober 1940 und das zweite Mal von Juni bis September 1941. Von dort aus schickte sie auch Artikel über die Bombennächte in London nach Amerika.

Im nachhinein erwies es sich als äußerst nützlich, daß Erika sich in England befand, denn 1940 konnte sie ihrer Schwester in einer schlimmen Situation beistehen. Monika und ihr Mann Jenö Lányi hatten versucht, von England aus über Kanada nach Amerika zu kommen. Bei der Überfahrt ins Exil wurde das Schiff, die »City of Benares«, am 17. September 1940 von einem deutschen Torpedo getroffen und sank. Vor Monikas Augen ertranken ihr Mann und zahlreiche weitere Passagiere. Moni selbst konnte sich über zwanzig Stunden im Wasser halten, festgeklammert an ein Stück Holz. Auf dem Schiff befanden sich etwa 400 Personen, darunter 92 Kinder, von denen nur 19 überlebten. Monika wurde aus den eiskalten Fluten des Nordatlantiks gerettet und von einem englischen Schiff zurück nach Schottland in ein Krankenhaus gebracht. Dort besuchte Erika sie und sorgte dafür, daß die jüngere Schwester schließlich über Lissabon in die USA zu den Eltern ausreisen konnte. Allerdings mußte Monika, die durch ihre Ehe mit Lányi einen ungarischen Paß besaß, aber-mals ein Schiff besteigen und wieder Todesängste ausstehen, während Erika fliegen konnte. In New York holte Katia sie am

28. Oktober 1940 ab. Der Vater war nicht dabei. Elisabeth urteilte später, ihre Mutter sei für beide Eltern dort gewesen.

Als Thomas Mann Lion Feuchtwanger zu dessen Ankunft in Amerika gratulierte, berichtete er auch über das Ergehen Heinrichs und Monikas: »Mein Bruder war äußerst ermüdet und ruhebedürftig die ersten Tage. Nun wird er bald nach Californien fahren. Auch die tapfere Erika ist glücklich von England zurück. Die verwitwete Monika steht noch aus, ist aber unterwegs – aufs neue. Sie kommt mit ertöteten Händen, weil sie sich 20 Stunden lang damit an den Rand eines Bootes ohne Boden geklammert hat – ohne auch nur einen Rheumatismus, einen Schnupfen auch nur davonzutragen. Es ist übernatürlich.«[151] Aber schon vor Monikas und Heinrichs Eintreffen besprachen Katia und Thomas die Probleme, die die Ankunft der Geretteten für sie bedeuteten: »Problematik der Zukunft Moni's. Bedenklich auch H.'s Gefährtin«[152], vermerkte Thomas Mann in seinem Tagebuch. Daß Heinrichs Frau Nelly dabei sein würde, trübte die Freude des Dichters über die Rettung seines Bruders. Dennoch ließen sie es sich nicht nehmen, am 13. Oktober Heinrich mit Frau und ihren lange entbehrten Sohn Golo am Hafen von New York abzuholen. Immerhin verlief das Jahr 1940 für die Manns insofern erfreulich, als sie nun auch die »beiden mittleren« Kinder und den Bruder Heinrich mit Frau endlich in Sicherheit wußten. Währenddessen nahm das Haus in Pacific Palisades Gestalt an.

Monika, bereits mit dreißig Jahren verwitwet, lebte zunächst bei den Eltern in Princeton. Sie war verständlicherweise lange Zeit verstört und depressiv. Erika widmete den ertrunkenen Kindern ein Buch, *A Gang of Ten,* das 1942 in New York erschien. Als Katia und Thomas Mann nach Kalifornien zogen, blieb Monika weiterhin bei den Eltern. Aber es gab familiäre Konflikte, Monika hatte das Trauma des Schiffsunglücks nicht überwunden. Das Zusammenleben gestaltete sich trotz aller guten Vorsätze Katias schwierig. Elisabeth erzählte über die Beziehungen ihrer Schwester zum Vater: »Was ihn besonders gekränkt hat, ist, wenn keinerlei Bedienung im Haus war, was er übrigens sonst gar nicht ungern hatte, er sagte gelegentlich, es ist doch nett, wenn die Hausleutchen alles selber machen – ich meine, er machte ja natürlich nichts. Aber meine Mutter hat sich abgerackert sehr oft, wirklich abgerackert, um alles schön und ordentlich zu machen. Und wir haben natürlich alle geholfen. Und die Monika hat nie geholfen, sie war wahnsinnig faul und hat von sich selber gedacht, sie ist was Besonderes, und sie braucht nicht zu arbeiten.«[153] Monika war aber nicht erst nach der Schiffskatastrophe so schwierig geworden, sie war es schon immer. Sie gab ihre Ausbildung als Pianistin auf, hatte keinen Ehrgeiz. Elisabeth über ihre Schwester: »Sie war ja nicht unbegabt. Sie war ja überhaupt künstlerisch nicht unbegabt. Sie war in vielen Richtungen – aber sie war ein kleines Talent, und sie hat auf keinem Gebiet ernstlich weitergearbeitet. Sie hat Malerei versucht, sie hat Musik versucht, sie hat Literatur versucht und hat allerlei geschrieben, hat offensichtlich ein gewisses Talent für Stil gehabt. Sie hat ihren eigenen Stil gehabt, teilweise hat sie auch meinen Vater etwas parodiert. Aber sie hat halt nie die Energie gehabt, irgendetwas wirklich durchzuführen. Nie, nie, nie eine größere Arbeit gemacht. Auf keinem Gebiet.«[154] Auch Charles Neider, der amerikanische Schriftsteller, Kritiker und Herausgeber, zeitweilig Mitarbeiter an Klaus Manns Zeitschrift »Decision«, konstatiert: »Sie hatte nicht die nötige Energie. Was Monika fehlte, war animalische Energie. Klaus hatte sie, Erika hatte sie, Katia hatte sie im Überfluß.«[155]

Erst kurz vor Kriegsende versuchte Monika sich in New York ein eigenes Leben aufzubauen. Bis dahin hat sie mal in New York, mal in Chicago gewohnt und verbrachte immer wieder längere Aufenthalte zu Hause. Aber auch die Eltern kamen zweimal im Jahr nach New York, wo sie in Hotels lebten und mit Monika »trauliche Gespräche« führten. Manchmal kam Elisabeth aus Chicago vorbei, manchmal Michael mit seiner Bratsche auf dem Weg von San Francisco nach Deutschland. Sie frühstückte mit Erika, die, von einer »lecture tour« durch 52 Städte zurückgekehrt, erschöpft im Bett lag, und verbrachte mit Klaus »innige Stunden«. Der Familienzusammenhalt war also bei aller Kritik an Monika doch sehr stark; und die Geschwister trafen sich auch ohne Eltern trotz der riesigen Entfernungen in Amerika relativ oft.

Das Jahrzehnt in Kalifornien 1941 bis 1952

Ab März 1941 begannen Katia und Thomas Mann, den Haushalt in Princeton wieder aufzulösen. Erika hatte für die Eltern ein passendes Haus in Pacific Palisades in Kalifornien gefunden. Am 8. April 1941 konnten sie in ein »weißes, sauberes, ländlich gelegenes Haus« am Amalfi Drive einziehen, das nicht unpraktisch, aber unvollkommen möbliert war.[156] Viele Bekannte und Verwandte wohnten in der Nähe, Bruder Heinrich mit seiner »schrecklichen Trulle« konnte nun in Beverly Hills besucht oder eingeladen werden, ebenso Katias Bruder Peter, der 1941 eine Einladung als Gastprofessor an die University of California in Berkeley bekommen hatte. Der Sohn Michael mit seiner Frau Gret und dem Enkel Frido wohnte ebenfalls nicht weit. Allerdings wurde schon bald deutlich, daß Monika sich schlecht mit den Geschwistern vertrug. Außerdem übte sie stundenlang ziellos Klavier, was den Vater störte. Schließlich wurde ein Klavierzimmer für die »arme Moni« gefunden, im Juli sogar eine eigene Wohnung. Sie besuchte Michael und Gret in San Francisco, Elisabeth und Borgese in Chicago, kehrte aber immer wieder auch ins Elternhaus zurück, wo bald wieder der gewohnte Betrieb herrschte. Im übrigen wohnten viele alte Freunde der Manns in der Nähe, so Liesl und Bruno

Frank, Bruno Walter mit Frau und Tochter, Fritzi Massary, Franz und Alma Werfel, Max Reinhardt, Frau Fischer, die Witwe Samuel Fischers, die ebenfalls in letzter Minute emigrieren konnte, Frau Meier-Graefe, die Feuchtwangers und viele andere.

Im Juli 1941 starb der neunzigjährige Alfred Pringsheim in der Schweiz. Nach der Invasion Hollands war der alte Geheimrat aus Protest in den Hungerstreik getreten. Die Pension hatten die Nationalsozialisten ihm noch in den letzten Monaten entzogen. Als die Nachricht vom Tod ihres Vaters eintraf, blieb Katia ruhig, Monika weinte. Für den Abend hatten die Manns zu einem Empfang eingeladen, bei dem viele Gäste in den Genuß einer Lesung Thomas Manns aus dem *Joseph* kommen sollten. So hatte Katia alle Hände voll zu tun und war von ihrem Kummer abgelenkt.

Unterdessen ging der Krieg in Europa weiter. Nachdem Hitler Ende 1941 den USA den Krieg erklärt hatte, weitete sich dieser endgültig zum Weltkrieg aus. Wann er enden würde, wußte niemand. Trotz aller Ungewißheiten hatten die Manns offenbar das Haus zu kostspielig und zu teuer geplant. Entweder mußte der Bau kleiner gestaltet oder Geld aufgenommen werden. Am besten wäre natürlich ein zinsloses Darlehen von Agnes Meyer in Höhe von 6000 Dollar, dachte der Bauherr, aber dieser Plan wurde nach einiger Diskussion von den Eheleuten wieder verworfen. Ein langer Brief von Thomas Mann an Agnes Meyer vom 18. April 1941, in dem er schrieb, wie sehr er es bedauere, daß die Baukosten so hoch seien und daß sie sich mit dem Hausbau in seinem Alter übernommen hätten und ihn eigentlich wieder aufgeben müßten, führte erschreckenderweise lediglich zu einem Glückwunsch Agnes Meyers, die diesen Entschluß begrüßte. Sie war ohnehin enttäuscht über den Wegzug des verehrten Dichters aus Princeton.

Da Klaus in Amerika die Zeitschrift »Decision« gegründet hatte, die aus Geldmangel einzugehen drohte, hatte Erika, die sowohl den Eltern als auch Klaus helfen wollte, eine Idee. Sie schrieb heimlich einen Brief an Agnes Meyer und bat sie kurzerhand um 15 000 Dollar, 12 000 für das Haus in Kalifornien, 3000 sollten der Rettung von »Decision« dienen. Der Vater war empört über Erikas eigenmächtiges Verhalten der reichen Gönnerin gegenüber. Denn sie hatte zwar schon in zahlreichen Fällen eingegriffen, sowohl bei Peter Pringsheim als auch bei Heinrich Mann, bei Golo wie bei Moni geholfen. Bei Klaus' Zeitschrift jedoch blieb sie stur. Thomas und Katia Mann rieten ihrem Sohn zur »Liquidation« der Zeitschrift, für Klaus ein schwerer Schlag. Dafür gewährten die Eltern ihm noch einmal 1500 Dollar, um die größten Schulden zu bezahlen.

Ende August 1941 kam Agnes Meyer persönlich nach Kalifornien. Schon am Tag ihrer Ankunft fuhren Katia und Thomas mit ihr zum Bauplatz und besichtigten das Grundstück, auf dem sich bereits der Grundriß, insbesondere das Arbeitszimmer, abzeichnete. Thomas Mann fand diesen Besuch, obwohl er keineswegs die Arbeit am vierten Teil des *Joseph*-Romans unterbrach, ermüdend, schon wegen der anstrengenden Gespräche und Geselligkeiten. Er war froh, als sie wieder abfuhr. »Verabschiedung von der anstrengenden Freundin, die doch wohl immer ›enttäuscht‹ von mir zieht… Bedauere«, notierte er in seinem Tagebuch.[157] Immerhin hatte Agnes Meyer den verehrten Dichter beruhigt, er brauche sich keine Geldsorgen zu machen.

Am 23. September 1941 beklagte sich Katia, wie so oft, bei ihrem Sohn Klaus über Monika: »Daß auch beim Mönle die Gaben mangeln, ist ja gar kein Zweifel, aber mein Gott, das ist eben nicht das Einzige, und das Zusammenleben mit dem egozentrischen, verstiegenen, narzistischen, dabei oft sonderbar aggressiven und ungnädigen Geschöpf hat sein Trostloses.«[158] Das waren harte Worte für eine Mutter. Sie kam noch schlechter mit dem Mönle zurecht als der Vater,

der sie zwar für seelisch gebrechlich hielt, aber doch auch
Mitleid mit ihr hatte. Aber auch ihm wurde es manchmal
zu bunt. Bei einem Streit zwischen Katia und Monika
notierte er: »Zerwürfnis K. mit Moni, – unvermeidlich,
sobald man das Kind als vollsinnigen Menschen behandelt.
Schwierigster Grenzfall.«[159] Und als wenige Tage später Bruder Michael mit Frau und dem reizenden Frido zu Besuch
kamen, blieb Moni demonstrativ dem Abendessen fern. Vermutlich war sie eifersüchtig auf die junge Familie ihres Bruders, auf Frido, den Lieblingsenkel Thomas Manns, der nun
dessen ganze Liebe empfing wie einst Elisabeth.

Anfang Februar 1942 konnte die Familie Mann dann doch
in das neue Domizil, 1550 San Remo Drive in Pacific Palisades, einziehen, wo sie bis 1952 blieb. Katia beklagte sich in
einem Brief an Klaus, daß Moni beim Umzug keinen Finger
gerührt habe, sondern nur zum Essen erschienen sei. Sie
schildert auch ihre eigenen Empfindungen über das neue
Domizil und die stets quälenden Personalsorgen: »Ach, der
glücklichste Moment war es ja bei Gott nicht, dies Schloß zu
beziehen, und die inneren Stimmen, die mich in diesem
Frühjahr so stark warnten, waren wohl besser orientiert
als dem Adolf seine. Aber nun muß das Verhängnis seinen
Lauf nehmen. Viel Sorgen und Kopfzerbrechen macht es
mir, und ich habe auch so viel Verdruß mit den elenden
Dunklen, die immer frecher und verschwenderischer werden, und soeben mußte ich noch dem Jonatan wegen völlig
unsinnigen Eierverbrauchs so ernste Vorstellungen machen,
daß Lucinde leicht ein Kind davon bekommen könnte, wie
seinerzeit jene Köchin von dem selbstmördrischen Soldaten.
Sowie wir installiert sind, muß ich mich nach anderen
umsehen … Mönle's Verhalten auch in dieser Hinsicht paßt
ja schließlich nur ins allgemeine höchst unnormale Bild. Wir
hatten mit E. [Erika] ja lange Unterhaltungen über das un-
lösbare Problem, denn es ist ja wirklich bitter, daß gerade
dieses Kind uns so unwandelbar zur Seite stehen soll, aber

schließlich fanden Gölchen (der sie doch weiß Gott garnicht mag) und ich dann doch, daß es z u hart wäre, eben jetzt etwas zu ändern, und eine Zeit lang (?) mag es wohl noch so weiter gehen.«[160] Aber es änderte sich nichts.

Thomas Mann schrieb kurz nach dem Einzug an Erika: »Es geht sehr langsam vorwärts mit der Komplettierung unseres letzten Nestes, das wir doch wohl anders gemacht hätten, wenn das alles so vorauszusehen gewesen wäre. Denn wozu eigentlich der weite living-room (der noch eine Wüste ist) und die vielen Kinderzimmer? Die Geselligkeit wird zurückgehen, Kinder kommen nicht, müssen ihr eigenes Leben führen, und wenn Golo einen Job bekommt, was man ihm herzlich wünschen muß, werden wir ganz allein mit dem armen Mönchen in der mühsam hergestellten Pracht vergreisen und verseufzen... Mielein ist auch schon recht überreizt und zu akuter Verzweiflung geneigt, hält sich aber trotzdem natürlich höchst wacker, obgleich das deutsch-jüdische Couple, das wir in der Eile nahmen, ein Alpdruck von dummer Halbbildung und grundsätzlichem Beleidigt-sein ist – nicht damit zu leben und nichts wie Rückkehr zum freundlichen Negerstamme, sage ich, und so wird es zum 15ten denn wohl auch geschehen.«[161] Ganz offensichtlich hatte Thomas Mann die Befürchtung nun, nachdem alle Kinder bis auf Moni das Haus verlassen hatten, zu vereinsamen, denn er brauchte sie alle, wie Monika einmal fest stellte, insbesondere aber Erika.

Im Sommer 1942 starb in der Schweiz auch Hedwig Pringsheim, ein Jahr nach ihrem Mann. »Nachricht vom Tode der Mutter K.'s mit 88 nach längst vorangegangenem geistigem Tod«, hielt Thomas Mann fest.[162] Sie war, als sie starb, obwohl fünf Jahre jünger als ihr Mann, geistig völlig verwirrt. Der Enkel Golo, der die beiden in Zürich noch gesehen hatte, glaubte, die einst so stolze, aufrechte, disziplinierte Frau sei gewollt in diesen Zustand der Geistesschwäche verfallen. Sie hatte sich nach dem Tod ihres Mannes selbst aufgegeben und resigniert.[163]

Erika machte sich mit ihren politischen Aktivitäten nicht überall Freunde. Daß sie den britischen Diplomaten Lord Vansittard kannte, der eine rigoros antideutsche Politik vertrat, sich mit ihm traf und korrespondierte, brachte ihr den Vorwurf des »Antigermanismus« ein, aber sie galt auch bei manchen als die »verwöhnte Tochter mit berühmtem Vater, als verrückte Schwester eines homosexuellen Bruders, als bourgeoise ›Lebedame‹ mit ›kommunistischer‹ Neigung, als Stalins ›fünfte Kolonne‹«.[164] Sogar in der eigenen Familie war sie als neo-militant und rachsüchtig verschrien.[165] 1942 war Erika krank von der Politik, von ihrer eigenen Umgetriebenheit und unzufrieden mit ihren eigenen Einflußmöglichkeiten auf die Politik der Alliierten. Sie tat als Journalistin, was sie konnte, setzte ihren Namen ein für die Beschaffung von Visa, Affidavits und Aufenthaltsgenehmigungen, sammelte Geld für das »Emergency Rescue Committee«. Sie war rastlos tätig und doch nie mit ihrem Einsatz und ihrem Erfolg ganz zufrieden. Andererseits sagte ihre Freundin Edith Loewenberg einmal über Erika, die Politik sei ein Segen für sie gewesen: »an ihr und durch sie habe Erika den Halt und das Ziel, das Objekt und den Rahmen für die Fülle ihrer Fähigkeiten und Leidenschaften gefunden«.[166]

Am 15. Oktober 1942 berichtete Thomas Mann an Agnes Meyer: »Wir sind sehr allein jetzt. Der reizende Enkelsohn, die Kinder, alle sind weg, bis auf Moni, die sich schweigend bei uns verköstigt. Erika absolviert eine lecture Tour von 50 Städten (Gott steh' ihr bei!), Golo hat einen Lehrstuhl in Olivet, Mich., eingenommen und ist so beschäftigt, dass er um 3 Uhr aufsteht, um sich vorzubereiten. Klaus, wieder in New York, hat, wenigstens bei der Presse, einen warmen, fast enthusiastischen Erfolg mit seinem ›Turning Point‹, – was mich nicht wundert, denn es ist ein reizvolles Buch und gibt auf persönlich vertrauliche Art ein gutes Bild nicht nur von this amazing family, sondern auch von der Epoche, auf deren Hintergrund dies junge Leben sich abspielte.«[167]

Anfang des Jahres 1943 konnte Thomas Mann den vierten und letzten Teil der Joseph-Tetralogie, *Joseph der Ernährer,* beenden. Der Abschluß wurde lediglich mit Elisabeth und ihrem Mann gefeiert. Denn die Borgeses gingen Ende März zurück nach Chicago. Das gesamte Material zum *Joseph* wurde jetzt weggeräumt und *Doktor Faustus* begonnen, ein Stoff, mit dem er sich schon vor Jahrzehnten gedanklich beschäftigt hatte.

In Europa tobte der Krieg. Die Manns verfolgten täglich die Nachrichten, sprachen mit Freunden und Verwandten über den Fortgang, über Stalingrad und die neuen Flüchtlingsströme in die Schweiz, über das Bombardement Münchens. Thomas Mann hielt wöchentlich Rundfunkreden an die deutschen Hörer, »Listen Germany«, und setzte sich für die Flüchtlinge ein. Auch in Amerika war Benzin rationiert, die Lebensmittel wurden selbst in dem reichen Land knapp. Zusätzlich zu allen Sorgen erhielt Thomas Mann im Mai einen Brief von Agnes Meyer, in dem sie seine Kinder beschuldigte, ihn auszunutzen. Dieser Brief ärgerte ihn ungemein, er war bereit, seine Söhne und Töchter mit Zähnen und Klauen zu verteidigen. Agnes Meyer hatte selbst fünf Kinder, und ihr Sohn Bill war selbstverständlich während des Krieges beim Militär. Dies hielt sie ihm offenbar vor, leider ist dieser Brief nicht erhalten. Aber er war darüber dermaßen verbittert, daß er tagelang nicht schreiben konnte.

Dann setzte er sich doch hin und erwiderte die Vorwürfe in einer langen Antwort, in der es hieß: »Ich habe viel und bitter darunter gelitten, daß Sie für meine Kinder nichts als unverhohlene Geringschätzung und Ablehnung hegen, da ich doch diese Kinder liebe, mit demselben Recht, mit dem Sie Ihre Kinder lieben. Glauben Sie mir, ich könnte mir – für mich selbst – kaum etwas Entsetzlicheres vorstel-

len, als daß Ihrem wundervollen Bill im Kriege etwas zu-
stieße… Erika's Vortragstätigkeit, deren Erfolg auf einem
großen Persönlichkeitsreiz und tiefem, leidenschaftlichem
Gefühl für die moralischen und politischen Fragen der
Zeit beruht; ihr Aufenthalt in England zur Zeit des schwer-
sten ›Blitzes‹ – es war alles nichts als Unfug… Mit Recht
waren Sie der Meinung, daß wenigstens einer meiner Söhne
der Armee angehören müsse. Klaus hat um den Eintritt geradezu gekämpft. Als er ihn erreicht hatte, hat er, der 36jäh-
rige, ganz ungeübte Intellektuelle, sich dem harten basic
training mit der Willenskraft der Begeisterung unterworfen
und ist überraschend schnell zum staff-sergeant avanciert.
Mit humoristischem väterlichen Stolz habe ich Ihnen
davon berichtet. Kein Wort der Anerkennung, des Glück-
wunsches ist mir von Ihnen gekommen.«[168] Klaus hatte
sich nach seinem Fiasko mit der Zeitschrift »Decision« freiwillig zur amerikanischen Armee gemeldet und wurde
schließlich nach einigem Hin und Her im Dezember 1942
einberufen. Thomas Mann war so erbost über die Kritik
an seinen Kindern, daß er bereit war, nicht nur mit der reichen Freundin zu brechen, sondern auch sein Engagement
an der Library of Congress aufzulösen. Der Brief an das
»fatale Frauenzimmer« fand die uneingeschränkte Billigung
Katias. Aber Agnes Meyer lenkte noch im gleichen Monat
wieder ein.

Katia wurde in diesem Jahr 60 Jahre alt, wie üblich fand
schon morgens die Bescherung statt, wobei Moni, in Abwesenheit von Erika, den Geburtstagstisch schmückte und den
Frühstückstisch auf der Terrasse deckte. Medi jedoch gelang
es ungewollt, Erika und Monika auszustechen, weil sie wieder ein Kind erwartete und mitteilte, daß sie sich überraschend wohl dabei fühlte. Darüber freute sich Katia verständlicherweise sehr. Den Abend verbrachte man mit
Franks und Walters bei der Privatvorführung eines Films
von Lubitsch.

Zwischen 1943 und 1945 war auch Erika im Status einer Armeeangehörigen im Offiziersrang, in Uniform, aber ohne Befehlsgewalt, als Berichterstatterin für die Zeitungen »Chicago Herald Tribune«, »Toronto Star Weekly« und »Liberty Magazine« an verschiedenen Kriegsschauplätzen unterwegs. Auf ihren Reisen kam sie nach Kairo, Marokko, Algier, Teheran, in den Irak und Palästina. Froh wurde sie dennoch nicht, weil sie die meiste Zeit mit Warten verbrachte. Warten in Hotels auf ein dann doch nicht sehr ergiebiges Journalistengespräch war nicht ihre Sache, Einfluß nehmen konnte sie auf diese Weise nicht. Inzwischen waren die Alliierten in Süditalien gelandet, ein Ende des Krieges war absehbar. Erika plante einen persönlichen Erlebnisbericht, *I, of all people,* der, wie sie ihrem Bruder Klaus im November 1943 schrieb, die letzten zehn Jahre ihres Lebens, das Hitler-Dezennium und ihren Kampf als Nazi-Gegnerin umfassen sollte. Es blieb aber bei dem Entwurf, außer dem Prolog und einem Teil des ersten Kapitels ist nichts erhalten geblieben.[169]

Im August 1943 waren drei Mann-Kinder beim amerikanischen Militär, Erika, Klaus und Golo. Klaus erhielt die amerikanische Staatsbürgerschaft erst im September 1943, seinen Marschbefehl wenig später. Er hatte sich freiwillig gemeldet, weil er keinen Cent mehr in der Tasche hatte, und hoffte, damit mehrere seiner privaten Probleme lösen zu können. Zugleich wollte er aber auch den verhaßten Nationalsozialismus bekämpfen. Seine Eltern fuhren Anfang Dezember nach Kansas City, um ihn zu treffen. Auch Erika kam aus Dallas, Texas, angereist, um ihn zu verabschieden. Der Vater notierte kühl: »Vertrautes Gespräch. Gegen Mitternacht Abschied von den beiden Großen, die wir vermutlich lange nicht wiedersehen werden.«[170] Klaus hingegen hielt fest: »Beim Abschied umarmt er mich – was noch nie zuvor geschehen ist. Mieleins Augen voller Tränen.«[171] Klaus landete Anfang Januar in Casablanca, im Februar 1944 war er bereits als Mitarbeiter einer Spezialeinheit für psychologische Kriegsführung in Italien stationiert. Er wurde Sonderberichterstatter der »Stars and Stripes«, und im Mai/Juni 1945, nach Kriegsende, Berichterstatter in Österreich und Deutschland, wo er das Haus in der Münchner Poschinger Straße besuchte und Fotos nach Kalifornien schickte.

1944 war das Münchner Haus der Familie Mann bei einem Bombenangriff schwer beschädigt worden. Die Fassade des Hauses sei nur geringfügig, das Innere aber vollkommen verändert gewesen, schrieb er. Das Haus hatte von 1937 bis 1940 Heinrich Himmlers Rassenzuchtanstalt »Lebensborn e.V.« gedient, ohne daß die Manns dafür einen Pfennig Miete erhalten hätten. Klaus traf eine junge Frau an, die offenbar im Hause Unterkunft gefunden hatte und die ihm von der Nutzung des Hauses unter den Nationalsozialisten erzählte. Aber das wußte er bereits von seiner Großmutter, die, solange sie noch in München war, regelmäßig von dort berichtet hatte. Klaus kehrte jedoch nicht wieder in seine Geburtsstadt zurück. Er wurde erst Ende September 1945 in Rom aus der Armee entlassen.

Golo wurde ebenfalls 1943 eingezogen, nachdem er amerikanischer Staatsbürger geworden war. Ihm gefiel es überhaupt nicht beim Militär, er fühlte sich als Soldat nutzlos und wollte nicht am Krieg teilnehmen. 1943/44 arbeitete er als Übersetzer in Washington, D.C. 1945 übte Golo Tätigkeiten bei US-Radiosendern in Luxemburg und bei der »Voice of America« in Bad Nauheim aus. Im Dezember 1945 wurde er entlassen. Der jüngste Sohn Michael entkam der Einberufung nur knapp. Im Oktober 1944 wurde er zwar angenommen, aber im Januar 1945 wegen seines nervösen Herzens wieder abgelehnt. Die Familie Mann konnte aufatmen, daß ihr jüngster Sohn, über den sie sich ohnehin häufig Sorgen machen mußte, zurückgestellt worden war.

Auch die Tochter Monika zog es nun in die Ferne. Sie verließ das Elternhaus im September 1943 und wollte versuchen, in New York Fuß zu fassen. Katia brachte sie zur Bahn. Bereits im Oktober trafen sich Thomas und Katia wieder mit Erika und Monika in New York. Katia besuchte dort mit Moni ein Konzert von Bruno Walter; beide Eltern trafen sich mit ihr im Hotel, denn die Vortragsreise Thomas Manns führte über Chicago in den Osten der Vereinigten Staaten und bis nach Kanada. Diese Reise war für Katia ein »Ausspannen aus der Wirtschaftretmühle und eine dringende Wünschbarkeit«, während Thomas »wegen der bevorstehenden Leistungen und der langen Abwesenheit« von seiner Basis sehr nervös war, obwohl er doch schon so viele Erfahrungen mit seinen Lecture Tours gesammelt hatte.[172] Aber es ging alles gut, Anfang Dezember reisten die Manns per Bahn zurück nach Pacific Palisades, wo Horkheimers sie mit Rahm und Milch, also knappen Lebensmitteln, Kuchen und Blumen empfingen und wo sie wieder viel Freude an der Eleganz und Bequemlichkeit ihres Hauses empfanden.

Da zu Weihnachten 1943 ungewöhnlicherweise nur Golo (in Uniform) nach Hause kommen konnte, feierten Katia und Thomas Mann ein ruhiges Weihnachtsfest, allerdings voller Ungewißheit über die Zukunft. Erika kabelte, daß sie sich mit ihren Schwestern in New York getroffen hatte. Im übrigen wußten die Manns, daß das Problem Moni wieder akut würde. Kurz vor Jahresende erfuhren sie, daß Berlin zu 50 bis 60 Prozent zerstört war, es wurde ein melancholischer Silvesterabend. Katia hoffte mit aller Kraft, daß ihre Söhne den Krieg überleben würden. Im Januar legten sie in Los Angeles die Einbürgerungsprüfung ab, die Thomas Mann beschämend und ärgerlich fand. Das Examen war für ihn kein Spaß, da er über die USA nichts gelernt hatte – im Gegensatz zu Katia. Über die Staatsform, die Verfassung und die Regierungs-Ressorts wußte er ziemlich gut Bescheid, aber als es um die Verwaltung und Gesetzgebung der Einzelstaaten und Kommunen ging, konnte er nur noch seiner

Verwunderung über deren Eigenmächtigkeit Ausdruck geben. Dennoch bekamen beide Eheleute die amerikanische Staatsbürgerschaft zuerkannt.

Vermutlich wegen des Krieges setzten Katia und Thomas Mann schon einmal ihr Testament auf, während *Joseph der Ernährer* gerade in Amerika erschien. Am 23. Juni 1944 wurden die Manns endgültig amerikanische Bürger, sie mußten in einem Raum, der mit Pin-up-Girls verschönt war, mit gemischten Gefühlen ihren Eid ablegen und die Einbürgerungspapiere unterzeichnen. Sie feierten die Einbürgerung gebührend mit Portwein und Baumkuchen.

Erika war im Oktober 1943 von ihrer Nahost-Reise nach Amerika zurückgekehrt, aber sie plante bereits ihre Rückkehr an die Kriegsschauplätze. Von Januar bis April 1944 war sie in Amerika unterwegs auf einer anstrengenden Lecture Tour und kehrte dann ins Elternhaus in Pacific Palisades zurück, wo sie ein Zimmer hatte. Als am 6. Juni 1944 die Westalliierten in der Normandie landeten, war Erika als Kriegskorrespondentin dabei, mit Jeep und in Uniform, ausgestattet mit ihrer Schreibmaschine und Zigaretten. In Paris, Brüssel, Antwerpen und Aachen führte sie Gespräche, Interviews und machte Reportagen, die sie nach Amerika schickte; sie sprach mit Deserteuren und deutschen Kriegsgefangenen aller Dienstgrade.

Elisabeths zweite Tochter, Domenica Borgese, genannt »Nica«, war am 6. März 1944 in Chicago geboren worden. Die Großeltern fuhren zwei Wochen nach der Entbindung dorthin, um das neue Enkelkind zu begrüßen. Die Reise war lang und äußerst unbequem. Thomas Mann war leidend. Einladungen und Geselligkeiten ermüdeten ihn.

In den ersten Jahren ihrer Ehe blieb Elisabeth überwiegend zu Hause, half ihrem Mann und betreute die Kinder. Der Wunsch, ihrem Mann zu assistieren, ging sogar so weit, daß sie die jeweiligen Krankenhausaufenthalte bei den Geburten der Kinder dazu nutzte, englische und italienische Stenographie zu erlernen. Aber bald strebte Elisabeth eine intellektuell etwas anspruchsvollere Tätigkeit und berufliche Selbständigkeit an. Sie wurde wissenschaftliche Mitarbeiterin im »Komitee für die Weltverfassung«, einem Projekt, das ihr Mann ins Leben gerufen hatte und an der Universität Chicago angesiedelt war. In dessen Zeitschrift, »The Common Cause«, veröffentlichte sie auch ihre ersten Forschungsergebnisse, beispielsweise über ständische Vertretungen und deren Repräsentanz in einem Weltparlament. Sie hatte es immerhin ohne Studium geschafft, eine festbezahlte Anstellung im wissenschaftlichen Bereich zu finden. Schließlich wurden ihre Bemühungen dadurch gekrönt, daß sie zur Präsidentin dieser Organisation gewählt wurde. Sie war bereits seit ihrer Heirat finanziell unabhängig vom Elternhaus, nun aber auch aus eigener Kraft. Borgese wurde allmählich eifersüchtig auf ihren Erfolg und ihre zunehmende Selbständigkeit. Szenen aus nichtigem Anlaß verdarben das Eheleben der meist schweigenden Elisabeth und des cholerischen Ehemannes. Vermutlich nicht ganz unparteiisch notierte Thomas Mann, Medi sei sehr weiß und mager, der Schwiegersohn »chauvinistisch italienisch«[173].

Im Juli / August 1944 besuchte die Familie Michaels mit den beiden Enkeln Frido und Toni die Eltern. Während sich der Sohn bei musikalischen Soireen und der Beurteilung der Musik-Passagen im *Doktor Faustus* hervortat, bildete doch der kleine Frido das ganze Vergnügen des Großvaters. Im Oktober dann traf die Familie Borgese für vierzehn Tage ein, der Schwiegersohn führte, wie gewohnt, Reden, die Thomas Mann verstimmten und verdrossen. Die Familie war froh, wenn Borgese einmal verreist war und Ruhe herrschte. Die Enkeltöchter beachtete Thomas Mann kaum; wichtiger war das Kriegsgeschehen in Europa, das ihn tagtäglich beschäftigte und seine Tagebücher füllte. Mit Angelica konnte er ja schon spazierengehen, aber Domenica war erst ein halbes Jahr alt, nahm Medi in Anspruch, und er konnte wenig mit ihr anfangen.

Im Oktober 1944 lag Klaus mit Malaria in einem italienischen Lazarett. Wieder schrieb ihm die Mutter einen langen Brief, in dem sie die familiäre Situation schilderte: Erika lasse zu selten von sich hören, im Gegensatz zu ihm, Klaus. Mit Medi und ihrer kleinen Familie müsse man ganz zufrieden sein. Obgleich sie für die Fehler ihres Mannes keineswegs blind sei, hinge sie ja offenbar aufrichtig an Borgese. Dieser habe es schwer, weil er sich bei seinen Vorträgen mit recht bescheidenen Honoraren begnügen müsse; sie sähe aber Dulala mit ihren Kinder nur »ungern am Bettelstabe. Aber bis zum sordiden Geiz dürfte es doch keineswegs gehen, und es kann sich da doch wohl auch nur um eine angeborne häßliche Anlage handeln.« Angelica sei ein reizvolles und gutartiges Dingerle und das Baby prächtig.

»Vom Mönle heringegen hatte ich heute ja einen ganz desperaten, wenn auch für mein Gefühl nicht völlig aufrichtigen und etwas peinlich literarischen Brief, indem sie zerknirscht über die Sinnlosigkeit und Verfehltheit ihres Daseins klagt. Dass sie sich in ihrer Haut höchst unwohl fühlt, kann keinem Zweifel unterliegen. Aber wenn man irgendwie an freien Willen glaubt, so hat sie es sich ganz allein zuzuschreiben, und obgleich sie von sich in erlesenen Ausdrükken der Geringschätzung spricht, will sie das eben keineswegs zugeben und wird sich, fürchte ich, auch niemals ändern. Wenn ich denke, wie sie seit ihrem achtzehnten Jahr alle Ermahnungen und Ratschläge in den Wind geschlagen – noch Deine so liebevollen in Princeton – und ihre abgründige Faulheit immer hinter dem fadenscheinigen Musik-Mäntelchen verborgen hat, das nun eben doch nicht mehr hält, ist es schwer, ihr zu raten und zu helfen. Aber ich werde natürlich kein (sic!) Bestes versuchen, ihr auch zur Rückkehr nach Californien raten, wohin sie offenbar tendiert, wenn es auch die nächsten Monate nicht gehen wird, da wir das Haus zur Zeit ja voll haben und im Januar auf Tour gehen sollen.«[174] Halb stolz, halb ironisch schrieb Katia zum Schluß: »Aber das steht fest, wenn meine Heldensöhne nicht gleich nach Beendigung der Hostilitäten zurückkönnen, so fliegen die Alten herüber, sobald wie möglich.« Ohne Zweifel sehnte sie sich nach den Kindern und versuchte deren Leben im Krieg etwas angenehmer zu gestalten, indem sie ihnen die dringend erwünschten Zigaretten, Bücher und andere Artikel schickte und sie mit regelmäßigen Briefen über die Familie und sonstige Neuigkeiten auf dem laufenden hielt.

Im November 1944 konnten die Manns erstmals als amerikanische Staatsbürger an der Wahl teilnehmen, wobei sie für den verehrten Roosevelt stimmten, den sie ja bereits von den Einladungen im Weißen Haus persönlich kannten und sehr schätzten. Thomas Mann hatte sogar einen Beitrag zu dessen Wiederwahl geleistet, indem er am 29. Oktober 1944 eine Wahlrede auf ihn hielt, die großen Beifall gefunden hatte. Aber zum Jahresende war der Krieg immer noch nicht beendet, worauf alle so dringend hofften. Kurz vor Weihnachten ereignete sich erneut eine Katastrophe in der Familie: Nelly Mann, die schon mehrfach versucht hatte, sich das Leben zu nehmen, starb am 17. Dezember 1944 an einer Überdosis Schlaftabletten. Thomas und Katia fuhren gleich zu Heinrich, versuchten ihn zu trösten und gaben ihm einen Scheck für die Beerdigungskosten. Sie versprachen auch, Heinrich vorübergehend bei sich aufzunehmen, sobald die Borgeses wieder fort seien. Inzwischen kümmerte sich Katia darum, daß er bei Bekannten gut versorgt und untergebracht war. Wirklich traurig waren sie aber über diesen Tod nicht. Wie oft hatte Nelly peinliche Zwischenfälle verursacht! Bei ihrem Tod waren mehrere Verfahren wegen diverser Verkehrsdelikte anhängig. Katia gegenüber war Nelly am Telefon von »beispielloser, aggressiver Unverschämtheit« gewesen, und diese ihrerseits nannte sie »das Stück«[175]. Bereits

1941 hatte Katia mit ihrem Schwager Heinrich ausgehandelt, daß sie ihm monatlich 100 Dollar zur Unterstützung in seiner schwierigen Lage zahlen würden und 300 Dollar sofort zur Begleichung der ärgsten Schulden. Katia war es, die sich um den älteren Schwager kümmerte, ihm Wohnung und Haushaltshilfe besorgte, auch Einladungen vermittelte, später sogar die Krankenschwester. Thomas fand, daß Heinrichs »sehr günstige Einkünfte durch das unselige Treiben der Frau bis weit ins Negative zerronnen«[176] waren, und Bruder und Schwägerin mußten wieder erst einmal Geld geben, damit Heinrich seine verpfändeten Möbel einlösen konnte. An der Beerdigung Nellys nahmen Thomas, Katia und Medi teil.

Ende des Jahres fand aber auch ein erfreuliches familiäres Ereignis statt: Am 31. Dezember 1944 wurden die beiden jüngsten Enkelkinder, Anthony und Domenica, in der Unitarian Church in Los Angeles getauft. Elisabeth und Michael hatten die Taufe ihrer Kinder zusammengelegt, feierten gemeinsam und musizierten dabei. Pate beider Kinder war der Großvater. Und das Weihnachtsfest 1944 im Hause Mann gestaltete sich fast wie früher, mit vier Enkeln und deren Eltern, mit vielen Geschenken, die das Wohnzimmer in eine Spielsachenwüste verwandelten, und Lichterschein vom Weihnachtsbaum, der sich in den Kinderaugen spiegelte. Katia wußte nicht, wie sie all diese Gäste unterbringen und verköstigen sollte, »wo ich auch noch für Heinrich sorgen und die aus nichts als Schulden bestehende Hinterlassenschaft ordnen soll. Mitgespielt wird einem, aber ich weiß ja, daß wir es bis jetzt, unberufen, noch immer unverdient gut gehabt haben und Gott danken müssen, wenn es so weiter geht«, schrieb sie an Klaus als »Das treue alte Mielein«.[177]

Erika war zwar zum Jahreswechsel nach Hause gekommen und machte sich gleich mit konstruktiven Kürzungsvorschlägen zu einem Kapitel des *Doktor Faustus* nützlich. Aber ihre geplante Vortragsreise konnte sie nicht absolvieren. Diesmal ließ sie sich ein Attest wegen ihrer chronischen

Stimmbänderentzündung geben und sagte die Tournee ab. Mitgebracht hatte sie eine Freundin, die Thomas Mann etwas verrückt fand: Betty Knox, die wie Erika Uniform trug und amerikanische Kriegsberichterstatterin war und mit der sie schon mehrere Reisen unternommen hatte. Aber Betty fand nicht die Billigung der Manns. Katia fragte sich, warum Erika »auf ihre älteren Tage auf dergleichen verfallen mußte«, und fand es »unpassend«, daß Erika die Freundin auch noch ins Haus Bruno Walters zu einer sehr privaten Geburtstagsfeier mitgenommen hatte.[178]

Zu Beginn der vierziger Jahre hatte sich Erika in Bruno Walter verliebt. Sie kannte ihn seit ihrer Kinderzeit, aus der Verehrung für den berühmten Dirigenten war nun Liebe geworden, die aber bei den Treffen in Kalifornien, wo die beiden Familien wieder Nachbarn waren, oder bei den heimlichen Rendezvous zwischen Konzerten und Lectures streng verheimlicht werden mußte. Walter war fast dreißig Jahre älter als Erika, und seine Ehe war nicht glücklich. Thomas Mann nannte sie zuweilen »die Waltersche Hölle«. Er schilderte Elsa Walter als krankhaft eifersüchtig, frigide und antisemitisch.[179] Im Sommer 1944 erlitt sie einen schweren Schlaganfall, an dessen Folgen sie 1945 starb. Bis zum Schluß wurde sie zu Hause gepflegt, obwohl sie in völliger Apathie dahinvegetierte. Aber Erikas Hoffnung auf ein Zusammenleben mit dem Musiker wurde enttäuscht. Zwar zog sie manchmal in sein Haus, wenn es im Elternhaus zu voll wurde. Aber Walter konnte sich nicht entscheiden, er hatte auch eine Liaison mit der Sängerin Delia Reinhardt, die er ebenfalls aus Münchner Zeiten kannte und der er ein Haus in Kalifornien kaufte. Darüber kam es zu heftigen Szenen zwischen der Tochter Lotte und Walter.

Erika vertraute sich schließlich ihrem Bruder Klaus und ihrer Mutter an, aber auch sie konnten ihr nicht raten. Klaus nannte Walter einen »greisen Unhold«. Katia schrieb an Klaus: »Ich glaube, im Grunde ist sie tief unbefriedigt von ihrer Existenz, die ja reich und angeregt, aber menschlich eben doch nicht das Richtige ist.«[180] Mit der verrückten Freundin Betty Knox wollte sie sich vielleicht über ihre tiefe Enttäuschung hinwegtrösten. Thomas Mann erfuhr offenbar erst später von dem Verhältnis zwischen seiner Ältesten und dem Musiker und war befriedigt, als die beiden im Herbst 1948 eine Aussprache hatten und die Sache ein Ende nahm.

Im Januar / Februar 1945 lebte Heinrich Mann einige Wochen bei Bruder und Schwägerin. Sie wollten ihn in seiner schwierigen Situation nicht alleinlassen, aber Katia wollte auf jeden Fall einen Dauerzustand vermeiden. Am 11. Februar 1945 mußte sie ihren Gatten darauf aufmerksam machen, daß es ihr 40. Hochzeitstag war, den sie dann doch noch mit einer halben Flasche Champagner feierten. Aber die Agonie Deutschlands, namentlich Berlins, in dem es weder Kohle noch Strom gab, sowie die Zahnprobleme des Dichters überschatteten alles und ließen keine Freude aufkommen.

Am 12. April starb Roosevelt, mit dessen Politik die Manns weitgehend einverstanden gewesen waren. Er erlebte das Kriegsende nicht mehr, das mit der Kapitulation Deutschlands am 7. / 8. Mai 1945 erfolgte. Befreiung oder Niederlage? Die Manns werden wohl ersteres empfunden haben, aber auch Schmerz über das zerstörte Deutschland. Thomas Mann schrieb in sein Tagebuch: »Überleben hieß: siegen. Es ist ein Sieg. Klarheit darüber, wem der Sieg zu danken: Roosevelt.«

Monika hatte das Trauma des Schiffsuntergangs immer noch nicht überwunden. In New York versuchte sie sich als Schriftstellerin. Sie fand einen eigenen Freundeskreis, und es gelang ihr, einige Artikel zu veröffentlichen. Ihre Mutter wunderte sich darüber. Sie schrieb an Klaus: »Am Ende wird sie in New York noch ein ebenso ehrenvolles Renommée hinterlassen wie in Florenz. Es ist seltsam, die Leute finden ja auch ihre Briefe reizend, und am Ende bin ich es, die bees und ungerecht ist. Glaubs aber nicht.«[181] Frido Mann, der Lieblingsenkel Thomas Manns und Neffe Monikas, erinnert sich ebenfalls daran, wie ungeliebt Monika im Elternhaus war. Er berichtet, in Kalifornien sei Golo oft dagewesen, Erika auch, und Monika »ungeliebt viel«. Man habe alles darangesetzt, daß sie endlich einmal weggehe. »Da gab es einen furchtbaren Auftritt zwischen ihr und Katia. Und ich glaube, Thomas war auch irgendwo da und redete, aber ihn habe ich nicht so erlebt. Sie hatte das sozusagen übernommen. Ich stand im livingroom, und im Eßzimmer daneben gab es einen Auftritt, und Monika heulte wie ein Schloßhund, stampfte mit den Füßen auf. Und ich stand völlig ratlos da, ich konnte mit so einem Streit nichts anfangen, und mir tat sie auch irgendwo leid.«[182]

Trotz aller sich überstürzenden Nachrichten über das Kriegsende schrieb Thomas Mann weiter an seinem Roman *Doktor Faustus,* den er für seinen Vortrag »Deutschland und die Deutschen« und andere Artikel unterbrochen hatte, unter anderem einen Artikel über die nationalsozialistischen Konzentrationslager für das Office of War Information. Erika half bei der Übersetzung und Kürzung des Vortrags, den er am 29. Mai 1945 in der Library of Congress hielt. Während der Planung für die Romanfortsetzung häuften sich die Beratungen mit Adorno, der ein echtes Interesse an den musikalischen Aspekten des Romans nahm. Thomas Mann fühlte sich aber bei all seinen Aktivitäten schwach, er nahm immer mehr ab, wie er selbst merkte und wie jeder ihm sagte, Kopf und Nerven machten ihm Sorgen. Seine ständige Müdigkeit ging in Erschöpfung über.

Dennoch traten Thomas und Katia am 24. Mai 1945 in Begleitung von Erika die Reise an die Ostküste an, die bis zum 4. Juli dauern sollte. Die erste Station war, wie nun schon üblich, Chicago, wo Elisabeth mit ihrer Tochter Gogoi die Eltern im Hotel besuchte. Abends traf man sich in der neuen Wohnung der Borgeses, wo Medi ein Champagner-Souper gab. Thomas Mann probierte anschließend im Familienkreis seinen Vortrag, der für gut, aber zu lang befunden wurde. Der Vater mußte mit Erikas Hilfe weiter kürzen. Schließlich aber verlief seine Rede in Washington überaus glücklich, und immerhin brachte die Veranstaltung 1000 Dollar ein. Anschließend gaben die Meyers einen Empfang für fünfzig Personen in ihrem Haus, wo die Manns ein paar Ferientage verbrachten. Die Treffen mit Agnes Meyer verliefen jetzt wieder problemlos, auch wenn Thomas Mann sie als Pflicht empfand.

Inzwischen häuften sich die Vorbereitungen zu Thomas Manns 70. Geburtstag, Glückwünsche und Blumen trafen ein, das Hotelzimmer glich schon Tage vorher einer Blumenausstellung. Berge nicht mehr zu bewältigender Post aus allen Ecken der Welt türmten sich überall. Am Abend des eigentlichen Geburtstags gab Bruno Walter zusammen mit dem berühmten Geiger Bronislaw Hubermann ein Mozart-Recital. Selbst Thomas Mann fand, daß ein solches Geburtstagsgeschenk nicht jedem geboten werde.

Über die Feier zu seinem 70. Geburtstag schrieb Thomas Mann einen herzlichen Brief an Klaus, dem er für seinen Zeitschriften-Aufsatz, den Brief und das Geschenk dankte. »Hat mich alles innig gefreut, denn schließlich spricht es ja doch gewissermaßen für den Vater, wenn die Söhne, begabte, ehrenvoll ihren Mann stehende Söhne, es sich so angelegen sein lassen, ihm Liebes zu erweisen. Den Töchtern war es sichtlich darum zu tun: Eri, belebend, warmherzig, hilfreich (ihr Glückwunschbrief im ›Aufbau‹ wirklich entzückend); poor Mönchen, welkend-lieblich, sobald geredet wurde in Tränen schwimmend; Medi-Eisenstirnchen, die es fertig gebracht hat, ihre Kinder irgendwo unterzubringen (sie ist ohne help) und zum Tage nach New York zu kommen, überall anmutig genießend und Sympathie erregend dabei. Einmal fuhren die drei Schwestern allein zusammen in einer Droschke durch die Stadt, was noch nie vorgekommen war. Auch war es ganz neu, daß ich einmal, ich glaube im Suisse Chalet, mit Medi an der Theke bei einem Old fashioned saß, unwissend, daß es schon ihr vierter Cocktail diesen Vormittag war. Nachher befürchtete sie mit feinem Stimmchen, sie hätte ›sich vielleicht etwas zu angeregt mit Herrn Papale unterhalten…‹«[183] Erikas Glückwunschbrief im »Aufbau« resümierte geschickt das Leben der Familie, die Wohnsitze in Tölz, München, Nidden und schließlich in Pacific Palisades, und schlug einen Bogen von ihrer frühen Kindheit zur Gegenwart, den Vater immer liebevoll im Mittelpunkt. Zum Schluß wünschte sie ihm »eine Welt, in der es sich lohnt, achtzig zu werden«[184], und sicherlich war Erikas Brief für den Vater der schönste von allen.

Nach dem anstrengenden Festtrubel verbrachten Thomas und Katia Mann mit Monika zehn Tage Urlaub am Lake Mohonk in Ulster County, N. Y. Offenbar gab es jetzt überhaupt keine Probleme, denn Moni hatte ihre Eltern einmal ganz für sich allein. Der Vater notierte keine weiteren Zwischenfälle mit dem nun 35jährigen Problemkind, dessen Geburtstag nur einen Tag nach dem seinen lag. In seinem Tagebuch finden sich lediglich Notizen über das schlechte Essen und die ärgerlichen Beschränkungen des Hotels mit seiner Quäker-Atmosphäre. Hier verguckte sich Thomas Mann ausnahmsweise einmal in ein junges Mädchen, das er den *Zauberberg* lesen sah. Er fand – sich mit Goethe vergleichend – in der jungen Cynthia eine »Andeutung Ulrikens«[185].

Das Jahr 1945 kündigte mancherlei Veränderungen auch im privaten Umfeld an. In diesem Jahr häuften sich die Todesfälle unter den Bekannten, so starben Bruno Frank und Franz Werfel. Einige Freunde verabschiedeten sich bereits, um nach Europa zurückzukehren. Nach Kriegsende warnten Klaus und Erika die Eltern vor einer Heimkehr nach Deutschland, ja sogar vor einem Besuch. Was den Manns

schwer zu schaffen machte, war ein Offener Brief Walter von
Molos, der bereits im August 1945 Thomas Mann zur Heimreise aufforderte und der in verschiedenen deutschen Zeitungen veröffentlicht wurde. Thomas Mann erfuhr davon
durch das Office of War Information. Während die ersten
Atombomben auf Hiroshima und Nagasaki niedergingen
und der Krieg nun in Japan fortgesetzt wurde, war Thomas
Mann nicht im entferntesten bereit, nach Deutschland
zurückzukehren, auch wenn das OWI ihn schon Mitte
August 1945 von der Rückgabe seines Münchner Hauses in
Kenntnis setzte. Von Erika und Klaus hörte er nur Schlechtes
über Deutschland. Thomas Mann überlegte lange, dann begann er einen Brief an von Molo, den er im Familienkreis
vorlas, verwarf, umarbeitete und schließlich am 10. September 1945, nach erneuten Änderungswünschen von Katia,
endlich abschloß. Er wurde am 28. September 1945 im »Aufbau« unter dem Titel »Warum ich nicht nach Deutschland
zurückgehe« veröffentlicht. Thomas Manns Argumente lösten in Deutschland eine heftige Polemik aus. Nicht nur die
deutsche Öffentlichkeit im allgemeinen reagierte bestürzt,
besonders die Schriftsteller der sogenannten Inneren Emigration griffen ihn an, vor allem Frank Thieß. Thomas
Mann war elend zumute, aber wie sollte sich das Exil, dessen
Schicksal ja vielfach Elend oder gar Untergang gewesen war,
gegen die Daheimgebliebenen wehren, die es sich jetzt hoch
anrechneten, in Deutschland geblieben zu sein, und die die
Emigranten beleidigten? Erst jetzt erfuhren die Manns nach
und nach mehr über die nationalsozialistischen Verbrechen,
nicht nur aus den Artikeln von Klaus für »Stars und Stripes«,
auch von Erika und aus der Weltpresse. Sie blieben überzeugt, daß sich in Deutschland nichts geändert habe. »Es ist
ganz deutlich, daß alles ist, wie es war. Ich würde mich dort
um nichts wohler fühlen, als um 1930«, schrieb Thomas
Mann am 8. November 1945 in sein Tagebuch.

Erika hatte sich Zutritt zu dem Luxemburger Gefängnis in

Mondorf-les-Bains verschafft, in dem Nazi-Schergen inhaftiert waren. Sie sah sie dort aus allernächster Nähe, durfte allerdings nicht mit ihnen sprechen. Ihrer Mutter schrieb sie im August 1945: »Meine letzte Fahrt ging nach Bad Mondorf, wo ich den ›Big 52‹ einen Besuch abstattete. Ein gespenstischeres Abenteuer ist nicht vorstellbar. Göring, Papen, Rosenberg, Streicher, Ley – tout le horreur monde (einschließlich Keitel, Dönitz, Jodl etc.) eingesperrt in einem ehemaligen Hotel, das zum Gefängnis wurde und aus dem seine Insassen ein regelrechtes Irrenhaus gemacht haben. Da ich mit den Idioten nicht selbst sprechen durfte, schickte ich hinterher Vernehmungsbeamte zu ihnen und ließ sie wissen, wer ich (die erste und einzige Frau, die je den Ort betreten hat) war. Ley schrie: ›Assez!‹ und schlug die Hände vors Gesicht; Rosenberg murmelte: ›Pfui Deubel!‹ Und Streicher lamentierte: ›Du *lieber* Gott, und diese Frau ist in meinem Zimmer gewesen!‹ Göring war am erregtesten. Hätte ich mich doch nur vorgestellt, sagte er, dann hätte er alles erklärt; und hätte *er* den Fall Mann bearbeitet, dann hätte er die Sache anders gehandhabt. Ein Deutscher von T. M.s Format hätte dem Dritten Reich sicherlich angepaßt werden können. Ich kabelte all dies und vieles mehr an den London Evening Standard, der es auf der Titelseite groß herausbrachte.«[186]

Am 20. September 1945 berichtete Erika in einem langen Brief aus Deutschland ihrer Mutter, daß sie Onkel Heinz, Katias Bruder, mit Frau Mara[187] und Sohn Horst besucht habe, der als einziger aus der Familie Pringsheim während der Zeit des Nationalsozialismus in Deutschland geblieben war und in Icking bei München überdauert hatte: »Heinzchen weiß, wo die Silbersammlung verblieben ist, die rechtmäßig jedoch Mara gehört und die sie möglicherweise bei dem speziellen Wiedergutmachungsamt, das für die Opfer der Nürnberger Gesetze errichtet worden ist, einfordern müssen. Es erscheint zweifelhaft, daß *wir* etwas von dem

Schatz sehen werden.« Und abschließend warnte sie ihre Eltern: »Und ich flehe Euch an: erwägt auch nicht eine Minute lang, in dieses verlorene Land zurückzukehren. Es ist einfach nicht menschenerkennbar. Und ich meine damit nicht seinen physischen Zustand!!!«

Auch den jüngsten Bruder Thomas Manns, Vikko, und seine Frau Nelly hatte Erika getroffen. Sie half bei dessen Entnazifizierung, ihm blieben dadurch Ehre und Stelle erhalten. Sie bat und bevollmächtigte diesen Onkel, mit Hilfe der Bayerischen Rechtsanwaltskammer Dr. Valentin Heins zu suchen, den Rechtsanwalt, der Thomas Manns Interessen in Deutschland während des Exils hatte wahrnehmen sollen. Es ging vor allem um die verlorengegangenen Manuskripte, die Thomas Mann bei Heins deponiert und die dieser vermutlich der Gestapo übergeben hatte. Erika – praktisch, wie sie war – ließ gleich den Besitz in der Poschinger Straße beim Wiedergutmachungsamt registrieren und ihn »Off limits« erklären und damit von den Amerikanern beschützen. Erika trat stets für die Belange der gesamten Familie ein.

Für den Londoner »Evening Standard« schrieb Erika Berichte über den ersten Nürnberger Prozeß gegen die Kriegsverbrecher am 20. November 1945. Und sie wandte sich an den US-General Lucius D. Clay wegen der Originale der NSDAP-Mitgliedslisten, die in Freimann bei München gefunden wurden und mit den dazugehörigen Dokumenten etwa vierzig Tonnen Archivmaterial umfaßten. Clay ließ ihr danken, er sei sich bewußt, welche Bedeutung diese Originallisten der Parteimitglieder hätten, und er werde deren Überführung nach Kassel veranlassen, wo sie von den anderen Mitgliedern der Viermächte-Regierung ausgewertet werden könnten.

An ihrem 40. Geburtstag, dem 9. November 1945, hielt sich Erika in Berlin auf. Klaus war seit über einem Jahr als Angehöriger des »Psychological War Battalion« in Italien, seit zwei Jahren hatten sich die Geschwister nicht gesehen.

Das Wiedersehen zu Weihnachten in Zürich feierten sie mit alten Freunden und Bekannten, darunter auch Therese Giehse und Betty Knox. Aber Erika sah schlecht aus, sie litt immer noch an ihrem Liebeskummer wegen Bruno Walter. Klaus war im November aus der Armee entlassen worden und versuchte nun in Rom Filmprojekte zu realisieren. Zwar hatte seine Mutter ihm geraten, bei »Stars und Stripes« zu bleiben. Aber er hatte andere Pläne. Golo ging im November mit hohem Gehalt in den Zivildienst über und bemühte sich von Bad Nauheim aus um den Aufbau eines deutschen Nachrichten- und Informationswesens.

Erika plante, bis März 1946 in Europa zu bleiben. Aber im Januar 1946 war sie noch in der Schweiz, zunächst in einem Zürcher Sanatorium, danach erholte sie sich in Arosa. Ihr schlechter Gesundheitszustand, über den zunächst Klaus berichtet hatte, machte den Eltern Sorgen. Sie litt an Leber- und anderen Beschwerden, die sie sich in Nürnberg zugezogen hatte. An ihre Freundin Lotte Walter schrieb sie im Februar 1946 einen ausführlichen Brief über die Stimmungslage in Deutschland und über die Krankheiten, die sie sich nach ihrem Aufenthalt dort zugezogen habe: »…etwas Mumpsartiges, eine toxische Vergiftung (der Leber nicht hold), eine Maul- und Klau'nseuche und ein ungewöhnlich stattlicher Bronchial-Katarrh.«[188] Ob das alles war, sei dahingestellt, denn sie nahm ebenfalls Drogen und rauchte exzessiv.

Doch standen Erikas Krankheiten im Schatten der Erkrankung des Vaters. Im März 1946 zog sich Thomas Mann eine Grippe zu und hatte immer wieder Fieber. Im April diagnostizierte der Arzt Dr. Rosenthal einen »Schatten« auf der Lunge. Der kalifornische Spezialist stellte die Familie vor die »Wahl zwischen einer beinahe hoffnungslosen Operation oder einem langen, qualvollen, sich ständig verschlimmernden Siechtum«[189]. Katia war verzweifelt. Aber sie gab nicht auf. Die geplante Vortragstournee wurde abgesagt. Elisabeth hatte sich überall erkundigt und festgestellt, daß die Universitätsklinik in Chicago die besten Möglichkeiten für eine solche Operation bot. Der befreundete Arzt Martin Gumpert und Katia beschlossen, Thomas Mann zur Bronchoskopie und eventuell anschließender Operation dorthin zu bringen, wo Elisabeth im Billings Hospital alles organisiert hatte. Monika und Dr. Klopstock hatten allerdings dazu gedrängt, nach Boston zu gehen. Aber Elisabeth hatte einen Platzvorteil, denn in Chicago konnte Katia bei ihrer Tochter wohnen. Der Vater kannte die Umgebung und fühlte sich in Chicago wohler als in einer fremden Stadt. Ansonsten war er aber so ruhig und ergeben, daß es Katia fast ängstigte.

Die Kinder wurden informiert, Erika war sofort angereist, Golo durfte kommen, während Monika und andere Familienangehörige nicht kommen sollten, um den Patienten nicht zu belasten. Auch Heinrich sollte dem Krankenbett lieber fernbleiben. Ein Lungenchirurg allerersten Ranges, Dr. Adams, führte am 24. April 1946 die Operation durch. Katia war beruhigt, daß ihrem Mann jede denkbare Rücksicht und Aufmerksamkeit zuteil wurde. Ein »hilusnahes Plattenepithel-Carzinom« wurde entfernt, ohne daß der Patient erfuhr, daß es sich um ein Karzinom handelte. Die Operation galt auch in medizinischen Kreisen als sensationeller Erfolg. Am 28. Mai konnte der Patient als gesund entlassen werden und mit dem Zug nach Pacific Palisades heimkehren. Er war abgemagert und noch mitgenommen – ihm waren drei Viertel der rechten Lunge entfernt worden –, aber er war von seinem Lungenkrebs befreit, der ihm als harmloser Abszeß dargestellt worden war. Schon wenige Tage nach der Rückkehr nahm er seine Arbeit am *Faustus*-Roman wieder auf, und Erika machte sich daran, schleppende Längen und Pedanterien zu kürzen. Allerdings litt der Vater – kaum genesen – nun wieder an einem quälenden, juckenden Hautekzem, von dem ihn schließlich die russisch-jüdische Ärztin Segetz befreien konnte.

Anläßlich eines Besuches der Michael-Familie im Oktober 1946 beschäftigte sich Thomas Mann wiederum mit dem Enkel Frido, den er geradezu vergötterte und im Tagebuch als elfenhaft und transzendent erscheinen ließ. Insgeheim erkundigte er sich aber schon bei Dr. Rosenthal nach dem Krankheitsbild der Meningitis, an dem der arme Echo, ein Ebenbild Fridos, im Roman sterben muß. Im übrigen ist die Idee, Frido als »Allegro moderato« im Roman auftreten zu lassen, auf Bruno Walter zurückzuführen. Als die Kinder Frido und Toni nach einigen Wochen von Bibi und Gret wieder abgeholt wurden, ließ der Großvater sie nur ungern ziehen, obwohl sie ihn oft bei seiner Arbeit gestört hatten.

Der wochenlange Besuch wurde bald von einem anderen abgelöst: Im November 1946 reiste Katias Zwillingsbruder Klaus mit Sohn Klaus Hubert aus Japan an. Ihre Ankunft in Pacific Palisades war – jedenfalls für Thomas Mann – überraschend. Zunächst hatte man sich viel zu erzählen, aber nach wenigen Tagen konstatiert der Hausherr: »Überreizt, müde, enerviert auch von der unklar limitierten Gegenwart der Gäste.«[190] Des Schwagers Theorien über Musik, Dreiklangsymbolik und Harmonie waren gleichwohl interessant, auch für den Roman, und Klaus Pringsheims Bewunderung für die fünfundfünfzig deutschen Radiovorträge, die Thomas Mann gehalten hatte, milderten dessen Abneigung. Aber nach knapp drei Wochen sprach der Schriftsteller dann doch mit Katia über »die Kalamität mit ihrem Bruder und Neffen, deren Herüberkommen ein entschiedener Mißgriff. Sorgen wegen ihrer Zukunft um ihret- und unserwillen«[191]. Im vermeintlich zu großen Haus in Pacific Palisades wurde es eng, wenn die Kinder heimkamen. Als Anfang Dezember Golo und Moni anreisten, mußten die Pringsheims in ein Zimmer zusammenziehen. Zum Glück erhielt Golo eine Geschichtsprofessur am Pomona College, Los Angeles, so daß wenigstens seine Zukunft gesichert war.

Währenddessen suchte Klaus Pringsheim eine Stellung,

aber die Aussichten für den Dirigenten, in Kalifornien etwas Geeignetes zu finden, standen schlecht. Zunächst mußte er sich als Leiter eines Laienorchesters betätigen. Im Januar 1947 fand der Dreiundsechzigjährige eine Stelle an der »Musikschule« in Los Angeles.[192] Bis 1951 lebte Klaus Prings-heim als Dirigent und Musikpädagoge in Hollywood, so daß sich die Zwillinge oft sehen konnten. Katias anderer Bruder Peter war von 1942 bis 1944 sowie 1946 bis 1947 Professor in Chicago. Während seiner Zeit in Kalifornien – er wurde 1941 als Visiting Professor nach Berkeley berufen – besuchte er seine Schwester beinahe jedes Wochenende, und als seine belgische Frau nachkam, zu zweit. Thomas Mann nannte sie eine zänkische Frau. 1954 kehrte Peter nach Belgien zu-rück. Er starb 1963 in Antwerpen.

Am 29. Januar 1947 beendete Thomas Mann den *Doktor Faustus*. Drei Jahre und acht Monate waren über der Arbeit vergangen. Das Ende des Krieges, die Kapitulation Deutsch-lands, die schwere Lungenoperation, sein eigener siebzigster Geburtstag waren in diese Zeit gefallen. Nun konnte er auf-atmen. Katia gratulierte ihm von ganzem Herzen. Die letzten Kapitel waren Erika zur Lektüre übersandt worden, auch sie beglückwünschte den Dichter herzlich per Telegramm und war zu Tränen gerührt über das Schicksal des kleinen Echo. Der Vater nahm dies mit Genugtuung zur Kenntnis, ihre Änderungswünsche akzeptierte er jedoch dieses Mal nicht. Eine weitere Genugtuung erfuhr er um diese Zeit auch durch die Philosophische Fakultät der Universität Bonn, die die Ehrendoktorwürde, die ihm unter den Nationalsozialisten aberkannt worden war, restituierte.

Elisabeth schickte dem Vater im gleichen Monat ein gro-ßes Exposé über Geschichte und Zukunft ständischer Vertre-tung. Sie hatte es allein erarbeitet, mit zähem Fleiß und viel Ehrgeiz, denn es war ihr fester Wille, etwas eigenes im Leben zu leisten; ihre eiserne Zielstrebigkeit hatte sie schon mehrfach bewiesen. Was sie allerdings nicht wußte: Der Vater fand das Exposé lediglich »rührend«. Es handelte sich um ein »background paper« für das »Komitee für die Weltverfassung«, das Borgese begründet hatte und in dem er mit mehreren amerikanischen, deutschen, französischen und italienischen Wissenschaftlern sowie fünf Angestellten an einer Weltverfassung arbeitete. Elisabeth bezog nun als research associate dieser Organisation ein festes Gehalt. Die Familie allein genügte ihr nicht, sie hatte eine festbesoldete Wissenschaftlerstelle inne – allerdings, wie bereits erwähnt, nicht zur Freude ihres Mannes.

Trotz aller politischen Vorbehalte unternahmen die Manns vom 22. April bis 14. September 1947 ihre erste Nachkriegsreise nach Europa. Wieder ging es über Chicago und Washington nach New York, dort schifften sich Thomas, Katia und Erika auf der »Queen Elizabeth« nach London ein. Verabschiedet wurden sie von Golo, Klaus und Monika. In London hielt Thomas Mann seinen berühmten Nietzsche-Vortrag, gab Presseinterviews, unter ihnen eine »Botschaft an das deutsche Volk«, in der er begründete, warum er Deutschland nicht besuchen wollte. Diese Erklärung provozierte wiederum eine heftige Pressekampagne in Deutschland. Insbesondere Erika hatte die Idee, nach München reisen zu wollen, schon im Vorfeld entschieden abgelehnt. In London trafen die Manns auch Ilse Dernburg und Käte Rosenberg sowie Ida Herz. Für Erikas Hilfe auf dieser Reise war Thomas Mann besonders dankbar, er bewunderte ihre Weltläufigkeit, ihre Redeweise und ihren Umgang mit anderen Passagieren. Allerdings wäre es doch beinahe zu einer kleinen Katastrophe gekommen: Der Dichter war in den Ankunftswirren in Southampton versehentlich ohne Katia und Erika in einen Zug nach London gestiegen, aus dem er dann schleunigst wieder flüchten mußte. Ohne seine beiden Begleiterinnen wäre er völlig hilflos gewesen.

Mit einem Privatflug ging es dann am 24. Mai 1947 in dreieinhalb Stunden von London nach Zürich, wo sie von den alten Freunden Oprecht, Gret und den beiden Enkelsöhnen empfangen wurden. Wieder waren die Manns begeistert von der Schweiz, ihren Menschen, dem vorzüglichen Essen, den Einladungen, den altbekannten Geschäften in Zürich. Frido und Toni wurden öfters ins Hotel zu den Großeltern gebracht. Auch ein Wiedersehen mit Viktor Mann, Heinz Pringsheim und deren Frauen fand in Zürich statt. Wie üblich gehörten Vorträge und Lesungen zum Aufenthalt, der sich doch anstrengender gestaltete als vermutet. Erika erkrankte gleich wieder an einer Kehlkopfentzündung. Im Juni / Juli verbrachten die Manns mehrere Wochen in Flims, Graubünden, wo sie die andersartige Landschaft nach dem langen Aufenthalt am Pazifik sehr genossen. Erika fuhr weiter nach Prag, Katia übertrug die Korrekturen des *Faustus*, Thomas hatte so viele Termine und Besucher, daß er wieder magenkrank wurde und nicht zur eigentlichen Arbeit kam. Und während Katia gestürzt war und an einer »langwierigen Beeinträchtigung« wegen einer Rippenprellung und eines Blutergusses litt, fühlte sich der berühmte Schriftsteller für seine Jahre »mehr als gebührend« von seinem Geschlecht geplagt. Ein sich einölender Jüngling am See, ein hübscher Liftboy oder Kellner erregten stets seine Phantasie.

Im Anschluß an den Aufenthalt in der Schweiz ging es am 10. August 1947 noch einmal für zehn Tage ins holländische Noordwijk. Der Bequemlichkeit halber reisten die Manns von Zürich per Flugzeug nach Amsterdam, wo sie von Klaus und Landshoff abgeholt wurden. Erstaunlich bleibt die Logistik all dieser Reisen, denn überall wurden sie von ihren Kindern oder Freunden verabschiedet und begrüßt. Nach acht Jahren wohnten sie zum ersten Mal wieder im »Huis ter Duin«. Thomas Mann nahm in Gegenwart von Katia das erste Seebad seit vielen Jahren, aber ganz nahe am Strand in den kleinen Wellen. Doch ansonsten war er enttäuscht: Ringsum nichts fürs Auge, der Menschenschlag in Holland sei meist nicht anziehend, fand er. Ende August 1947 traten sie dann die Rückkehr per Schiff nach Amerika an. In New York trafen sie wieder mit Monika und ihrem Freund, dem Schriftsteller und Drehbuchautor Richard Schweizer, zusammen, der aber zum Bedauern Katias verheiratet war. Monika schrieb ihrer Mutter, sie hätten sich zwar oft gestritten, »denn er kann ein Hundskerl sein und ich bin auch eine Toppsau, aber dann hatten wirs doch auch wieder so nett beisammen!!!«[193], womit sie zweifellos ihre Mutter schokkieren wollte. In Chicago trafen sie Medi und ihre Familie, wobei Borgese unerträgliche antisemitische Reden führte. Auch Peter Pringsheim und Frau, eine »böse Schachtel«, waren zugegen. Erfreulich war jedoch das Ergebnis der Kontrolluntersuchung im Billings Hospital: Der berühmte Patient war in einwandfreier Verfassung. Am 14. September trafen Katia und Thomas Mann todmüde in San Remo Drive, Pacific Palisades, ein.

Nun war es Bruder Heinrich, der ihnen Kummer bereitete. Er litt an Angstzuständen, und der Arzt hatte ihm einen Aufenthalt bei den Manns empfohlen. Gleichzeitig aber hatte Erika ihre Rückkehr angesagt, und Heinrich legte eine deutliche Abneigung gegen Erika an den Tag. Katia konnte bei aller Hilfsbereitschaft keine Pflege übernehmen. Die Sorge um Heinrich war nur allzu begründet, denn eine Besserung seines Gesundheitszustands war so bald nicht zu erwarten und eine Dauerlösung für seinen Aufenthalt ebenfalls noch nicht gefunden. Und Erika brauchte wieder Geld. Ihre Vortragsengagements blieben aus, offenbar interessierte sich jetzt in Amerika niemand mehr für europäische Angelegenheiten, so meinte sie jedenfalls. Tatsache war, daß ihr mit dem Untergang des nationalsozialistischen Regimes das Thema abhanden gekommen war, das ihr am meisten am Herzen lag: der Kampf gegen den Faschismus. Ihrem Bruder Klaus erging es nicht anders. Er unternahm im September 1947 eine Reise von New York nach Frankreich, besuchte

Jean Cocteau in Paris und kehrte wieder nach New York zurück. Er hatte keine Arbeit und half einstweilen dem Vater
bei der Auswahl von Goethe-Texten für die Dial Press. Und
Klaus Pringsheim, Katias Zwilling, der erst im Frühjahr nach
Japan zurückgekehrt war, konnte sich dort nicht halten und
strebte nach Amerika zurück. Katia bat einen Rechtsanwalt
um Intervention bei einem kalifornischen Senator; so traf
ihr Bruder Ende Oktober wieder in Pacific Palisades ein.

Mitte Oktober 1947 erschien die europäische Ausgabe des
Doktor Faustus. Glückwunschtelegramme trafen ein, auch
von Moni. Das Ereignis wurde abends im Hause Mann mit
einigen Freunden gefeiert, und Erika hielt eine kleine Ansprache, die der Vater hübsch und rührend fand. Thomas
Mann pflegte seinen Kindern Widmungsexemplare seiner
Werke zu schenken. Monika schrieb er in ihr Exemplar, das
er ihr eigens von Pacific Palisades nach Manhattan schickte:
»Für Mönchen, sie wird es schon verstehen.« Monika
schrieb in ihren Erinnerungen: »Darin liegt eine flüchtige,
schon abgetane Geringschätzung, an deren Stelle sofort Vertrauen tritt. Und jener Widmung entspricht ungefähr mein
eigenes Empfinden: paradox ausgedrückt, ohne gründliche
Kenntnis kenne ich das Werk von Grund auf.«[194] Sie inter-
pretierte die Widmung positiv, obwohl man darüber streiten kann, ob sie eher vertrauensvoll oder geringschätzig
gemeint war. Vermutlich hatte der »Zauberer« mehr Verständnis für seine seltsame Tochter als ihre Mutter und ihre
Schwester.

Trotz all dieser Ablenkungen schmiedete Thomas Mann
neue Arbeitspläne. Er war sich unschlüssig, was er nun beginnen sollte, und diese Unschlüssigkeit belastete ihn. Zwar
freute ihn das erste deutsche Exemplar des *Doktor Faustus*,
das er Ende Oktober in Händen hielt, aber ein neues Thema
stand noch aus. Viele, auch Katia, rieten ihm, den *Felix Krull*
weiterzuführen, und er selbst überlegte, ob er das Fragment
nicht zu einem richtigen Schelmenroman ausbauen sollte.

Aber das Thema seiner Jugend zog ihn nach dem Altersroman, der von den Schrecken der Epoche gehandelt hatte, nicht mehr an. Statt dessen reizte ihn eine mittelalterliche Legende, er exzerpierte schon einmal aus den vorhandenen Büchern, und im Dezember fiel die Entscheidung für den Roman *Der Erwählte.* Nachdem der weihnachtliche Familientrubel vorbei war, setzte er sich Anfang Januar 1948 hin und begann die moderne Erzählung einer alten Legende.

Zunächst aber mußte er sich um Erika kümmern, die nicht mehr hinreichend gefragt war, um ihren Lebensunterhalt zu verdienen. Während der McCarthy-Ära wurde sie als gefährlich und unamerikanisch eingestuft, als im Zuge des Kalten Krieges auf vermeintliche und echte Kommunisten Jagd gemacht wurde. Erika war 1947 in die Tschechoslowakei und nach Polen gereist und galt nun als Agentin Stalins. Sie trat für Entspannung und Verhandlungen zwischen Ost und West ein, was damals verpönt war. Sie machte zwar Pläne, wollte mit Lotte Walter eine Schule gründen, in der Deutschkurse für amerikanische Sängerinnen, Stimm- und Sprechausbildung für Schauspieler und Dolmetscher angeboten werden sollten, aber das Projekt scheiterte. Ende Januar 1948 unterzog sie sich einem kleinen Eingriff im Krankenhaus. Nach ihrer Rückkehr unterbreitete ihr der Vater am 1. Februar 1948 das rettende Angebot, seine »Sekretärin, Biographin, Nachlaßhüterin, Tochter-Adjutantin« zu werden, eigentlich alles Tätigkeiten, die sie ohnehin schon übernommen hatte.[195] Diese Aufgabe hieß, daß sie wieder im Elternhaus leben würde. Nach einem bewegenden Gespräch nahm Erika an.

Die Entscheidung war gegen einen männlichen Bewerber gefallen, Joachim Maaß, der eine Biographie über Thomas Mann schreiben wollte. Aber die Aussicht, Maaß als Eckermann in Kalifornien zu haben, beunruhigte Thomas Mann eher, lieber war ihm die eigene Tochter. Erika hatte offenbar ebenfalls vor, eine Biographie ihres Vaters zu schreiben, dazu

kam es aber nicht. Erst nach seinem Tode veröffentlichte sie
die kleine Schrift *Das letzte Jahr* (1956).

Anfang 1948 konnte auch Monika einen Erfolg verbuchen.
Ein Artikel von ihr war von der »Rundschau« angenommen
worden. Aber was sie schrieb, fand keine Anerkennung in der
Familie. Katia schrieb an Klaus: »Der Eri wurde ganz
schlecht. So schlimm kann ich es nicht finden und gönne
dem armen Ding auch die Genugtuung, deren Bedeutung
sie natürlich weit überschätzt. Natürlich hat ihre literarische
Ambition etwas Anstößiges, aber was in der Welt sonst kann
sie, schwach, träge und hochmütig, wie sie einmal ist, mit sich
anfangen. Und daß es irgendeinem der übrigen Mitglieder
der amazing family schadet, das glaube ich nicht.«[196] Katia
betrachtete Monikas Ambition, Schriftstellerin zu sein, als
»letzte Lebenslüge«, die man ihr nicht nehmen könne. Sie
war also immerhin toleranter als Erika.

Im April mußte sich Erika erneut einer Operation unterziehen, einer »Weiberaffäre größeren Stils«, und betrachtete
dies offenbar als Strafe für ihr »Laster«[197]. Die erste Operation und die anschließende Hormonbehandlung hatten
nicht den gewünschten Erfolg, deshalb wurde jetzt eine To-
taloperation vorgenommen. Die verordneten Schmerzmittel
halfen allerdings wenig, weil Erika zu sehr an Drogen gewöhnt war. Auch der eventuelle Wunsch nach einem Kind
mußte nun endgültig abgeschrieben werden, zumal sie keinen Mann im Auge hatte, wie der Vater festhielt. Bruno Walter aber fuhr mit seiner Tochter auf eine Tournee nach
Zürich und Wien und ließ die tiefverletzte Erika zurück. Im
Mai wurde sie erneut operiert, die Krankheiten nahmen kein
Ende, und wieder mußte Katia trösten, die unter dem Kummer und den Krankheiten ihrer Tochter ebenfalls litt.

Auch Klaus, der seit September 1945 aus der Armee entlassen war, wußte nicht, wie es weitergehen sollte. Niemand
hatte Interesse an seinen Büchern, er übersetzte sein Buch

über Gide ins Deutsche, reiste hin und her und fand keinen Halt mehr. Am 11. Juli 1948 unternahm er in seiner Wohnung in Santa Monica erneut einen Selbstmordversuch, diesmal mit Gas. Er wurde ins Krankenhaus gebracht, Katia fuhr noch nachts zu ihm. Sie besorgte eine private Krankenschwester und berichtete dem Vater bei ihrer Rückkehr über Klaus' Zustand. Die Medien brachten Berichte über diesen Suizidversuch. Erika hatte sich jahrelang um ihren Bruder bemüht, hatte versucht ihn aufzuhalten und vom Rauschgift abzubringen, aber vergeblich. Auch die Mahnungen seiner geliebten Mutter hatten nichts genützt. Medi, die gerade zu Besuch war, beratschlagte mit den Eltern und Erika, was nun zu tun sei. Um ihn vor dem Presserummel zu schützen, brachte Erika ihn im Haus von Bruno Walter unter, wo seine Eltern ihn besuchten. Anschließend sollte er zu Golo ziehen, zu Hause wäre er wohl nicht gut aufgehoben gewesen.

Über die Reaktion Katias berichtet indirekt Charles Neider, ein Freund der Familie; Moni hatte eine Weile bei ihm gewohnt und erzählt, daß Katia auf die Nachricht von Klaus' gescheitertem Selbstmordversuch gesagt habe: »Nun ja, es ist Klaus' Leben. Es steht ihm frei, damit zu tun, was er für richtig hält.« Das habe Monika felsenfest behauptet.[198] Im übrigen nannte Neider Katia insgeheim »Brünnhilde«. Ein anderes Mal habe Monika nach einem Besuch bei ihren Eltern in Kalifornien gesagt: »The problem is that my father uses up all the oxygen in the house.«[199] Das mochte Monika so erschienen sein; sie selbst hatte wieder einmal, am Geburtstag des Vaters, einen »infantilen« hysterischen Anfall, bei dem ihr Erika zu Hilfe kam. Am nächsten Tag blieb Moni im Bett und nahm an nichts teil. Gleichwohl wurde Moni offenbar auch zur Übersetzung väterlicher Schriftstücke herangezogen, denn, wie Katia in einem Brief an Klaus schrieb, war ihre Arbeit im Vergleich zu der des Germanisten Gustave Arlt »spottbillig«. Auch für Klaus übersetzte

Monika. In der deutschen Übersetzung des *Turning Point,* der zuerst auf Englisch erschien, dankte Klaus ausdrücklich seiner Schwester für die Rohübersetzung von sechs Kapiteln. Monika formulierte 1952 auch einen Umschlagtext für die deutsche Platte einer Lesung Thomas Manns, worüber der Vater zunächst beunruhigt, dann doch leidlich zufrieden war.

Mitte des Jahres beschloß Thomas Mann, seine Arbeit an dem Roman *Der Erwählte* zu unterbrechen und etwas Auto-biographisches zu schreiben, nämlich *Die Entstehung des Doktor Faustus,* in der er anhand seiner Tagebücher die Jahre 1943 bis 1946 mit all den politischen und persönlichen Er-eignissen, einschließlich der Lungenoperation schilderte. Gleich danach wandte er sich wieder dem *Erwählten* zu. Wenngleich *Doktor Faustus* als »Book of the Month« für November 1948 ausgewählt und 100 000 Exemplare verkauft wurden, mußten die Manns doch rechnen, denn mittler-weile war Thomas zum Ernährer für eine Vielzahl von Perso-nen geworden: Mehr oder weniger abhängig von ihm waren Erika, Klaus und Monika, Heinrich, die Tanten in London, Klaus Pringsheim und seine Frau Lala. Katia hatte kaum noch etwas von ihrem väterlichen Erbe zu erwarten, denn der alte Geheimrat hatte offenbar vor seinem Tod die Silber-sammlung an Mara Pringsheim überschrieben. Anfang 1948 stand aber noch eine Summe für die in London versteigerten Majoliken der Familie aus, worauf die Manns nun hofften.

Erika selbst nahm im August 1948 an einer Rundfunkdis-kussion über die Berlin-Frage teil. Es ging um das Problem, ob angesichts der russischen Blockade Berlins die drei West-mächte die Stadt aufgeben oder verteidigen sollten. Erika war der Meinung, man müsse »zu einem zumutbaren Preis, der mit Moskau zu vereinbaren wäre«[200], in Berlin bleiben, und ihre Ansichten, die sie überall offen vertrat, führten dazu, daß sie nun als Kulturbolschewistin und Stalin-Agen-tin beschimpft wurde. Auch Klaus wurde nicht verschont, er wurde wie Erika als »Salonbolschewist« bezeichnet.[201] Zu

dem Prozeß, den Erika wegen dieses Presseskandals andert-
halb Jahre lang anzustrengen versuchte, kam es jedoch nicht.
Verbittert gab sie im Juni 1950 auf.

Im Herbst 1948 entschloß sich Bruno Walter, sein Verhältnis zu Erika wieder in eine rein freundschaftliche Beziehung
zurückzuverwandeln. Erika jedoch blieb verzweifelt, schrieb
Briefe und brach schließlich den Kontakt vollständig ab. Sie
verfaßte einige Sonette und wandte sich wieder ihrer Arbeit
zu. Ablenkung durch Arbeit, so lautete ihre Devise. Erst
1949, nach dem Tod von Klaus, kam es wieder zum brief-
lichen Austausch zwischen Erika und Bruno Walter und
anläßlich Thomas Manns 80. Geburtstag zu einer Wieder-
begegnung.

Kaum war Klaus halbwegs stabilisiert und Erika von ihren
nachoperativen Problemen erholt, stand Katias 65. Geburtstag an. Bei der Feier trafen sich alle Kinder außer Golo, die
Enkel, sowie einige gute alte Freunde und Verwandte. Alle
feierten fröhlich, nur Monika nicht: »Moni verstört und leidend aussehend, dabei kritisch, – unselig. Armes Kind.
Wünsche sehr ihre Niederlassung in der Schweiz«, schrieb
Thomas Mann in sein Tagebuch. Aber es kam anders. Nach
weiteren Mißlichkeiten mit Moni wurde Golo beauftragt,
für Moni eine Bleibe zu suchen Am 28. August 1948 wurde
Monika gegen ihren Willen »nach arger Szene, blödem
Gebahren«, zu »größter Erleichterung« Katias, von ihrer
Schwägerin Gret in ein nahegelegenes anthroposophisches
»Guest House« »expediert«, nachdem sie ihre Mutter so
sehr gereizt und bedrückt hatte, daß selbst der Vater ihren
Weggang wünschte. Natürlich blieb sie nicht in dem Heim,
sondern lief nach drei Tagen davon. Erika erfuhr, daß sie sich
bei einer Bekannten in Los Angeles befand und nach einem
Nervenarzt verlangte. Einen Monat später erfuhren die
Manns auf Umwegen, daß Monika zurück ins Elternhaus
wolle. Diese Nachricht verursachte »großen Unwillen« bei
den Eltern. Zu Silvester 1948 registrierte Thomas Mann

»Moni's hysterisches Benehmen«, und er fügt noch an:
»Schwachsinnige Liebesaffaire dazu. Abneigung, mich um
all das zu kümmern.«[202] Monika hatte sich geweigert, wie
geplant mit Landshoff nach New York zu fahren, und wurde
vorübergehend in Hollywood untergebracht.

Wenn auch die Liebesaffären der Tochter den Vater wenig
interessierten, so mußte er sich doch wiederholt mit ihren
poetischen Versuchen auseinandersetzen. So schrieb er ihr
über ein ihm zur Beurteilung gesandtes Gedicht Monikas:
»Ja, gutes Mönle, was läßt sich da sagen! Es ist nicht ganz
recht von Dir, daß Du mich so direkt mit der Sache befaßt.
Deine auch schreibenden Geschwister haben das nie getan,
und nie habe ich mit einem Urteil über ihre Produkte dem
der Redaktionen vorzugreifen gehabt. Als Papa bin ich ja
auch zum Urteil wenig berufen, denn ich wünsche als solcher zu sehr, daß es gut sein möge und muß mich gewaltsam
zur Objektivität anhalten, was mich dann womöglich wieder
zu kritisch macht. Deine ›Gedanken‹ sind ja ein feines lyri-
sches Stückchen, etwas dünn wohl, aber oft nicht ohne Reiz
und von ganz stimmungsvollem Tonfall. Wie immer bei Dir
ist zuweilen der Tonfall gefunden und getroffen, während er
andere Male nur schein-genau ist und eigentlich daneben
geht. Die ›Präambel‹ ist zu anspruchsvoll für das, was nach-
folgt.« Dann bemängelt er noch einige sprachliche und logi-
sche Inkonsequenzen, bringt Beispiele dafür und fragt nach
Kern und Wahrheit. Zum Schluß kritisiert er noch Recht-
schreibung und Grammatik, tröstet die Tochter aber gleichzeitig mit den Worten, daß das Dinge für die Redaktion und
den Setzer seien. Er schließt mit den Worten: »Schicke das
kleine Gedicht nur ruhig an die ›Neue Rundschau‹. Wir
sind alle überzeugt, daß es Liebhaber finden wird. Es hat
was von Träumerei und Poesie, und wenn es nicht ganz Poesie geworden ist, so ist es doch nahe daran, was schon viel ist.
Gut Glück! Herzlich Z.«[203] Man sieht also, daß der Vater sich
Mühe gab, die Tochter nicht zu entmutigen, sondern sich

ernsthaft und eingehend mit ihren dichterischen Versuchen beschäftigte. Seine Kritik äußert er so taktvoll, daß sie schon fast wie eine Entschuldigung klingt. Sicher hätte er Monika mit ihrem selbstgewählten Anspruch als Literatin mehr Erfolg und mehr Zufriedenheit im Leben gewünscht.

Das Jahr 1949 brachte familiär erneut großen Kummer über die Familie Mann. Am 21. April starb überraschend Thomas Manns jüngster Bruder Viktor in München, der noch kurz zuvor seine Familienchronik *Wir waren fünf. Bildnis der Familie Mann* geschrieben hatte. Heinrich amüsierte sich über die Darstellung, während Thomas sie eher kurios, aber nicht untalentiert fand. Den Kontakt zu Nelly, die seit 1914 ihre Schwägerin war, hielt Katia aufrecht.

Beruflich hatte Thomas Mann 1949 viel Erfolg, unter anderem wurde er zum Ehrenvorsitzenden der Bayerischen Akademie der Schönen Künste, Abteilung Schrifttum, ernannt, eine Art Wiedergutmachung für die Schmähungen, die er 1933 in München hatte erdulden müssen. Der diesjährige Vortrag in der Library of Congress in Washington über »Goethe and Democracy« wurde Anfang Mai noch einmal mit großem Erfolg in New York wiederholt. Dann ging es erstmals per Flugzeug über den Atlantik nach Europa; in England hielt er den Goethe-Vortrag in deutscher und englischer Sprache und wurde zum Ehrendoktor der Universität Oxford promoviert. Erikas und Katias Hilfe bei all den Treffen, Veranstaltungen, Redeverpflichtungen und Empfängen war unschätzbar, wie der Gefeierte festhielt. Anschließend flogen sie zu dritt nach Schweden, wo der Trubel weiterging: Empfang, Begrüßungsrede, Danksagung, Schulbesichtigung, Schloßbesichtigung – alles Verpflichtungen, die seit langem zugesagt waren.

Als sie am 21. Mai in ihre Hotelzimmer in Stockholm zurückkehrten, erfuhren sie die Nachricht von Klaus' Freitod in Cannes. Die drei saßen lange in bitterem Leid beisam-

men und sprachen über den Sohn und Bruder. Der Vater
fand sein Handeln kränkend, unschön, grausam, gar rück-
sichts- und verantwortungslos. Ähnlich hatte er beim Suizid
seiner Schwester Carla reagiert. Am meisten Mitleid hatte er
mit Katia und Erika. »Er hätte es ihnen nicht antun dürfen«,
notierte er am 22. Mai 1949 in sein Tagebuch. Wenn sie auch
nicht ganz unvorbereitet und ahnungslos gewesen waren,
traf Klaus' Tod doch Katia und Erika besonders hart. Die
drei berieten bis zwei Uhr nachts und am anderen Morgen,
wie es nun weitergehen sollte. Schließlich fanden sie einen
Kompromiß: Thomas, Katia und Erika führten die Vortragsreise weiter, sagten vorerst alle gesellschaftlichen Veranstaltungen ab und fuhren nicht zur Beerdigung. Golo riet
telegraphisch zur Beendigung der Vortragsreise. Kein weiteres Mitglied der Familie fand sich bei der Beerdigung ein,
nur der jüngste Bruder Michael, der sich gerade in Frankreich aufhielt, spielte auf seiner Bratsche ein Largo am Grab.

Erika war tief getroffen. Sie schrieb an ihre Freundin Eva
Herrmann am 17. Juni 1949: »Waren wir doch Teile von einander, – so sehr, daß ich ohne ihn im Grunde gar nicht zu
denken bin. Nur, daß mir nicht gegeben und nicht erlaubt
ist, mich davon zu machen, und daß ich bleiben muß, wie-
wohl ich im Entferntesten so reich an Gaben, so liebenswert,
so *lebendig* nicht bin wie er es war. Unerfindlich ist das Wal-
ten der Oberen. Wenn es aber wahr ist, daß sie züchtigen,
wen sie lieben, dann sind sie offenbar völlig *vernarrt* in
mich.«[204] Katia verhielt sich gefaßt. In dem letzten Brief von
Klaus an sie und Erika war vom Tod keine Rede. Aber sie
wußte doch, wie gefährdet er von Jugend an war, und mußte
nach seinen mehrmaligen Selbstmordversuchen damit rechnen. Dennoch: Sie sprach nicht darüber und hat Klaus' Tod
auch in ihren *Ungeschriebenen Memoiren* Jahrzehnte später
überhaupt nicht erwähnt.

Ende Mai flog Erika von Kopenhagen nach Amsterdam,
um dort mit Fritz Landshoff den literarischen Nachlaß von

Klaus zu regeln. Thomas und Katia fuhren zur nächsten Station ihrer Reise, nach Lund, wo dem berühmten Dichter wieder eine Ehrendoktorwürde verliehen wurde. Danach ging es nach Zürich. Alle waren bei der Ankunft da, die alte Freundin Emmie Oprecht, Michael mit Familie, Monika mit ihrem Freund Schweizer, Therese Giehse. Aber der Schmerz über Klaus brach erneut auf, als dessen Koffer und Schreibmaschine aus Cannes eintrafen. Erika stürzte sich, um ihren Schmerz zu vergessen, in Arbeit. Zunächst übersetzte sie den letzten Essay ihres Bruders *Die Heimsuchung des europäischen Geistes,* der 1950 in einem von Erika herausgegebenen Gedenkband für Klaus im Querido Verlag erschien. Erika hatte alle Freunde von Klaus aufgefordert, an dem Band mitzuwirken. Wer zögerte oder Dinge schrieb, die ihr nicht gefielen, den tadelte sie. Das Buch erschien unter dem Titel *Klaus Mann zum Gedächtnis* und enthielt Artikel einer langen Reihe berühmter Autoren. Monikas Beitrag *Mein Bruder Klaus* fand keine Gnade in Thomas Manns (und in Erikas) Augen und wurde nicht aufgenommen. Katia war in der Beurteilung weniger streng. Monika konnte ihren Beitrag erst Jahre später, 1974, in den »Neuen Deutschen Heften« veröffentlichen.

Erika überwarf sich mit Gumpert und stritt sich mit der milden Medi. Sie wurde so unversöhnlich, daß sogar der Vater notierte: »Ihre bittere Entstellung der Dinge, auch was Klaus und das eigene Leben betrifft. Beschämend in seiner Rigorosität noch in seiner Halb-Wahrheit. Aber zuviel Charakter macht ungerecht.«[205] Zwischen ihr und Martin Gumpert mußte Katia schlichten, die deutlich erkannte, woran Erikas Unzufriedenheit lag: »[Sie] sieht ja wohl das Unangemessene ihrer Reaktion, die wohl in erster Linie gar nicht Ihnen, sondern der Deutschlandreise ihres Vaters galt, über die sie sich krankhaft aufregt. Es ist schlimm, daß sich bei ihr der Gram in eine maßlose zerstörerische Bitterkeit umsetzt, von der sie wahrscheinlich nur eine wirklich befriedigende, ihren Gaben entsprechende Tätigkeit befreien könnte«[206], schrieb sie an Gumpert. Aber für Erika hatte es sowohl beruflich als auch privat in diesen vier Jahren seit Kriegsende nur noch Rückschläge gegeben. Jetzt wurde sie zum Sorgenkind der Familie, kränkelnd und kompromißlos. Ihr schlechtes Aussehen und ihre tiefe Verbitterung führten dazu, daß auch der Vater sich jedesmal krank fühlte, wenn sie sich unmöglich verhielt. Auch Katia blieb dem herrischen Wesen der Tochter gegenüber hilflos.

Vom 23. Juli bis zum 5. August 1949 hielten sich die Manns – aus der Schweiz kommend – in Deutschland auf. Dieser Besuch – der erste seit 16 Jahren – stellte wohl das eindrucksvollste Erlebnis der Manns auf dieser Europa-Reise dar und war gegen den Willen Erikas erfolgt. Aber Thomas Mann hatte sich entschieden, die Einladungen anläßlich der Feiern zum Goethe-Jahr in Frankfurt am Main und in Weimar anzunehmen und dort Ansprachen zu halten. Der Empfang war überwältigend. Schon in Frankfurt wurde er vom Oberbürgermeister, Magistrat und zahlreichen Zuschauern empfangen, bei der Feier in der Paulskirche am 25. Juli 1949, wo er die Goethe-Ansprache hielt, bildete das applaudierende Publikum ein Spalier. Die Ehrungen waren zahlreich. Die Manns besichtigten das Goethe-Haus und die Trümmer der zerstörten Stadt. Anschließend fuhren Thomas und Katia nach München, wo der Schriftsteller von Vertretern der Akademie der Schönen Künste begrüßt wurde. Auch sein Vortrag »Goethe und die Demokratie« weckte stürmischen Beifall. Allerdings war ihm die alte Heimat fremd geworden. Ihr ehemaliges Haus in der Poschinger Straße, in dem sie fast zwanzig Jahre gelebt hatten, wollte er nicht besuchen. Sein Interesse daran war erloschen. Weiter ging es in die damalige Ostzone nach Weimar. Der dortige Rummel um ihn war unvorstellbar. Es herrschte geradezu Volksfesttrubel. Begrüßt wurde er vom späteren Kultusminister der DDR, Johannes R. Becher, der ihn in Bayreuth abholte und nach Weimar begleitete. Natürlich gab es Kritik im Westen wegen des Besuchs in Weimar, aber Thomas Mann hatte sich vorher überlegt, wie er darauf antworten würde. Er sagte, er kenne keine Zonen, sein Besuch gelte Deutschland als Ganzem und keinem Besatzungsgebiet. Nur ein unabhängiger Schriftsteller, dessen wahre Heimat die freie, von Besatzungen unberührte Sprache ist, könne die Einheit Deutschlands gewährleisten und darstellen. Den schnell noch in Konkurrenz zum Westen geschaffenen Goethepreis in Höhe von 20 000 Ostmark stiftete er für den Wiederaufbau der Herderkirche in Weimar. Erika, die sich geweigert hatte, die Eltern zu begleiten, verfolgte dennoch die Reise mit Spannung. Sie war zufrieden, daß dem Vater in zwei »spinnefeindlichen Sphären gleichermaßen ›göttliche Ehren‹ erwiesen«[207] wurden. Auch Katia genoß die Ehrungen, wenn auch mit gemischten Gefühlen. Sie schrieb an Erika: »Wenn Du sagst, die Deutschen könnten einen solchen Ruhm nicht ungenützt lassen, so ist das jedenfalls in dieser Zone verzehnfacht der Fall, vom Moment der Einreise bis zur Abfahrt, die diesmal doch erbarmungslos, in einer Cortège von zehn Wagen, mit reportierenden Radiowagen, mit Blechmusik, Schulkinder-Chören, Spruchbändern, Bürgermeister-Reden, Girlanden von Ort zu Ort ging. Besonders die FDJ, die von Morgen bis Abend ihr Friedens-Horst-Wessel-Lied grölte und dazwischen im Chor schrie: ›Wir grüßen unseren Thomas Mann‹ erregte recht fatale Assoziationen, wie sogar von dem guten Becher, der überhaupt einen äußerst bedrückten Eindruck machte, ausdrücklich festgestellt wurde. Ob es richtig war, der dortigen Propaganda als so überaus fetter Bissen zu dienen, bleibt mir zweifelhaft, aber natürlich läßt sich auch manches dafür sagen. Ungeheuer strapaziös war das Ganze, und daß der Vater es wirklich recht leidlich überstanden hat, kann man nur als deutsches Wunder bezeichnen.«[208]

Am 5. August 1949 traten die Manns per Schiff die Heimreise nach Kalifornien an. Kaum waren Katia und Thomas in Pacific Palisades angekommen, kamen Medis Kinder zu Besuch, die der müden Katia, die noch mit dem Auspacken beschäftigt war, zwar willkommen, aber dem Großvater bei Tisch lästig waren. Bald fand er sie »unangenehm, nicht zur Gefälligkeit erzogen von der so holden Medi«[209]. Und auch Medi machte den Eltern Sorgen. Ihre Ehe ging nur dann gut, wenn sie sich ihrem dominanten Ehemann völlig unterordnete. Am 30. Dezember 1949 notierte Thomas Mann, Borgese habe sich bei Katia über Medis Ehrgeiz, »insolence« und Bestreben, ihn auszustechen, beklagt. Im Grunde wollte Borgese offenbar überhaupt nicht, daß sie berufstätig war. Elisabeth bezeichnete ihren Mann als »Gentleman, ehrenhaft und hochanständig, und ich habe ihn sehr verehrt. Aber er war eben unerträglich.«[210]

Auch Erika war bald nach Pacific Palisades zurückgekehrt. Sie litt an Kreislaufbeschwerden, geschwollenen Beinen und Füßen und war deshalb mit Therese Giehse nach Österreich gefahren. Aber als Erika ins Elternhaus zurückkehrte, war sie so unleidlich wie zuvor. Kurz vor Weihnachten diskutierten die Eltern mit Golo über ihre Verbitterung und Reizbarkeit. »Trauer, Neigung zum Haß u. zum Bruch mit allen, auch mit Medi, der ›Präsidentin‹, die ihr wahrscheinlich gutmütig falsch geschrieben«[211], hielt der Vater in seinem Tagebuch fest. Und als Medi mit ihrer Familie am Heiligabend in Pacific Palisades eintraf, holte Erika sie zwar ab, verhielt sich aber »streng« ihr gegenüber. Wer mit dem Vater den Morgenkaffee einnehmen durfte, entschied sie. Medi wurde nach unten verwiesen, wo später das Familienfrühstück stattfand. Der Konflikt zwischen beiden erfaßte auch Katia, so daß es schließlich auch noch zu einer Auseinandersetzung zwischen ihr und Medi kam. Erika hatte Medi politische Vorwürfe gemacht, die vermutlich auf ihrer Eifersucht beruhten. Jedenfalls war sie so unglücklich, daß Eltern und Bruder Golo überlegten, ob Erika sich in England wohler fühlen würde. Könnte sie vielleicht dort eine angemessenere Tätigkeit finden? Auch eine Rücksiedelung der Familie in die Schweiz wurde erwogen, wozu Thomas neigte, der aber die Trennung von der ältesten Tochter fürchtete. Im Falle der Rückkehr nach Europa stellte sich auch das Problem, wo Michael mit seiner Familie bleiben würde, insbesondere wegen des Enkels Frido, an dem Thomas Mann immer noch sehr hing.

Heinrich erklärte nach all den Berichten, die er über Deutschland hörte, er würde der Einladung der Akademie der Künste in Ost-Berlin folgen, wenn er das Reisegeld bekäme. Zwar hatte Katia ihm nach Nellys Tod eine nette Wohnung in Santa Monica besorgt und obendrein eine Haushälterin, die gleichzeitig Krankenschwester war, was für Bruder und Schwägerin erhebliche Kosten bedeutete. Aber er stellte allerlei Ansprüche und war voller Bedenken. Er konnte sich nicht entscheiden, ob er nach Deutschland zurückkehren sollte. Da er gesundheitlich angeschlagen war, konnte er nicht den Mut für einen Neuanfang aufbringen. Die Akademie der Künste in Ost-Berlin hatte ihn auch zum Präsidenten ernannt, und er hatte diese Ernennung angenommen, aber er starb achtundsiebzigjährig im März 1950 kurz vor der geplanten Rückreise. Seine Beerdigung fand auf dem Friedhof von Santa Monica statt. So hatten die Manns drei Todesfälle innerhalb kurzer Zeit zu beklagen.

Und die Angst, Erika könne es wie Klaus machen, ließ sich auch nicht immer unterdrücken. Denn von den ursprünglich 92 »Lecture«-Terminen im Jahre 1946 war 1950 nichts mehr übrig. Bis Ende Juli 1952, als Thomas und Katia wieder in die Schweiz übersiedelten, unternahm Erika durchaus noch Anstrengungen für ein eigenes Leben und versuchte ein Comeback als politische Journalistin. Aber dann fiel die Entscheidung doch für Europa und das Elternhaus, aus dem sie sich nie wirklich gelöst hatte.

Von Mai bis August 1950 fuhren die Manns zum dritten Mal nach dem Krieg nach Europa, auch um festzustellen, ob eine Rückkehr möglich sei. Der diesjährige Vortrag in der Library of Congress in Washington wurde von der Library abgesagt, weil die Stimmung in Amerika nach seinem Besuch in Ostdeutschland ungünstig war. Thomas Mann hielt die Rede andernorts und war nicht unglücklich über den Wegfall des Washingtoner Aufenthalts. Medi und Moni verabschiedeten sich in New York von den Eltern, und Medi versprach, zum Geburtstag des Vaters nach Zürich zu kommen. Die Manns flogen zunächst nach Stockholm, wo der PEN Club tagte und Thomas Mann eine Rede hielt, dann nach Paris. In Paris – der französische Sprachraum war ihm verhaßt – wurde zunächst ein Empfang im »Ritz« veranstaltet, dann mußte er drei Stunden lang Bücher signieren. Abends hielt er eine viertelstündige französische Ansprache, danach vor etwa 2000 Menschen den gekürzten Vortrag in einem Amphitheater der Sorbonne. Das alles führte bei ihm zu einer Nervenkrise, und Katia wurde wieder von ihrem Halsleiden befallen. Aber nach wenigen Tagen, als alles überstanden war, fuhren sie mit dem kleinen, hochbepackten Leihwagen durch die schöne, frühlingshafte Landschaft nach Lugano und Zürich. Thomas Mann konnte seinen Enkel Frido in die Arme schließen und war »gerührt und glücklich gestimmt von dem Wiedersehen mit dem lieben Kleinen, der sich wenig verändert hat«[212].

Thomas Manns 75. Geburtstag im Hotel »Baur au Lac« hätte nach Ansicht des Gefeierten nicht schöner, harmonischer und freundschaftlicher verlaufen können. Aber bereits am nächsten Tag eröffnete ihm Katia, daß sie sich einer Unterleibsoperation unterziehen müßte. Sie hatte mit dieser Mitteilung gewartet, um ihrem Mann die Feier nicht zu verderben. Sie war in der Zürcher Hirslanden-Klinik angemeldet. Da sie außerdem noch an einem Beinleiden litt, war nicht klar, wie lange sie im Krankenhaus bleiben mußte.

Schließlich wurde sie eine Woche lang mit Injektionen vorbereitet und dann erst operiert. Die Operation verlief erfolgreich. Thomas und Erika konnten sie täglich besuchen. Auch Golo kam mit seinem Freund angereist, um den Eltern beizustehen. Katia hatte fürchterliche Schmerzen. Sie gestand Thomas, daß sie einen Verzweiflungsanfall gehabt und sogar Erika und Golo fortgeschickt habe, und er ihr, daß er sich ohne sie vereinsamt fühle.

Fast fünf Wochen lang blieb Katia in der Zürcher Hirslanden Klinik. Thomas Mann schrieb am 25. Juni 1950 aus dem »Dolder«, dem Grand Hotel in Zürich, wohin er inzwischen umgezogen war, an Lion Feuchtwanger: Er dankte für die Glückwünsche zu seinem Geburtstag und hätte das schon früher getan, »wenn ich nicht wochenlang in absorbierendem Trubel gelebt hätte: erst in heiterem, dann in sehr ernstem und bedrückendem. Denn bis nach den Festivitäten hatte man mir verschwiegen, daß meine Frau sich gleich danach einer Operation würde unterziehen müssen, deren Unterlassung mehr Gefahren mit sich gebracht hätte, als immerhin in diesen Jahren und bei einem lange gewaltsam ignorierten Zeichen auch mit solchem Eingriff verbunden sind. Es ist gelungen, und nach Tagen voller Drohungen (von den Venen, der Blase, dem Darm her) scheinen wir über den Berg zu sein. Die Wiederherstellung ist eine Sache von zwei bis drei Wochen. Viel bin ich natürlich in der Klinik Hirslanden, was Zeit kostet und wohinter andere Pflichten zurückstehen müssen. Die Sorge ist trotz aller ermutigenden Anzeichen und der Zuversicht der Ärzte noch nicht von mir gewichen. Schwer war es, ein so tapferes, zur Wehleidigkeit so gar nicht geneigtes Wesen tagelang so grausam leiden zu sehen. Die stillendsten Mittel durften nicht zu freigebig angewendet werden. Nun, wie gesagt, es geht bergauf.«[213] Nachdem Katia genesen war, unterzog sie sich noch einer kosmetischen Operation, die leichter zu bewältigen war, sie aber nochmals einige Tage Krankenhausaufenthalt kostete. Feuchtwanger antwortete am 2. Juli 1950 aus Pacific Palisades und wünschte zusammen mit seiner Frau Marta »rasche und volle Erholung«. Er »bewundere seit langem, wie tapfer und selbstverständlich Katia mit dem Leben im Exil – denn das ist es doch nun einmal – fertig wird und mit wie schneller Umsicht sie die Probleme löst, die beinah jede neue Woche mit sich bringt. Ich spüre für sie ehrliche, freundschaftliche Verehrung, und ich habe aufgeatmet, als ich erfuhr, daß jede Gefahr vorbei ist.«

Das Hotel »Dolder« beschäftigte einen jungen Kellner, Franz Westermeier, in den Thomas Mann sich verliebte. »Welche hübschen Augen und Zähne! Welche charmierende Stimme! Wüßte nicht, daß sein Körper mich anzöge. Aber hier ist etwas fürs Herz, was sich voriges Jahr nicht fand«, schrieb er begeistert in sein Tagebuch und sogar an Freunde.[214] Zum Glück war Erika da und schalt den Vater »unbeherrscht«, während er sich mit dem jungen Mann unterhielt. Auch Katia erfuhr von dem »Faible« ihres Mannes; zu dritt scherzten sie darüber. Tatsächlich handelte es sich aber nicht nur um ein »Faible«, sondern um eine Leidenschaft, wie er sie seit 25 Jahren nicht mehr erlebt hatte. Auch Katia ließ er daran teilhaben. Als sie endlich aus dem Krankenhaus entlassen war, zeigte er ihr den Kellner. Sie fand Franzls Augen kokett und sein Verhalten den Kollegen gegenüber frech, war aber um Thomas' willen freundlich zu ihm. Thomas Mann wollte dem kleinen Westermeier unbedingt etwas Gutes tun und besprach mit Katia und Erika, ob es schicklich und natürlich sei, wenn er ihm eine Empfehlung für sein berufliches Weiterkommen anbiete. Die beiden Ratgeberinnen fanden, es sei möglich. Und so geschah es.

Anfang Juli erfuhr Thomas Mann von einem Bekannten, daß Erika sich »spritze«. Bei dem anschließenden Gespräch hörte er von der Tochter über ihren »mäßig-gelegentlichen Genuß von Morphium-Derivaten gegen ihre Gallen-Beschwerden. Ist wenigstens subjektiv überzeugt, sich vollständig in der Hand zu haben«[215], hielt er ohne Verwunderung und vermutlich ohne Überraschung in seinem Tagebuch fest. Erika hatte ihren Rauschgiftkonsum dem Vater gegenüber verharmlosend als Medizin dargestellt – ob der Vater das glaubte oder nicht, sei dahingestellt.

Nach der Entlassung Katias aus der Klinik fuhren die Manns noch ein paar Wochen nach Sils, damit sie sich weiterhin von den Strapazen der Operation erholen konnte. Nachdem sie endlich in ihrem Luxushotel installiert waren, kam Golo zu Besuch. Gemeinsam mit Erika diskutierten sie eine erneute Emigration – diesmal aus Amerika nach Europa. Golo und Erika fanden, sie sollten jetzt überhaupt nicht zurückkehren. Die politische Lage dort, die Verfolgung jedes Nonkonformismus und die erneute Kriegsgefahr ängstigten sie. Zusätzlich befürchteten sie, daß sie überhaupt keine Ausreisegenehmigung mehr erhalten würden, wenn sie jetzt zurückgingen. Andererseits dachten sie an ihr schönes Haus in Pacific Palisades und die vielen Freunde in Amerika. Wenig später warnte auch Medi die Eltern brieflich vor der Rückkehr. Aber das Hauptproblem war Erika: Ganz gleich, ob sie die Tochter vorschickten, um den Haushalt aufzulösen, oder ob sie selbst hinüberführen, weil die Tochter in Amerika politische Schwierigkeiten haben würde – sie würde dem Vater fehlen. Er hatte ausgesprochen Angst vor der »Abtrennung von Erika«. Wie üblich schwankten sie, aber der Wunsch, nach Europa zurückzukehren, wurde immer starker. Vorlaufig kümmerten sich die Manns immerhin darum, in der Schweiz eine finanzielle Grundlage für die Rückkehr zu schaffen.

Unterdessen schrieb Thomas Mann an seinem Michelangelo-Aufsatz, aber es verging kein Tag, an dem er nicht an Franz Westermeier dachte. Schließlich kam der langersehnte Dankesbrief des jungen Mannes, und Erika machte sich lustig über ihren Vater, der sich dies aber gern gefallen ließ. Erikas geheime Liebe zu Bruno Walter war inzwischen auch dem Vater bekannt, und er hoffte, daß der Brief, den sie ihm aus Sankt Moritz schrieb, wohl dem Verhältnis ein Ende setzen würde. Leider machten ihre »Exaltiertheit« und ihre Unversöhnlichkeit den Eltern Sorge. »Sie verträgt viel Alkohol, aber auch wieder nicht u. macht K., an der sie mit soviel Fürsorge und Eifersucht hängt, oft das Leben schwer.«[216] So konnte es auch geschehen, daß Erika einen französischen Schriftsteller und Übersetzer im Hotel mit den Worten »C'est pour Klaus Mann!« ohrfeigte, also offenbar jemanden, der eine ihr nicht genehme Äußerung über den Bruder gemacht hatte.

Erika war nicht nur aus persönlichen Gründen gereizt, sondern auch aus politischen. Sie hatte selbst ihre Dienste seit dem Sommer 1940 dem FBI angetragen, vermutlich, um Nationalsozialisten unter den Emigranten zu »enttarnen«[217]. Ob Erika dies nun getan hat, um sich als gute Demokratin zu erweisen, oder weil sie heimlich doch um ihre Aufenthaltsgenehmigung bangte, ist umstritten. Jedenfalls versuchte sie jahrelang die amerikanische Staatsbürgerschaft zu erlangen, und als unter McCarthy die Kommunistenjagd schlimmste Ausmaße annahm und ihr Antrag immer noch nicht positiv beschieden worden war, zog sie ihren Antrag am 11. Dezember 1950 erbittert zurück. Zwar hatte sie nie Einblick in ihre FBI-Akte nehmen dürfen, aber jemand muß sie über den Inhalt informiert haben.[218] Sie hatte versucht, über ihre Schwester Elisabeth Borgese, über Robert Kempner, den Anklagevertreter im Nürnberger Prozeß, und über ihren eigenen Vater die amerikanische Staatsbürgerschaft zu erlangen. Aber sie war inzwischen bereit, darauf zu verzichten, allerdings nicht ohne Begründung: »Als britische Staatsbürgerin, entschlossen, meinem Land und seinen Freunden und Alliierten nach besten Kräften zu dienen, habe ich nie das Gefühl haben müssen, daß meine Dienste für unbedeutend erachtet wurden. Auch als Einwohnerin der USA sind mir Anerkennung und höchst ermutigender öffentlicher Beifall nicht versagt geblieben. Erst als ›Einbürgerungsbewerberin‹ mußte ich die allmähliche Vernichtung von allem, was ich in mehr als einem Jahrzehnt aufgebaut hatte, mit ansehen. Dieses Schauspiel war um so quälender, als es die dritte Existenz betraf, die ich mir selbst geschaffen hatte. Der Nazismus vertrieb mich aus meinem Geburtsland Deutschland, wo ich ziemlich erfolgreich gewesen war; Hitlers wachsender Einfluß in Europa veranlaßte mich, den Kontinent zu verlassen, in dem ich auf Gastspielreisen mit meiner eigenen Show über tausend Vorstellungen gegeben hatte; und jetzt sehe ich mich – ohne eigenes Verschulden – ruiniert in einem Land, das ich liebe und dessen Staatsbürgerin zu werden ich gehofft hatte.«[219]

Mitte August traten die Manns die Heimreise aus der Schweiz über London an, Erika plante, in zehn Tagen nachzukommen, und zwar über Kanada, eine Vorsichtsmaßnahme, die sich als unbegründet erweisen sollte. Zuvor wollte sie noch den manisch-depressiven Landshoff besuchen, der sich in Amsterdam in einer geschlossenen Anstalt befand. Ende des Monats flogen die Eltern nach New York zurück. In New Haven, wo die Yale University Library eine Thomas-Mann-Ausstellung organisiert hatte und Interesse an Thomas Manns Nachlaß bekundete, wurde der Dichter auf einer Pressekonferenz mit provozierenden Fragen politisch in die Enge getrieben. Darüber ärgerte sich Thomas Mann dermaßen, daß es zu einer Szene zwischen den Eheleuten kam; wieder einmal hatte Katia die Folgen der Nervenschwäche ihres Mannes zu tragen. Auf dem Rückweg über Chicago, wo sie die Borgeses besuchten, sprach Katia mit Medi über die Übersiedlung der Borgeses nach Italien. Auch der Schwiegersohn wollte zurück in die alte Heimat. Medi litt wieder, wie in ihrer Jugend, an Asthma, vermutlich aufgrund ihrer persönlichen Umstände. Mit ihrem Bruder Peter und dessen Frau besprach Katia auch die Pringsheimschen Erbschaftsangelegenheiten.

In Pacific Palisades angekommen, wollte Thomas Mann als erstes seinen Roman *Der Erwählte* abschließen. Katia wurde – kaum zu Hause – krank und mußte einige Tage im Bett bleiben. Aber auch Erikas Gesundheit ließ zu wünschen übrig. Nicht zuletzt deshalb plädierte sie energisch für die Rückkehr nach Europa und den Verkauf des kalifornischen Hauses, da nach dem geplanten mehr oder weniger heimlichen Weggang Thomas Manns nicht mit einer Rückkehr gerechnet werden könne. Allerdings wehrte sich Katias ausgeprägter Geschäftssinn gegen eine schnelle Verschleuderung des Hauses, sie wollte einen akzeptablen Preis erreichen.

Inzwischen hatte sich das Klima der McCarthy-Ära derart verschlechtert, daß sogar Thomas Mann selbst prokommunistischer Tendenzen bezichtigt wurde. Vor einer Rückkehr nach Europa nach einem runden Jahrzehnt in Kalifornien mußte allerdings, außer dem Verkauf des Hauses, eine Menge organisiert werden. Die Abreise, die nun beschlossene Sache war, wurde dadurch beträchtlich verzögert. Die Yale Universität wollte Thomas Manns sämtliche Manuskripte kaufen, die Erika und Katia mühsam durchsehen und katalogisieren mußten. Allerdings kam der Verkauf nicht zustande. Außerdem redigierte Erika einen Essayband ihres Vaters mit dem Titel *Altes und Neues.* Sie zwang sich zur Arbeit, litt ohnehin an chronischer Schlaflosigkeit, Magenschmerzen und nervösen Herzbeschwerden, rauchte viel und verweigerte das Essen. Schließlich mußte der Arzt gerufen werden, ein Dr. Mann, dem sie sich anvertraute und der dafür sorgte, daß sie wieder einige Stunden schlafen konnte. Er ließ ihr zwar das Rauchen, verbot aber Kaffee und Alkohol. Offenbar waren all ihre Beschwerden psychisch bedingt. Wenn die Eltern bei Bruno Walter eingeladen waren, blieb sie zu Hause. Zu Erikas 45. Geburtstag wünschten die Eltern ihr vor allem Gesundheit, aber auch Erholung von ihren politischen Erfahrungen in Amerika. Die Verfolgung der politischen Linken hatte ganz ungeahnte Ausmaße angenommen, Denunziationen waren an der Tagesordnung. Die Eltern hofften vor allem, daß es Erika in Europa besser gehen möge.

Auch Elisabeth gab jetzt Anlaß zur Sorge. Im November 1950 hörten die Manns am Telefon von Borgese, seine Frau habe einen Liebhaber, den sie zum Generalsekretär ihrer World Government Organisation gemacht habe. Er, Borgese, sei bereit, alles zu vergeben, wenn Elisabeth ihre Berufstätigkeit aufgebe und mit ihm in Italien ein neues Leben anfange. Katias Vermittlung war dringend erwünscht. Elisabeth hatte ihren eigenen Worten zufolge einen *casus belli* gesucht, um Borgese verlassen zu können. In seinen Augen war aber an eine Scheidung nicht zu denken, schon gar nicht wegen der Kinder.

Katia fuhr sofort nach Chicago, um die Ehe zu retten. Unter dem begütigenden Einfluß der Mutter entschloß sich Elisabeth, vorerst bei ihrem Mann zu bleiben. Sie brachte es einfach nicht übers Herz, sich von ihm scheiden zu lassen, zumal es dem soviel älteren Ehemann so naheging. Thomas Mann hatte sogar Mitleid mit dem ungeliebten Schwiegersohn und erwog, »dem armen, tollen, unseligen Borgese« einen Brief zu schreiben.[220] Der Liebhaber Elisabeths war ein Argentinier, Pierre Hovelaque, und nur wenig älter als sie. 1949 hatten sie sich in Paris kennengelernt, und sie hatten bei allerlei Tagungen und Kongressen die Gelegenheit wahrgenommen, sich zu treffen. Aber besonders tief scheint die Liebe nicht gewesen zu sein, da Elisabeth sich jetzt einverstanden erklärte, bei ihrem Mann zu bleiben und ihre Berufstätigkeit vorerst aufzugeben. Allerdings hatte Borgese gedroht, die Kinder mit nach Italien zu nehmen und Elisabeth alleinzulassen. Nach einem Jahr der Auseinandersetzungen sagte Elisabeth Mitte 1952 ihrem Anwalt ab, der die Scheidung betreiben sollte. »Ich habe es nicht fertiggebracht, ihn zu verlassen. Er tat mir zu leid, ich schätzte ihn zu sehr und habe ihn wohl auch zu sehr geliebt.«[221] Später bereute

Elisabeth ihren Seitensprung zutiefst, vor allem, daß sie Borgese überhaupt davon erzählt hatte. Für ihn war eine Welt zusammengebrochen, und die Tatsache, daß es in Amerika während der McCarthy-Ära beruflich mit ihm abwärtsging, mag seine Verzweiflung noch verstärkt haben. Nicht nur, daß er seine Rundfunkreden nicht mehr halten durfte, auch ihm wurden antiamerikanische Tendenzen vorgeworfen. Hinzu kam die bevorstehende Pensionierung. Er war ein verbitterter, enttäuschter Mann geworden.

Auch Thomas Mann war enttäuscht von der amerikanischen Politik, nicht nur wegen des Korea-Kriegs, sondern auch wegen der Verfolgung aller Andersdenkenden in Amerika, die dazu geführt hatte, sogar ihn zu bespitzeln. Die Ungewißheit, wie es mit seinem eigenen Werk weitergehen sollte, kam hinzu. Nach dem Erscheinen des *Erwählten* im März 1951 nahm er nur unlustig die Arbeit am *Felix Krull* wieder auf, der ihm innerlich nichts mehr bedeutete. Und da er seine Kräfte schwinden fühlte, verstärkte sich auch der Wunsch, in der »alten Erde« begraben zu werden.

Thomas Mann bedauerte, daß Erika »durch ihren herabgesetzten Gesundheitszustand keine sehr feste Stütze« sein konnte, und war betrübt, daß sie »ihre geliebte Mutter enerviert und deprimiert, ja reizt durch ihre große Bitterkeit«[222]. Schließlich war Erikas Gesundheitszustand so schlecht, daß sie sich im April 1951 einer Tumoroperation unterziehen mußte. Anschließend litt sie an unerträglichem Hautjucken, das ihr schlaflose Nächte bereitete. Golo machte die Eltern schonend darauf aufmerksam, daß sie es vermutlich auch mit Benzedrin, einem damals verbreiteten Aufputschmittel, übertreibe. Schließlich wurde Erika auf Vermittlung Medis nach Chicago ins Krankenhaus gebracht, wo sie es aber nicht aushielt und auf eigenen Wunsch und unter Protest nach Hause zurückkehrte. Mit Medi hatte es Krach gegeben, weil diese es nicht zulassen wollte, daß Erika einen haßerfüllten, beleidigenden Brief an den Hautspezialisten schrieb. Blaß und mager erschien Erika wieder daheim. Der Vater litt ebenfalls an lästigen Hautkrankheiten und Juckleiden, als seien sie durch Identifikation entstanden. Thomas Mann zumindest fand Erikas »Treue zu uns, und wie sie es als Aufgabe ihres Lebens betrachtet, uns zu helfen und zu dienen... für mich rührend genug, um tiefen Schmerz um sie zu empfinden«[223].

Der Erkundung der Möglichkeiten einer erneuten Emigration in die Schweiz diente denn auch die vierte Europa-Reise der Manns von Juli bis Oktober 1951. Gleichzeitig sollte sie eine Bäderreise gegen die rheumatischen Schmerzen Thomas Manns in Hüfte und Arm werden. Zunächst ging es nach Zürich, dann nach München, das ihnen zugleich selbstverständlich und fremd war und wo sie nun doch ihr zerstörtes Haus in der Poschinger Straße wiedersahen. Das von Erika Mann 1945 angemeldete Wiedergutmachungsverfahren für Haus und Grundstück in der Poschinger Straße 1 führte 1948 zur Rückgabe des maroden Hauses an den Rechtsanwalt der Manns, Herbert Lersch. In diesem Zustand hatte die Familie jedoch kein Interesse mehr an dem Anwesen. Während des Nationalsozialismus umgebaut und zweckentfremdet, war es jetzt von Flüchtlingen und Ausgebombten bewohnt. Im September 1952 wurde das Haus abgerissen. Das Grundstück wurde 1957 an Privat verkauft, ein Einfamilienhaus wurde darauf errichtet. Im selben Jahr erging der Beschluß der Wiedergutmachungskammer, Katia Mann als Vermögensentschädigung 2399 DM nebst Zinsen in Höhe von vier Prozent auszuzahlen. Die Stadt München hatte zwar Interesse an dem Grundstück, aber kein Geld. Der Thomas-Mann-Förderkreis München e.V. konnte bisher ebenfalls nur davon träumen, das ursprüngliche Haus wiederaufzubauen.[224]

Von München aus fuhren die Manns nach Strobl am Wolfgangsee und trafen sich mit der Familie des jüngsten Sohnes Michael, wo die Großeltern ihre geliebten Enkel Frido und Toni wiedersahen und viel Freude an ihnen hat-

ten. Weiter ging es nach Salzburg und Gastein. Dort verbrachten sie einen dreiwöchigen Kuraufenthalt, von Österreich reisten sie nach Lugano und schließlich nach Zürich,
wo Thomas Mann im Zürcher Schauspielhaus unter viel
Beifall aus dem *Felix Krull* vorlas. Die ganze Reise war von
zahlreichen Begegnungen und Besuchen bei alten Freunden
und Verwandten begleitet, die die Manns immer wieder mit
Nachdruck zur Rückkehr ermunterten. Aber ein geeignetes
Haus war noch nicht gefunden; das alte in Pacific Palisades
war zwar auf 70 000 Dollar geschätzt, aber noch war kein
Käufer in Sicht. Zwischen den Eheleuten gab es Ende des
Jahres immer noch Diskussionen über den Verkauf des kalifornischen Domizils: Wenn Thomas Mann sich entschlossen
zeigte, »wühlte« Katia Gegenargumente auf.

Auf der Rückreise nach Kalifornien machten sie wieder in
Chicago Station, wo sie sich mit Elisabeth und ihren Kindern, und in New York, wo sie sich mit Monika trafen. Der
Großvater fand Domenica mit ihrem englischen Geplapper
sehr drollig, die ältere Angelica stiller, feiner und mit südlich
blassen Zügen. Aber zu beiden konnte er nach wie vor keinen rechten Zugang finden.

Medi, deren Mann schon in Italien war, bekundete ihre
Absicht, sich in Mailand niederzulassen, wenn sich die Eltern
im Tessin ansiedelten. Dort hatte Erika ein Haus angesehen.
Angesichts der amerikanischen Entfernungen schienen Mailand und das Tessin nur einen Katzensprung voneinander
entfernt zu sein. Nach der Ankunft zu Hause trafen Golo
aus Claremont und Erika ein, letztere immer noch bei ge-
schwächter Gesundheit. Sohn Michael gab erfolgreich Konzerte in Kalifornien, die die Eltern mit Interesse verfolgten.
Aber sein unmögliches Verhalten vereitelte seine Karriere, er
mußte schleunigst nach Europa abreisen. Mit fast vierzig
Jahren begann er ein Germanistikstudium, promovierte
über Heinrich Heines Musikkriterien und wurde Professor
in Berkeley.

Zu Hause las Erika nun häufig aus ihren soeben begonnenen Jugendbüchern *Die Zugvögel* vor, zur Freude der Eltern, die vermutlich hofften, daß sie durch diese selbst übernommene Aufgabe glücklicher würde. Doch tatsächlich machte sie dem Vater weiterhin Sorgen: Die Drucklegung von Klaus' Werken schritt nicht voran, ihre eigenen Bücher wurden nicht gedruckt, sie schlief kaum und sah schlecht aus, oft war sie bettlägerig. Aus der strahlenden, erfolgreichen jungen Frau war ein Wrack geworden. Zwar war sie den Eltern noch in vielerlei Weise hilfreich, aber die Selbstzerstörung, die sie seit Jahren betrieb, war nun deutlich erkennbar. Insbesondere der Genuß von Alkohol im Zusammenhang mit Tabletten führte zu Zuständen, die die Eltern erschreckten. Von Zeit zu Zeit aber konnte sie auch sehr lustig sein, ihre Sketche und Satiren brachten dann Eltern und Freunde immer wieder zum Lachen. Auf diese Weise verscheuchte sie die trüben Gedanken des Vaters, der unter seiner mangelnden Kreativität litt und befürchtete, sein relativ gesunder Körper könne seine Produktivität überleben. Erikas Bitterkeit und Reizbarkeit ließen nicht nach, im Gegenteil, sie ließ sich sogar ihrer Mutter gegenüber zu »infantilen Eifersuchtsäußerungen« hinreißen. Auch die Freundin Lotte Walter mußten die Eltern gegen Erika in Schutz nehmen. Die Eifersucht der geliebten Tochter gegen ihre Mutter war sogar dem Vater aufgefallen, der sie doch beide brauchte. Abwechselnd wurden die beiden krank, während Thomas Mann ständig an Unwohlsein und Schluckbeschwerden beim Essen litt. Als im Mai 1952 Klaus' Autobiographie *Der Wendepunkt* in deutscher Sprache im Fischer Verlag erschien, las Thomas Mann darin, war teils abgeschreckt, teils bewegt von vielem, vermißte vor allem einen Sinn für das »Gesunde, Lebensgesegnete, Heilvolle«. Aber er fürchtete, daß das »Ergreifend Lob und Preis für Mielein« Erika mißfallen würde.[225] Und es war ihm klar, daß Katia unter Erika litt.

Neben dem mühsam vorangebrachten *Felix Krull,* unendlichen Briefschulden, Lesezumutungen und Vortragsverpflichtungen gelang es Thomas Mann dann doch noch einmal, einen neuen Stoff anzupacken. Im Mai 1952 begann er mit der Novelle *Die Betrogene,* die wieder auf einer Erzählung beruhte, die er Katia verdankte. An einem Morgen im April war ihr die Geschichte wieder eingefallen, in der eine ältere Frau einen zweiten Frühling erlebt, sich noch einmal in einen jungen Mann verliebt, um dann festzustellen, daß sie an Gebärmutterkrebs leidet. Und Thomas Mann griff begierig den Stoff auf.

FÜNF

Die Rückkehr der Frauen nach Europa

Monika Mann in den frühen vierziger Jahren.

Ende und Anfang

Anfang Juni 1952 reiste Erika, neuerdings an der Schilddrüse
erkrankt, nach Europa. Sie hoffte auf einen wohltätigen Einfluß des Klimawechsels auf ihre Gesundheit. Sie ging zunächst in ein Sanatorium in Bern, während die Eltern ihrerseits die Reise vorbereiteten. Am 24. Juni 1952 verließen sie
das Haus in Pacific Palisades, in dem sie zehn Jahre gelebt
hatten, und kehrten für immer zurück in die Schweiz. Noch
aber blieb offen, ob sie nicht vielleicht doch noch zurück-
kommen würden. Wie es scheint, war Katia – die ja immerhin bald siebzig werden würde – nicht sonderlich von diesem Wechsel der gesamten Lebensumstände angetan. Sie
machte ihn abhängig von dem Verkauf des kalifornischen
Hauses und dem Erwerb eines angemessenen Domizils in
der Schweiz. Diesmal verpackte Hilde Kahn, die tüchtige
Sekretärin, vor der Abreise die Tagebücher von 1931 bis 1951,
versiegelte sie und deponierte sie mit einem Sperrvermerk
versehen in einer Bank. Thomas Manns 77. Geburtstag feierten die Manns noch wie gewohnt mit Freunden, das Haus
wurde dem jungen Neffen Klaus Hubert Pringsheim anvertraut, der es bis zum Verkauf bewohnen sollte. Aber die
Abreise sollte geheim bleiben. So verabschiedete sich die
Familie nicht einmal von Hilde Kahn, die zehn Jahre lang
für Thomas, Katia und Erika Diktate aufgenommen und
Texte getippt hatte und sich zum Schluß wie eine Haustoch-
ter fühlte. Hilde Kahn schildert in einem Artikel, wie es im
Hause Mann in Kalifornien zuging. Insbesondere Katia

wird als »eine kluge, hochgebildete, witzige, scharfblickende und kritische Gefährtin, von der unverwüstlichen Kraft und Beständigkeit einer Figur auf Mount Rushmore« dargestellt. »Sie war beinahe mit Eifersucht auf die Spitzenstellung ihres Mannes in jeder Beziehung bedacht« und versuchte immer wieder, die Meinung der Sekretärin darüber zu hören, ob es etwa bei Bruno Walter, wo Hilde ebenfalls arbeitete, oder bei Feuchtwangers interessanter oder schöner sei. Jedes Mal versicherte die junge Frau dann zu Katias Zufriedenheit, bei den Manns sei es am schönsten und am interessantesten.[1]

An Geld mangelte es nicht, denn neben Honoraren erhielt Thomas Mann den italienischen Literatur-Preis in Höhe von fünf Millionen Lire von der Accademia Nazionale dei Lincei in Rom zugesprochen. Ehrenvoll, aber ohne Geldpreis war auch das Offizierskreuz der französischen Ehrenlegion, das ihm Anfang Januar 1953 von Robert Schuman persönlich überreicht wurde. Ehrungen gab es also genug. Doch fehlte das angemessene Haus, der Seelenfrieden. Nach intensiver Suche und monatelangem Hotelaufenthalt konnten Katia und Thomas Mann Ende Oktober 1952 einen Mietvertrag für ein Haus in der Glärnischstraße 12 in Erlenbach bei Zürich unterzeichnen. Nach vielen Um- und Einbauten zogen sie am Heiligabend dort ein, zunächst mit geliehenen Möbeln und Teppichen. Den Umzug hatten Erika und Katia besorgt, und er hatte viel Zeit und Kraft gekostet. Die Weihnachtsfreude war groß, die Großeltern konnten ihre Enkel Frido und Toni, die inzwischen ein Internat in Bern besuchten, wiedersehen und beschenken. Erika war dem Vater längst unentbehrlich geworden und lebte als einziges Kind wieder im Haus der Eltern. Die Arbeit mit dem Vater war zwar nicht problemlos, aber Erika hatte alle Talente, die erforderlich waren, um als Organisatorin, Pressesprecherin, Lektorin und Beraterin in allen düsteren Phasen des künstlerischen Schaffensprozesses ihrem Vater zur Seite zu stehen. Eine neue eigene Karriere strebte sie nicht mehr an.

Golo fühlte sich in den Vereinigten Staaten allein und unglücklich, und Katia hätte ihn gern aufgenommen, aber Erika hätte das nicht ertragen. Auch Elisabeth war mit ihrer Familie in diesem Jahr nach Europa zurückgegangen. Kurz vor der Pensionierung erhielt Borgese noch einmal die Möglichkeit, einen Lehrstuhl in Mailand zu übernehmen, er erhielt seine Professur und seine Pension zurück, die er vor zwanzig Jahren unter der faschistischen Herrschaft verloren hatte. Mit dieser Rückkehr in die alte Heimat verband er die Hoffnung auf ein neues Leben und einen Neubeginn ihres Zusammenseins. Elisabeth ging mit, ihrem Mann zuliebe, obwohl ihr persönlich wenig daran gelegen war, das vertraute Chicago zu verlassen. Beide übersiedelten nach Florenz, wo die Familie für sechs Monate eine Villa in Fiesole gefunden hatte und von wo aus Borgese ohne große Probleme seinen universitären Verpflichtungen nachkommen konnte. Kaum umgezogen, suchten die Borgeses nach einem festen Wohnsitz in der Stadt, so gut gefiel es ihnen in Florenz. Schließlich fanden sie ein einfaches, altes Haus in San Domenico, mit Blick auf die Florentiner Altstadt, den Dom und den Palazzo Vecchio. Der Überschwang Borgeses, in die Heimat zurückgekehrt zu sein und nach zweimaligem Exil wieder im alten Amt wirken zu können, wirkte sich positiv auf das Familienleben aus, er war glücklich. Die alte Rollenverteilung wurde beibehalten, Elisabeth kümmerte sich um Haus und Kinder und lehnte dem Ehefrieden zuliebe ein Angebot ab, die deutsche Ausgabe der amerikanischen Kulturzeitschrift »Perspectives« zu betreuen, während Borgese alle Ehren als zurückgekehrter Antifaschist erfuhr.

Elisabeth wird Witwe und beginnt ein eigenes Leben

Aber das Idyll währte nicht lange. Schon bald bemerkte Elisabeth an ihrem nunmehr 70jährigen Mann erste Symptome einer Krankheit, die sich darin äußerte, daß er beim Schreiben mitten im Wort innehielt, kurz einschlief, um bald darauf das Wort zu beenden. Ihre Vermutung, daß bei Borgese »etwas im Gehirn«[2] nicht stimme, bewahrheitete sich leider nur allzubald. Anfang Dezember 1952, als Elisabeth mit den beiden Kindern von einem Besuch bei ihren Eltern zurückkam und auf dem Mailänder Bahnhof ihren Mann traf, wirkte er schwerkrank. Sie kamen noch nach Florenz, aber am nächsten Morgen erwachte Borgese nicht. Er war in ein Koma gefallen, aus dem er nur noch einmal am Abend desselben Tages kurz erwachte, ohne zu sprechen. Er starb am 4. Dezember 1952 an einer Gehirnthrombose. Elisabeth war erst 34 Jahre alt, die Töchter Gogoi und Nica zwölf und acht Jahre. Jetzt fuhr Katia zu ihrer jüngsten Tochter, um ihr beizustehen; sie repräsentierte wieder einmal die restliche Familie. Nach ihrer Rückkehr vermerkte er in seinem Tagebuch am 9. Dezember 1952: »Begeisterte Anhänglichkeit nun Medi's sowohl wie der Kinder an den Entschlafenen, der im Tode von allen Seiten hochgefeiert wurde.«

Elisabeth heiratete nicht wieder. Für sie, die gut Italienisch sprach, begann in Florenz ein neues Leben mit ihren beiden Töchtern, die als Halbitalienerinnen gerade begonnen hatten, Fuß zu fassen und Italienisch statt des gewohnten Englisch zu lernen. Sie kaufte das Haus in San Domenico und suchte sich eine Verdienstmöglichkeit. Die Eltern wollte sie nicht in Anspruch nehmen; allerdings hat sie nach dreizehnjähriger Ehe wohl eine Witwenpension bezogen, so daß sie nicht völlig mittellos dastand. Aber die Schule der Töchter kostete Geld, und das Haus mußte ebenfalls bezahlt werden.

So unterrichtete sie zunächst Deutsch, nahm dann aber doch das Angebot an, das sie zu Lebzeiten Borgeses abgelehnt hatte: die Redaktion der Zeitschrift »Perspectives« zu leiten, und zwar der italienischen Ausgabe. Eine weitere Verdienstmöglichkeit ergab sich aus der Betreuung von »Diogenes«, des Kulturmagazins der UNESCO in englischer Sprache. Ihre Sprachenkenntnis und ihre Kontakte zu Amerika erwiesen sich bei der Erlangung ihrer Selbständigkeit im fremden Land als äußerst hilfreich.

Allerdings brauchte sie einen Mitarbeiter für die italienischen Übersetzungen, ihr Italienisch reichte lediglich aus, um sie zu überprüfen. Dieser fand sich bald in Gestalt von Corrado Tumiato, der ursprünglich Psychiater war und zwanzig Jahre lang in einer geschlossenen Anstalt gearbeitet hatte. Seine Erfahrungen hatte er niedergeschrieben und war dafür mit dem berühmten Premio Viareggio ausgezeichnet worden. Auch Ehepläne tauchten auf, der mittlerweile dreiundfünfzigjährige Ignazio Silone, durch den sie einst Borgese kennengelernt hatte, hätte das Wohlwollen Thomas Manns gehabt. Doch verliefen diese eher vagen Heiratsideen im Sande. Elisabeth besaß nun ein eigenes Haus mit Garten und Swimmingpool, hatte einen eigenständigen Beruf, einen kosmopolitischen Freundeskreis, der aus den alten Freunden Borgeses bestand, durchreisenden amerikanischen Freunden und den neuen Kollegen aus Florenz. Sie beschäftigte eine Haushälterin sowie eine Frau, die aushalf, wenn Besuch kam, denn Elisabeth konnte gut kochen, und ihre geselligen Abende waren beliebt.

Auch Monika war im September 1952 – nach zwölfjährigem Aufenthalt in Amerika – den Eltern zurück nach Europa gefolgt. Sie sah nach zwanzig Jahren München und ihr Elternhaus wieder, aber die alte Heimat war ihr fremd geworden. Zunächst schlüpfte sie bei den Borgeses unter, dann bei den Eltern. Erst an Erikas 48. Geburtstag, dem 9. November 1953, reiste sie ab, recht früh, vermutlich, um nicht mitfeiern zu müssen. Thomas Mann fragte sich, woher er bei dieser Ungewißheit über die zukünftige Bleibe, den bedrückenden Spannungen in der Familie, Erikas erschöpftem Aussehen und äußerst angegriffenem Nervenzustand die Stimmung finden sollte, etwas zu Papier zu bringen.

Das Verhältnis Erikas zu ihren Geschwistern verschlechterte sich zunehmend. Sie überwarf sich mit Golo und war neidisch auf Elisabeth. Wenn die Eltern Elisabeth besuchten, bekamen sie noch Tage danach Erikas Unmut und Eifersucht zu spüren. Erika neidete der jüngeren Schwester ihre Familie, ihre Ehe, ihren Beruf. »Sie wurde böse und schwierig«[3], meinte Elisabeth. Das waren aber nicht die einzigen Gründe für Erikas Unzufriedenheit. Beruflich hatte sie seit Kriegsende und der McCarthy-Ära keine eigenen Ziele mehr, und gesundheitlich war sie in einem äußerst schlechten Zustand, verursacht durch Alkohol, Nikotin und Drogen. Privat hatte sie den Tod ihres Bruders Klaus und das Ende der Affäre mit Bruno Walter nicht verkraftet: An diesen beiden Erfahrungen sei Erika letzten Endes zerbrochen, meinte Elisabeth.[4] Das Kind von Gumpert hatte sie, vielleicht zu ihrem späteren Bedauern, nicht gewollt.

Im Auftrag des Vaters mußte Erika weiterhin viel reisen, wobei es überwiegend um die Verfilmung von Thomas Manns Romanen ging. Dabei nahm sie soviel Einfluß auf die Dreharbeiten, daß sie sich nicht nur Freunde dabei machte; sie schrieb am liebsten auch die Drehbücher selbst und wollte auch die Rollen besetzen. Auch wirkte sie selbst in kleineren Rollen mit, so zum Beispiel in *Königliche Hoheit* als Oberschwester Amalie und in *Felix Krull* als die Gouvernante. An der *Buddenbrooks*-Verfilmung von 1959 war Erika maßgeblich beteiligt. Sie scheint diese Rolle als Wächterin über die Verfilmung der väterlichen Romane genossen zu haben. Jedenfalls ließ sie es nicht zu, daß irgend jemand ihren Vater oder dessen Werk kritisierte. Immerhin konnte

Erika jetzt ihre *Zugvögel* beim Franz Schneider Verlag in München unterbringen.

Im März 1953 konnte Thomas Mann seine Erzählung *Die Betrogene* abschließen, auf deren Resonanz in der Öffentlichkeit er sehr gespannt war. Auf Erikas und Katias Anraten hatte er noch einige physiologische Einzelheiten der Krankheit der Frau abgemildert. Gleich nach der Fertigstellung wandte sich Thomas Mann wieder dem vor vierzig Jahren unterbrochenen Roman *Bekenntnisse des Hochstaplers Felix Krull* zu.

Im Frühjahr 1953 unternahmen Thomas und Katia eine Reise nach Rom, wo der Dichter von Papst Pius XII. zu einer Privataudienz empfangen wurde. Der Protestant war stark beeindruckt und gerührt. Für ihn verkörperte sich in Pius XII. die Idee eines universalen Christentums, in seiner Sorge um religiöse Verinnerlichung schien der Papst über dem Konflikt einiger religiöser Formen zu stehen. Der Dichter begrüßte es, daß der Papst die Verhältnisse in Deutschland mit größter Anteilnahme verfolgte und die Einheit Deutschlands als notwendig erachtete.[5] Er notierte: »Kniete nicht vor einem Menschen und Politiker, sondern vor einem weißen geistlich milden Idol, das 2 abendländische Jahrtausende vergegenwärtigt.«[6] Katia hatte draußen gewartet, um als erste von der Begegnung zu hören, die ihrem Mann als Begnadung erschien. Auch Monika und Medi waren nach Rom gekommen, um ihre Eltern zu treffen.

Im Juni reisten die Manns nach England, wo dem Dichter der Ehrendoktortitel der Universität Cambridge verliehen wurde (den von Oxford besaß er bereits). Nach einem privaten Aufenthalt in London ging es dann nach Hamburg, Travemünde und Lübeck, wo er noch einmal die Erinnerungen an seine Kindheit auffrischen konnte. Danach mußten sie schleunigst zurück nach Zürich, wo Katias 70. Geburtstag groß gefeiert wurde. Anwesend waren ihr Zwillingsbruder Klaus, »die Herz« und Monika, die schon Wochen vorher eintrafen, Elisabeth mit den Kindern, Erika, Golo, Mosers und die Enkelbuben sowie viele andere. Die Enkel führten auf der Veranda ein von Erika gedichtetes drolliges Festspiel auf. Schon morgens wurde von Mitgliedern des Symphonie-Orchesters unter dem Fenster ein Ständchen gebracht. Ein Glückwunschartikel von Bruno Walter, eigentlich eine Lobeshymne, erschien in der »Neuen Zürcher Zeitung«. Mittags wurde ein sehr gutes Buffet-Lunch vom Traiteur gereicht, und abends fand das festliche Diner im »Eden au Lac« statt. Thomas Mann, im Frack, erhob sich und hielt eine Rede auf die Frau, die sein Leben fast fünfzig Jahre lang begleitet hatte. Anrührend waren besonders die Sätze, die er am Schluß sprach: »Wenn dann die Schatten sich senken und all das Verfehlte und Ungeschehene und Ungetane mich ängstet, dann gebe der Himmel, daß sie bei mir sitzt, Hand in Hand mit mir, und mich tröstet, wie sie mich hundertmal getröstet und aufgerichtet hat in Lebens- und Arbeitskrisen, und zu mir sagt: ›Laß gut sein, du bist ganz brav gewesen, hast getan, was du konntest.‹«[7] An der Stimme spürte Elisabeth, wie bewegt der Vater war.

Auch Erika hatte Glückwunschartikel für ihre Mutter lanciert und selbst geschrieben, so auch einen Beitrag »Meine Mutter«, in dem sie Katia als humorvoll und charmant charakterisiert, ihre Bescheidenheit, ihre Ungeduld, ihre Liebe, ihre Sorge für die Familie und ihren Tagesablauf.[8] Natürlich waren auch Berge von Glückwünschen eingetroffen, darunter die Feuchtwangers, den Katia bereits aus Schulzeiten kannte. Sie antwortete ihm in aller Bescheidenheit: »ja, Sie haben mich wirklich überschüttet, und wenn ich in Ihrem schönen Glückwunsch lese, was für außerordentliche Eigenschaften Sie mir zuschreiben, so kann ich gar keine Dankesworte finden, die einer so prächtigen Persönlichkeit angemessen wären. Ist ja alles weit über Gebühr und es muß mich ein wenig beschämen und bedrücken. Aber gefreut hat es mich natürlich sehr, und so lassen Sie mich ganz schlicht und von Herzen danken.«[9]

Noch im Sommer 1953 konnte das amerikanische Haus für 50 000 Dollar verkauft werden. Sofort dachten die Manns daran, ihre Wohnverhältnisse in der Schweiz zu verbessern. Anfang Januar 1954 hatte Katia ein Haus in Kilchberg am Zürichsee entdeckt, das geeignet schien. Nach und nach besichtigten Golo, Medi und Erika das Haus und fanden es ansprechend und repräsentativ genug. Man einigte sich auf einen Kaufpreis von 225 000 Franken zuzüglich einiger Kosten für übernommene Gegenstände. Die Hypothek betrug 140 000 Franken. Allerdings mußten noch etliche Umbau- und Renovierungsarbeiten erledigt werden. Zu Ostern 1954 fand dann die Übersiedlung von Thomas, Katia und Erika nach Kilchberg, Alte Landstraße 39, statt. Thomas Mann war glücklich über die Verbindung von seinem Arbeitszimmer mit der Bibliothek und vor allem über sein eigenes Badezimmer, er fand das Haus unvergleichlich besser und geräumiger als das in Erlenbach, zwar nicht allzu üppig, aber anständig und bequem.

Das Kilchberger Haus hatte ein Arbeitszimmer für den Vater im Erdgeschoß und ein »Mädchenzimmer« für Erika unter dem Dach. Erika wohnte dort bis zu ihrem Tode 1969. Streng genommen wurde sie nie wieder gesund, und das Haus sollte auch des Vaters und Katias letzter Wohnsitz werden. Erika stellte in ihrem Zimmer Photographien auf, von Ricki Hallgarten, von Klaus, von Bruno Walter; sonst brauchte sie wenig, nur einen Schreibtisch, ein Tonbandgerät, ein Bett. Ihr Bedürfnis nach Luxus erstreckte sich auf schnelle Autos, elegante Hotels und teure Kleider.[10]

Im Frühjahr 1954 unternahmen Katia und Thomas Mann erneut eine Italienreise. Diesmal ging es nach Rom, Sizilien und Florenz. Bereits in Rom sahen sie wieder ihre beiden Töchter Medi und Moni, aber die Reise war wegen langwieriger Erkältungen Thomas Manns nicht sonderlich erfreulich, sondern verfehlt und sinnlos, wie er fand. Zu Hause herrschte wieder Unfrieden. Zwar erwartete sie Golo am Bahnhof, aber Erika zeigte sich »im Grunde und unwissentlich gereizt« über den Aufenthalt der Eltern bei Medi, und diese Eifersucht fand der Vater »traurig-wunderlich«[11]. Selbstverständlich hatte Elisabeth ihre Eltern eingeladen und sich die größte Mühe gegeben, ihnen die Sehenswürdigkeiten zu zeigen und sie mit ihrem Freundeskreis bekanntzumachen. Thomas Mann las in ihrem Haus auch aus *Felix Krull* vor, aber zu seinem eigenen Erstaunen konnte er weiterhin mit den beiden Enkelinnen nicht viel anfangen. Um so mehr liebte der Großvater seinen Enkel Frido.

1953 schrieb Elisabeth ihre erste Novelle, *Das andere Delhi*, die aber erst 1998 in dem Sammelband *Der unsterbliche Fisch* erschien. Sie gab sie ihrem Vater zu lesen, obwohl ihr bekannt war, daß weder er noch Katia wünschten, daß die Kinder Literaten oder Künstler würden. Aber siehe da, Thomas Mann urteilte positiv: Es sei eine richtige Novelle, und sie habe ihm ganz gut gefallen. Tatsächlich aber hatten all ihre Novellen einen pessimistischen Grundton. Immer wiederkehrende Themen beherrschen ihre Kurzgeschichten: Was ist das Individuum? In welcher Beziehung steht es zur Umwelt? Wie frei ist der freie Wille? Und wie hängen persönliches Schicksal und Gemeinschaftsschicksal zusammen?[12]

Neben dem Ärger mit dem neuen Haus – die Bücherschränke paßten nicht, eine Garage mußte gebaut werden, wogegen die Nachbarn sich sträubten, Tapeten im Schlafzimmer des Hausherrn sollten geändert, die Tür zu Erikas Bad mußte erhöht werden – gab es weiterhin ständige Spannungen zwischen Erika und Katia. »Schmerzlich die Reizbarkeit Erikas, ihre Eifersucht auf Medi, und daß K. oft unter ihrer leidenschaftlichen Schwierigkeit, Übertreibung, Hypochondrie zu seufzen hat. Sie sollte Stütze sein, ist es auch oft, aber für K.'s Gemüt ebenso oft eine Belastung. Suche auszugleichen, zu beruhigen« (7. März) oder: »K.

hatte gestern Abend zwei Telephonate mit Erika in Lokarno, wenig ermutigend wieder für die Zukunft unseres Zusammenlebens. Gereiztheit, krankhaftes Mißtrauen, beständiges auf dem Qui vive, Eifersucht, ja Haß auf die Geschwister u.s.f., gekleidet in Fürsorge für K., ohne zu bedenken, daß sie ihr schlaflose Nächte bereitet. Kummer und Sorge«[13] (14. März). Zweifellos war Erika sehr unglücklich über ihr eigenes Dasein als Mitarbeiterin ihres Vaters, als »Tochter Thomas Manns«, denn außer ihren Jugendbüchern, mit denen sie sich zu profilieren versuchte und aus denen sie nun häufig abends vorlas, hatte sie sich kein eigenes Leben aufbauen können. Katia, die ebenfalls sehr herrisch sein konnte – wie sonst wäre der häufige Dienstbotenwechsel im Hause Mann zu erklären? – und die ein strenges Regiment führte, war nicht bereit, dauernd Erikas Zustände und Launen hinzunehmen. Die Tochter erschreckte ihre Eltern gelegentlich auch durch »unheimliche Ausfälle«, vermutlich kurze Ohnmachten, von denen sie sich jedoch immer schnell wieder erholte. Allerdings hatte sie immer schon Raubbau an ihrer Gesundheit getrieben, Elisabeth nannte das einmal Selbstzerstörung. So kam es, daß die ältere Schwester im Sommer 1954 in einer Klinik in der Nähe von München lag, um eine Schlafkur zu absolvieren und im übrigen vom Alkohol und von ihrem immensen Zigarettenverbrauch loszukommen. Schon in Amerika hatte Thomas Mann einmal bemerkt, daß Erika sich leider mit Alma Mahler-Werfel, die ebenfalls als sehr trinkfest galt, mit Alkohol übernommen habe.[14]

Gleich am Karfreitag kamen Golo, Bibi und Gret sowie die beiden Enkelsöhne zum Abendessen und bewunderten das Haus. Ihretwegen, und insbesondere wegen Frido, hatte Thomas Mann nicht nach Italien ziehen wollen, während Katia lieber in die Nähe ihrer Tochter Medi gezogen wäre. Überhaupt war Katia der Abschied von Kalifornien schwergefallen. Aber sie fand sich mit allen Lebenssituationen leichter ab als Thomas. Ende Mai arrangierte Katia eine Hauseinweihungsparty mit 36 Personen. Zunächst gab es ein Hauskonzert mit Sohn Bibi und anderen, dann ein großes Champagner-Diner mit gutem und reichlichem Essen, die Tische geschmückt mit silbernen Kandelabern; anschließend wurde in verschiedenen Räumen Kaffee gereicht. Natürlich hatte sich auch Erika sehr verdient gemacht, und alles war bestens organisiert.

Leider mußte sie sich wenige Tage danach in das Sanatorium in München begeben. Anfang Mai war Erika die Treppe heruntergestürzt. Sie litt infolge ihres Schlafmittelmißbrauchs an Gleichgewichtsstörungen und hatte einen Zigarettenkonsum von 60 Stück pro Tag. Anschließend an den Aufenthalt in München verbrachte sie einen Kuraufenthalt in Sonnmatt über Luzern, wohin sie die ostdeutschen Filmleute bestellte, die die *Buddenbrooks* verfilmen wollten. Auch die Eltern reisten dort an und verhandelten über das Drehbuch, Erikas Mitarbeit und den Preis. Thomas Manns Forderung von 150 000 Franken wurde widerspruchslos akzeptiert.

Aber alle Kuren Erikas nützten nichts. Ausgerechnet am Heiligabend 1954 mußte Katia ihrem Mann gestehen, daß sie die Trennung von Erika wünsche, weil sie mit deren Haß und Wut – diesmal gegen die Leute des »Spiegel« – nicht mehr zurechtkam. Trösten konnten in dieser Situation nur die Enkel, besonders Frido, den der Großvater nach wie vor uneingeschränkt liebte und über dessen Besuch er sich jedesmal freute. Er durfte abends lange schwatzend bei ihm sitzen und ihn von der Arbeit abhalten. Für ihn dachte sich der Großvater Träume und Geschichten aus.

Ende September 1954 waren die *Bekenntnisse des Hochstaplers Felix Krull* im Fischer Verlag erschienen. Das Buch wurde ein solcher Erfolg, daß bald das 20. bis 40. Tausend aufgelegt werden mußte, denn die erste Auflage war schon im November vergriffen. Das Manuskript für die Festrede zur Schiller-Feier im Mai 1955, *Versuch über Schiller*, zu der

der damalige Bundespräsident Theodor Heuss ihn nach Stuttgart eingeladen hatte, konnte Thomas Mann zwar abschließen, aber es umfaßte statt zwanzig Seiten einhundertzwanzig. Erika wurde mit der Kürzung betraut – eine kaum zu bewältigende Aufgabe –, aber sie schaffte es zur Zufriedenheit des Vaters. Theodor Heuss schrieb 1956 eine fulminante Besprechung dieser Rede in der »Neuen Rundschau«. Von östlicher Seite hatte Walter Ulbricht zur Schiller-Feier eingeladen, und Thomas Mann nahm beide Male an – wie sechs Jahre zuvor bei den Goethe-Feiern. Erika, die doch so strikt dagegen gewesen war, nach Deutschland auch nur zu reisen, begleitete ihn jetzt zusammen mit Katia. Zunächst chauffierte Erika die Eltern von Zürich nach Stuttgart, wo die Feier stattfand. Während der Festrede Thomas Manns hatte sich Erika hinter dem Vorhang versteckt, um das Publikum zu beobachten. Katia saß in der Loge. Die Ovationen und der Presserummel nach dem Vortrag bedeuteten für Erika eine Genugtuung, für Thomas Mann eine Strapaze. Nach drei Tagen fuhr Erika die Eltern nach Weimar, an der Zonengrenze begrüßt von Minister Johannes R. Becher. Erika verfaßte über diese Fahrt ein kleines Tagebuch: Es war ihre letzte glückliche Reise.

Den Winterurlaub Anfang 1955 verbrachte die Familie Mann wie früher in Arosa, wobei Erika aber in ein anderes Hotel übersiedelte. Die Reisebibliothek Thomas Manns konzentrierte sich diesmal auf Luther und Erasmus, denn er plante ein Werk über diese Zeit, suchte aber noch nach einem passenden Stoff. Erika gegenüber hatte er bereits am 7. Juni 1954 brieflich entwickelt, was ihm vorschwebte: »... eine kleine Charaktergalerie aus der Reformationsepoche, Momentbilder von Luther, Hutten, Erasmus, Karl V., Leo X., Zwingli, Müntzer, Tilman Riemenschneider, und wie da das Verbindende der Zeitgenossenschaft und die völlige Verschiedenheit der persönlichen Stand- und Blickpunkte, des individuellen Schicksals, bis zur Komik gegen einander stehen.«[17] Aus diesem Plan wurde schließlich der Entwurf zu einem Stück, *Luthers Hochzeit,* der aber nicht mehr ausgeführt wurde. Aber auch dieser Urlaub tat Thomas Mann nicht gut, er erkrankte an einer Virusinfektion und mußte ins Kantonshospital in Chur eingeliefert werden. Schwach und angegriffen kehrte er nach Kilchberg zurück. Die Goldene Hochzeit am 11. Februar 1955 sollte wegen seines bevorstehenden 80. Geburtstages nicht besonders gefeiert werden, und so waren nur die Kinder Medi, Golo und Erika sowie Bibi zugegen, die aber allesamt schon am nächsten Tag wieder abfuhren. Zurück blieb ein neuer zweijähriger Pudel, den die Kinder geschenkt hatten und der zunächst bei Katia untergebracht wurde. Thomas Mann freute sich über den »kreatürlichen« Hausgenossen in der nun eingetretenen Stille.

Die Schiller-Feiern in Stuttgart, in Weimar, die Verleihung der Ehrendoktorwürde der Universität Jena, die Reise nach Lübeck und Travemünde, die vielen Ansprachen und Dankesworte waren anstrengend genug gewesen, dennoch begannen die Feierlichkeiten für den Jubilar bereits Tage vor dem eigentlichen Fest. Am 4. Juni veranstaltete der Züricher Stadtrat schon mittags eine Feier im Muraltengut. Der Stadtpräsident überbrachte die offiziellen Glückwünsche der Stadt. Nachmittags feierte die Gemeinde Kilchberg in Anwesenheit des schweizerischen Bundespräsidenten im Conrad-Ferdinand-Meyer-Haus den berühmten Bürger, und die Eidgenössische Technische Hochschule in Zürich verlieh ihm den Ehrendoktortitel der Naturwissenschaften. Abends fand ein Abendessen mit dem Bundespräsidenten und weiteren Gästen statt. Am nächsten Tag folgte eine Veranstaltung im Züricher Schauspielhaus mit Lesungen berühmter Schauspieler aus Manns Werk. Bruno Walter kam eigens aus Amerika und spielte die »Kleine Nachtmusik« von Mozart. Abends luden Gottfried und Brigitte Bermann Fischer nahezu hundert Freunde und Gäste aus aller Welt zu einem

Empfang und Festessen ein. Schließlich, am 6. Juni, fand der eigentliche Geburtstagsempfang im Hause Mann statt. Unvorstellbar die Post, der Trubel, die Geschenke. Thomas Mann erhielt nicht nur eine überlebensgroße Porträtbüste, sondern auch die zwölfbändige Ausgabe seiner Werke im Aufbau Verlag Berlin sowie eine Schenkungsurkunde der Thomas-Mann-Spende über 50 000 DM, die zur Unterstützung bedürftiger Schriftsteller gedacht war, wozu die westdeutschen Kultusministerien beigetragen hatten. Zahlreiche weitere Ehrungen und Geschenke, Briefe, Grußadressen, Zeitungsartikel und Telegramme trafen ein. Das Schönste aber war ein Turmalinring von der Familie, den er sich heimlich gewünscht hatte. Die Beantwortung all dieser Glückwünsche machte unendlich viel Arbeit. Dankeskarten wurden gedruckt, Katia und die Sekretärin hatten viel zu tun. Auch der Jubilar mußte noch viele Tage mit dem Schreiben von Dankesbriefen verbringen, denn nicht alle ließen sich mit einer gedruckten Karte erledigen. Für die Unterbringung der Bücher mußten neue Regale in Auftrag gegeben werden. Obwohl der Dichter diese Hommage offensichtlich genoß, war sein Gemüt doch voller Besorgnis: »Ängstigendes Gefühl einer solennen Auflösung meines Lebens«, schrieb er am 15. Juni 1955 in sein Tagebuch.

Katia und Erika verlieren ihren Lebensmittelpunkt

Trotz aller Strapazen begab sich Thomas Mann in Begleitung von Katia und Erika noch auf eine Vortragsreise nach Holland. Erika fuhr anschließend nach Luzern in ein Sanatorium, während die Eltern sich in Noordwijk erholten. Ein Besuch bei der niederländischen Königin, die holländische Uraufführung des Films *Königliche Hoheit* in Amsterdam sowie der Besuch von Peter Pringsheim und Frau in Noordwijk bildeten durchaus noch angenehme, positive Licht-

blicke. Nur wollte der »Rheumatismus« nicht weichen. Am
20. Juli verspürte der Dichter Schmerzen im linken Bein,
das geschwollen war. Bei der Untersuchung stellte sich eine
Thrombose heraus, die Behandlung würde langwierig werden. Drei Tage später wurde Thomas Mann eilig per Flugzeug nach Zürich gebracht, während Erika, um den Vater
nicht zusätzlich zu beunruhigen, noch in Luzern blieb.
Schrecklich war es für ihn, im Bett liegen zu müssen und
freie Bewegung und Selbständigkeit aufzugeben. Katia versorgte ihn vormittags und nachmittags mit Speisen, die er
mochte und essen konnte, und unterhielt ihn mit seiner geliebten Musik auf einem geliehenen Plattenspieler. Er
schrieb Briefe und las eine Mozart-Biographie. Nachdem
die Thrombose sich zunächst zu bessern schien, erlitt er am
11. August einen Schwächeanfall, am nächsten Tag einen Kol-
laps. Aber Transfusionen, Infusionen und Sauerstoffzufuhr
halfen nicht mehr. Der Tod trat am 12. August 1955 abends
gegen 20 Uhr ein. Katia war bei ihm. Der Tod, den er so oft
in seinem Werk vergegenwärtigt hatte, war so sanft gekommen, daß nicht einmal seine Frau ihn bemerkt hatte.

Erika war gerade rechtzeitig aus Luzern gekommen, um
ihn noch ein paar Tage lang zu sehen. Am 16. August fand
die Bestattung auf dem Kilchberger Friedhof statt. Alle Kinder waren anwesend. Zwar sollte die Beerdigungsfeier im
engen Rahmen bleiben, aber es kamen viele hundert Menschen, um Abschied zu nehmen. Erst beim Aufbruch zum
Friedhof brach Katia in Tränen aus.

Auf Wunsch ihrer Kinder behielt Katia Mann das Haus in
Kilchberg bis zum Ende ihres Lebens. Sie führte es nicht
nur, sondern dominierte es. Sie verzichtete auf alle öffentlichen Auftritte und blieb das Zentrum der Familie, versam-
melte Kinder und Enkel zu Weihnachten, zu Familienfesten
und Geburtstagen. Erika wohnte trotz der früheren Spannungen weiterhin im Hause. Auch der Enkel Frido zog im

September 1955 bei der Großmutter ein und besuchte das Züricher Freie Gymnasium, wo er 1959 das Abitur ablegte und ein Musikstudium begann.

Nachdem Berge von Kondolenzbriefen beantwortet worden waren, fuhr Katia im September 1955 zu ihrer Tochter Medi in Forte dei Marmi. Dieses Haus – viel zu modern für Katias Geschmack – blieb in den nächsten Jahren ihr Reiseziel für den Sommer. Dort erholte sie sich von ihrer Tätigkeit, die weiterhin dem Werk ihres Mannes galt, und von der anstrengenden Erika. Ab Januar 1956 verbrachte sie wie gewohnt mit Kindern und Freunden den Winterurlaub in Pontresina oder anderen Orten im Hochgebirge. Auch die Weihnachtsfeste in Kilchberg wurden beibehalten. Die Enkel Frido und Toni wohnten bei der Großmutter, deren Schulbesuch eine wichtige Rolle in Katias Leben spielte, während Michael zunächst als Mitglied des Pittsburg Symphony Orchestra, dann als Germanist nach Amerika zurückkehrte. Anfangs befaßte Michael sich dort mit Heine, Kafka und anderen Größen der deutschen Literaturgeschichte, wich aber der Beschäftigung mit dem Werk seines Vaters aus. Später übernahm er für den S. Fischer Verlag die Vorbereitung einer Auswahlausgabe der Tagebücher Thomas Manns, die bis 1975 gesperrt waren. Dabei wurde er mehr und mehr vom Werk des Vaters gefesselt, ja, vielleicht sogar in eine Lebenskrise getrieben.

Trotz all ihrer Aktivitäten klagte Katia manchmal, ihr Leben sei »im Grunde doch recht inhaltslos geworden und muß eben irgendwie zu Ende geführt werden, bei vieler unerfreulicher Geschäftigkeit«[16]. Aber sie blieb das »Wirtschaftshaupt« der Familie, führte die Korrespondenz mit Verlegern und Freunden, tadelte diese, wenn ihr etwas nicht paßte, rechnete ab, mahnte an und korrigierte Texte, die ihr nicht die lautere Wahrheit zu enthalten schienen. Sie wirkte mit, soweit es möglich war, half beispielsweise auch bei der Briefauswahl. Aber die eigentliche Verantwortung für die Briefbände trug Erika.

Einen Aufenthalt bei Medi schilderte Katia drei Jahre später in einem Brief an den »lieben Freund und Gevatter« Lion
Feuchtwanger: »Mir persönlich dagegen geht es gewiß so gut
wie möglich. Bei Medi in Forte dei Marmi habe ich fünf
schöne erholsame Wochen verbracht und bin recht braun
und robust zurückgekehrt (die Attacke vom Winter scheint
endgültig überwunden). Die leichtsinnige Frau hat sich ein
viel zu großes und dürres Landhaus erbaut, aus schierem
Marmor, ultramodernen Stiles. Mir gefällt es ja nicht besonders, und es fehlt an privacy, aber sie hält es für ein vor-
zügliches investment, und vor allem beglückt es sie restlos,
was ich ihr von Herzen gönne. Die älteste Tochter, Gogoi,
wird ja nun auch demnächst 18; ein sehr hübsches Mädchen, intelligent, sportlich und unbeschwert, wie diese Generation zu sein scheint; die jüngere vierzehnjährige ist ungewöhnlich musikalisch und auch sonst vielfach begabt,
etwas schwierigeren Charakters und erinnert geradezu un-
heimlich an ihren Vater. Beide junge Damen sind von süd-
lichem Temperament, und nicht selten kommt es zu ra-
senden Auseinandersetzungen zwischen ihnen, denen ihre
nordischen Vettern, die auch einige Tage in Forte verbrachten, staunend beiwohnen. Denn Frido und Toni haben sich
in ihrem ganzen Leben nicht ein einziges Mal gezankt, was
ja eigentlich auch nicht normal ist und wohl an der willigen
Unterordnung des Jüngeren dem Älteren gegenüber liegt.
Toni, der leider ganz ungewöhnliche Schwierigkeiten mit
dem Lernen hat, haben wir in ein sympathisches Internat
gegeben, wo er sich ganz gut zu entwickeln scheint. So
habe ich nur noch Frido im Haus, einen langen achtzehn-
jährigen Jüngling, der nächstes Jahr sein Abitur machen
soll. Im Sommer hatten wir auch die Eltern hier. Michael
hat sich ja seltsamerweise entschlossen, Germanistik zu studieren und in Harvard seinen Doktor zu machen. Schließlich kann ich ihm so unrecht nicht geben, denn im Orchester
zu spielen freut ihn nicht, und als Viola-Solist kann der

Mensch nun einmal nicht leben… Golo ist auch wieder im Lande, immer mit allzu viel Verpflichtungen belastet, weil er nicht nein sagen kann. Er ist mir immer ein besonders lieber Hausgenosse… Schließlich ist auch Monika seit vierzehn Tagen im Haus, verhemmt und verwischt wie eh und je.«[17]

Für Erika endeten mit dem Tod des Vaters alle gemeinsamen Pläne, die sie noch gehabt hatten. Bis dahin hatte sie weitgehend den Literaturbetrieb geführt. Mit Katia zusammen versuchte sie nun die Gelder aus der Thomas-Mann-Spende, die die westdeutschen Kultusminister zur Unterstützung bedürftiger Schriftsteller, insbesondere für »intellektuelle Opfer des Nationalsozialismus«, bereitgestellt hatten, zu verteilen. Ihre alten Freunde aus dem Exil bzw. der »Pfeffermühle« sollten dabei nicht zu kurz kommen. Das übliche Rezept gegen Trauer und Schmerz war bei Erika Arbeit und Betriebsamkeit, auch jetzt deckte sie sich mit Aufträgen ein. So wie die Arbeit für den Vater ihr über die Trauer über Klaus' Tod geholfen hatte, so stürzte sie sich jetzt in die Vergangenheit. Bereits ein Jahr nach Thomas Manns Tod erschien ihr Bändchen *Das letzte Jahr*[18], das die Ereignisse des letzten Lebensjahres des Vaters schilderte. Allerdings war ihr dabei die ungeliebte Schwester Monika mit ihren Erinnerungen *Vergangenes und Gegenwärtiges*[19] in die Quere gekommen; ihre literarischen Produkte hatten Erika und auch Katia nie gebilligt. Erika zeichnete den Vater voller »Humor, Bescheidenheit und Güte«, während Monikas Buch bei aller Verehrung für den Vater eine subjektive Schilderung seiner zuweilen einschüchternden Präsenz enthielt. Sein Tod 1955 ereignete sich mitten in der Niederschrift ihrer Erinnerungen. An dieser Stelle (am 12. August 1955) machte sie ein Kreuz in ihr Manuskript. Beide Bände erschienen gleichzeitig, sie wurden von der Presse gewürdigt und in Doppelrezensionen besprochen. Katia, die sich nun zur Aufgabe gemacht hatte, den Ruhm Thomas Manns zu bewahren, konnte es nicht fassen; sie fand Monikas Erinnerungsband »unaufrichtig, schief und illegitim«, »ausschließlich ihrer Phantasie entsprungen«[20], während Erika über die »törichte Idee« der Schwester wütend war. Monika hatte für sich in Anspruch genommen, keine wirklichkeitsgetreue Schilderung des Familienlebens zu geben, sondern ihre persönlich gefärbten, skizzenhaften Erinnerungen zu schreiben.

Seit dem Tod des Vaters beschäftigte Erika sich nun hauptsächlich mit seinem Nachlaß. Sie wurde Herausgeberin seiner Briefe, Verwalterin seiner nachgelassenen Schriften. Auch um den literarischen Nachlaß des Bruders Klaus kümmerte sie sich energisch und entwickelte sich zum »bleichen Nachlaßschatten«, wie sie sich selbst nannte.[21] Allerdings zog sie sich dabei viel Kritik zu, zumal sie schon bei der Herausgabe der *Betrachtungen eines Unpolitischen* versuchte, Thomas Manns Bild zu schönen und »feindliche Unwissenheit« über ihn abzubauen, wie sie im Vorwort schrieb. Das nächste Unternehmen, die Herausgabe seiner Briefe, stellte sich als äußerst schwierig heraus. Erika sollte für den S. Fischer Verlag aus ca. 10 000 Briefen Thomas Manns eine Auswahl treffen, die bis 1965 in drei Bänden erschien. Auch diese Ausgabe, so nützlich sie war, wurde wegen Erikas Auslassungen und Streichungen heftig kritisiert. Sie verteidigte sich nach Kräften und führte auch in anderen skandalträchtigen Angelegenheiten etliche Prozesse. Die Kritiker waren einer Meinung: »Die Kilchberger Erbdamen« gingen in ihrer Prozeßwut zu weit.[22]

Monika auf Capri

Monika war schon 1953 nach Europa zurückgekehrt, ließ sich in Italien nieder und nahm ab 1955 ihren Wohnsitz auf Capri. Dort lebte sie zusammen mit Antonio Spadaro, ihrem Lebensgefährten, einem italienischen Fischer, in der Villa Monacone, die zuvor Oskar Kokoschka bewohnt hatte.[23] Sie

hatte es vorgezogen, statt in die Schweiz oder nach Deutschland, nach Italien zu ziehen, das schon lange die Heimat
ihres Herzens gewesen war. Dort erschien das Fremde ihr
heimatlich, hatte sie doch in ihrer Jugend in Florenz gelebt
und studiert. In Italien schien sie glücklich zu sein, das dörf-
liche Leben auf Capri schildert sie in ihren Erinnerungen.
»Oft scheint meine Insel im Winter ohne Menschen zu sein.
Ihre Bewohner sind in den Dörfern: draußen bei den blühenden Felshängen ist niemand mehr. Das untere Dorf ist
wie ein mondänes Spielzeug, mit seinen Gäßlein und feinen
Geschäftlein, die ihre Ware basarenhaft herumstreuen: man
drängt sich dort zwischen bunten Körbchen und Gold-
sandalen, zwischen strahlendem Juwelierzeug und abstrak-
ten Friseurpuppen, gerupften Hühnern, Früchten, Zucker-
werk und handgewebten Togen – ein eitles, verkrochenes
Städtchen, eine ganz kleine Miniaturwelt, die sich um die
große Welt nicht schert. Zwischen dem unteren Dorf und
dem oberen Dorf herrscht Verachtung. Das obere Dorf ist
der urwüchsige Bruder von jenem. Dort ist Weinland, verfal-
lene Kneipen und barfüßige Typen – eine Alte mit einem
großen Bart, die lebende Sardinen verkauft und die die kleinen lumpigen Buben das Fluchen und das Beten lehrt...
Und dies Inselland ist wie eine einzige hohe, heitere Festung
in einer zerrinnenden Welt.«[24] Und nach dieser »Festung«
scheint Monika sich seit dem Tod des Vaters gesehnt zu
haben, hier fand sie offenbar Ruhe und Frieden. Um sich
etwas dazu zu verdienen, schrieb sie Feuilletons und kleinere
Artikel, meist ebenfalls in ihrer pointillistischen und subjek-
tiven Manier, die aber nicht ohne Reiz ist. Über den Vater,
der kurz vor seinem Tod im Züricher Kantonshospital nicht
einmal nach seinem schönen Haus in Kilchberg fragte, worüber Katia sich gewundert hatte, schrieb Monika: »Er starb,
ein Mann ohne Bindungen, ein geläuterter Bohemien – ein
Bohemien. Dies brachte ihn uns allen nah.«[25]

Elisabeth, das »Kindchen«, trauerte – wie alle anderen

Kinder – ebenfalls um den Vater. Aber sie hatte nie um seine Zuneigung ringen müssen, sie mußte ihn auch jetzt nicht verklären. Sie brauchte nicht, wie Golo, Monate, bis sie sich einigermaßen von diesem Verlust erholte. Sie schrieb keine Erinnerungen wie Monika und setzte ihm auch kein Denkmal wie die Schwester Erika, sondern blickte vorwärts auf ihr eigenes Leben. Sie beschäftigte sich wieder mehr mit Musik und begann auch zunehmend selbst zu schreiben. Dazu ermutigte sie unter anderen ihr Mitarbeiter Corrado Tumiato, der in ihr Haus in San Domenico eingezogen war, als klar wurde, daß sie zusammenbleiben wollten. Auch Tumiato gehörte einer anderen Generation an, er war genauso alt wie Katia. Aber Elisabeth fand, daß das Zusammenleben mit einem Mann zu ihrem Leben gehöre, und fühlte sich bei Corrado, der sich von Borgese durch sein ruhiges Temperament unterschied, geborgen. Weiterhin wollte sie wohl zu einem – älteren – Mann aufschauen können. An eine Heirat dachten die beiden aber nicht, denn auch er war »Witwer mit Kindern, und es schien zu kompliziert«[26]. 1962 erschien Elisabeths erster Band mit Erzählungen, *To whom it may concern,* im Verlag George Braziller in New York. Sie schrieb zunächst in englischer Sprache. 1965 erschien dieser Band unter dem Titel *Zwei Stunden* auch in Deutschland und wurde 1998 sogar erneut aufgelegt. Aber Elisabeth hatte seit der Erstauflage soviel anderes geleistet, daß ihr die eigenen Geschichten nun langweilig erschienen.

Am 14. Januar 1958 schrieb Katia an ihren alten Freund Feuchtwanger, sie sei wegen einer Thrombose in der Hirslanden-Klinik in Zürich: »Augenblicklich bin ich rüstige Greisin etwas krank.« Aber im gleichen Brief bedauert sie ihre Rückkehr nach Europa: »Es war ja doch eine gute Zeit in Kalifornien, die man erst nachträglich so recht würdigt. Sie beide fehlen mir sehr. In der (ziemlich) großen Stadt Zürich habe ich, außer der guten Emmie Oprecht, eigentlich nicht eine befreundete Seele. Die Leute sind fremdenunfreundlich, ungastlich und engherzig, und dazu ist das Klima mit der ewigen Hochnebeldecke, durch die im Winter kein Sonnenstrahl dringt, und dem fast immer wehenden Föhn recht unzuträglich. Aber wo soll man schon leben in dieser irren Welt.«[27] Das war sicher ungerecht gegenüber der Schweiz, aber aus ihrer Schilderung geht hervor, daß sie sich einsam fühlte in der Klinik. Erika war in Kilchberg, die beiden anderen Töchter in Italien und die beiden Söhne in den Vereinigten Staaten. Und das lange Liegen während der Thrombose hinderte Katia daran, wegen der Briefausgabe nach Frankfurt am Main zu fahren.

Katia setzte sich auch im hohen Alter weiterhin für andere ein. Nur waren es jetzt keine Flüchtlinge aus Deutschland mehr, sondern in der DDR Inhaftierte wie Walter Janka, der ehemalige Leiter des Aufbau Verlags und Verleger Feuchtwangers, der seit 18 Monaten in Bautzen saß und dessen Gesundheitszustand sich zunehmend verschlechterte. Er war im Sommer 1957 wegen »Boykotthetze« zu fünf Jahren Haft verurteilt worden. Katia forderte Feuchtwanger auf, ein Gnadengesuch für Janka zu unterzeichnen, das persönlich bei Wilhelm Pieck eingereicht und von ihr, Hermann Hesse und Leonhard Frank unterschrieben werden sollte. Sie schrieb so überzeugend, daß Feuchtwanger das Gesuch umgehend unterschrieben zurückschickte. Es hatte Erfolg: Janka wurde 1960 vorzeitig entlassen. Selbst danach unterstützte Katia den alten Freund und seine Familie finanziell. In anderen Fällen setzte sich Katia für die Ausreise ihr völlig Unbekannter ein, noch 1979 im Fall einer deutsch-deutschen Liebesgeschichte.

Erika war im Frühjahr 1958 im Kilchberger Haus gestürzt und hatte sich den Mittelfußknochen gebrochen. Der Bruch wollte und wollte nicht heilen, sie mußte sich monatelang mit verschiedenen Heilmethoden befassen und war durch den Gips immobil. Im August 1958 berichteten Erika und Katia unabhängig voneinander in Briefen an Feuchtwanger über

Erikas gebrochenen Fuß. Im Dezember schrieb Katia an den gleichen Adressaten: »Ich meinerseits habe vielerlei kleine Geschäftigkeiten und auch Sorgen. Sorge macht mir im Augenblick in erster Linie Erika, die sehr ernstlich krank ist. Die sich endlos verzögernde Heilung ihres gebrochenen Fußes hatte keine lokalen Gründe, sondern hing offensichtlich mit ihrem seit längerem unbefriedigenden Gesamtzustand zusammen, obgleich die hiesigen Autoritäten nichts davon merkten. Sie ist nun in Behandlung eines uns besonders empfohlenen Wiener Arztes, der eine allgemeine Atrophie der Knochen, Muskeln und Drüsen feststellte, die er mit Frischzellen-Injektionen bekämpft. Einen gewissen Erfolg will er bereits erzielt haben, aber es ist ein langwieriger und nicht unbedenklicher Prozeß; daß die Patientin in recht guter Stimmung ist – sie ist keineswegs bettlägerig und soll jetzt, da diese Kur unterbrochen werden muß, auf einige Wochen ins Gebirge – und volles Vertrauen zu ihrem Arzt hat, ist ja immerhin günstig. Ich habe sie kürzlich ein paar Tage in Wien besucht. Vorher war ich in Frankfurt, um im Verlag bei einer Auswahl von Tommys Briefen mitzuwirken. Es liegt schon ein ungeheueres Material vor, obgleich wir natürlich keineswegs alles haben – es ist nicht zu sagen, wie viele Briefe er geschrieben hat und dazu einen Großteil mit der Hand!«[28]

Im Sommer 1958 schrieb Erika an Feuchtwanger über ihre Tätigkeit beim Film. »Seit einem Jahr nun geht es bei mir um einen zweiteiligen ›Buddenbrooks‹-Film, dessen Drehbuch ich längst fertiggestellt, dessen Realisierung sich dennoch, freilich und wie sich versteht, laufend die widrigsten Hindernisse entgegenstellen. Und zwar geht es da meistens um rein ›technische‹ oder ›vertragstechnische‹ Dinge – um lauter Sachen also, die unsereinen einen feuchten Hennenkäse interessieren und trotzdem wieder und immer wieder durchgestanden und ausgefochten sein wollen.«[29] Erika empfahl Feuchtwanger auch den »Krull«-Film, der in sämtlichen größeren amerikanischen Städten in deutscher Sprache lief, mit von Erika verfaßten englischen Untertiteln. Das Drehbuch stammte »bis auf den albernen Schluß« und die »Verzahnung« in der Mitte ebenfalls von Erika, obwohl das auf der Leinwand verschwiegen wurde. Auch der dreiundzwanzigjährige Horst Buchholz sei ihre eigene »Erfindung«. Einsam sei sie gewesen, gestand sie dem Freund der Familie: »Wochenlang war ich allein im Haus – gar keine unebene Existenz dies, besonders, wenn eine gute und freundliche Sekretärin die Einsamkeit zu lindern weiß.« Denn Katia befand sich seit Wochen in Italien und verbrachte die Ferien mit Medi, Michael, Gret und sämtlichen Enkelkindern.

Katias Leben hielt noch einige Glanzpunkte bereit. 1957 reiste sie in Begleitung von Erika zur Premiere des »Felix Krull«-Films nach Berlin. Die »Allgemeine Wochenzeitung der Juden in Deutschland« widmete ihr aus diesem Anlaß einen Artikel. Auch bei der Premiere des »Buddenbrooks«-Films Anfang 1959 in Lübeck war sie dabei und hatte viel Freude. Die Manns waren zeitlebens große Kinogänger. Im Frühjahr 1960 fuhr Katia für eine Woche mit ihrem Zwillingsbruder Klaus nach Israel. Dort besuchten sie den Thomas-Mann-Ehrenhain in der Nähe des Kibbuz Hazorea. Sie war trotz ihrer gelegentlichen Krankheiten auch im hohen Alter noch sehr reiselustig und aktiv und fuhr rasant Auto. Zahlreich sind ihre kleineren Verkehrsvergehen und Zusammenstöße, aus denen sie mit allen Mitteln wieder herauszukommen versuchte. Sie schrieb Briefe an die Betroffenen und an Versicherungen. Das Auto war ihr wichtig, nicht nur, weil sie schnell damit nach Zürich kommen konnte, sondern als Symbol für Unabhängigkeit und Beweglichkeit. Aber der Verkehr war dichter geworden, die Autos größer, und Katia konnte in ihrem großen Plymouth, später in einem Opel, vermutlich doch nicht mehr alles überblicken. Dennoch behielt sie, trotz vieler Karambolagen, ihren Führerschein bis ins hohe Alter. 1964, also mit 81 Jahren, wurde er zu ihrem großen Bedauern eingezogen.

Der Führerschein war für Katia auch insofern wichtig, als Erika eigentlich nie mehr richtig gesund wurde, sondern gehbehindert blieb. Denn im September 1960 verschlimmerte sich ihr Leiden durch einen Oberschenkelhalsbruch. Wieder diagnostizierten die Ärzte eine »progressive Atrophie« von Knochen, Muskeln und Drüsen. Zwei Operationen, die eine 1962 in Sankt Gallen, die andere 1964 in Oxford, führten dazu, daß Erika nicht mehr ohne Krücken gehen konnte. Auch sonst litt sie ständig an Krankheiten, die sich auf den Magen, die Bronchien oder den Kreislauf auswirkten. Erika nahm nach wie vor Drogen und gab sich des öfteren eine »kleine Spritze«. Freunde beobachteten diese Gewohnheit, hielten Erika aber erstaunlicherweise – ebenso wie sie sich selbst – nicht für abhängig.[30] Sie nahm Schlafmittel oder bei Bedarf Aufputschmittel, die zusammen mit Alkohol eine fatale Wirkung hatten. Sie wurde immer nervöser und unbeliebter. Zwar bewunderten viele Erikas Engagement und ihre Arbeit, aber wie üblich machte sie sich auch viele Feinde, sie wurde »Protokollchef« oder »Wotanstochter« genannt, weil sie oft allzu unerbittlich und streng war.

»Solange Erika lebte, wurde die Mutter von ihr beherrscht, mußte, durch Telefonanrufe terrorisiert, bei Ärzten und Schwestern um gutes Wetter bitten und – in ihrem Alter! – Hilfsmaßnahmen für eine Zukunft erdenken, die ohnehin aussichtslos war.«[31] Katia unterzog sich all diesen Anforderungen mit größtmöglicher Geduld und Feinfühligkeit. Sie pflegte ihre Tochter mit Fürsorge und Hingabe, nicht nur zu Hause, sondern auch in den Kliniken. Sie unterrichtete Elisabeth über die Krankheit Erikas und beobachtete – obwohl schon Mitte achtzig und selbst nicht immer gesund – mit erstaunlicher Klarheit das Leiden und den Verfall ihrer ältesten Tochter. Sie berichtete Elisabeth über die anderen Familienmitglieder, versuchte die Familie zusammenzuhalten oder wenigstens den Kontakt nicht abreißen zu lassen.

Monika konnte es ihr allerdings immer noch nicht recht machen: Diese hatte einmal zum Todestag des Vaters ein pathetisches Telegramm geschickt, das Katia überhaupt nicht gefiel; Elisabeth dagegen hatte dunkelrote Rosen gesandt, die ihr Freude machten.

Im November 1962 wurde Katia Schweizerin und Bürgerin von Kilchberg, wofür sie sehr dankbar war. Thomas Mann war als amerikanischer Staatsbürger gestorben. Die in Amerika geborenen Enkel Frido und Toni hatten sogar schon vor ihrer Großmutter die schweizerischen Bürgerrechtsurkunden erhalten. 1963 konnten die beiden Zwillinge Katia und Klaus ihren 80. Geburtstag zusammen in der Schweiz feiern. Katia erhielt damals auch einen Glückwunsch von Ida Herz, in dem ihre Pflichten, ihre Opfer für den »schwierig-schöpferischen Mann« und die sechs gar nicht so einfachen Kinder sowie ihre Anspruchslosigkeit gewürdigt wurden. Wenn man ihren Spott und ihre Kritik hinzunehmen wisse, sei ihre Güte und ihr freundschaftliches Interesse um so beglückender, schrieb die alte, treue Archivarin in einer Zeitschrift.[32]

1966 fand noch einmal ein freudiges Ereignis im Leben Katias statt. Frido, der Enkel, der so lange bei den Großeltern gelebt hatte, war nun erwachsen und heiratete im August 1966 Christine, eine Tochter Werner Heisenbergs. Diese Hochzeit muß so ganz nach dem Geschmack Katias gewesen sein – vermutlich wurde sie sogar an ihre eigene erinnert. Denn hier wurde groß gefeiert, mit Polterabend, bei dem die Schwiegerväter Kammermusik spielten, dann am nächsten Tag mit einer, wie sie fand, langwierigen katholischen Trauung und schließlich mit einem Diner, bei dem die ganze zahlreiche Familie versammelt war und der Brautvater eine hübsche Rede hielt. Eine kirchliche Trauung hatte es bei ihren Katias Kindern nur im Falle Medis gegeben.

Nach Katias Empfinden hing Erika in übertriebenem Maß an ihr, wodurch sie sich oft eingeschränkt fühlte. Sonst wäre sie vermutlich ohne weiteres nach Japan zu ihrem Zwillingsbruder gefahren, der sie eingeladen hatte. Aber einer kurzen Reise ihrer Mutter nach Kalifornien stimmte Erika zu. Im Oktober 1967 fuhr Katia, die inzwischen 84 Jahre alt war, in Begleitung von Medi nach Kalifornien, dem Land ihres jahrelangen Exils, wo sie zunächst am Center for the Study of Democratic Institutions in Santa Barbara Medis Wohnsitz und Wirkungsstätte besichtigte. Dann besuchte sie in Pacific Palisades die wenigen alten Freunde, die dort noch lebten, wie Marta Feuchtwanger, Fritzi Massary und Eva Herrmann. Schließlich sah sie ihre Kinder Michael und Gret wieder, die 1962 ein Haus in Orinda bei Berkeley gekauft hatten, das sie noch nicht kannte. Der Rückflug über New York, wo Katia eine Virusinfektion auskurieren mußte, fand in Begleitung der Schwiegertochter Gret statt, denn ganz allein konnte sie nun doch nicht mehr reisen.

1965 konnte Erika ihren 60. Geburtstag feiern. Es wird sie ermutigt haben, daß sie Berge von Glückwünschen erhielt, für die sie sich als »neugeborene Greisin« humorvoll bedankte. Auch der Bruder Golo, der sich nun ebenfalls im Kilchberger Haus niedergelassen hatte, schrieb einen Geburtstagsglückwunsch.[33] Darin charakterisiert er seine ältere Schwester anhand einiger Erinnerungen, in denen er ihre Kompromißlosigkeit und Treffsicherheit im Urteil am Beispiel einiger familiärer Anekdoten deutlich macht, die auch ihren starken Charakter zeigen. Leider sind ihre vielen »Festspieltexte«, die sie für die jüngeren Geschwister und Neffen zu Geburtstagen und sonstigen Feierlichkeiten dichtete, überwiegend verloren. Aber ihr Charme und Humor werden auf diesen wenigen Seiten bezeugt. Die ganze Familie Mann verstand es im übrigen, sich gegenseitig durch Veröffentlichungen und Namensnennung in Zeitungen und Zeitschriften immer wieder ins Gespräch zu bringen. So schrieb Erika über Klaus, Golo über Erika, Katia ließ über Monika schreiben, Monika über Golo, ihre Mutter und Erika, und alle schrieben über den Vater und ihre Kindheitserinnerungen.

Elisabeth wird Meeresökologin

Elisabeth hatte sich seit ihrer Jugend mit dem Thema Frauenemanzipation beschäftigt, das sie in ihrem Buch *Aufstieg der
Frau – Abstieg des Mannes?* [34] 1963, also mit 45 Jahren, endgültig für sich abschloß. Sie hatte darin unter anderem gefordert,
die Frau solle von dem älteren, erfahreneren Mann lernen
und sich nach der Aufzucht der Kinder, die der Gemeinschaft
diene, den eigenen schöpferischen Fähigkeiten widmen –
ähnlich, wie sie sich ihr eigenes Leben eingerichtet hatte. In
den sechziger Jahren stießen ihre Thesen bei den Vertreterin-
nen der Frauenemanzipation auf heftigen Widerstand. Ihre
Ansichten schienen sogar noch hinter die Forderungen ihrer
Urgroßmutter, des Urmiemchens, zurückzufallen.

Seit ihren Kindertagen, als sie mit den Eltern an die Ostsee
nach Nidden oder nach Italien gereist war, liebte Elisabeth
das Meer, und ihm widmete sie die nächsten dreißig Jahre
ihres Lebens. Schon in Florenz besaß sie ein eigenes Ferienhaus in Forte dei Marmi, aber ihre wissenschaftliche Beschäftigung mit dem Meer begann erst 1967. Der alte Freund
der Borgeses aus Chicago, Robert Hutchins, der damals mit
Hilfe der Ford Foundation das Projekt eines Weltparlaments
ins Leben gerufen hatte, richtete 1952 im kalifornischen
Santa Barbara ein »Center for the Study of Democratic Institutions« ein, das Studien zur Innen- und Außenpolitik, zu
globalen Entwicklungen sowie zum Frieden vorlegte. Außerdem gab er die *Encyclopaedia Britannica* heraus. Er wandte
sich 1964 an die mittlerweile sechsundvierzigjährige Elisabeth, deren inzwischen zwanzig bzw. vierundzwanzig Jahre
alten Töchter nun die Mutter nicht mehr unbedingt brauchten. Hutchins suchte jemanden, der gut mit Menschen
umgehen und interdisziplinär arbeiten konnte. Sie sagte zu,
obwohl das bedeutete, ihren Lebensgefährten Tumiato allein
in Florenz zurückzulassen. Immerhin behielt sie das Haus in

Italien bis zu seinem Tode im Jahre 1967 und pendelte zwischen Italien und Kalifornien hin und her. Elisabeths Töchter studierten beide naturwissenschaftliche Fächer, Angelica Physik in Rom, Domenica Biologie zunächst an der Sorbonne in Paris, dann an der Rockefeller University in New York. Elisabeth sah ihre Töchter nun nur noch gelegentlich. 1967 übergab sie ihren Töchtern vorzeitig die beiden Häuser in Florenz und Forte dei Marmi. Das Erbe ihres Vaters und ihres Ehemannes steckten in diesen Anwesen, die Elisabeth sehr liebte. Sehr zu ihrem Kummer verkauften die beiden Töchter schleunigst die Häuser, was viele bittere Briefe und Gespräche zur Folge hatte.

Medi assistierte zunächst Hutchins bei der *Encyclopaedia*. Bald wandte sie sich den globalen Studien zu, die das mitten in einem Park in Santa Barbara gelegene Institut mit etwa zwanzig Naturwissenschaftlern, Ökonomen und Juristen betrieb. Auch internationale Tagungen wurden von dort aus organisiert. Jeden Morgen trafen die Wissenschaftler zusammen und debattierten über ihre Forschungsprojekte. Elisabeth fühlte sich wohl in diesem Kreis, nur war sie immer noch zu schüchtern, um Referate zu halten und öffentlich zu sprechen. Sie tat es ihrem Vater und ihren Geschwistern nach und nahm Beruhigungsmittel, die ihr offenbar nicht geschadet haben.

Privat gönnte sich Elisabeth ein Hobby, das sie ebenfalls schon lange fasziniert hatte. Ihre Tierliebe brachte sie dazu, englischen Settern in ihrem späteren Haus in Halifax Klavierspielen auf eigens dafür angefertigten Instrumenten beizubringen. Die Manns hatten ja immer Hunde im Haus, und seinem Münchener Hund Bauschan hatte Thomas Mann sogar eine Geschichte gewidmet. Elisabeths Töchter bekamen 1953 zwei Setter-Welpen geschenkt; ein paar Jahre später begann Elisabeth, die Verständigung zwischen Mensch und Tier zu untersuchen. Dabei entstand ihr Buch *Wie man mit den Menschen spricht*. [35]

Jetzt bezog Elisabeth einen großen Bungalow in der Nähe des Instituts, publizierte Aufsätze und widmete sich ihren privaten Forschungsobjekten, dem Schimpansen Bob und dem Schreibmaschine schreibenden Setter. Auch in Kalifornien führte sie ein offenes Haus, in dem bald Freunde und Kollegen verkehrten. 1967 erhielt sie den Brief eines Unbekannten, Arvid Pardo, UN-Botschafter von Malta, der ihr die Probleme der Weltmeere erläuterte, die sie sofort faszinierten. Hier hatte sie nun endlich ein Thema, das geeignet war, die graue Theorie eines Weltparlaments in die Praxis umsetzen: Pardo hatte in einer vierstündigen Rede vor der UN-Generalversammlung gefordert, die Ozeane und ihre Bodenschätze zum »gemeinsamen Erbe der Menschheit zu erklären«[36]. Elisabeth konnte ihren Institutspräsidenten Hutchins von der Dringlichkeit dieser Aufgabe überzeugen. Pardo wurde eingeladen, vor dem Center seine Ideen vorzutragen. Sofort fing Elisabeth Feuer für den vier Jahre Jüngeren und sein Vorhaben. »Er war ein Genie, realistisch und visionär zugleich, religiös und zynisch. Er, mein Mann und mein Vater sind die drei Menschen, die den größten Einfluß auf mein Leben genommen haben.«[37] Sie setzte sich an die Arbeit und hatte 1968, zusammen mit Juristen, Meeresbiologen und Ökonomen, einen Vorentwurf für eine Seerechtsverfassung fertig, die sie Hutchins vorlegen konnte. Das Thema bestimmte die dritte UN-Seerechtskonferenz 1974 in Caracas. Seit dieser Zeit verband sie mit Pardo auch privat eine enge Lebensgemeinschaft.

Nach dreijähriger Förderung durch Hutchins mußte Elisabeth, zusammen mit Pardo, selbst die notwendigen Mittel zur Weiterführung des Projekts beschaffen und die Forschung vorantreiben. Und sie hatte Erfolg. Mit zweiundfünfzig Jahren wurde sie als erstes weibliches Gründungsmitglied in den »Club of Rome« gewählt. Das vom Club of Rome herausgegebene Buch von D. Meadows u.a., *Grenzen des Wachstums* (dt. 1972), hatte bereits weltweit Aufsehen erregt.

1972 wurde das International Ocean Institute auf Malta gegründet, finanziert von den Vereinten Nationen. Elisabeth wurde dessen erster Direktor. 1976 erschien Elisabeths erstes Buch über den Schutz der Meere in Amerika, *The Drama of the Oceans,* das zum »Book of the Month« gekürt wurde und sich allein in den Vereinigten Staaten 120 000 mal verkaufte.[38]

Erikas letzte Jahre

Elisabeths Verhältnis zur Schwester Erika, die inzwischen ans Haus gefesselt war, verbesserte sich nun wieder. Sie berichtete von ihren Weltreisen und ihren sonstigen Erlebnissen mit gemeinsamen Bekannten. Unter anderem erzählte sie auch über eine Begegnung in New York, wo sie eine Abschiedsparty gegeben hatte, zu der Erikas Ehemann W. H. Auden erschienen war. »Mit einem Packerl unterm Arm, welches, wie sich sehr schnell herausstellte, seine zerschlissenen Pantoffel enthielt, die er sofort anlegte, für die Party. Auch war sein Hosentürl offen, und er war recht schmutzig. Aber lieb wie eh und je, das Gesicht verschönt und vergeistigt – getting ready for the Nobel Prize.« Ob Erika nun Elisabeths Aktivitäten schätzen gelernt hatte oder nicht, sie war angewiesen auf diese Informationen von außen, mit denen Elisabeth die kranke Schwester aufmuntern wollte. Erika hingegen war noch kurz vor ihrem Tode im Krankenhaus rechthaberisch und korrigierte die Briefe Elisabeths, wenn diese etwa Wiederholungen eines Wortes enthielten.[39]

In den letzten zwei Lebensjahren ging es Erika gesundheitlich noch einmal besser. Sie hatte mehrmals erfolgreich in Leukerbad / Wallis gekurt, mit erstaunlicher Wirkung. Allerdings konnte sie überhaupt nicht mehr ohne Krücken gehen. Sie hatte sich schon seit ihrer Rückkehr nach Europa politisch engagiert; so hatte auch sie sich 1957 in einem Brief an

Johannes R. Becher für den in der DDR inhaftierten Walter
Janka eingesetzt[40] und hatte sich für Boris Pasternak engagiert, der den Nobelpreis nicht in Empfang nehmen durfte.[41]
Jetzt schrieb sie an Pablo Picasso wegen einer Anti-Vietnam-
krieg-Initiative, worauf sie jedoch nie eine Antwort bekam.
Sie selbst bezeichnete sich als »militant Liberale« oder als
»konservativ mit sozialem Gewissen«[42], mußte aber zur
Kenntnis nehmen, daß sie »zwischen allen Stühlen« saß
und entweder als kommunistenfreundlich oder als antiame-
rikanisch angesehen wurde.

Im März des Jahres 1969 litt Erika an ungewohnten Kopfschmerzen. Wie sich bei einer Untersuchung herausstellte,
hatte sie einen Gehirntumor, der Anfang April im Züricher
Kantonsspital operiert wurde. Bei der im Grunde aussichts-
losen Operation fiel Erika ins Koma; sie starb am 27. August
1969. Katia hatte mit großer Trauer das völlige Erlöschen
eines so wachen Geistes mitansehen müssen. Zum Glück
stand ihr Golo bei, der in den letzten Tagen sah, daß es nicht
mehr lange dauern könne und daß Erika nur noch dumpfe
Qual und vielleicht halbbewußte Beängstigung erlitt. So ent-
lastete er Katia und organisierte den Ablauf der Beerdigungsfeier. Der Schriftsteller Albrecht Goes hielt die Trauer-
rede auf dem Kilchberger Friedhof und zitierte dabei
Heinrich Heines »guten Tambour«, der Schauspieler Gerd
Westphal las ausgewählte Passagen aus Thomas Manns Briefen an Erika vor, und Roland Hermann sang aus Mahlers
»Kindertotenliedern«. Martin Gregor-Dellin schilderte ein-
dringlich Erikas Leben und ihren Charakter: Niemand
könne sich Erika anders vorstellen als »jugendlich elastisch,
von unverdüstertem Geist, ironisch schrill, behende, vielsei-
tig und unermüdbar«[43]. Das waren ihre positiven Seiten. In
der Familie erlebte man ihren Tod fast als Erleichterung.
Monika berichtet, ihr Bruder Michael habe, als er nach Erikas Tod das Kilchberger Haus betreten habe, spontan ausge-
rufen: »Jetzt ist es eigentlich ganz gemütlich hier.« Und über

Erika schrieb sie boshaft: »Nach dem Tod des Vaters beginnt das Eigentliche. In schwarzen Atlas und Zigarettenrauch gehüllt, verläßt sie ihr Dachzimmer nicht und besorgt bis zum letzten Lebensfunken den väterlichen Nachlaß.«[44]

»Eine schwere und so völlig unerwartete Heimsuchung« sei Erikas Tod gewesen, schrieb Katia an den alten Freund aus den Zeiten in Princeton, den Philosophen und Historiker Erich von Kahler. »Dass sie nicht mehr da ist, ist überaus traurig für mich, und ich kann mich nicht damit abfinden, daß die natürliche Reihenfolge nicht eingehalten wurde. Und dazu bin ich auch noch so erstaunlich gesund, der Arzt hat bei seiner routinemäßigen Kontrolle überhaupt nichts an mir auszusetzen. Das hohe Alter (*ich* habe es mir niemals gewünscht) bringt ja ohnedies ständig zunehmende Vereinsamung mit sich. Wohl Dir, daß Du eine Lebensgefährtin hast.« Die Kinder könnten die Generationsgenossen ja doch nicht ganz ersetzen. Golo, der ja nun im Kilchberger Haus lebe, sei grundgescheit, grundanständig und auch produktiv, aber depressiv und schwierig. Bibi sei ebenfalls depressiv und schwierig und obendrein noch unkontrolliert, habe aber das große Glück gehabt, Gret gefunden zu haben. »Unsere Medi ist wohl von den Kindern die am glücklichsten Veranlagte, mit ihrer Intelligenz und ihrer Aktivität, aber ihre Probleme hat sie ja auch.«[45] Die alte Dame sah mit großer Nüchternheit die Charaktereigenschaften ihrer Kinder, aber ob sie sich je gefragt hat, was die Ursache für diese Depressionen bei fast allen Kindern war? Ihrem hohen Alter muß man wahrscheinlich zuschreiben, daß sie in diesem Brief die Tochter Monika gar nicht mehr erwähnte.

Monika machte nun, da sie weit weg war, keine Probleme mehr. Und so versuchte Katia auch dieser Tochter eine Freude zu machen, was wohl nicht die Zustimmung Erikas gefunden hätte: Sie wollte ihr im Juni 1970 zum 60. Geburtstag eine Würdigung zukommen lassen und bat Hermann Kesten, mit dem sie sich 1959 wegen eines Artikels über Heinrich und Thomas Mann überworfen hatte, einen Artikel über Monika zu schreiben. Sie lieferte ihm auch Informationen dazu, denn seine Bücher und Materialien waren in New York eingelagert. Er schrieb am 29. März 1970 aus Rom, er wolle das mit Freuden tun, denn er habe Monika sehr gern. »Sie hat einen gewissen diffizilen Charme, der mich ansprach und rührt. Das selbe gilt für manches, das sie schrieb.«[46] Katia antwortete am 3. April 1970 mit einem kurzen Lebenslauf von Monika und übersandte ihre drei Bücher. Monika wurde in der Presse auch zu späteren »runden« Geburtstagen, offenbar ganz ohne das Zutun ihrer Mutter, beglückwünscht. So erschien zu ihrem 70. Geburtstag am 7. Juni 1980 in der »Rheinischen Post« ein langer Artikel über sie, die sich selbst als »Aussteigerin ohne Reue« bezeichnet hatte.

Monika schrieb neben vielen Feuilletons und Skizzen in den fünfziger und sechziger Jahren drei Bücher: Die Beobachtungen und Aphorismen *Tupfen im All* (Köln 1963) sowie *Wunder der Kindheit. Bilder und Impressionen* (Köln 1966). Diese sind heute vergriffen und vergessen, einzig ihre autobiographischen Aufzeichnungen *Vergangenes und Gegenwärtiges* wurden 2001 neu aufgelegt, mit einem Nachwort von Inge Jens. Die aphoristische Form lag Monika am meisten, nach eigener Aussage verfaßte sie Dutzende und Hunderte kleiner Feuilletons. Zu ihrem 50. Geburtstag am 7. Juni 1960 um einen Lebensabriß gebeten, schrieb sie, nicht ohne die Nähe ihres Geburtstages zum väterlichen zu erwähnen: »Seit 27 Jahren reise ich. Ein episodisches Sein, das fahrende Haus hat als Grundstein die gefestigte Kindheit und Jugend. Emigrantentum, das die Herkunft nicht preisgibt, [...] erfährt statt des Vagabundentums das Weltbürgertum. Sanary-sur-Mer, Florenz, Zürich und Wien, London, New York und Los Angeles, Carmel, Bordighera, Boston und Rom – Länder und Kontinente sind Stockwerke des Münchener Elternhauses.«[47]

Monikas Stellung in der Familie war in der Kindheit

offenbar unangefochten. Jahrelang war sie die Jüngste, bis – nach achtjähriger Pause – Elisabeth und Michael geboren wurden und sie von ihrem Sockel gestoßen wurde. Wenn Monika in dieser Situation eifersüchtig auf ihre jüngeren Geschwister war, dann hat sie es jedenfalls in ihren Erinnerungen nicht zugegeben. Immerhin schrieb sie, die Kleinen hätten in ihr mütterliche Gefühle ausgelöst. Selbstverständlich ist das eine Beschönigung der Fakten, denn ihr Verhalten zeugt eher von Eifersucht. Wenn später in Kalifornien ihre Neffen und Nichten die Großeltern besuchten, stellte Monikas Betragen gegenüber den Kindern wieder ein Problem dar. Sie wollte um jeden Preis die volle Aufmerksamkeit der Eltern auf sich lenken, und sei es durch stundenlanges, zielloses Klavierüben. Monika enthüllte in *Vergangenes und Gegenwärtiges* sehr viel Positives über ihr Elternhaus, zugleich aber auch die Schwierigkeiten, dort aufzuwachsen: »Der ewige Kampf um das Gelingen – um jene Selbstbefreiung –, das inständig ichwärts gekehrte väterliche Wesen wirkte einschüchternd, ja beklemmend auf uns und gewährte uns zugleich eine große Freiheit. Unser Kindertun und -lassen stand im Licht einer im wahrsten Sinne des Wortes liberalen Instanz, das zornig oder nervös aufflackerte, aber sich uns nie versagte. Unsere Mutter, die in der Tat unser Dasein regelte und betreute, nährte sich und ließ sich leiten von diesem Licht. Papas Liberalismus mochte uns zu spüren geben, daß in diesem Leben alles möglich, vielleicht alles entschuldbar sei, daß aber das persönliche Ich weitgehend für sich selber aufkommen müsse, für alles verantwortlich sei und sich nicht wundern dürfe, wenn ihm Unrecht geschah.«[48] Gerade diesen Anspruch hat Monika nicht erfüllen können. Immer klagte sie über ihr verfehltes Dasein, ohne aus eigenem Antrieb etwas daran zu ändern.

Das Urteil der Familie über Monika ist unterschiedlich, wie aus den Tagebüchern Thomas Manns und den Äußerungen der restlichen Familie ersichtlich ist. Für den Vater

gehörte sie nicht zu den Bevorzugten, er liebte mit Entschie-
denheit Erika, Klaus und Elisabeth, das Wesen der anderen
drei Kinder irritierte ihn eher. Bruno Walter war hingegen
der »kindlichen Süßigkeit der etwa siebenjährigen Monika
Mann« erlegen, der er den Vorzug vor den anderen Darstellern in seiner Eigenschaft als Kritiker einer Aufführung des
»Laienbunds deutscher Mimiker« gab.[49] Monika durfte also
schon als kleines Mädchen an den Theateraufführungen der
großen Geschwister teilnehmen, wenn sicherlich auch nur in
kleineren Rollen. Auch bei den Theateraufführungen im
Internat Salem zeigte sie sich begabt. Katias Brief an Erika
vom November 1925 zeigt, wie erstaunt die Mutter anläßlich
von Schulaufführungen über das Talent ihrer Tochter war.
Man traute ihr schon damals nichts Besonderes zu, stets
wurde sie belächelt, und wenn einmal etwas Positives zu
bemerken war, dann wunderte sich die Familie darüber.
»Seltsam« war das Wort, mit dem Monika häufig charakterisiert wurde.

1979 gab Monika ein Zeitungsinterview, in dem sie auch
über ihre Beziehungen zu den Geschwistern sprach. Die
Rivalität der Schwestern um die Gunst des Vaters wurde
darin deutlich, auch noch zehn Jahre nach Erikas Tod. Mit
dieser habe sie sich nicht gut verstanden. Auch nicht mit Elisabeth: »Meine Schwester Elisabeth schwirrt in der Welt herum, wirft all ihr Geld in den Ozean. Manchmal schreiben wir
uns böse Briefe, weil sie nicht genug bekommen kann.« Golo
sei »ein Hagestolz und von Natur aus griesgrämig«, mit ihm
bestehe wenig Verbindung.[50] Elisabeth versuchte zwar, wie
immer, Harmonie herzustellen und half ihrer Schwester,
Zeitungsartikel in den USA unterzubringen. Aber sie widersprach energisch, wenn Monika die Umstände oder die Eltern für ihr Schicksal verantwortlich machen wollte. Sie
schrieb an Monika: »An den Familienfluch [des Schreibens]
glaube ich nicht. Spüre ihn nicht. Es heißt, after forty,
everyone is responsible for his own face. Stimmt genau.

Heißt auch: For the relations with his family. To blame mommy and daddy for one's misfortune at the age of seventy is childish, that's all it is.«[51]

Vermutlich ist es Elisabeth als einziger gelungen, sich von dem übermächtigen Vater zu emanzipieren, obwohl gerade sie und Golo die anhänglichsten Kinder waren. Ihre Fixierung auf den Vater drückte sich darin aus, daß sie einen sehr viel älteren Mann heiratete, der ihr Vater hätte sein können. Auch ihre späteren Lebenspartner – wenn sie auch immer jünger wurden, wie sie in einem Fernsehinterview humorvoll eingestand – waren meist älter als sie. Sie wollte zu ihnen aufblicken können, wie sie es in ihrem Buch *Aufstieg der Frau* propagiert hatte. Dem widersprach aber ihr Wunsch, eine eigene Karriere aufzubauen. In ihrer Ehe jedenfalls war eine gleichberechtigte Partnerschaft nicht möglich.

1973, anläßlich des 90. Geburtstags seiner Mutter, hatte der jüngste Sohn Michael zusammen mit Elisabeth Plessen die Gespräche mit Katia für die *Ungeschriebenen Memoiren* geführt und sie dazu bewogen, das Manuskript zu überarbeiten. Dieses Buch erschien 1974 und wurde ein großer Erfolg mit zahlreichen Auflagen. Obwohl Katia ja nie hatte auffallen wollen und der Meinung war, daß es einen in der Familie geben müsse, der nicht schreibe, war sie wohl nicht unzufrieden mit der unverhofften Publizität im Alter. Die *Ungeschriebenen Memoiren* waren zwar ein Kompromiß, zu dem sie sich hatte überreden lassen, aber sie gaben ihr Gelegenheit, noch einmal ihr Leben an der Seite eines Genies Revue passieren zu lassen.

Die Kinder fanden, Katia stelle ihr Licht zu sehr unter den Scheffel. Die Äußerung, die sie am Ende ihrer *Ungeschriebenen Memoiren* macht, klingt enttäuscht: »Ich habe in meinem Leben nie tun können, was ich hätte tun wollen.« Aber auf den Einwurf Golos, sie hätte ja nach dem Tod ihres Mannes etwas mehr hervortreten können, etwa ihre Memoiren

schreiben oder dergleichen, antwortete sie mit einem Zitat
Fontanes: »Solange man lebt, muß man leben, und das versuche ich jetzt halt auf meine Art. « Monika aber schrieb
über ihre Mutter: »Wie scheinen Sein und Wollen hier heimlich und koboldhaft auseinanderzugehen! Doch letzten
Endes kann niemand gegen seinen Willen fünfzig Jahre lang
etwas so vollendet sein, was er nicht ist, und so hat meine
Mutter letzten Endes *dies* Leben gewollt.«[52] Die Kinder
akzeptierten also die Selbsteinschätzung Katias nicht, daß
sie ein anderes Leben gewollt habe, und vermutlich hatten
sie damit recht.

Schon seit den sechziger Jahren hatte Katia den Tod mehrerer guter Freunde und Verwandter verwinden müssen. Ihr
Bruder Peter war nach langem Leiden bereits 1963 in Antwerpen gestorben, Bruno Walter, der alte Freund und Nachbar aus Münchener Zeiten, war 1962 in Beverly Hills gestorben, Molly Shenstone, die Freundin in Princeton, 1968,
Klaus Pringsheim, der Zwilling, mit dem sie Israel bereist
hatte und mit dem zusammen sie noch den 90. Geburtstag
hatte feiern wollen, starb am 7. Dezember 1972 in Tokio an
einem Herzanfall. Zuvor hatte Katia ihm, in einem Nachtrag
zu ihrem Testament von 1957, noch eine Rente in Höhe von
1800 Schweizer Franken zugedacht, die ihm nach Beendigung seiner beruflichen Tätigkeit vierteljährlich ausgezahlt
werden sollte.[53] Aber dazu kam es nicht mehr. Als letzter
der Pringsheim-Geschwister starb ihr Bruder Heinz 1974 in
München.

Zu all diesen schmerzhaften Verlusten kam hinzu, daß
Katia auch den jüngsten Sohn überlebte. Michael Mann starb
in der Silvesternacht 1976/77 im Alter von 57 Jahren an einer
Überdosis von Alkohol und Barbituraten in Orinda, Kalifornien. Er und Gret hatten 1970 noch Raju adoptiert, die 1963
in Indien geboren worden war. Aber weder Frau und Söhne
noch die Adoptivtochter stellten offenbar einen Grund für
Michael dar, sein Leben fortzusetzen. Das Spiel mit dem

Tod hatte er schon öfter getrieben. Freunde, die ihm nahestanden, hatten längst gemerkt, wie sehr ihn die Arbeit am Werk des Vaters belastete. Andererseits war er dafür bekannt, daß er stets mit einem Koffer voller Alkohol reiste und viel trank. Schon in seiner Jugend war der Alkohol sein Hauptproblem. Elisabeth meinte aber, das seien nicht die einzigen Gründe gewesen. Ihm habe – obwohl er als Germanist durchaus Anerkennung fand – zuletzt eine Aufgabe gefehlt, deshalb habe er sich wie Erika in das Werk des Vaters geflüchtet. Ein eigenes, ihn zufriedenstellendes Leben gelang ihm offenbar nicht.

Zu Weihnachten 1976 sahen sich Elisabeth und Michael das letzte Mal. Die beiden Geschwister standen sich sehr nahe, waren sie doch zusammen aufgewachsen, hatten gemeinsam die Schule besucht und zusammen musiziert, ja von einer gemeinsamen Karriere geträumt. Eine Nacht lang saßen sie noch zusammen beim Whiskey und sprachen miteinander, dann schenkte er ihr eine *Faust*-Ausgabe und einen Kompaß. Das war wohl als sinniges Abschiedsgeschenk gedacht. Elisabeth und Golo kamen überein, der fast 94jährigen Mutter den Tod ihres jüngsten Sohnes nicht mitzuteilen. Aber Golo meinte, sie habe es vielleicht geahnt. Als Katia dann doch vom Freitod Michaels erfuhr, reagierte sie ablehnend und ungläubig. Sie hatte ja bereits Klaus auf diese schreckliche Weise verloren. Dann aber sagte sie: »Ja gewiß, alt wollte er wohl nie werden.«[54] Seine Frau Gret ließ Michaels Asche im Familiengrab in Kilchberg beisetzen.

Als Elisabeth sechzig Jahre alt war, ergab sich für sie noch einmal eine Chance, etwas Neues anzufangen. Die Dalhousie University in Halifax auf der Halbinsel Nova Scotia hatte eine zeitlich begrenzte Gastprofessur ausgeschrieben, für die Elisabeth sich bewarb. Hutchins' altes Institut war in Auflösung begriffen, und der Streit um seine Nachfolge hatte die Atmosphäre dort verdorben. Sie verließ 1978 Kalifornien, um nach Kanada zu ziehen, ihr Umzug führte sie einmal quer über den Kontinent. Sie erhielt zunächst die zeitlich befristete Stelle als »Fellow« in Halifax. Dort hatte sie keinerlei Verpflichtungen und konnte nach Belieben schreiben oder forschen. Dann aber machte sie noch einen späten Karrieresprung. Ein Politikprofessor hatte sie für seine Nachfolge vorgesehen, aber sie hatte nie eine Karriere als Hochschulprofessorin angestrebt, nie studiert und keinerlei Beweis für ihre Qualifikation. Der Professor, den sie offenbar von ihren Fähigkeiten überzeugt hatte, lud Elisabeth zu einem privaten Gespräch ein, bei dem er sie lange ausfragte. Schließlich verfaßte er ein wunderbares Gutachten, das ihr zu der Professur verhalf. Mit 62 Jahren wurde Elisabeth dann Professorin für Internationales Seerecht an der Politischen Fakultät der Dalhousie University in Halifax. Natürlich mußte sie nun Lehrveranstaltungen anbieten und tat dies, insbesondere vor Studenten der Dritten Welt: Internationales Seerecht, Umweltschutz und Industrialisierung waren nur einige ihrer Themen. Bald fand sie ein spitzgiebeliges Haus direkt am Meer, in das sie sich sofort verliebte und das sie ein Jahr später kaufen konnte. Es lag in einer naturbelassenen Umgebung mit Wald und Strand, ähnlich wie in ihrer Kindheit das Haus in Nidden. 1981 veröffentlichte sie ein weiteres Buch zum Thema Meeresschutz unter dem Titel *Seafarm*.

Nach Katias Tod

Im Alter war Katia etwas vergeßlich und verwirrt, sie glaubte, ihre verstorbenen Kinder Erika und Klaus ins Zimmer treten zu sehen, und konnte Lebende und Tote nicht mehr auseinanderhalten. Nachdem Golo ins Haus gezogen war, herrschte keineswegs Frieden zwischen Mutter und Sohn. Sie wußte, daß er nur ihretwegen eingezogen war, und wollte ihm durchaus auch das Gefühl vermitteln, er müsse nicht immer anwesend sein. Golo machte – wie die ganze Familie – viele Reisen, aber er konnte es offenbar im Haus mit der Mutter auch nicht mehr aushalten. Er nahm sich einen zweiten und dritten Wohnsitz im Tessin und am Bodensee. Katia, die schon immer unordentlich gewesen war, wurde im Alter nachlässig, und der Sohn glaubte sich dafür bei seinen Gästen entschuldigen zu müssen. Er war zwar Hausherr in Kilchberg, aber völlig zu Hause fühlte er sich wohl auch dort nicht. Immer noch stand der Vater im Mittelpunkt des Interesses, immer noch mußte Golo Rede und Antwort über Thomas Mann stehen. So flüchtete er immer wieder. Katia war glücklich, ihre Haushälterin Mathilde sowie die kompetente Sekretärin Anita Naef bei sich zu haben, wenn Golo fort war.

Katia starb am 25. April 1980 im Alter von fast 97 Jahren in ihrem Haus in Kilchberg bei Zürich. Sie erhielt zahlreiche Nachrufe in der Presse: Die »Süddeutsche Zeitung«, die »Frankfurter Allgemeine«, die »Lübecker Nachrichten«, der »Züri Leu« brachten Artikel über die Gattin des berühmten Dichters. Sie wurde am 30. April an der Seite ihres Mannes auf dem Kilchberger Friedhof beigesetzt. Auf der Dankeskarte für die Kondolenzbriefe von Golo stand: »Für Ihre Teilnahme am Hinscheiden meiner Mutter danke ich Ihnen herzlich. Man kann ja nicht sagen, daß es zu früh kam; so diesmal nicht. Aber: Ach es ist so dunkel in des Todes Kammer / Tönt so traurig, wenn er sich bewegt / Und nun aufhebt seinen schweren Hammer / Und die Stunde schlägt (Claudius).«[55] Nun lebten nur noch drei Kinder: Golo, Monika und Elisabeth.

Zum Familiensprecher war schon seit geraumer Zeit Golo aufgerückt, der diese Aufgabe aber eigentlich nicht hatte wahrnehmen wollen. Auch er, mit dem Elisabeth sich immer gut verstanden hatte, neigte zu Depressionen. Es war wohl Pflichtbewußtsein, das ihn anhielt, nun die Finanzen zu verwalten und die beiden Schwestern, Monika und Elisabeth, über Einnahmen und Transaktionen zu unterrichten. Golo, meinte Elisabeth, habe an seiner Einsamkeit gelitten. »Ich glaube, er hatte nie mit jemandem eine Beziehung, das war seine Tragik.« Er habe seine homosexuellen Neigungen nicht ausleben können wie der Bruder Klaus, sei zu diskret und zu gehemmt gewesen. Zum Schluß habe er sogar »gesponnen«, sein Geist sei so verwirrt gewesen, daß man ihn nicht mehr als zurechnungsfähig habe bezeichnen können. Er habe einen sehr traurigen Tod gehabt.[56]

Nach dem Tod Katias hatte sich insbesondere das Verhältnis zwischen Golo und Monika verschlechtert. Er nannte sie zeitweise in seinen Briefen nur noch »die aus Capri« und schrieb, ihm werde sehr übel, wenn er die Beschimpfungen in ihren Briefen lese. Als Monika nach dem Verlust ihres Lebensgefährten Spadaro 1985 nach Kilchberg ziehen wollte, war sie nicht willkommen. Golo schrieb in einem privaten Brief: »Momentan bin ich stark deprimiert, weil meine Schwester Monika nun endlich und offenbar wirklich im Begriffe ist, in den obersten Stock meines Hauses einzuziehen. Das kann nicht gut ausgehen, denn ich will mit ihr durchaus nicht leben. ›Seine Geschwister erleidet man, seine Freunde sucht man sich aus ...‹«[57] Monika aber rächte sich. In der »Nürnberger Zeitung« erschien ein Artikel über sie, »Monika Manns verhinderte Heimkehr in das Zürcher Vaterhaus«, in dem stand, sie habe für ihren letzten Lebensabschnitt einen Neuanfang im Kilchberger Elternhaus versucht. Aber sie habe gemerkt, daß das Zusammenleben mit dem berühmten Bruder Golo nicht möglich sei, und habe wieder gehen müssen – unbehaust, die Koffer nicht ausgepackt und in einem provisorischen Quartier bei einer alten Schulfreundin in Zürich. Mit Sicherheit hat Golo diese Veröffentlichung einer privaten Angelegenheit nicht gebilligt.

Viel Zeit zum Streiten hatten die beiden nicht mehr. Golo vermutete aber und schrieb so an Elisabeth: »Daß sie in aller Heimlichkeit ein Testament gemacht hat, demzufolge das

Ganze irgendeinem guten Zweck zugeführt werden soll, dessen halte ich sie durchaus für fähig. Die einzige Hoffnung ist, daß ihre Faulheit noch schwerer wiegt als ihre Bosheit.«[58] Im Alter ging es bei den geschwisterlichen Streitigkeiten oft ums Geld, obwohl alle genug hatten und niemand darben mußte. Monika zog dann zwar doch noch ins Kilchberger Haus ein, aber das Zusammenleben dauerte nicht mehr lange. Monika starb 1992, Golo zwei Jahre später. Beide wurden auf dem Kilchberger Friedhof beigesetzt. Allerdings wollte Golo nicht im Familiengrab bestattet sein, so groß war seine Abneigung gegen seine Familie. Er liegt allein auf der anderen Seite des Friedhofs, auch im Tode noch ein Einzelgänger.

Elisabeth blieb in Halifax. Ihre Arbeit über das Meer sei dort am besten angesiedelt, fand sie. Sie gab sogar ihre amerikanische Staatsangehörigkeit zurück und wurde Kanadierin. Insgesamt erhielt sie fünf Ehrendoktorhüte, aber bis es zu dem ersten kam, fühlte sie sich nicht hinreichend legitimiert vor den Studenten. Sie sei seit ihrer Tätigkeit in Santa Barbara oft mit dem Doktortitel angeschrieben worden und habe es oft korrigiert. Eines Tages aber sagte sie sich: »Gott, wenn die Welt will, daß ich Doktor bin, dann bin ich es. Also hörte ich auf zu dementieren. Aber bis zu dem Ehrendoktor hatte ich immer ein schlechtes Gewissen.«[59] Sie errichtete Ableger des International Ocean Institute in Halifax, in der Karibik, im Südpazifik, in Indien, in Afrika. Zwölf Zentren insgesamt beschäftigen sich heute mit dem Schutz der Meere. Auch Entwicklungsländer wurden einbezogen. Das Geld stammt von der UNESCO, der United Nations University, privaten Stiftungen und Sponsoren, der Haushalt belief sich auf ca. vier Millionen Dollar. Elisabeth schrieb zahlreiche Briefe, um die Mittel aufzutreiben. Selbst als sie in Halifax längst pensioniert war, erteilte sie noch Unterricht.

Nach dem Tod Monikas und Golos war Elisabeth mit ihren sechsundsiebzig Jahren die einzige Überlebende der Mann-Kinder. Sie glaubte, ihr Schicksal sei »wohl das glück-

lichste gewesen« und sie sei wohl mehr der Mutter nachge-
schlagen. »Meine Mutter hat ein einmalig harmonisches
Leben geführt, und kein Schmerz hat sie aus dem Gleichgewicht gebracht. Sie hatte ihr Leben lang einen Mann und ihr
Leben lang eine Mission. Die Probleme, die ich hatte, kannte
sie eben nicht.« Dennoch konnte auch sie das Erbe des
Vaters nicht verleugnen: »Ich lasse mich gehen, zum Pessi-
mismus, wenn ich Novellen schreibe. Er auch. In seinen
Romanen, da hat er sich gehen lassen.«[60] Auch hier also ist
der Vergleich mit dem Vater, noch im hohen Alter, erkennbar, obwohl Elisabeth doch ein völlig anders orientiertes
Leben geführt und sich ganz bewußt auf andere Gebiete ein-
gelassen hatte als der Vater. Man spürte dies auch, als sie
noch kurz vor ihrem Tod eine wichtige Beratungsrolle bei
der Verfilmung des Lebens der Familie Mann durch Heinrich Breloer spielte. Seit 1994 wurde sie, als einzige noch
lebende Tochter ihrer Eltern, zur Sprecherin der Familie,
eine Rolle, die sie – wie Golo – nie wahrnehmen wollte. Elisabeth starb am 8. Januar 2002 während eines Winterurlaubs
in Sankt Moritz. Auch von Halifax aus blieb ihr dieser von
Jugend an vertraute Ort einer ihrer liebsten.

SECHS

Epilog: Lebensentwürfe und Lebenswirklichkeit

Elisabeth Mann, 1935.

Die Lebensläufe der Frauen in der Familie Mann verliefen völlig unterschiedlich. Wie ihre Mutter Hedwig Pringsheim, die ursprünglich Schauspielerin gewesen war, und ihre Großmutter, die Frauenrechtlerin Hedwig Dohm, hat sich Katia, die eine »gute Partie« darstellte, aus freien Stücken für ihren Ehepartner entschieden, der sie wohl mit der Eloquenz seiner Worte betört hatte. Es war ihre eigene Willensentscheidung, den damals noch relativ unbekannten Dichter zu heiraten, viele Kinder zu bekommen, ein großes Haus zu führen und alles in ihrer Kraft Stehende zu tun, um das künstlerische Werk ihres Mannes voranzubringen. Eigene Wünsche hatten da zurückzustehen, sie sah fortan ihre Aufgabe darin, ihren Mann in jeder Lebenslage zu unterstützen. Zwar suchte sie gelegentlich nach anderen Betätigungen, die sie intellektuell mehr forderten, aber sie blieben dann doch im Hintergrund, auch wenn es sich um eine literarische Übersetzung von 1000 Seiten, wie Thackerays *Jahrmarkt der Eitelkeit,* handelte. Sie war mit einem guten Selbstbewußtsein ausgestattet, das ihr erlaubte, ganz zurückzustehen und nur auf ihrem Gebiet die Alleinherrschaft zu übernehmen. Das kam dem unpraktischen Dichtergatten natürlich entgegen, er brauchte sich um die Banalitäten des Alltags fast nicht mehr zu kümmern, und es war auch gut für die Ehe. Denn auf diese Weise kamen sich die beiden nie ins Gehege. Die Rollenverteilung blieb – wie bei Großmutter und Mutter – unangetastet. Sie gehörte noch ganz dem 19. Jahrhundert an.

Anders ihre Töchter, die nach der Jahrhundertwende geboren wurden. Erika, die, zwar »nur ein Mädchen«, den Vater von klein auf beglückte, entwickelte Eigenschaften wie ein Junge, war wild und ungestüm, raufte und kämpfte, war mutig und stark. Vielleicht ging sie unbewußt gegen die in der Familie herrschenden Vorurteile an, Mädchen seien »keine recht ernsthafte Angelegenheit«. Wenn ihr Bruder Klaus, der zarter und schwächer war als sie, Hilfe brauchte, war sie zur Stelle, und das ein Leben lang. Von Ehe und Kinderkriegen wollte sie nichts wissen. Zwar heiratete sie zweimal, doch handelte es sich nur um Scheinehen, waren doch beide Ehemänner Erikas homosexuell. Sie brauchte also keinen Mann im alltäglichen Leben, hatte aber langjährige Freundschaften, beispielsweise mit Martin Gumpert. Aber heiraten im herkömmlichen Sinn wollte sie nie. Sich binden, durch ein Kind ans Haus gefesselt sein, das war nicht ihre Welt. Sie war nur so lange zu einer Beziehung bereit, wie keinerlei Ansprüche an sie gestellt wurden. Das galt auch für ihre Affären mit Frauen. Sobald sich eine an sie klammerte, eifersüchtig war oder Ausschließlichkeitsansprüche stellte, entzog sich Erika. Ihre »große Liebe« zu Bruno Walter, der ungefähr so alt war wie ihr Vater, war von vornherein zum Scheitern verurteilt, nicht, weil dieser anfangs noch verheiratet war, sondern weil sie sich dem berühmten Dirigenten hätte unterordnen müssen. Ihr umtriebiges Dasein, ihre politischen Aktivitäten – wie hätte sie das mit seinem Künstlerleben vereinbaren können?

Monika brauchte lange, bis sie den richtigen Partner gefunden hatte. Aber kaum hatte sie geheiratet, verlor sie ihren Mann durch das Schiffsunglück. Ob sie Kinder gewollt hat, ist nicht bekannt. Jedenfalls waren ihre Interessen durchaus »weiblich«. Sie kochte gern, schrieb »lyrische Stückchen« und spielte Klavier. Ihre beruflichen Neigungen waren lange nicht erkennbar. Die Eltern hatten an einen künstlerischen Beruf für sie gedacht, weil sie zwar in der

Schule faul und renitent gewesen war, hingegen recht hübsch zeichnen und gern und richtig singen konnte. Aber weder auf dem Gebiet der Kunst noch auf dem der Musik hatte sie je genügend Ausdauer. Es ist, als ob sie die Rettung für ihr Dasein in der Ehe gesucht hätte, die dann so jäh und tragisch endete. An ein eigenständiges Dasein und Berufstätigkeit scheint sie nie gedacht zu haben. Also blieb das Schreiben, denn nach dem Urteil ihrer Mutter konnte sie ja sonst nichts.

Elisabeth als jüngste Tochter dachte da ganz anders. Sie wurde als Kind mit väterlicher Liebe verwöhnt, ohne daß sie etwas hätte tun müssen, um die Anerkennung des Vaters zu erlangen. Allerdings hatte auch sie das Gefühl, Mädchen seien etwas Zweitrangiges, nicht nur in der eigenen Familie. Katia hatte die Kinder immer identisch angezogen, mit bunt bestickten Kitteln, und ihnen einen sogenannten Bubischnitt verpaßt, so daß man nicht mehr unterscheiden konnte, wer nun der Junge und wer das Mädchen war. Besucher mußten dann gelegentlich raten, und es ärgerte Elisabeth, wenn jemand sie als Mädchen identifizierte, weil sie freundlich lachte. Sie nahm sich vor, bei solchen Gelegenheiten in Zukunft ernst zu sein. So entwickelte sie ungeheuren Ehrgeiz, schloß Schule und Musikstudium glänzend ab und nahm sich vor, den Eltern ab 25 Jahren nicht mehr auf der Tasche zu liegen. Aber dann fiel sie doch zurück in die althergebrachte Rolle. Sie heiratete und gab ihre bis dahin angestrebte Musikerkarriere auf. Auch hier scheint die Ehe der rettende Hafen vor der Konzertlaufbahn gewesen zu sein, denn Elisabeth war schüchtern und hatte Lampenfieber. Zunächst übernahm sie die traditionelle Rolle als Frau und Mutter und widmete sich ihrer Familie. Ihre späteren Versuche, aus diesem Rahmen wieder auszubrechen, brachten fast ihre Ehe zum Scheitern. Sie steckte wieder zurück und konnte ihren eigenen Lebensweg erst einschlagen, als ihr Mann starb. Sie heiratete nie wieder, hatte aber langjährige

Beziehungen zu Männern, die (mit einer Ausnahme) wie ihr Ehemann viel älter waren als sie.

Die Töchter Thomas Manns hatten zwei Kriege erlebt, sie gehörten schon deshalb einer Generation an, die mit den Traditionen brechen wollte. Besonders Erika wollte als Bürgerschreck gelten, nicht nur während der Kindheit und Jugend in München, sondern auch zur Zeit ihrer schauspielerischen Ambitionen in Berlin. Sie verkehrte zusammen mit Klaus in der Bohème und wollte dazugehören. Mit Klaus' Theaterstücken wollten sie die Bürger schockieren und von sich reden machen. Auch die bürgerlichen Moralvorstellungen sollten gründlich über den Haufen geworfen und die traditionellen Geschlechterrollen vertauscht werden. Erika trat mit ihrem kurzen Haarschnitt, Krawatte und Hosen wie ein Mann auf, ihr Bruder Klaus als das dekadente Pendant, geschminkt und parfümiert. Mit ihrer Freundin Pamela mietete sich Erika als »Herr und Frau Wedekind« in einem Hotel ein, und sie freuten sich königlich, wenn das niemand durchschaute.

Katia hatte diesen Trend unwissentlich unterstützt. Schon als junges Mädchen hatte sie Erika als »Lieber Eri« angeredet, Klaus sprach von sich als einer »Pedantin«, und Golo wurde »die düstere Golette« oder »Angèle« genannt. In der Familie Mann waren alle sehr tolerant in dieser Hinsicht. Erika und Klaus hatten sehr früh die Neigungen ihres Vaters mitbekommen, es wurde kein Geheimnis daraus gemacht. Im Gegenteil, seine Liebe zu Klaus Heuser thematisierte er ganz explizit 1927 in einem Brief an die beiden Ältesten. Später pflegte Erika mit ihm über Szenen in seinen Romanen zu diskutieren, die ins Päderastische spielten; und Katia scherzte wiederholt über sein Faible für einen Kellner. Sie war mit vier Brüdern aufgewachsen, von denen ihr Zwillingsbruder bisexuell war. Sie selbst hatte sich, wie Erika, in ihrer Kindheit als die Stärkere empfunden und gemeint, der liebe Gott habe sich geirrt, sie sei der Bub und Klaus das

Mädchen. Später verkörperte sie den schmalen, knabenhaften Typ, den Thomas Mann bei Frauen so schätzte, und sprach mit einer leicht gebrochenen, tiefen Stimme. Es war also nicht verwunderlich, wenn in einer Familie mit sechs Kindern einige von ihnen ambivalent oder manifest homosexuell waren. Sie durften auch ihre »Freundchen« oder »Eulen« mit nach Hause bringen.

Für die spätere Entwicklung der Töchter war ihre Stellung in der Familie von Bedeutung. Erika als die Älteste mußte oft während der Abwesenheit Katias die Mutterrolle übernehmen, so daß es fast selbstverständlich war, daß sie diese auch aus manchen Funktionen verdrängte. Erika war zwar ihr ganzes Leben lang – d. h. solange sie gesund war – viel unterwegs, hatte sich aber letzten Endes nie ganz von Vater und Mutter gelöst. Ihr eigentliches Zuhause blieb trotz aller Umtriebigkeit das Elternhaus, wo immer es sich befand. Sie hatte 1933 die Eltern davon überzeugt, nicht nach Deutschland zurückzukehren, sie hatte den Weg nach Amerika vorbereitet, und sie war ausschlaggebend bei der Entscheidung für die Rückkehr nach Europa, die Katia eigentlich nicht wollte. Ihre Meinung war entscheidend bei allen wichtigen Beschlüssen, die die Eltern betrafen. Sie drohte mit Liebesentzug, wenn der Vater politisch nicht so handelte, wie sie es wollte, und strafte beide Eltern mit Übellaunigkeit, wenn sie glaubte, die anderen Geschwister würden bevorzugt.

Monika als die zweite Tochter war jahrelang die niedliche Jüngste gewesen. Aber als nach achtjähriger Pause erst Elisabeth und dann Michael geboren wurden, verlor sie diese Rolle. Ihr Status veränderte sich, sie rückte plötzlich zu den »Mittleren« auf, während die »Großen« schon unerreichbar erwachsen waren. Ihre bis dahin guten schulischen Noten verschlechterten sich. Zusammen mit Golo wurde sie ins Internat nach Salem gegeben, wo es ihr gefiel. Doch schaffte sie den Gymnasialabschluß nicht. Über den Verlust ihrer Stellung in der Familie kam sie nie richtig hinweg. Stets schwankte sie zwischen Anhänglichkeit und Ablehnung des Elternhauses und wurde zu einer regelrechten Nervensäge. Insbesondere mit ihrer Mutter kam sie gar nicht aus, während der Vater ihr gegenüber etwas langmütiger war. Da die drei älteren Geschwister als begabt galten, obwohl die beiden Ältesten auch in der Schule faul waren, fiel sie in der Familienhierarchie ab, weil sie wenig zu bieten hatte. Es mangelte ihr einfach an den in der Familie erwünschten Gaben. Und nachdem sie Witwe geworden und ihr geraume Zeit Mitleid zugestanden worden war, wünschten die Eltern sie weg, ja expedierten sie gegen ihren Willen in ein Heim. Erst mit Mitte dreißig begann sie sich ein eigenes Leben aufzubauen, wenn auch weitgehend auf Kosten der Eltern.

Elisabeth schließlich brauchte um ihr Image in der Familie nicht besorgt zu sein. Sie war sympathisch, gut und mild, nur eben sehr ehrgeizig. Die Mutter meinte, sie würde in ihrem Leben so manches Zugeständnis an ihren Ehrgeiz machen. Und sie war stur. Wenn sie sich etwas in den Kopf gesetzt hatte, führte sie es durch. Sie besaß alles, was ihre Schwestern nicht hatten: eine eigene Familie, ein eigenes Haus, einen Beruf und Erfolg. Das trug ihr natürlich den Neid der Schwestern ein. So sehr sie sich freute, wenn sie Eltern und Geschwister wiedersah, lebte sie doch völlig eigenständig und räumlich weit genug entfernt von den häuslichen Querelen.

In der Familie Mann drehte sich naturgemäß alles um den Vater, dessen Werk, wie im Roman *Joseph, der Ernährer*, von der ganzen Familie getragen wurde. Ob es nun der »Fluch des Schreibens« war oder das Talent, das die Töchter dazu trieb, ebenfalls schreiben zu wollen, alle drei besaßen Begabung. Aber mit dem Vater konkurrieren konnten sie bei weitem nicht. Deshalb mußten sie sich auf anderen Gebieten als er profilieren. Erika hatte Erfolg bei ihm mit ihren Kinderbüchern, die er »hübsch« fand, Elisabeths hart erarbeitetes Exposé über ständische Vertretung fand er nur

»rührend« und Monikas Lyrik immerhin »stimmungs-
voll«. Er war in seinem Urteil stets gemessen, versuchte
auch nicht die Töchter von ihren Vorhaben abzubringen.
Am liebsten wollte er damit in Ruhe gelassen werden. Wohl
deshalb hatte Katia von vornherein davon abgesehen, auch
etwas schreiben zu wollen. Ihre *Ungeschriebenen Memoiren*
hätte er wahrscheinlich auch »rührend« gefunden. Aber es
war sehr schwierig, in dieser hochbegabten, hochintellek-
tuellen und hochsensiblen Familie überhaupt Anerkennung
zu finden. Dies war ein Problem für alle Kinder, nicht nur
für die Töchter.

Wenn es schon nicht leicht war, innerfamiliär Erfolg zu
haben, so war doch das Schicksal der Frauen zusätzlich von
dramatischen äußeren Umständen geprägt. Zunächst kam
die Vertreibung, dann das Leben im Exil. Obwohl Katia
und die Töchter in der Emigration in relativem Wohlstand
lebten, so bedeutete sie doch einen Umsturz des gesamten
bisherigen Lebens. Dieser Schock traf auch die einst so reiche Hedwig Pringsheim. Katia mußte möglichst schnell die
Verhältnisse wiederherstellen, die für den Dichter erforderlich waren, um schreiben zu können. Erika mußte sich
schleunigst auf eine fremde Sprache und eine fremde Welt
umstellen, um ihr Kabarett nach Amerika zu transferieren.
Das mißglückte, weil die Wirkung der Satire von dem spezifischen gesellschaftlichen und politischen Kontext abhängig
ist, in dem sie entsteht. Monika schien gerade einen Lebenspartner gefunden zu haben, da wurde er ihr grausam entris-
sen. Und Elisabeth, noch im Elternhaus lebend, mußte sich
ebenfalls auf eine neue Sprache und Umgebung einstellen.
Der Name »Mann« war dabei in den Vereinigten Staaten
nur begrenzt hilfreich. Trotzdem gelang es Elisabeth als einziger Frau der Familie Mann, sich einer wirklich eigenständigen Aufgabe zu widmen, die sie persönlich befriedigte und
die kulturpolitisch von Bedeutung war. Da der Meeresschutz
als Thematik und als Arbeitsgebiet vom Literaturbetrieb der

Manns weit entfernt war und sie zudem ihrer Arbeit im englischen Sprachraum nachging, konnte sie eine eigene Identität jenseits der spezifischen Prägungen ihrer Herkunft gewinnen. Mit Elisabeth endet die Geschichte der Frauen der Familie Mann in einem besonders gelungenen Lebensentwurf.

Anhang

Danksagung

Besonderer Dank für die Hilfe bei der Beschaffung von Materialien gebührt Frau Gabriele Weber und Frau Ursula Hummel vom Erika und Klaus Mann-Archiv der Stadtbibliothek München, im Monacensia Literaturarchiv, Dr. Thomas Sprecher vom Thomas Mann-Archiv der ETH Zürich, Dr. Thomas Feitknecht vom Schweizerischen Literaturarchiv Bern, Herrn Dr. Jochen Meyer vom Schiller Nationalmuseum in Marbach sowie Herrn Abenstein vom K. Wilhelms-Gymnasium München, Herrn Prof. Dr. Hans Günter Hockerts von der Ludwig-Maximilians-Universität München sowie Herrn Dr. Klaus Lankheit vom Archiv des Instituts für Zeitgeschichte, München. Für die verlegerische Betreuung und die problemlose Zusammenarbeit danke ich herzlich Herrn Ulrich Wank und Frau Renate Dörner sowie Herrn Wolfgang Gartmann für die technische Bearbeitung des Manuskripts und Frau Kristin Rotter für die Bildbeschaffung. Nicht zuletzt danke ich meinem Mann für das ständige und geduldige Interesse, die kritische Lektüre und die vielen Anregungen, mit denen er meine Arbeit unterstützt hat. Den Verwandten und Freunden, die mit anregenden Gesprächen und Literaturfunden äußerst hilfreich waren, möchte ich an dieser Stelle ebenfalls herzlich danken.

Anmerkungen

Einleitung

1 Klaus Mann, *Tagebücher 1936–1937*, S. 61.
2 Erika Mann, *Mein Vater, der Zauberer*, S. 273.

EINS *Das »Urmiemchen«*

1 Peter de Mendelssohn, *Der Zauberer*, S. 548 f. Vgl. auch Marianne Krüll, *Im Netz*, S. 195.
2 Klaus Mann, *Der Wendepunkt*, S. 15.
3 Thomas Mann, *Werke*, XI, S. 467 f.
4 Hans-Rudolf Wiedemann, *Thomas Manns Schwiegermutter erzählt*, S. 10.

ZWEI *Die Schauspielerin*

1 Hedwig Pringsheim-Dohm, »Wie ich nach Meiningen kam«, in: »Das Unterhaltungsblatt der Vossischen Zeitungen«, 20. 7. 1930.
2 Horst Fuhrmann, *Menschen und Meriten*, S. 74 ff.
3 Peter de Mendelssohn, *Der Zauberer*, S. 543 f. Diese Angaben sind einem Lebenslauf entnommen, den Alfred Pringsheim – zu welchem Zweck ist unbekannt – während des Ersten Weltkriegs verfaßte.
4 Katia Mann, *Meine ungeschriebenen Memoiren*, S. 9.
5 Inge und Walter Jens, *Frau Thomas Mann*, S. 53.

DREI *Katia*

1 Jahresbericht über das K. Wilhelms-Gymnasium zu München für das Schuljahr 1900/1901, München 1901. Darin ist der Lehrplan für sämtliche Jahrgänge abgedruckt. Geburtsdatum und Konfession der Schüler sowie Stand und Wohnort der Eltern sind ebenfalls eingetragen. Zwei Jahrgänge unter Katia besuchte damals beispielsweise der Schriftsteller Lion Feuchtwanger diese Schule. Katia legte den schriftlichen Teil des Abiturs in der Zeit vom 18. bis 21. Juni ab, den mündlichen Teil in der Zeit vom 1. bis 3. Juli, also kurz vor ihrem 18. Geburtstag.

2 Peter de Mendelssohn, *Der Zauberer*, S. 556.

3 Katia Mann, *Meine ungeschriebenen Memoiren*, S. 12.

4 Peter de Mendelssohn, *Der Zauberer*, S. 591. »Den Frankfurter machen« bezieht sich auf einen »gräßlich zudringlichen, ekligen kleinen Kerl namens Frankfurter«, der die Damen im Theater belästigt und von dem Hedwig Pringsheim im Familienkreis berichtet hatte. Zit. nach Inge und Walter Jens, *Frau Thomas Mann*, S. 30.

5 Hans-Rudolf Wiedemann, *Thomas Manns Schwiegermutter erzählt*, S. 36, 40 ff.

6 Katia Mann, *Meine ungeschriebenen Memoiren*, S. 11.

7 Ebd., S. 21.

8 »Tiergarten« bezieht sich auf das Berliner Viertel, in dem während der Gründerzeit viele luxuriöse Villen gebaut wurden.

9 Katia schrieb sich selbst stets »Katia«, weshalb diese Schreibweise ihres Namens hier beibehalten wird.

10 Brief vom 27. 2. 1904 an Heinrich Mann, in: *Thomas Mann – Heinrich Mann, Briefwechsel*, S. 26 f.

11 Thomas Mann, *Werke*, Bd. VIII, S. 366 f. Bei dem »Propheten« handelt es sich um den dem Stefan-George-Kreis zugehörigen Dichter Ludwig Derleth, bei der »Erotikerin« um dessen schöne Schwester Anna Maria. Vgl. Katia Mann, *Meine ungeschriebenen Memoiren*, S. 33 f.

12 Thomas Mann, *Königliche Hoheit*, in: *Werke*, Bd. II, S. 181 passim.

13 Ebd., S. 234.

14 Katia Mann, *Meine ungeschriebenen Memoiren*, S. 25.

15 Ebd., S. 26 f.
16 Peter de Mendelssohn, *Der Zauberer*, S. 613.
17 Ebd., S. 617.
18 Ebd., S. 611.
19 Katia Mann, *Meine ungeschriebenen Memoiren*, S. 28.
20 Zit. nach: Ariane Martin, *Schwiegersohn und Schriftsteller*, S. 129. Die Orthographie ist Hedwigs eigene.
21 Julia Mann, *Ich spreche so gern mit meinen Kindern*, 2. Aufl. Berlin 1999, S. 134–136.
22 Brief vom 23. 12. 1904 an Heinrich Mann, in: *Thomas Mann – Heinrich Mann, Briefwechsel*, S. 30–33.
23 Brief Julia Mann an Heinrich Mann vom 16. 2. 1905, in: Julia Mann, *Ich spreche so gern mit meinen Kindern*, S. 146. Die in der kurzen Ansprache Thomas Manns Genannten sind Paula und Rudolf Pringsheim, Katias Großeltern aus Berlin, ihre Großmutter Hedwig Dohm sowie ihre Eltern Hedwig und Alfred Pringsheim.
24 Brief vom 18. 2. 1905 an Heinrich Mann, in: *Thomas Mann – Heinrich Mann, Briefwechsel*, S. 34.
25 Zit. nach *Notizbuch 7* bzw. nach Peter de Mendelssohn, *Der Zauberer*, S. 639.
26 Klaus Harpprecht, *Thomas Mann*, S. 253.
27 Brief Thomas Mann an Heinrich Mann vom 20. 11. 1905, in: *Thomas Mann – Heinrich Mann, Briefwechsel*, S. 40.
28 Katia Mann, *Meine ungeschriebenen Memoiren*, S. 29.
29 Brief Thomas Manns an Heinrich Mann vom 20. 11. 1905 in: *Thomas Mann – Heinrich Mann, Briefwechsel*, S. 40.
30 Klaus Pringsheim, zit. nach Peter de Mendelssohn, *Der Zauberer*, S. 660.
31 Ebd., S. 664 f.
32 Katia Mann, *Meine ungeschriebenen Memoiren*, S. 68 f.
33 Thomas Mann, *Briefe an Otto Grauthoff 1894–1901 und Ida Boy-Ed 1903–1928*, S. 159.
34 Hans-Rudolf Wiedemann, *Thomas Manns Schwiegermutter erzählt*, S. 26.
35 Briefe Hedwig Pringsheims vom 23. 5. 1906 und 6. 7. 1906, zit. nach Ariane Martin, *Schwiegersohn und Schriftsteller*, S. 132.
36 Kirsten Jüngling/Brigitte Roßbeck, *Katia Mann. Die Frau des Zauberers*, S. 305. Eine spätere Auflage erschien noch 1969.

37 Katia Mann, *Meine ungeschriebenen Memoiren*, S. 36.

38 Hans-Rudolf Wiedemann, *Thomas Manns Schwiegermutter erzählt*, S. 29.

39 Katia Mann, *Meine ungeschriebenen Memoiren*, S. 40.

40 Brief Thomas Mann an Heinrich Mann vom 1. 4. 1909, *Thomas Mann – Heinrich Mann, Briefwechsel*, S. 73–76.

41 Brief an Ida Boy-Ed vom 7. 4. 1909, in: Thomas Mann, *Briefe an Otto Grauthoff und Ida Boy-Ed*, S. 164.

42 Golo Mann, *Erinnerungen und Gedanken*, S. 10–18.

43 Hans-Rudolf Wiedemann, *Thomas Manns Schwiegermutter erzählt*, S. 33.

44 Brief an Ida Boy-Ed, in: Thomas Mann, *Briefe an Otto Grauthoff und Ida Boy-Ed*, S. 170.

45 Zit. nach Mendelssohn, *Der Zauberer*, S. 842.

46 Ebd., S. 843.

47 Julia Mann, *Ich spreche so gern mit meinen Kindern*, S. 196.

48 Brief Thomas Mann an Heinrich Mann am 4. 8. 1910, in: *Thomas Mann – Heinrich Mann, Briefwechsel*, S. 89.

49 Katia Mann, *Meine ungeschriebenen Memoiren*, S. 31 f.

50 Marianne Krüll, *Im Netz*, S. 19.

51 Katia Mann, *Meine ungeschriebenen Memoiren*, S. 70–72.

52 Brief Thomas Mann an Josef Ruederer vom 20. 9. 1911, in: Thomas Mann, *Briefe*, Bd. I, S. 91.

53 Brief Thomas Mann an Heinrich vom 2. 4. 1912, in: *Thomas Mann – Heinrich Mann, Briefwechsel*, S. 96.

54 Katia Mann, *Meine ungeschriebenen Memoiren*, S. 78. Zu dieser Ansicht kommt auch Günther Schwarberg in seinem Buch *Es war einmal ein Zauberberg. Thomas Mann in Davos – eine Spurensuche*. Nach seiner Einschätzung der Röntgenaufnahme Katias von 1912 wäre bei richtiger Beurteilung kein Sanatoriumsaufenthalt erforderlich gewesen. Vgl. »Fieber haben sie alle«, in: »FAZ« vom 21. 7. 2001.

55 Monika Mann, *Vergangenes und Gegenwärtiges*, S. 12.

56 Klaus Mann, *Kind dieser Zeit*, S. 17.

57 Golo Mann, *Erinnerungen und Gedanken*, S. 53.

58 Peter de Mendelssohn, *Der Zauberer*, S. 904.

59 Klaus Mann, *Kind dieser Zeit*, S. 25.

60 Golo Mann, *Erinnerungen und Gedanken*, S. 14 (aus Katia Manns Aufzeichnungen über ihre Kinder).

61 Klaus Mann, *Kind dieser Zeit*, S. 24.

62 Klaus Mann, *Der Wendepunkt*, S. 29.

63 Irmela von der Lühe, *Erika Mann*, S. 21 f.

64 Klaus Mann, *Der Wendepunkt*, S. 57 f.

65 Thomas Mann, *Tagebücher 1918–1921*, Eintrag vom 31. 10. 1919.

66 Klaus Mann, *Der Wendepunkt*, S. 30.

67 Thomas Mann an Heinrich Mann, in: *Thomas Mann – Heinrich Mann, Briefwechsel*, S. 103.

68 Bruno Walter (1876–1962), der seit 1913 Generalmusikdirektor der Münchner Hof- bzw. Staatsoper war, seine Frau Elsa (1871–1945), die Töchter Lotte (1903–1970) und Gretel (1906–1939); Robert Hallgarten (1870–1924), germanistischer Privatgelehrter, seine Frau Constanze (1881–1969), die Söhne Wolfgang (später George W.) (1901–1975) und Richard (Ricki) (1905–1932).

69 Inge und Walter Jens, *Frau Thomas Mann*, S. 98.

70 Klaus Harpprecht, *Thomas Mann*, S. 365.

71 Golo Mann, *Erinnerungen und Gedanken*, S. 20.

72 Klaus Harpprecht, *Thomas Mann*, S. 368.

73 Thomas Mann, *Briefe an Otto Grauthoff und Ida Boy-Ed*, S. 178.

74 Klaus Mann, *Der Wendepunkt*, S. 55.

75 Golo Mann, *Erinnerungen und Gedanken*, S. 31 f.

76 Brief Thomas Mann an Heinrich Mann vom 7. 8. 1914, in: *Thomas Mann – Heinrich Mann, Briefwechsel*, S. 108.

77 Katia Mann, *Meine ungeschriebenen Memoiren*, S. 43.

78 Golo Mann, *Erinnerungen und Gedanken*, S. 37.

79 Klaus Mann, *Der Wendepunkt*, S. 67. Thomas Mann wurde von seinen Kindern »Zauberer« genannt, nachdem er sich einmal auf einem Faschingsfest als Zauberer verkleidet hatte.

80 Klaus Mann, *Der Wendepunkt*, S. 66.

81 Ebd., S. 97.

82 Peter de Mendelssohn, *Der Zauberer*, S. 1147.

83 In: *Thomas Mann – Ernst Bertram, Briefwechsel 1910–1955*, S. 81.

84 Monika Mann, *Vergangenes und Gegenwärtiges*, S. 10 f.

85 Klaus Mann, *Der Wendepunkt*, S. 29.

86 Monika Mann, *Vergangenes und Gegenwärtiges*, S. 12 f.

87 Katia Mann, *Meine ungeschriebenen Memoiren*, S. 38.

88 Golo Mann, *Erinnerungen und Gedanken*, S. 36 f.

89 Peter de Mendelssohn, *Der Zauberer*, S. 1115.

90 Klaus Harpprecht, *Thomas Mann*, S. 447.

91 Erika Mann, *Mein Vater, der Zauberer*, S. 39.

92 Katia Mann, *Meine ungeschriebenen Memoiren*, S. 54 f.

93 Zit. nach Peter de Mendelssohn, *Der Zauberer*, S. 896.

94 Klaus Mann, *Kind dieser Zeit*, S. 110.

95 Erika Mann, *Mein Vater, der Zauberer*, S. 13.

96 Inge und Walter Jens, *Frau Thomas Mann*, S. 128.

97 Thomas Mann, *Tagebücher 1918–1921*, Eintrag vom 5. 5. 1920.

98 Klaus Mann, *Kind dieser Zeit*, S. 96.

99 Ebd., S. 93.

100 Brief Katia Mann an Thomas Mann vom 13. 9. 1920, zit. nach Inge und Walter Jens, *Frau Thomas Mann*, S. 114 f.

101 Erika Mann, Brief an den Vater vom 6. 6. 1922, in: Erika Mann, *Briefe und Antworten 1922–1950*.

102 Brief Katia Mann an Erika, 10. 6. 1922, zit. nach Inge und Walter Jens, *Frau Thomas Mann*, S. 122.

103 Klaus Mann, *Kind dieser Zeit*, S. 160 ff.

104 Briefe Katia Mann vom 20. 8. 1922 und 14. 3. 1923, Monacensia.

105 Klaus Mann an Paul Geheeb, in: Klaus Mann, *Briefe und Antworten 1922–1949*, S. 14 f.

106 Klaus Mann, *Kind dieser Zeit*, S. 221.

107 Ebd.

108 »Süddeutsche Zeitung« v. 23. 7. 1963, zit. nach Inge und Walter Jens, *Frau Thomas Mann*, S. 121.

109 Armin Strohmeyer, *Klaus Mann*, S. 28–31.

110 Golo Mann, *Erinnerungen und Gedanken*, S. 119.

111 Monika Mann, *Vergangenes und Gegenwärtiges*, S. 39 f.

112 Ebd., S. 40.

113 Ebd., S. 51.

114 Ebd., S. 50.

115 Thomas Mann, Karte an Ernst Bertram vom 7. Juli 1925, in: *Thomas Mann – Ernst Bertram, Briefwechsel 1910–1955*, hrsg. von Inge Jens, S. 142.

116 Heinrich Breloer, *Unterwegs zur Familie Mann*, S. 40.

117 Gemeint sind *Die Betrachtungen eines Unpolitischen*, die im Oktober 1918 erschienen. Hans-Rudolf Wiedemann, *Thomas Manns Schwiegermutter erzählt*, S. 36.

118 Thomas Mann, *Briefe an Otto Grauthoff und Ida Boy-Ed*, S. 193 f.

119 Abgedr. in: Peter de Mendelssohn, *Der Zauberer*, S. 1157.

120 Thomas Mann, *Tagebücher 1918–1921*, S. 51.

121 Ebd., S. 30.

122 Erika Mann, *Mein Vater, der Zauberer*, S. 24.

123 Thomas Mann, *Tagebücher* 1918–1921, S. 17 f., 20.

124 Ebd., S. 208, 209.

125 Monika Mann, *Vergangenes und Gegenwärtiges*, S. 35.

126 Klaus Mann, *Der Wendepunkt*, S. 86.

127 Zit. nach Irmela von der Lühe, *Erika Mann*, S. 34.

128 Klaus Mann, *Kind dieser Zeit*, S. 100 f.

129 Thomas Mann, *Tagebücher 1918–1921*, Eintrag vom 4. 8. 1919.

130 Ebd., Eintrag vom 2. 11. 1919.

131 Ebd., Einträge vom 7. 11. und 11. 11. 1919.

132 Ebd., Eintrag vom 14. 7. 1920.

133 Ebd., Einträge vom 11. und 13. 8. 1919.

134 Ebd., Eintrag vom 17. 10. 1920.

135 Katia Mann, *Meine ungeschriebenen Memoiren*, S. 90.

136 Thomas Mann, *Tagebücher 1918–1921*, Eintrag vom 29. 10. 1920.

137 Ebd., Eintrag vom 26. 5. 1920.

138 Katia Mann an Erika vom 26. 9. 1920, zit. nach Inge und Walter Jens, *Frau Thomas Mann*, S. 116.

139 Hans-Rudolf Wiedemann, *Thomas Manns Schwiegermutter erzählt*, S. 48.

140 *Thomas Mann – Heinrich Mann, Briefwechsel* S. 118.

141 Thomas Mann, *Briefe*, Bd. I, S. 196 f.

142 Golo Mann, *Erinnerungen und Gedanken*, S. 91–95.

143 Vgl. ausführlich Horst Möller, *Weimar, Die unvollendete Demokratie*, S. 159.

144 Hans Rudolf Wiedemann, *Thomas Manns Schwiegermutter erzählt*, S. 47.

145 Thomas Mann an Ernst Bertram, vom 19. 2. 1924, in: *Thomas Mann – Ernst Bertram, Briefwechsel 1910–1955*, S. 124.

146 Katia Mann, *Meine ungeschriebenen Memoiren*, S. 46 f.

147 Klaus Harpprecht, *Thomas Mann*, S. 549 f.

148 Brief an Bertram vom 4. 2. 1925, in: *Thomas Mann – Ernst Bertram, Briefwechsel 1910–1955*, S. 135.

149 Brief an Ponten: 19. 1. 1925, in: Thomas Mann, *Briefe, Bd. I*, S. 225.

150 Thomas Mann an Bertram vom 4. 2. 1925, in: *Thomas Mann – Ernst Bertram, Briefwechsel 1910–1955*, S. 135.

151 Thomas Mann, *Briefe, Bd. I*, S. 247.

152 Klaus Mann, *Der Wendepunkt*, S. 200.

153 Elisabeth Mann Borgese in: Heinrich Breloer, *Unterwegs zur Familie Mann*, S. 51

154 Inge und Walter Jens, *Frau Thomas Mann*, S. 147.

155 Katia Mann an Erika vom 6. 5. 1926, zit. nach Inge und Walter Jens, *Frau Thomas Mann*, S. 138.

156 Thomas Mann, *Briefe, Bd. I*, S. 259.

157 Erika Mann, *Briefe und Antworten 1922–1950*, S. 13.

158 Hans-Rudolf Wiedemann, *Thomas Manns Schwiegermutter erzählt*, S. 51.

159 Irmela von der Lühe, *Erika Mann*, S. 84 f.

160 Hans-Rudolf Wiedemann, *Thomas Manns Schwiegermutter erzählt*, S. 51.

161 Irmela von der Lühe, *Erika Mann*, S. 86.

162 Thomas Mann an Erika am 23. 12. 1926, in: Thomas Mann, *Briefe*, Bd. I, S. 260 f. »Kürzl« ist Marie Kurz, das Kinderfräulein.

163 Das Rezept für den gebratenen und gefüllten Puter ist abgedruckt in: Alexej Baskakov in Zusammenarbeit mit Harvey Dräger, *Speisen mit Thomas Mann*, S. 34. Daß die Manns gut zu essen verstanden, geht aus zahllosen Textstellen in seinen Romanen und Tagebüchern hervor, die ebenfalls in diesem Band enthalten sind.

164 Golo Mann, *Erinnerungen und Gedanken*, S. 213.

165 Ebd., S. 221.

166 Ebd., S. 220 f.

167 Katia Mann, *Meine ungeschriebenen Memoiren*, S. 55 f.

168 Erika Mann, *Briefe und Antworten*, Bd. I, S. 17.

169 Thomas Mann, *Tagebücher 1933–1934*, Eintrag vom 22. 9. 1933.

170 Heinrich Breloer, *Unterwegs zur Familie Mann*, S. 61 f.

171 Kerstin Holzer, *Elisabeth Mann Borgese*, S. 45 f.

172 Thomas Mann, *Joseph und seine Brüder*, in: Werke, Bd. 4, S. 228.

173 Katia Mann, *Meine ungeschriebenen Memoiren*, S. 108.

174 Klaus Mann, *Der Wendepunkt*, S. 244.

175 Katia Mann, *Meine ungeschriebenen Memoiren*, S. 63 f.

176 Thomas Mann, Karte an Maximilian Brantl vom 29. 4. 1930 in: *Briefe*, Bd. I, S. 299.

177 Erika Mann, »Glückwunsch«, abgedr. in: Hans Bürgin / Hans-Otto Mayer, *Thomas Mann. Eine Chronik seines Lebens*, S. 91.

178 Katia Mann, *Meine ungeschriebenen Memoiren*, S. 99.

179 Zit. nach Gisela Kleine, *Zwischen Welt und Zaubergarten*, S. 264 f.

180 Golo Mann, *Erinnerungen und Gedanken*, S. 430 f.

181 Klaus Mann, *Der Wendepunkt*, S. 312.

182 Ebd.

183 Irmela von der Lühe, *Erika Mann*, S. 88.

184 Ebd., S. 100.

VIER *Die Frauen im Exil*

1 Katia Mann, *Meine ungeschriebenen Memoiren*, S. 100 f.

2 Über die unterschiedlichen Versionen dieser riskanten Reise vgl. Irmela von der Lühe, *Erika Mann*, S. 105.

3 Thomas Mann, *Tagebücher 1933–1934*, S. 3.

4 »Münchner Neueste Nachrichten« vom 16. / 17. 4. 1933.

5 Klaus Mann, *Tagebücher 1931–1933*, S. 134.

6 Golo Mann, *Erinnerungen und Gedanken*, S. 536.

7 Thomas Mann, *Tagebücher 1933–1934*, Eintrag vom 30. 4. 1933.

8 Ebd., Eintrag vom 2. 5. 1933.

9 Ebd., Eintrag vom 23. 5. 1933.

10 Katia Mann, *Meine ungeschriebenen Memoiren*, S. 106.

11 Thomas Mann, *Tagebücher 1933–1934*, Eintrag vom 24. 6. 1933.

12 Bericht des Oberführers Reinhard Heydrich an den bayerischen Reichsstatthalter betr. Maßnahmen gegen Thomas Mann, abgedr. in: Hans Wysling / Yvonne Schmidlin, *Thomas Mann. Ein Leben in Bildern*, S. 317.

13 Thomas Mann, *Tagebücher 1933–1934*, Eintrag vom 20. 7. 1933.

14 Klaus Mann, *Briefe und Antworten 1922–1949*, S. 113 f. Mit den Brunonen sind die Freunde der Familie Bruno Walter und Bruno Frank gemeint, »Der Untergang des Postdampfers« bezieht sich vermutlich auf »*Der Untergang des Abendlandes*« von Oswald Spengler.

15 Thomas Mann, *Tagebücher 1933–1934*, Eintrag vom 30. 7. 1933.

16 Rückerstattungsverfahren Ia 2410, die Akten befinden sich in

der Oberfinanzdirektion Nürnberg. Auskunft von Prof. Dr. Hans Günter Hockerts, 5. Mai 2002.

17 Die Frau von Robert Faesi, Schweizer Schriftsteller und Litera-turhistoriker, mit dem Thomas Mann seit den zwanziger Jah-ren befreundet war. Faesis wohnten in Zollikon, so daß nach dem Einzug in das Küsnachter Haus die beiden Familien fast Nachbarn wurden.

18 Thomas Mann, *Tagebücher 1933–1934*, Einträge vom 21.–23. 9. 1933.

19 Erika Mann, *Mein Vater, der Zauberer*, S. 82 (Brief an die Eltern vom 11. 9. 1933).

20 Thomas Mann, *Tagebücher 1933–1934*, Eintrag vom 25. 9. 1933.

21 Thomas Mann: *Briefwechsel mit seinem Verleger Bermann Fischer 1932 bis 1955*, S. 44: In einem Brief vom 19. 9. 1933 hatte Bermann Fischer an Thomas Mann geschrieben, es sei eine »grandiose Kurzsichtigkeit« von Klaus gewesen, »seine Aufga-ben auf einem Gebiet zu suchen, für das er nicht zuständig und nicht berufen ist«. Gemeint war die »Sammlung«, in deren erstem Heft auch Heinrich Mann geschrieben hatte. Bermann Fischer beklagte »die verheerende, ganz und gar negative Wir-kung dieser leider ganz unfundierten Artikel« und befürchtete »scharfe Maßnahmen gegen die Mitarbeiter« der »Sammlung« von seiten des Innenministeriums. Ganz besonders ärgerlich war er aber darüber, daß ihm von den Emigranten der Vorwurf des Opportunismus gemacht wurde, weil er in Deutschland geblieben war und noch publizieren durfte.

22 Erika Mann, Brief vom 28. 9. 1933, in: *Mein Vater, der Zaube-rer*, S. 84.

23 Ebd., S. 39.

24 Golo Mann, *Lehrjahre in Frankreich*, S. 41.

25 Ebd., S. 140.

26 Thomas Mann, *Tagebücher 1933–1934*, Eintrag vom 7. 9. 1933.

27 Klaus Schröter, *Thomas Mann im Urteil seiner Zeit*, S. 207 f.

28 Thomas Mann, *Tagebücher 1933–1934*, Eintrag vom 2. 10. 1933.

29 Ebd., S. 266.

30 Ebd., Eintrag vom 22. 12. 1933.

31 Thomas Mann, Brief an Bertram, vom 9. 1. 1934, in: *Thomas Mann – Ernst Bertram, Briefwechsel 1910–1955*, S. 181.

32 Brief Katia Mann an Klaus Mann, 16. 4. 1933, Monacensia.

33 Thomas Mann, *Tagebücher 1933–1934, Eintrag vom* 14. 3. 1934.

34 Ebd., Eintrag vom 30. 4. 1933. Es handelte sich um das alte Geschwisterpaar Prof. Carl Joël und seine Schwester Hedwig. Anderen Interpretationen zufolge tragen Huij und Tuij Züge der Eltern Pringsheim.

35 Thomas Mann, *Tagebücher 1933–1934*, Eintrag vom 19. Mai 1934.

36 Die Übersetzung besorgte Helen T. Lowe Porter.

37 Katia Mann, *Meine ungeschriebenen Memoiren*, S. 115 f.

38 Thomas Mann, *Tagebücher 1933–1934*, Eintrag vom 12. 6. 1934.

39 Ebd., Eintrag vom 20. 6. 1924.

40 Ebd., Eintrag vom 4. 7. 1934.

41 Ebd., Eintrag vom 10. 7. 1934.

42 Ebd., Eintrag vom 30.6. 1934.

43 Ebd., Eintrag vom 24. 7. 1934.

44 Ebd., Eintrag vom 30. 7. 1934.

45 Ebd., Eintrag vom 2. 8. 1934.

46 Ebd., Eintrag vom 5. 8. 1934.

47 Ebd., Eintrag vom 15. 10. 1934.

48 Thomas Mann, *Briefwechsel mit seinem Verleger Bermann Fischer 1932–1955*, S. 84.

49 Thomas Mann, *Tagebücher 1933–1934*, Eintrag vom 20. 10. 1934.

50 Ebd., Eintrag vom 13. 8. 1934.

51 Ebd., Eintrag vom 14. 9. 1934.

52 Ebd., Eintrag vom 3. 2. 1935.

53 Klaus Mann, Brief an Katia Mann vom 15. 1. 1935, in: Klaus Mann, *Briefe und Antworten 1922–1949*, S. 205 f.

54 Der Schriftsteller Lajos von Hatvany und seine dritte Ehefrau Jolan waren langjährige Freunde von Thomas und Katia Mann. Die zweite Ehefrau Hatvanys, die Schriftstellerin Christa Hatvany-Winsloe, war eine Freundin von Erika und Klaus aus Münchner Zeiten.

55 Thomas Mann, *Tagebücher 1935–1936*, Eintrag vom 29. 1. 1935.

56 Ebd., Eintrag vom 21. 2. 1935.

57 Ebd. Eintrag vom 22. 2. 1935.

58 Erika Mann an Klaus Mann, Briefe vom 30. 3. 33 und 29. 3. 1934, Monacensia.

59 Irmela von der Lühe, *Erika Mann*, S. 138.

60 Ebd., S. 141.

61 Ebd., S. 144.

62 Thomas Mann, *Tagebücher 1935–1936*, Eintrag vom 16. 4. 1935.

63 Ebd., Eintrag vom 16. 5. 1935.

64 Ebd., Eintrag vom 6. 5. 1935.

65 Katia Mann, *Meine ungeschriebenen Memoiren*, S. 117.

66 Thomas Mann, *Tagebücher 1935–1936*, Eintrag vom 29. 6. 1935.

67 Klaus Mann, *Tagebücher 1931–1949*, Eintrag vom 13. 7. 1935.

68 Thomas Mann, *Tagebücher 1935–1936*, Eintrag vom 26. 7. 1935.

69 Ebd., Eintrag vom 7. 8. 1935.

70 Die Nürnberger Rassengesetze vom 15. 9. 1935 entzogen den deutschen Juden die Reichsbürgerschaft, verboten unter anderem Eheschließungen zwischen Juden und Nichtjuden und die Beschäftigung von nichtjüdischen Personen unter 45 Jahren in jüdischen Haushalten. Texte abgedruckt in: *Ursachen und Folgen*, Bd. 11: *Vom deutschen Zusammenbruch 1918 und 1945 bis zur staatlichen Neuordnung Deutschlands in der Gegenwart*, hg. und bearb. von Herbert Michaelis und Ernst Schaepler unter Mitwirkung von Günter Scheel, Berlin o. J., S. 163 und 174.

71 Friedhelm Kröll, *Die Archivarin des Zauberers. Ida Herz und Thomas Mann*, S. 134 f. Im Zürcher Thomas Mann Archiv liegt der Briefwechsel Katia Mann – Ida Herz von 1925–1955; erhalten sind 72 Briefe von Katia, in denen sie Ida Herz Anteil am Leben der Familie haben läßt und ihr auch, solange das noch möglich war, genaue Instruktionen erteilt, welche Bücher sie aus dem Münchner Haus herausschaffen sollte.

72 Gottfried Bermann Fischer, *Bedroht – Bewahrt*, S. 95 ff.

73 Thomas Mann, *Tagebücher 1935–1936*, Anm. S. 529.

74 Unveröff. Brief von Katia Mann an Klaus Mann vom 2. 10. 1935, Monacensia.

75 Katia Mann, *Meine ungeschriebenen Memoiren*, S. 110.

76 Kerstin Holzer, *Elisabeth Mann Borgese*, S. 87 f.

77 Das Gleichnis steht am Beginn des ersten Kapitels des vierten Hauptstücks von *Joseph in Ägypten*, in: Thomas Mann, *Werke*, Bd. IV, S. 817.

78 Katia Mann, unveröff. Brief vom 2. 10. 1935 an Klaus Mann, Monacensia. Katia wurde in ihrer Jugend von dem Pringsheimschen Diener Ignatz Katjou genannt.

79 Der erste Teil von Heinrich Manns Roman *Die Jugend des Königs Henri Quatre* erschien 1935 bei Querido.

80 Thomas Mann, *Tagebücher 1935–1936*, Eintrag vom 28. 10. 1935.

81 Klaus Mann, *Tagebücher 1931–1949*, Eintrag vom 22. 11. 1935.

82 Thomas Mann, *Tagebücher 1935–1936*, Eintrag vom 22. 11. 1935.

83 Klaus Mann, *Tagebücher 1931–1949*, Eintrag vom 31. 12. 1935.

84 Thomas Mann, *Tagebücher 1935–1936*, Eintrag vom 14. 9. 1935. Thomas Mann hatte den siebzehnjährigen Klaus Heuser 1927 kennengelernt.

85 Kerstin Holzer, *Elisabeth Mann Borgese*, S. 156.

86 Klaus Mann, *Briefe und Antworten 1922–1949*, S. 243.

87 Der gesamte Briefwechsel abgedruckt in: Hans Wysling/Yvonne Schmidlin, *Thomas Mann. Ein Leben in Bildern*, S. 330–334. Der Brief Erikas auch in: Erika Mann, *Briefe und Antworten*, Bd. I, S. 72–74.

88 Katia Mann an Erika am 21. 1. 1936, in: Erika Mann, *Briefe und Antworten*, Bd. I, S. 75–77.

89 Thomas Mann, *Tagebücher 1935–1936*, Eintrag vom 27. 1. 1936.

90 Ebd., Eintrag vom 1. 2. 1936.

91 Ebd., Eintrag vom 16. 3. 1936.

92 Ebd., Eintrag vom 26. 3. 1936.

93 Kerstin Holzer, *Elisabeth Mann Borgese*, S. 83 f.

94 Katia Mann, *Meine ungeschriebenen Memoiren*, S. 111.

95 Thomas Mann, *Tagebücher 1935–1936*, Eintrag vom 1. 5. 1936.

96 Ebd., Eintrag vom 6. 8. 1936.

97 Ebd., Anm. S. 623.

98 Ebd., Eintrag vom 2. 9. 1936.

99 Ebd., Eintrag vom 29. 9. 1936.

100 Golo Mann, *Lehrjahre in Frankreich*, S. 141. Golo irrte sich in der Zeitangabe, Katias Eltern waren im Herbst zum letzten Mal in Küsnacht.

101 Thomas Mann, *Tagebücher 1935–1936*, Eintrag vom 19. 10. 1936.

102 Ebd., Einträge vom 22. und 23. 10. 1936.

103 Ebd., Eintrag vom 29. 11. 1936.

104 Katia Mann an Klaus Mann, unveröff. Brief vom 23. 11. 1936, Monacensia.

105 Thomas Mann an Klaus Mann in: Klaus Mann, *Briefe und Antworten 1922–1949*, S. 273–275.

106 Thomas Mann, *Tagebücher 1935–1936*, Eintrag vom 20. 11. 1936.

107 »Völkischer Beobachter«, München, 3. 12. 1936.

108 Ebd.

109 Text in Hans Bürgin/Hans-Otto Mayer, *Thomas Mann. Eine Chronik seines Lebens*, S. 124. Die detaillierte Darstellung des Vorgangs findet sich in: Hübinger, Paul Egon, *Thomas Mann, die Universität Bonn und die Zeitgeschichte.*

110 Klaus Mann, *Der Wendepunkt*, S. 408 f.

111 Thomas Mann, *Tagebücher 1937–1939*, Eintrag vom 9. 3. 1937, sowie Thomas Mann, *Briefe 1937–1947*, S. 17 f.

112 Erika Mann, *Briefe und Antworten*, Bd. I, S. 120.

113 Thomas Mann, *Tagebücher 1937–1939*, Eintrag vom 28. 4. 1937.

114 Thomas Mann, Brief an Hermann Hesse vom 23. 2. 1937, in: *Hermann Hesse – Thomas Mann, Briefwechsel*, S. 16.

115 Klaus Mann, *Tagebücher 1931–1949*, Eintrag vom 25. 2. 1937.

116 Thomas Mann, *Tagebücher 1937–1939*, Eintrag vom 25. 1. 1937.

117 Katia Mann, unveröffentlichter Brief an Klaus und Golo Mann vom 29. 4. 1937, Monacensia.

118 Thomas Mann, Brief an Karl Kerényi vom 4. 5. 1937, in: *Gespräch in Briefen.*

119 Katia Mann, unveröffentlichter Brief an Klaus und Golo Mann vom 29. 4. 1937, Monacensia.

120 Klaus Mann, *Tagebücher 1931–1949*, Eintrag vom 27. 5. 1937.

121 Thomas Mann, *Tagebücher 1937–1939*, Eintrag vom 7. 6. 1937.

122 Klaus Mann an Katia Mann vom 7. 6. 1937, in: Klaus Mann, *Briefe und Antworten 1922–1949*, S. 305 f.

123 Klaus Mann, Brief an Katia Mann vom 25. 6. 1937, unveröffentlichter Brief, Monacensia.

124 Thomas Mann, *Tagebücher 1937–1939*, Eintrag vom 17. 2. 1938.

125 Ebd., Eintrag vom 19. 2. 1938.

126 Ebd., Eintrag vom 12. 3. 1938.

127 Thomas Mann, *Tagebücher 1940–1943*, Eintrag vom 2. 3. 1942.

128 Klaus Mann, *Briefe und Antworten 1922–1949*, S. 357.

129 Thomas Mann, *Tagebücher 1937–1939*, Eintrag vom 26. 8. 1938.

130 Ebd., Eintrag vom 29. 9. 1938.

131 Katia Mann, *Meine ungeschriebenen Memoiren*, S. 151 f. Michael

wurde 1961 von der University of California in Berkeley eingestellt.

132 Irmela von der Lühe, *Erika Mann*, S. 208.

133 Thomas Mann, *Tagebücher 1937–1939*, Eintrag vom 6. 6. 1939.

134 Ebd., Eintrag vom 23. 8. 1939. Gemeint ist der britische Diplomat und Politiker Harold Nicolson.

135 Katia Mann an Klaus Mann, 29. 8. 1939, Monacensia.

136 Thomas Mann, *Tagebücher 1937–1939*, Eintrag vom 29. 1. 1939.

137 Erika Mann, *Mein Vater, der Zauberer*, S. 41.

138 Thomas Mann an Heinrich Mann vom 26. 11. 1939, in: *Thomas
Mann – Heinrich Mann, Briefwechsel*, S. 190.

139 Brief Katia Mann an Agnes Meyer vom 20. 7. 1939, in: *Thomas
Mann – Agnes E. Meyer*, Briefwechsel, S. 165 f.

140 Akt BA 1702, neue Nummer 2572, enthält u. a. die Teilbände Ia
2407 (Majolika-Sammlung) sowie Ia 2410 Grundstücke Arcisstraße) OFD Nürnberg, Auskunft Prof. Dr. Hans Günter Hok-
kerts.

141 Thomas Mann an Heinrich Mann vom 26. 11. 1939, in: *Thomas
Mann – Heinrich Mann, Briefwechsel*, S. 191.

142 Katia Mann, *Meine ungeschriebenen Memoiren*, S. 152.

143 Klaus Mann, *Tagebücher 1931–1949*, Eintrag vom 26. 9. 1940.

144 Brief Thomas Manns an Borgese, abgedr. in: Kerstin Holzer,
Elisabeth Mann Borgese, S. 98/99.

145 Erika Mann, Brief vom 26. 11. 1939 an Thomas Mann, in: Erika
Mann, *Mein Vater, der Zauberer*, S. 141–143.

146 Thomas Mann, *Tagebücher 1937–1939*, Eintrag vom
26. 10. 1939, S. 493.

147 Dt. Ausg. Erika und Klaus Mann, *Escape to Life – Deutsche Kultur im Exil*, München 1991.

148 Klaus Mann, *Tagebücher 1938–1939*, S. 150.

149 Erika Mann an Katia Mann, 10. 3. 1940, Monacensia.

150 Thomas Mann an Agnes Meyer, 8. 8. 1940, in: *Thomas Mann –
Agnes E. Meyer, Briefwechsel 1937–1955*, S. 221.

151 Brief Thomas Mann an Lion Feuchtwanger, 26. 10. 1940, in:
Thomas Mann, *Briefe*, Bd. II, S. 166.

152 Thomas Mann, *Tagebücher 1940–1943*, Eintrag vom 1. 10. 1940.

153 Heinrich Breloer, *Unterwegs zur Familie Mann*, S. 130.

154 Ebd., S. 132.

155 Ebd., S. 351.

156 Thomas Mann, *Tagebücher 1940 – 1943*, Eintrag vom 8. 4. 1941.

157 Ebd., Eintrag vom 28. 8. 1941.

158 Katia Mann an Klaus Mann, 23. 9. 1941, Monacensia.

159 Thomas Mann, *Tagebücher 1940 – 1943*, Eintrag vom 25. 9. 1941.

160 Brief Katia Mann an Klaus Mann, 11. 1. 1942, Monacensia.

161 Thomas Mann an Erika vom 24. 2. 1942, in: Thomas Mann, *Briefe*, Bd. II, S. 241 f.

162 Thomas Mann, *Tagebücher 1940 – 1943*, Eintrag vom 30. 7. 1942.

163 Golo Mann, in: Hans-Rudolf Wiedemann, *Thomas Manns Schwiegermutter erzählt*, S. 4 f.

164 Irmela von der Lühe, *Erika Mann*, S. 251.

165 Klaus Mann, *Tagebücher 1940 – 1943*, S. 74, sowie Erika an Klaus Mann, 8. / 9. 1942, Monacensia.

166 Irmela von der Lühe, *Erika Mann*, S. 259.

167 Thomas Mann, Brief an Agnes Meyer vom 15. Oktober 1942, in: *Thomas Mann – Agnes E. Meyer, Briefwechsel 1937 – 1955*, S. 435.

168 Thomas Mann an Agnes Meyer am 26. Mai 1943, in: *Thomas Mann – Agnes E. Meyer, Briefwechsel 1937 – 1955*, S. 477 f. Es handelte sich um Klaus Manns englisch geschriebene Autobiographie, die 1942 in New York erschien. In seinem letzten Lebensjahr übersetzte er sie. Das Buch erschien als *Der Wendepunkt* erst 1952 in erweiterter Fassung.

169 Irmela von der Lühe, *Erika Mann*, S. 266 f.

170 Thomas Mann, *Tagebücher 1940 – 1943*, Eintrag vom 4. 12. 1943.

171 Klaus Mann, *Tagebücher 1940 – 1943*, Eintrag vom 3. 12. 1943.

172 Thomas Mann, *Tagebücher 1940 – 1943*, Eintrag vom 9. 10. 1943.

173 Thomas Mann, *Tagebücher 1944 – 1946*, Eintrag vom 8. 10. 1944.

174 Katia Mann an Klaus Mann, 23. 10. 1944, Monacensia.

175 Katia Mann an Klaus Mann, 16. 9. 1944, Monacensia.

176 Thomas Mann, *Tagebücher 1944 – 1946*, Eintrag vom 17. 12. und 20. 12. 1944.

177 Katia Mann an Klaus Mann, 19. 12. 1944, Monacensia.

178 Katia Mann an Klaus Mann, 14. 3. 1946, Monacensia.

179 Thomas Mann, *Tagebücher 1944 – 1946*, Eintrag vom 20. 4. 1944.

180 Irmela von der Lühe, *Erika Mann*, S. 287.

181 Katia Mann an Klaus Mann, 19. 2. 1945, Monacensia.

182 Heinrich Breloer, *Unterwegs zur Familie Mann*, S. 431.

183 Brief Thomas Mann an Klaus Mann, 21. Juni 1945, in: Thomas Mann, *Briefe*, Bd. II, S. 433 f.

184 Abgedr. in »Aufbau«, New York, 8. 6. 1945.

185 Thomas Mann, *Tagebücher 1944–1946*, Eintrag vom 24. 6. 1945.

186 Erika Mann, *Briefe und Antworten*, Bd. I, S. 206 f.

187 Mara Duvé war die zweite Frau von Heinz Pringsheim, die er nach dem Tod seiner ersten Frau geheiratet hatte. Heinz Pringsheim arbeitete von 1945 bis 1950 als künstlerischer Leiter der Musikabteilung des Bayerischen Rundfunks und Musikkritiker der »Süddeutschen Zeitung«. Er starb 1974 in München.

188 Erika Mann an Lotte Walter, 3. 2. 1946, in: Erika Mann, *Briefe und Antworten*, Bd. I, S. 216.

189 Katia Mann an Klaus Mann, 10. 4. 1946, Monacensia.

190 Thomas Mann, *Tagebücher 1946–1948*, Eintrag vom 6. 11. 1946.

191 Ebd., Eintrag vom 18. 11. 1946.

192 Ebd., Eintrag vom 14. 1. 1947.

193 Katia Mann an Klaus Mann, 27. 2. 1948, Monacensia.

194 Monika Mann, *Vergangenes und Gegenwärtiges*, S. 102.

195 Thomas Mann, *Tagebücher 1946–1948*, Eintrag vom 1. 2. 1948.

196 Katia Mann an Klaus Mann, 24. 1. 1948, Monacensia.

197 Erika Mann an Klaus Mann, 19. 4. 1948, zit. nach Irmela von der Lühe, *Erika Mann*, S. 287.

198 Heinrich Breloer, *Unterwegs zur Familie Mann*, S. 348.

199 Ebd., S. 350.

200 Erika Mann, *Briefe und Antworten*, Bd. I, S. 244.

201 »Echo der Woche«, 22. 10. 1948, zit. nach Irmela von der Lühe, *Erika Mann*, S. 297.

202 Thomas Mann, *Tagebücher 1946–1948*, Eintrag vom 31. 12. 1948.

203 Thomas Mann, Brief an Monika Mann vom 24. 2. 1949, in. Thomas Mann, *Briefe, Bd. III, S. 74 f.

204 Erika Mann an Eva Herrmann, 17. 6. 1949, in: Erika Mann, *Briefe und Antworten*, Bd. I, S. 261.

205 Thomas Mann, *Tagebücher 1949–1950*, Eintrag vom 12. 6. 1949 und öfter.

206 Brief Katia Mann an Martin Gumpert, 8. 7. 1949, AdK Berlin, zit. nach Irmela von der Lühe, *Erika Mann*, S. 309.

207 Thomas Mann, *Tagebücher 1949–1950*, Eintrag vom 6. 8. 1949.

208 Katia Mann an Erika Mann, 4. 8. 1949, in: Erika Mann, *Briefe und Antworten*, Bd. I, S. 266.

209 Thomas Mann, *Tagebücher 1949–1950*, Eintrag vom 1. 9. 1949.

210 Kerstin Holzer, *Elisabeth Mann Borgese*, S. 129.

211 Thomas Mann, *Tagebücher 1949–1950*, Eintrag vom 21. 12. 1949.

212 Ebd., Eintrag vom 1. 6. 1950.

213 Thomas Mann, in: Lion Feuchtwanger, *Briefwechsel mit Freunden 1933–1958*, Bd. I, S. 129 f.

214 Thomas Mann, *Tagebücher 1949–1950*, Eintrag vom 3. 7. 1950.

215 Ebd., Eintrag vom 3. 7. 1950.

216 Ebd., Eintrag vom 29. 7. 1950.

217 Irmela von der Lühe, *Erika Mann*, S. 207.

218 Ebd., S. 319.

219 Erika Mann, aus dem Brief an den Director of Immigration and Naturalisation Edward J. Shaughnessy vom 11. 12. 1950, im Original in englischer Sprache, abgedruckt in: Erika Mann, *Briefe und Antworten*, Bd. I, S. 275; auszugsweise in: Irmela von der Lühe, *Erika Mann*, S. 322 f.

220 Thomas Mann, *Tagebücher 1949–1950*, Eintrag vom 26. 11. 1950.

221 Kerstin Holzer, *Elisabeth Mann Borgese*, S. 139.

222 Thomas Mann, *Tagebücher 1951–1952*, Einträge vom 6. 1. 1951 und 16. 1. 1951.

223 Ebd., Eintrag vom 3. 4. 1951.

224 Hannes Hintermeier, »Zurück an Absender: Thomas Manns Haus in der Poschingerstr. 1«, in: »Frankfurter Allgemeine Zeitung«, 5. 12. 2001.

225 Ebd., Eintrag vom 27. 5. 1952.

FÜNF *Die Rückkehr der Frauen nach Europa*

1 Hilde Kahn-Reach, »Thomas Mann, mein ›Boß‹«, in: »Neue Deutsche Hefte«, Jg. 20, Heft 2, 1973, S. 51–64, hier: S. 60 f.

2 Kerstin Holzer, *Elisabeth Mann Borgese*, S. 143.

3 Ebd., S. 136.

4 Ebd., S. 135.

5 Gustav René Hocke, »Thomas Mann bei Pius XII.«, »Frankfurter Neue Presse«, 16. 5. 1953, in: Klaus Schröter, *Thomas Mann im Urteil seiner Zeit*, S. 419.

6 Thomas Mann, *Tagebücher 1953–1955*, Eintrag vom 1. 5. 1953.

7 Thomas Mann, »Katia Mann zum siebzigsten Geburtstag«, in: Thomas Mann, *Werke*, Bd. XI, S. 521–526, hier S. 526.

8 Erika Mann, »Meine Mutter, Frau Thomas Mann«, in: *Mein Vater, der Zauberer*, S. 272-277.

9 Katia Mann an Lion Feuchtwanger, in: Lion Feuchtwanger, *Briefwechsel mit Freunden 1933–1958*, Bd. I, S. 151 f.

10 Irmela von der Lühe, *Erika Mann*, S. 329 f.

11 Thomas Mann, *Tagebücher 1953–1955*, Eintrag vom 5. 3. 1954.

12 Kerstin Holzer, *Elisabeth Mann Borgese*, S. 161.

13 Thomas Mann, *Tagebücher 1953–1955*, Einträge vom 7. 3. 1954 und 14. 3. 1954.

14 Thomas Mann, *Tagebücher 1940–1943*, Eintrag vom 11. 7. 1942.

15 Thomas Mann, *Briefe*, Bd. III, S. 345.

16 Katia Mann an Lion Feuchtwanger, in: Lion Feuchtwanger, *Briefwechsel mit Freunden 1933–1958*, Bd. I, 27. Januar 1957.

17 Katia Mann an Lion Feuchtwanger, in: ebd., 17. 9. 1958.

18 Erika Mann, *Mein Vater, der Zauberer*, darin: »Das letzte Jahr«.

19 Monika Mann, *Vergangenes und Gegenwärtiges*.

20 Katia Mann an Gustav Hillard-Steinböhmer, Kilchberg, 25. 11. 1956, Dt. Literaturarchiv Marbach. Zit. nach Inge und Walter Jens, *Frau Thomas Mann*, S. 282.

21 Irmela von der Lühe, *Erika Mann*, S. 338 f.

22 Ebd., S. 347.

23 Marianne Krüll, *Im Netz*, S. 437.

24 Monika Mann, *Vergangenes und Gegenwärtiges*, S. 120 ff.

25 Monika Mann, »Zum Centenarium meines Vaters«, in: »St. Galler Tagblatt«, 4. 6. 1975.

26 Kerstin Holzer, *Elisabeth Mann Borgese*, S. 158.

27 Brief Katia Mann an Lion Feuchtwanger, in: Lion Feuchtwanger, *Briefwechsel mit Freunden 1933–1958*, Bd. I, 14. 1. 1958.

28 Ebd., 18. 12. 1958.

29 Ebd., 16. 8. 1958.

30 Irmela von der Lühe, *Erika Mann*, S. 351.

31 Inge und Walter Jens, *Frau Thomas Mann*, S. 283.

32 Ida Herz, »Birthday Tributes zum 80. Geburtstag von Katia Mann«, in: »AJR INFORMATION« August 1963.

33 Golo Mann, »Meine Schwester Erika«, abgedr. in: Erika Mann, *Briefe und Antworten*, Bd. II, S. 240–245.

34 München 1965, zuerst amerikanisch mit dem Titel *Ascent of Woman*, New York 1963.

35 Hg. von Peter K. Wehrli. Bern-München-Wien 1971. Amerik.: *The Language Barrier: Beasts and Men*, New York 1968.

36 Kerstin Holzer, *Elisabeth Mann Borgese*, S. 178.

37 Ebd., S. 180.

38 Dieses Buch erschien in deutscher Sprache unter dem Titel *Das Drama der Meere*, Frankfurt a. M. 1977.

39 Brief vom 10. 8. 1969 von Elisabeth Mann Borgese an Erika Mann, zit. in Kerstin Holzer, *Elisabeth Mann Borgese*, S. 187.

40 Erika Mann, *Briefe und Antworten*, Bd. II, S. 57 f.

41 Ebd., S. 85.

42 Irmela von der Lühe, *Erika Mann*, S. 362.

43 Erika Mann, *Briefe und Antworten*, Bd. II, S. 236 ff.

44 Monika Mann, »Versuch über Erika Mann«, in: »Neue deutsche Hefte«, 31, 1984, H. 4, S. 830.

45 Katia Mann, Briefe an Erich von Kahler und seine Mutter Antoinette, Thomas Mann Archiv Zürich, 30. 1. 1970.

46 Zit. aus dem Briefwechsel Hermann Kesten – Katia Mann, Monacensia.

47 Zit. n. Inge Jens, Nachwort zu Monika Mann, *Vergangenes und Gegenwärtiges*, Fn. 4. Monika Mann, »Fünfzigmal erlebte ich den Rosenmonat«, in: »Welt am Sonntag«, Hamburg, 5. 6. 1960.

48 Monika Mann, *Vergangenes und Gegenwärtiges*, S. 18.

49 Bruno Walter, *Thema und Variationen*, S. 274.

50 »Münchner Abendzeitung«, 24. 8. 1979.

51 Brief Elisabeth Mann an Monika Mann, undatiert, privat, zit. bei Kerstin Holzer, *Elisabeth Mann Borgese*, S. 196.

52 Monika Mann, *Vergangenes und Gegenwärtiges*, S. 100.

53 Testamentsnachtrag vom 7. 3. 1960, Schweizerisches Literaturarchiv Bern.

54 Frederic C. und Sally P. Tubach (Hrsg.), *Michael Mann, Fragmente eines Lebens*, S. 211.

55 Abgedr. in: Thomas Sprecher / Fritz Gutbrodt, *Die Familie Mann in Kilchberg*, S. 182.

56 Kerstin Holzer, *Elisabeth Mann Borgese*, S. 213.

57 Golo Mann / Marcel Reich Ranicki, *Enthusiasten der Literatur im Briefwechsel.* Aufsätze und Portraits, hrsg. von Volker Hage, Frankfurt a. M. 2000, S. 112 f. Zit. nach Kerstin Holzer, *Elisabeth Mann Borgese*, S. 212.

58 Undatierter Brief Golo Manns an Elisabeth, zit. bei Kerstin Holzer, *Elisabeth Mann Borgese*, S. 194 f.

59 Ebd., S. 207.

60 Ebd., S. 214.

Quellen- und Literaturverzeichnis

Ungedruckte Quellen

Münchner Stadtbibliothek. Monacensia. Literaturarchiv: Korrespondenz zwischen Katia Mann und Klaus Mann sowie von Erika an Katia Mann, Briefe an Hermann Kesten, Alfred Neumann

Schiller Nationalmuseum und Deutsches Literaturarchiv Marbach am Neckar: Nachlaß Walter Janka, Korrespondenz Katia Mann mit Walter und Lotte Janka; Bericht Walter Jankas über Erika Manns Besuch in Ost-Berlin; Briefwechsel Katia Mann mit verschiedenen Freunden der Familie

Thomas Mann-Archiv der ETH Zürich: Korrespondenz Katia Mann an Erika Mann, Ida Herz 1925–1955; Erich und Alice von Kahler

Schweizerisches Literaturarchiv Bern: Nachlaß Golo Mann, die Familie betreffend

Gedruckte Quellen

Bermann Fischer, Gottfried, *Bedroht – Bewahrt, Der Weg eines Verlegers,* Frankfurt a. M. 1982

Feuchtwanger, Lion, *Briefwechsel mit Freunden 1933–1958,* hrsg. von Harold von Hofe und Sigrid Washburn, 2 Bde. , Berlin und Weimar 1991

Hallgarten, George W. F., *Als die Schatten fielen. Memoiren 1900–1968,* Berlin – Frankfurt a. M. – Wien 1969

Mann, Erika, *Briefe und Antworten,* hrsg. von Anna Zanco Prestel, Bd. I: 1922–1950, Bd. II: 1951–1969, München 1984, 1985

Mann, Erika, *Mein Vater, der Zauberer,* hrsg. von Irmela von der Lühe, Reinbek bei Hamburg 1998

Mann, Golo, *Erinnerungen und Gedanken. Eine Jugend in Deutschland,* Frankfurt a. M. 1986; *Lehrjahre in Frankreich,* Frankfurt a. M. 2000

Thomas Mann – Heinrich Mann, Briefwechsel 1900 – 1949, hrsg. von Hans Wysling, Frankfurt a. M. 1969

Mann, Katia, *Meine ungeschriebenen Memoiren,* Frankfurt a. M. 1974 (2. Aufl. 1977)

Mann, Julia, *Ich spreche so gern mit meinen Kindern,* Berlin 1999 (2. Aufl.)

Mann, Klaus, *Kind dieser Zeit.* Mit einem Nachwort von Uwe Naumann, Reinbek bei Hamburg 2000

Mann, Klaus, *Kindernovelle.* Mit einem Nachwort von Herbert Schlüter, Frankfurt a. M. 1999

Mann, Klaus, *Der Wendepunkt. Ein Lebensbericht,* München 1976

Mann, Klaus, *Briefe und Antworten 1922–1949,* hrsg. von Martin Gregor-Dellin, München 1987

Mann, Klaus, *Tagebücher 1931 – 1949,* hrsg. von Joachim Heimannsberg, Peter Lämmle und Wilfried F. Schoeller, 6 Bde., München 1989 – 1991

Mann, Michael, *Fragmente eines Lebens.* Lebensbericht und Auswahl seiner Schriften von Frederic C. und Sally P. Tubach, München 1983

Mann, Monika, *Vergangenes und Gegenwärtiges. Erinnerungen,* Reinbek bei Hamburg 2001 (2. erg. Aufl.)

Mann, Thomas, *Gesammelte Werke,* 13 Bde., Frankfurt a. M. 1974 (2. durchges. Aufl.)

Mann, Thomas, *Briefe aus den Jahren 1889 – 1955,* hrsg. von Erika Mann, 3 Bde., Frankfurt a. M. 1962, 1963 1965

Mann, Thomas, *Tagebücher 1918 – 1921, 1933/1934, 1935/1936, 1937 – 1939, 1940 – 1943,* hrsg. von Peter de Mendelssohn, Frankfurt a. M. 1977 – 1982

Mann, Thomas, *Tagebücher 1944 – 1946, 1946 – 1948, 1949/1950, 1951/ 1952, 1953 – 1955,* hrsg. von Inge Jens, Frankfurt a. M. 1986 – 1995

Thomas Mann an Ernst Bertram. Briefe aus den Jahren 1910 – 1955, hrsg. von Inge Jens, Pfullingen 1960

Thomas Mann, Briefe an Otto Grauthoff 1894 – 1901 und Ida Boy-Ed 1903 – 1928, hrsg. von Peter de Mendelssohn, Frankfurt a. M. 1975

Thomas Mann/Robert Faesi, Briefwechsel, hrsg. von Robert Faesi, Zürich 1962

Quellen- und Literaturverzeichnis

Thomas Mann/Hermann Hesse, Briefwechsel, Frankfurt a. M. 1968.

Thomas Mann/Karl Kerényi, Gespräch in Briefen, hrsg. von Karl Kerényi, Zürich 1960

Thomas Mann. Briefwechsel mit seinem Verleger Gottfried Bermann Fischer 1932–1955, hrsg. von Peter de Mendelssohn, 2 Bde., Frankfurt a. M. 1973

Thomas Mann – Agnes E. Meyer, Briefwechsel 1937–1955, hrsg. von Hans Rudolf Vaget, Frankfurt a. M. 1992

Mann, Viktor, *Wir waren fünf. Bildnis der Familie Mann,* Frankfurt a. M. 1976

Walter, Bruno, *Thema und Variationen,* Frankfurt a. M. 1960

Siehe auch: Wichtigste Veröffentlichungen der Töchter

Sekundärliteratur

Baskakov, Alexej, in Zusammenarbeit mit Harvey Dräger, *Speisen mit Thomas Mann,* Lübeck 1995

Bauer, Richard (Hrsg.), *Geschichte der Stadt München,* München 1992

Berendsohn, Walter A., *Thomas Mann und die Seinen. Porträt einer literarischen Familie,* Bern 1973

Breloer, Heinrich, *Unterwegs zur Familie Mann,* Frankfurt a. M. 2001

Bürgin, Hans/Mayer, Hans-Otto, *Thomas Mann. Eine Chronik seines Lebens,* Frankfurt a. M. 1965

Fest, Joachim, *Die unwissenden Magier. Über Thomas und Heinrich Mann,* Berlin 1985

Fuhrmann, Horst, *Menschen und Meriten. Eine persönliche Portraitgalerie,* München 2001

Harpprecht, Klaus, *Thomas Mann. Eine Biographie,* 2 Bde., Reinbek bei Hamburg 1996

Heißerer, Dirk (Hrsg.), *Thomas Manns »Villino« am Starnberger See,* München 2001

Holzer, Kerstin, *Elisabeth Mann Borgese. Ein Lebensportrait,* Berlin 2002 (6. Aufl.)

Hübinger, Paul Egon, *Thomas Mann, die Universität Bonn und die Zeitgeschichte. Drei Kapitel deutscher Vergangenheit aus dem Leben des Dichters,* München 1974

Jens, Inge und Walter, *Frau Thomas Mann*, Reinbek bei Hamburg 2003

Jüngling, Kirsten und Roßbeck, Brigitte, *Katia Mann. Die Frau des Zauberers*, München 2003

Keyser-Hayne, Helga, *Beteiligt euch, es geht um eure Erde. Erika Mann und ihr politisches Kabarett »Die Pfeffermühle« 1933–1937*, Reinbek b. Hamburg 1995

Kleine, Gisela, *Zwischen Welt und Zaubergarten. Ninon und Hermann Hesse: Ein Leben im Dialog*, Frankfurt a. M. 1988

Kolbe, Jürgen unter Mitarbeit von Karl Heinz Bittel, *Heller Zauber. Thomas Mann in München 1894–1933*, Berlin 1987

Kröll, Friedhelm, *Die Archivarin des Zauberers. Ida Herz und Thomas Mann*, Cadolzburg 2001

Krüll, Marianne, *Im Netz der Zauberer. Eine andere Geschichte der Familie Mann*, Frankfurt a. M. 2000 (9. Aufl.)

Lühe, Irmela von der, *Erika Mann. Eine Biographie*, Frankfurt a. M. 1996 (2. Aufl.)

Lühe, Irmela von der, »Die Familie Mann«, in: *Deutsche Erinnerungsorte*, hrsg. von Etienne François und Hagen Schulze, München 2001, S. 254–271

Kurzke, Hermann, *Thomas Mann. Das Leben als Kunstwerk. Eine Biographie*, München 2000

Martin, Ariane, »Schwiegersohn und Schriftsteller. Thomas Mann in den Briefen Hedwig Pringsheims an Maximilian Harden«, in: *Thomas Mann Jahrbuch 11*, 1998, S. 127–152

Mendelssohn, Peter de, *Der Zauberer. Das Leben des deutschen Schriftstellers Thomas Mann. Erster Teil 1876–1918*, Frankfurt a. M. 1976

Ders.: *Jahre der Schwebe: 1919 und 1933. Nachgelassene Kapitel und Gesamtregister*, hrsg. von Albert von Schirnding, Frankfurt a. M. 1992

Möller Horst, *Weimar. Die unvollendete Demokratie*, München 2004 (7. erw. und aktualis. Aufl.)

Prater, Donald, *Thomas Mann. Deutscher und Weltbürger. Eine Biographie*, München und Wien 1995

Ringel, Stefan, *Heinrich Mann. Ein Leben wird besichtigt*, Darmstadt 2000

Schaenzler, Nicole, *Klaus Mann. Eine Biographie*, Berlin 2001

Schröter, Klaus, *Thomas Mann im Urteil seiner Zeit. Dokumente 1891 bis 1955*, Hamburg 1969

Quellen- und Literaturverzeichnis

Strohmeyr, Armin, *Klaus Mann,* München 2000

Thomas Mann Jahrbuch, Bd. I–XIII, 1988–2000, Frankfurt a. M. 1988–2000

Thomas Mann. Ein Leben in Bildern, hrsg. von Hans Wysling und Yvonne Schmidlin, Zürich 1994

Thomas Mann in Kilchberg, hrsg. von Thomas Sprecher und Fritz Gutbrodt, München 2000

»Thomas Mann in Nidden«, bearb. von Thomas Sprecher, Sonderheft *Marbacher Magazin* 89/2000 (in litauischer und deutscher Sprache)

Wißkirchen, Hans, *Die Familie Mann,* Reinbek bei Hamburg 2000 (3. Aufl.)

Wichtigste Veröffentlichungen der Töchter

Erika Mann

Zusammen mit Klaus, *Das Buch von der Riviera. Was nicht im »Baedeker« steht*, München 1931; Berlin 1989. *Jans Wunderhündchen*, Berlin 1931; *Stoffel fliegt übers Meer*, Stuttgart 1932; *Muck, der Zauberonkel*, Basel 1934; *Zehn Millionen Kinder. Die Erziehung der Jugend im Dritten Reich.* Mit einem Geleitwort von Thomas Mann, Amsterdam 1938, 4. Aufl. Reinbek bei Hamburg 2002; zus. mit Klaus, *The Other Germany*, übers. v. Heinz Norden, New York 1940 (dt. *Escape to Life. Deutsche Kultur im Exil*, München 1991.); ›Don't make the same mistakes‹, in: *Zero Hour. A Summons to the Free*, 1940; Hg., *Klaus Mann zum Gedächtnis*, mit einem Vorwort von Thomas Mann, Amsterdam 1950; *Wenn ich ein Zugvogel wär. – Till bei den Zugvögeln. – Die Zugvögel auf Europafahrt. – Die Zugvögel singen in Paris und Rom.* München 1953–55, *Die Zugvögel. Sängerknaben auf abenteuerlicher Fahrt*, Bern 1959; *Briefe und Antworten*, hg. von Anna Zanco-Prestel, 2 Bde. München 1984 und 1985

Monika Mann

Tupfen im All, Köln 1963; *Wunder der Kindheit. Bilder und Impressionen.* Köln 1966; *Vergangenes und Gegenwärtiges*, Reinbek bei Hamburg 2001

Elisabeth Mann-Borgese

Zwei Stunden. Geschichten am Rande der Zeit. Erzählungen, Hamburg 1965, zuerst amerik.: *To Whom it May Concern. A Collection of Short Stories*, New York 1957; *Das Drama der Meere*, Frankfurt a. M.

1977, zuerst amerik.: *The Drama of the Oceans,* New York 1975; *Seafarm: The Story of Aquaculture,* New York 1981; *Die Zukunft der Weltmeere. Ein Bericht für den Club of Rome,* Wien 1985; *Der unsterbliche Fisch.* Erzählungen, hrsg. von Thomas B. Schumann, Hürth bei Köln 1998; *Mit den Meeren leben. Über den Umgang mit den Ozeanen als globaler Ressource,* Köln 1999; *Wie Gottlieb Hauptmann die Todesstrafe abschaffte.* Erzählungen, Hürth bei Köln 2001.

Bildnachweis

Der Verlag hat sich bemüht, sämtliche Rechteinhaber ausfindig zu machen. In einigen Fällen ist dies leider nicht gelungen. Für Hinweise sind wir dankbar.

Register

Abegg, Wilhelm 200 f.
Adams, Dr. 288
Adorno, Theodor W. 281
Amann, Dr. 102, 108
Arlt, Gustave 297
Aron, Raymond 152
Auden, Wystan H. 195 f., 217, 226, 354
Aufhäuser, Bankhaus 151

Bach, Johann Sebastian 182
Baden, Max von 95
Becher, Johannes R. 304 f., 335, 355
Beethoven, Ludwig van 249
Beidler, Franz Wilhelm 157, 188
Beneš, Edvard 205, 237
Bengelmann (Lehrer) 29
Berger, Ludwig 130
Bermann Fischer, Brigitte 138, 172, 336
Bermann Fischer, Gottfried 138, 158, 163−165, 167−169, 171−173, 201 f., 207−209, 212 f., 219, 241, 336
Bernheimer, Konrad 46
Bernstein, Elsa (= Max Rosmer) 36 f.
Bernstein, Max 36

Bertaux, Pierre 152
Bertram, Ernst 70, 72, 75, 80, 115, 118, 120, 167, 172
Binding, Rudolf G. 121
Bismarck, Otto von 16
Björnson, Dagny 52, 56, 98
Bogaert-Willaert, Germaine van der 114, 290
Borgese, Angelica (Gogoi) 258, 275 f., 281, 293, 299, 306, 318, 325 f., 329, 340, 347, 351 f.
Borgese, Domenica (Nica) 274−276, 278, 293, 299, 306, 318, 325 f., 329, 340, 347, 351 f.
Borgese, Giuseppe Antonio 244, 249, 252 f., 255, 258−260, 263, 269, 274−277, 282, 291, 293, 306, 313, 315 f., 318, 325−327, 344, 351−353
Borgese-Mann, Elisabeth 7, 79 f., 85, 88, 90, 97−103, 105, 107, 118−120, 123 f., 126, 129, 131−133, 136, 138 f., 145, 150, 153 f., 159, 161−163, 166, 180−182, 199, 202 f., 208, 210 f., 215 f., 219, 221, 225, 229, 231, 236, 240, 242−244, 246, 249, 252−255, 257−259, 261−263,

413

0 f.,

Register

Löhr, Julia (Lula) 73, 99, 115, 127 f.
Löhr, Rosemarie 127
Loon, Hendrik van 198
Löwenstein, Fam. 239
Lubitsch, Ernst 130, 270
Lücke, Theodor 93
Lucy (Hausmädchen) 238, 243, 266
Ludwig (Chauffeur) 119
Ludwig, Alois 71
Luther, Martin 335 f.

Maaß, Joachim 295
Machiavelli, Niccolò 259
Mahler, Gustav 75, 113, 355
Mahler-Werfel, Alma 191, 258, 264, 333
Maja (Köchin) 67
Mann, Anthony (Toni) 275, 278, 289, 292, 299, 303, 317, 324, 330, 333 f., 339 f., 347, 349
Mann, Carla 44, 54 f., 59, 61, 127, 302
Mann, Erika 7 f., 10–12, 47, 51 f., 65, 67, 69, 72, 75–77, 79, 81, 87 f., 90–94, 96 f., 101–107, 112 f., 115–117, 119, 121–132, 137, 139–142, 145 f., 149, 151, 153–155, 158 f., 163–165, 167, 172, 174–176, 180–182, 184 f., 187 f., 191, 193–196, 198, 201–203, 205 f., 208–211, 213–217, 221–226, 229–231, 234–238, 240, 242 f., 245 f., 248 f., 253–256, 258, 260 f., 263 f., 266–268, 270 f., 273 f., 278–287 f., 290 f., 293–299, 301–307, 309–314, 316–319,

323–325, 327–335, 338 f., 342, 344–351, 354–356, 362 f., 372, 374–377
Mann, Fridolin (Frido) 256 f., 263, 266, 275, 281, 289, 292, 299, 303, 307 f., 317, 324, 330, 332–334, 336 f., 339 f., 347, 349
Mann, Golo 11 f., 54, 56 f., 65 f., 68, 72, 76 f., 82–85, 88, 90, 95–98, 103–105, 115, 122, 125, 127–129, 132, 148–152, 154, 156, 158 f., 161 f., 165–167, 178, 181 f., 185, 197, 199 f., 203, 208, 210 f., 213–216, 218, 221 f., 225–228, 233, 236 f., 240, 242 f., 246, 250 f., 255, 257, 261, 265, 267 f., 271–273, 281, 287–289, 291, 297, 299, 302, 306, 309, 311, 316, 318, 325, 328 f., 331, 333, 336, 341, 344, 350 f., 355 f., 359–362, 364–367, 374 f.
Mann, Heinrich 36, 43–45, 47 f., 50, 52, 54 f., 61, 63, 70, 72, 74–76, 80, 114–116, 120, 146, 149, 151, 156 f., 159, 163, 167 f., 191, 196, 204 f., 207, 210, 216, 221, 242, 245, 251, 254 f., 258, 261, 263, 265, 277 f., 280, 288, 293, 301, 307, 357
Mann, Heinrich sen. 60
Mann, Julia 43–46, 51, 59–61, 64, 115
Mann, Katia 7–11, 15, 17 f., 22, 24–26, 29 f., 33–49, 51–124, 126–142, 145–167, 169 f., 172 f., 176–193, 196–219, 221–267, 270–275, 277–281, 284 f., 287–294, 296–299,

415

Brigitte Hamann

Der Erste Weltkrieg

Wahrheit und Lüge in Bildern und Texten. 191 Seiten
durchgehend farbig bebildert. Gebunden

Nach ihren hoch gelobten Bestsellern »Hitlers Wien« und
»Winifred Wagner oder Hitlers Bayreuth« hat Brigitte Hamann das ganz andere Buch zum Ersten Weltkrieg geschrieben. Seit vielen Jahren sammelt die Historikerin Propagan-
dakarten, Sterbebilder, Plakate, Vermißtenlisten, Karikaturen,
Kriegsanleihen, Tageszeitungen, Lebensmittelkarten,
Kriegstagebücher, Briefe und Fotos. Mit diesen Dokumenten,
die sie durch knappe Texte erklärt, zeigt Brigitte Hamann
besonders eindrücklich den Alltag des Krieges. Ihr reichhaltiges Material belegt in aller Schärfe, was zuletzt auch für
den Irak galt: Im Krieg klaffen Propaganda und Realität, Lüge
und Wahrheit weit auseinander. Massive Irreführung der
Bevölkerung, Materialschlachten mit neuen Waffen, skrupel-
loser Einsatz von Menschenleben und viele Millionen an
Opfern – dieser Krieg, dessen Ausbruch 90 Jahre zurückliegt,
war die Urkatastrophe des 20. Jahrhunderts.

01/1342/02/R

PIPER

Brigitte Hamann
*Winifred Wagner oder
Hitlers Bayreuth*

688 Seiten mit 104 Abbildungen. Serie Piper

Mit diesem Buch knüpft die Wiener Historikerin Brigitte
Hamann an ihren internationalen Erfolg mit »Hitlers
Wien« an. 1915 zieht Winifred Williams als Frau von
Richard Wagners einzigem Sohn Siegfried in Bayreuth und
in die Villa Wahnfried ein, damals ein Hort der Nationalen
und Antisemiten. 1923 kommt Adolf Hitler erstmals nach
Bayreuth, es beginnt die lebenslange Freundschaft zwischen
»Winnie« und »Wolf«.
Ab 1933 wird Bayreuth während der Festspiele zum
Zentrum europäischer Politik. Winifred nützt die Macht,
die sie durch ihren Freund Hitler erhält, für die Festspiele,
aber auch für Verfolgte des Regimes. Zwei ihrer Kinder
gehen sehr unterschiedliche Wege: Friedelind bekämpft die
Nazis, Wieland bleibt Hitler bis 1945 treu. Seine Mutter
verehrt »Wolf« bis zu ihrem Tod 1980.
Aus vielen bisher unbekannten Quellen ist ein Buch voller
Zündstoff entstanden, das erstmals in dieser Deutlichkeit
die vielfältigen Beziehungen zwischen Hitler und der
Familie Wagner offenlegt.

01/1053/02/L

PIPER

Brigitte Seebacher
Willy Brandt

446 Seiten. Gebunden

»Wenn du jetzt nicht schreibst, wer dein Vater ist, arbeite ich
nicht weiter mit an deinem Text!« Diese Szene beleuchtet,
warum Brigitte Seebacher ein einzigartiges Buch über Willy
Brandt geschrieben hat: Sie vermag vieles zu sagen, was der
oft so verschlossene Mann ihr anvertraut hat. Einfühlsam, wie
es nur jemand kann, der jahrelang mit Willy Brandt gelebt
und geredet hat, zeichnet sie sein Porträt. Und zugleich wertet
sie mit der Kompetenz der ausgewiesenen Historikerin und
Journalistin das bislang unbekannte Quellenmaterial aus, zu
dem ausschließlich sie Zugang hat. So werden beispielsweise viele der immer weiter wuchernden Legenden rund um
den Rücktritt als Bundeskanzler 1974 widerlegt. Unbekannte Zusammenhänge werden sichtbar, die helfen, die
politische und menschliche Ausnahmeerscheinung Willy
Brandt zu verstehen.

01/1369/01/R

Marianne Adelaide Hedwig Dohm

* 20. 9. 1831 Berlin
(Vater G. A. G. Schlesinger
1851 Namensänderung in »Schleh«)
Schriftstellerin, Frauenrechtlerin
† 1. 6. 1919 Berlin

Gertrude Hedwig Anna Pringsheim

geb. Dohm
* 13. 7. 1855 Berlin
Schauspielerin
1939 Emigration in die Schweiz
† 27. 7. 1942 Zürich

Katharina Hedwig (Katia) Mann

geb. Pringsheim
* 24. 7. 1883 Feldafing b. München
1933 Emigration in die Schweiz und die USA
† 24. 4. 1980 Kilchberg b. Zürich

Erika Mann

* 9. 11. 1905
Schauspielerin,
Kabarettistin,
Schriftstellerin
† 27. 8. 1969
Zürich

Klaus Mann

* 18. 11. 1906
Schriftsteller
† 21. 5. 1949
Cannes
Selbstmord

Golo Mann

* 27. 3. 1909
Historiker,
Schriftsteller
† 7. 4. 1994
Leverkusen